한국 현대 시 백년
현대 시인 백인

한국 현대 시 백년
현대 시인 백인

시와 시인론

유시욱 지음

서강대학교 출판부

한국 현대시 백 년, 현대 시인 백 인
—시와 시인론

초판발행 | 2008년 5월 30일
초판 2쇄 | 2008년 11월 15일
지 은 이 | 유시욱
발 행 인 | 손병두
편 집 인 | 우찬제
발 행 처 | 서강대학교 출판부
등록번호 | 1978년 9월 28일 제10-50호

주 소 | 서울특별시 마포구 신수동 1번지
전 화 | (02) 705-8212
팩 스 | (02) 705-8612

ISBN 978-89-7273-132-0 03810

값 25,000원

저자 서문

“처–ㄹ썩, 처–ㄹ썩, 척, 쏴–아” 육당 최남선이 신체시(「海에게서 少年에게」)의 돛을 올린 지 꼭 100년의 세월이 흘렀다. 이 책은 한국 현대시사의 곳곳에 자리한 100인 시인의 작품을 모은 사화집(詞華集)이자 간단한 시인론을 겸비한 책이다. 이 책과 같은 유형의 책자를 엮는 일은 시사적 의미의 비중이 큰 것은 사실이다. 그러나 그 비중의 크기만큼 내용에 대한 책임이 따르게 된다. 그것도 공저가 아니고 단독으로 방대한 질량의 무게를 감당하는 일은 처음부터 무모한 과욕으로 생각하기도 했지만 대신 오랜 시간의 여유를 빌미로 시작하게 된 작업을 마무리하게 됨에 나름대로 기쁨보다는 미흡함에 아쉬운 생각이 앞선다. 무엇보다 힘들었던 문제는 무수한 시인 중에서 제한된 인원(100명)을 선별하는 일이었다. 시인의 수가 영성(零星)했던 광복 전까지는 비교적 용이했지만 그 후부터는(특히 1970연대 이후) 워낙 많은 시인들이 배출되었기 때문에 일차적으로 국내 문학 전문지의 보편적 인지도에 의존해야 했고 최종 압축 선별은 시인의 자질이나 인지도를 떠나서 순전히 저자의 주관적 취향에 따를 수밖에 없었다. 또 하나의 고충은 시인과 작품 유형을 분류하는 일이었다. “시인은 한 종류 이상의 시를 쓸 수 있도록 마련되어 있기 때문에 어떠한 비평적 통찰력도 어느 한 종류의 시에만 절대적 가치를 부여할 수 없다"는 앨런 테이트의 말이 항상 마음에 걸렸다.

독자가 작품을 보는 눈높이는 자신이 가지고 있는 작품 이해의 역량에 따라 다를 수밖에 없다. 작품을 안내하는 저자의 경우도 마찬가지다. 그러나 저자에게는 책의 내용을 안내하는 전수자(傳授者)로서 독자에 대한 막중한 책임이 따르게 된다. 따라서 어느 수준의 독자에 초점을 맞추느냐에 따라 책의 성격이 달라진다. 한국의 문학(시) 독자는 한국 현대시가 1세기의 역사를 지니고 있음에도 전문지식 수준이든 일반교양 수준이든 그들의 욕구는 지금 기갈 상태에 있지 않나 하는 생각이 든다. 그것은 우리나라 출판업계가 상업주의 일변도의 포퓰리즘에 빠졌거나 저작진의 진지성이 결여된 탓인지는 몰라도 책의 내용과 성의가 일반적으로 아쉽게 느껴지는 서책이 족출(簇出)되고 있기 때문이다. 이 책의 성격은 일반교양적 수준보다는 가급적 작품 이해의 밑거름이 될 수 있는 단편적인 시학을 원용하는 것을 배려하면서 시인의 개성에 따른 서정의 심층을 저자의 주관적 감상의 조명등(照明燈)으로 탐지하려고 한 양면성을 종합한 데 있다.

작품론은 시인의 일반적인 주제적 성향을 의식할 필요 없이 객관적인 기술만으로 족할 수도 있지만 시인론은 앞에서 지적한 애로점 그대로 시인의 종합적인 작품성을 창안해내야 하기 때문에 상당한 오류의 부담을 감안해야 했다. 더군다나 시인에 따라서 쉽게 그 종합적인 작품성(일관성)을 보여주는 경우도 있지만 대체로 시력(詩歷)에 따라 작품성의 변화를 보여주는 것이 사실이고 보면 이 책과 같은 여러 시인의 사화집(詞華集)에서 몇몇 소수의 작품을 묶어 그의 작품성을 규정하는 데는 상당한 무리가 뒤따를 수밖에 없었다.

시를 어떤 기준에 의해서 이해하고 평가하느냐 하는 문제는 간단하지가 않다. 그 기준 설정은 시대적 성격이나 문화권이나 개개인에 따라서 다를 수가 있다. 그리고 기준 내용은 주제상의 유형이 될 수도 있고 상상력의 유형, 언어 감각의 유형(이미지), 혹은 기교적인 장치(알레고리나 패러독스 같은)가 될 수도 있다. 이 중에서 주제상의 유형이 포괄성이 큰 일반적인 유형이라고 할 수 있다. 주제는 '작자의 성격적 패턴으로 그의 시종 일관된 마음의 응집 상태(혹은 강박관념)'다. 노드럽 프라이는 시인이 즐겨 쓰는 상징에 나타나는 이미지의 소스를 "인간의 열망과 혐오에서 찾아보고 이 열망과 혐오의 극치로부터 인생의 두 가지 비전이 생기는데 그것은 묵시의 원형적 비전과 악마적 비전이며 전자를 이상과 꿈과 사상의 세계를 상징한다고 하면 후자는 현실적이고 육체적이고 본능적인 것을 상징한다"고 했다. 필립 휠라이트는 "인간과 세계의 관계에서 인간은 세계를 초월적으로 대하기도 하고 세계와 지속적으로 동일화된 상태 속에 머물러 있기도 한다"고 하면서 이와 같이 초월로 인한 단절과 동일화로 인한 지속을 살아 있는 경험으로 보았다. 엘더 올슨은 "어느 한 시대 안에서 전개되는 비평의 대부분은 그 시대가 애호하는 개념에 집중되는 경향이 있다"고 하면서 애호하는 내용은 장엄미(sublimity), 정당성(correctness), 생동성(liveliness) 같은 성격의 것이 될 수 있다고 했다. 이 책은 위의 내용을 종합적으로 참조하면서 다음과 같이 분류했다.

1) 본래적 서정(비전이나 메시지성이 약한 낭만주의적 서정)
2) 초월적 인식(원형적 비전이나 장엄미의 유형)
3) 인간적 비전 1: 본연적 순수성(인간의 발견과 탐색)
4) 인간적 비전 2: 사회적 복합성(악마적 비전이나 정당성의 유형)
5) 내면적 생명의식(실존주의적 사고형)
6) 이미지(언어감각)의 전용(專用)

작품 선정은 대표작으로 알려진 작품을 중심으로 한 경우도 있고 지나치게 회자된 작품이 주는 낡은 이미지보다는 새로운 서정감이나 인식의 시각을 주는 작품을 선호하기도 했다.

때마침 한국 현대시 100주년을 기념하는 해에 이 책의 상재(上梓)를 허락해준 서강대학교 출판부 우찬제 교수께 감사의 뜻을 전한다.

2008년 봄날

일산 고봉산록 산운제(山雲齊)에서

柳時煜

차례

2. 초월적 인식

3. 인간적 비전 1: 본연적 순수성

5. 내면적 생명의식

6. 이미지(언어감각)의 전용(專用)

1
본래적 서정

김소월

물과 불의 양면 시학

나 보기가 역겨워
가실 때에는
말없이 고이 보내 드리우리다.

영변(寧邊)에 약산(藥山)
진달래꽃
아름따다 가실 길에 뿌리우리다.

가시는 걸음 걸음
놓인 그 꽃을
사뿐히 즈려밟고 가시옵소서.

나 보기가 역겨워
가실 때에는
죽어도 아니 눈물 흘리우리다.

(「진달래꽃」)

시적 효과의 기본 아이템을 성조(聲調), 정서, 의미, 이미지라고 한다면 소월 시에 대한 지금까지의 연구 내용은 주로 성조와 정서의 두 분야에 쏠려 있다고 할 수 있다. 극히 부분적으로 실존주의적 인식의 방향으로 조명했을 뿐, 의미 분야에 접근한 예는 매우 드물다. 비단 소월뿐 아니라 과거의 인물로 이미 명성이 고전적 가치로 굳혀진 시인의 연구가 재조명되는 경우, 중요한 것은 형식 기능이든 의미 기능이든 새로운 차원의 발견이다. 특히 소월의 경우 전체적 작품 자료에 대한 구조적 시각은 물론, 의미 중심으로 논의 영역을 확대 개척해나가는 것이 필요하다고 본다. 왜냐하면 소월은 일반적으로 감정이 승한 시인으로 알려져 있을 뿐 아니라 그의 애송되는 시편 대부분이 정서 위주에다 독특한 리듬의 성조를 가지고 있는 것은 사실이지만 그의 시적 혹은 시인적 체질이나 시의 주제적 성격을 치지도외(置之度外)하는 것은 편견 아니면 관견(管見)에 빠진 소치다.

소월 시는 전반적으로 감정적 충동과 이성적 통제의 양면성을 띠고 있다. 이 대조적인 기능이 적절한 배합과 조화를 이룬 곳에 소월 시의 진면목이 있다고 본다. 단순한 충동적 서정보다는 이성적 통제를 거친 비극적 서정이 의미상의 긴장을 유발한다. 작품 「招魂」과 「진달래꽃」은 좋은 대조가 된다. 「招魂」은 조사(措辭)나 구성에서 변화와 층절이 없다. 뜨거운 사랑의 열정으로 일관되어 있다. 그러나 「진달래꽃」은 의미의 굴절이나 구성상의 긴밀한 조화도 조화지만 이성적 통제의 기능은 개인의 정서가 민족 정서의 공감대로 확산되는 특유한 사랑의 의미를 만들어내고 있다. 소월 시의 비극적 서정성에 익숙한 독자들은 이성적 사고의 통제력에 무관심할지 모른다. 그러나 사실은 다르다. 누구보다 그를 가까이서 지켜보던 김억의 말을 들어보자.

"소월이는 殉情의 사람은 아니외다. 어디까지든지 理智가 감정보다 勝한 총명한 사람이외다. 그리고 心毒한 사람의 하나였습니다. 그러니 자연히 사물에 대하여 이해의 주판질을 잊어버릴 수가 없었던 것이외다. 〔중략〕 아무리 감정이 쏠린다 하더라도 이지에 비추어 보아서 아니라는 판단을 얻을 때에는 이 시인은 언제든지 고개를 흔들며 단념하던 것이외다. 剛直하였습니다. 〔중략〕 그에게는 克己의 힘이 있었고 자제의 果斷이 있었던 것이외다. 소위 재래식으로 말한다면 그는 시인으로서의 風流味가 적었던 것이외다."

이러한 이성 중심의 개성은 시의 주제적 성격을 다양하게 갈라놓는 역할을 했다고 본다. 그의 시에서 대부분을 차지하는 민요시를 위시한 많은 서정시에서 이성적 통제력은 민첩한 상상적 기교로 정서의 처리 과정에 그대로 작용했고 그 밖의 다른 갈래로는 유교적 현실주의 이념이나 민족주의 사상, 혹은 실존주의적 인식의 기조가 된다. 그럼 먼저 정서의 처리 과정부터 살펴보자. 그의 유일한 시론이라고 할 수 있는 「詩魂」에서 그는 이렇게 이야기한다.

"우리는 적막한 가운데서 더욱 사무쳐 오는 환희를 경험하는 것이며, 孤獨의 안에서 더욱 보드러운 同情을 알 수 있는 것이며 다시 한번 슬픔 가운데 서야 보다 더 거룩한 善行을 느낄 수도 있는 것이며 어두움의 거울에 비추어 봐서야 비로소 우리에게 보이며, 삶을 좀 더 멀리한 죽음에 가까운 산마루에 섰어야 비로소 삶의 아름다운 빨래한 옷이 생명의 봄 두던에 나부끼는 것을 볼 수도 있습니다."

여기서 느끼는 것은 그가 이질적이고 상반되는 충동이나 정서를 교묘히 배합할 줄 아는 언어의 연금술사라는 사실이다. 때로는 인생의 의미나 가치, 혹은 사소한 정황에 이르기까지 이질적 대칭의 구조 속에서 강하게 혹은 약하게 진동의 파장을 일으켜 특유의 화음을 형성한다. 여기서 그의 '시상(詩想)의 범위'와 '리듬' '정조(情調)의 명암'이 발생한다. 가령 「가는 길」을 보자.

그립다/ 말을 할까/ 하니 그리워// 그냥 갈까/ 그래도/ 다시 더 한번// 저 山에도 까마귀 들에 까마귀/ 西山에는 해 진다고/ 지저귑니다.// 앞강물 뒷강물/ 흐르는 물은/ 어서 따라오라고 따라가라고/ 흘러도 연달아 흐릅디다려.

이 시는 그리움과 체념의 두 정서가 대칭적으로 맞물려 있다. 두 정서의 대립을 화해하는 제3의 매체가 등장한다. 그것은 강물이다. 1, 2연에서 팽팽하게 맞선 그리움과 체념은 3연에서 시간적 긴박감을 자극하는 까마귀를 통하여 더 한층 고조되었다가 4연에 오면서 도도한 강물의 포용성과 유장성(悠長性)으로 인해 화해의 대단원이 형성된다. 이와 같은 정서의 복수 구조는 그의 많은 시에서 발견된다. 「먼 後日」이 그렇고 「못잊어」가 그렇다. 음악이 협화음(協和音)과 불협화음이 어울려 다양한 선율을 만들어내듯이 소월의 자연사상은 자연에 순응하는 것만이 아니고 그것을 거슬리는 역순의 인간 심리가 한데 어울려 소월의 독특한 자연이 창조된다. 이것은 소월 특유의 반대 감정의 시학일 수가 있다. 같은 구조로 인생의 애환을 함축적으로 노래한 「옛날엔 미처 몰랐어요」도 기쁨과 슬픔, 사랑과 실연, 청춘의 정열과 노년의 무기력 등 상반된 정서를 무상의 세월을 배경으로 병치시키고 있지만 의미의 비중은 오히려 역으로 무자각한 과거보다 인생의 진의(사랑의 진의)를 자각한 현재에 더 두고 있다. 이것 역시 그의 '음영'(陰影)의 시론에 따른 특유의 역설이라고 할 수 있다. 여기서 우리는 한국적 자연사상 혹은 '절로' 사상의 전통적 맥락을 찾아볼 수 있다. 역사의 흐름 위에 순응함으로써 마음의 평정을 구하는 것도 그의 자연사상의 일단이다. 「엄마야 누나야」는 이러한 유에 속한다.

> 엄마야 누나야 江邊 살자/ 뜰에는 반짝이는 金모래 빛/ 뒷門 밖에는 갈잎의 노래/ 엄마야 누나야 江邊 살자.

여기서 강물은 인생의 애환과 갈등을 풀어주는 포용과 화해의 의미를 띤다. 강변의 주거(住居)는 앞뜰의 금모래와 뒤뜰의 갈잎이라고 하는 갈등적 상황을 동시에 지니고 있다. 그것은 금모래가 인생의 기쁨을, 갈잎은 슬픔을 상징하기 때문이다. 그러나 강변 집의 비극적 상황은 강물로 해서 화해가 된다. 소월 시에서 시간과 세월은 모든 고통과 갈등을 풀어주는 구실을 한다. 이 시간과 세월을 상징화한 것이 바로 강물이다. 앞에서 예거한 「가는 길」의 강물도 마찬가지의 역할을 한다. 그러나 「山有花」는 또 다른 얼굴을 하고 있다.

> 산에는 꽃피네/ 꽃이 피네/ 갈 봄 여름 없이/ 꽃이 피네// 山에/ 山에/ 피는 꽃은/ 저만치 혼자서 피어 있네// 山에서 우는 작은 새여/ 꽃이 좋아/ 山에서/ 사노라네// 山에는 꽃지네/ 꽃이 지네/ 갈 봄 여름없이/ 꽃이 지네

이 시에는 삶의 의미 전체가 압축되어 있다. 인생의 시작과 끝을 양극으로 묶으면서 전역정(全歷程)의 의미를 단계적으로 전개하고 있다. 김동리는 산과 꽃과 새를 자연으로 보고 시적 화자로 대표되는 인간이 자연에 접근하지 못하고 거리('저만치')를 두고 살아야 하는 비애, 즉 한(恨)을 읊은 것으로 해석한다. 어쨌든 산은 인간의 삶의 공간이며 꽃과 새는 인간을 의미한다고 하면 이것을 전제로 하고 실존주의(크게는 현상학)나 불교사상을 대입해볼 수 있다. 1연은 이 세상에 막연히 태어난 상태, 즉 무의미하게 피투(被投)된 상태, 현상학에서는 중성자(中性者)로 전락해 있는 '일상인'(日常人, das man)이 되고 불교철학에서는 진리를 아직 깨닫지 못하고 있는 세간의 '범부'(凡夫)에 해당한다. 2연은 실존적 고독을 자각하는 상태나 본래적인 자기 존재를 근원적으로 이해하고 본래적인 자기로서 존재할 것을 결단하는, 말하자면 현존재가 본래적인 자기에로 자기를 내어던지는 기투(企投)된 것으로 다음 단계를 위한 준비 단계다. 불교에서는 이를 진리를 깨닫는 '나한'(羅漢)의 상태로 본다. 3연에서 꽃과 새가 어우름은 실존적 자각이 현존재의 본래성을 나타내는 '현성'(現成)의 단계에 해당한다. 불교철학에서는 개인적 자각인 '나한'에서 사회적 자각인 '보살'(菩薩)의 경지로 나아가는 것을 의미한다. 중생을 제도하는 사회적인 삶의 기쁨은 인생의 의미의 절정이며 전부다. 4연은 단순한 인생의 종말, 즉 죽음을 의미하는 것이 아니다. 큰 의미를 성취하고 난 다음에 오는 만

족의 미소다. 이 미소는 죽음 앞에 선 미소라고 해도 좋다. 그것은 종식이 아니고 초월이다. 그런 의미에서 이 시의 구조는 사유적 단계로 보아 무관심에서 관심으로, 다시 관심에서 초월로 이어지는 형태를 갖고 있다. 이번에는 그의 시의 또 다른 얼굴이라 할 수 있는 「父母」를 보자.

> 낙엽이 우수수 떨어질 때/ 겨울의 기나긴 밤/ 어머님하고 둘이 앉아/ 옛 이야기 들어라./ 나는 어쩌면 생겨나와/ 이 이야기 듣는가?/ 묻지도 말아라 내일날에/ 내가 부모 되어서 알아보랴.

소월 시의 현실주의적 사고는 두 가지 측면에서 고찰될 수 있다. 그 하나는 전통적 유교의 이념을 계승하는 보수적 시각이고(1연) 다른 하나는 유교적 이념을 현대적 감각으로 재생하려는 진보적 시각(2연)이다. 이 시는 이 두 시각이 뚜렷한 흔적 없이 교묘히 배합하고 있다. 다시 말하면 천륜의 울타리 안에서 세습적 풍속의 향취를 느끼면서 생명의 신비라고 하는 이성적 영역에 눈을 돌린다. 어쩌면 이 시는 우리의 고유한 민속적 서사의 내용을 주지적 서정의 방향으로 길을 여는 그러한 수순으로 전개되어 있다고도 할 수 있다. 종합적으로 정리하면 결국 소월 시는 이성적인 것으로 상징될 수 있는 물과 감성적인 그것인 불의 양면이 잘 조화를 이룬 세계라고 할 수 있다.

이은상

'절로' 사상, 자연사상, 무상감(無常感)

五六島 다섯섬이 다시보면 여섯섬이
흐리면 한두섬이 맑으신날 오륙도라
흐리락 맑으락하매 몇섬인줄 몰라라

醉하여 바라보면 열섬이 스무섬이
안개나 자욱하면 아득한 빈바다라
오늘은 빗속에 보매 더더구나 몰라라

그옛날 어느분도 저섬을 헤다못해
헤던손 나리고서 五六島라 이르던가
돌아가 나도 그대로 어렴풋이 傳하리라

(「五六島」)

가람 이병기는 "시인의 역량과 工程은 着想과 命意〔생각을 지어 붙임〕에서 나타난다"고 했다. 물론 시조시를 두고 한 말이겠지만 그만큼 시조는 짧게 제한된 형식 안에 압축의 묘를 요한다는 뜻이기도 하다. 그는 또 시조는 전후 위치며 문세(文勢)의 변화를 좌우하는 조어법이 중요하다는 것을 강조하기도 했다. 이은상의 이 시조는 현대시의 수사법에서 최고로 활용되는 비유법이나 상징은 일언반구도 활용하지 않았다. 전후 어구의 배치와 변화의 굴절은 천기(맑은 날과 흐린 날 혹은 안개 낀 날)와 심기(맨 정신과 주취〔酒醉〕 상태)의 사실적 근거 위에서 아무런 갈등 없이 자연스런 흐름을 타고 있을 뿐이다. 섬이 있고 없는 것(보이고 안 보이는 것)은 옛날 한시의 허실법(虛實法)을 의방한 것이라 할 수도 있고 한국 전통 시가의 맥박인 '절로' 사상과 자연사상을 계승한 것이라고도 할 수 있다. 그는 아주 유연한 심서(心緖)로 이 절로 사상과 자연사상에 무상(無常)한 인정의 곡절을 불어넣었다. 다시 말하면 절로 사상과 자연사상의 협화음(協和音)에다 무상한 인정의 불협화음으로 화음을 시도한 것이 노산의 시조다. 한국인의 언어생활에 상용 투식어(套式語)로 쓰이는 말에 '긴가(其인가) 민가(未인가)'라는 말이 있고 아리송하다느니 애매모호하다느니 귀에 걸면 귀걸이 코에 걸면 코걸이(耳懸鈴鼻懸鈴)란 말들이 있다. 이러한 안개 같은 상황에서 발생하는 유사한 심의 현상이 '망설임'이다. 이 망설임은 한국의 전통 시가(특히 민요시)에 뿌리를 두고 있다. 노산은 우리 민족의 가슴에 체질적으로 배어 있는 이러한 토속적인 관념을 시화(詩化)하는 데 탁월한 재질을 가진 전통 시인이다. 망설임의 정황을 다룬 연작 시조로 그의 또 다른 대표작 「그집 앞」과 「成佛寺의 밤」을 더 들어보자.

> 오가며 그집 앞을 지나노라면/ 그리워 나도 몰래 발이 머물고./ 오히려 눈에 띌까 다시 걸어도/ 되오면 그 자리에 멎었습니다// 오늘도 비내리는 가을 저녁을/ 외로이 이 집 앞을 지나는 마음/ 잊으려 옛날 일을 잊어버리려/ 불빛에 빗줄기를 세며 갑니다.
>
> (「그집 앞」)

전통 시조 형식인 3장시조도 아니고 그렇다고 노산(鷺山)이 개척한 소위 양장시조 형식도 아니다. 그는 정형 율격의 테두리 안에서 여러 가지 형식을 실험했다고 한다면 이 시도 그 부류의 특유한 4행시라고 할 수 있다. 제1연은 김소월의 「가는 길」과 그 심리적 및 조사적(措辭的) 패턴이 일치한다. "그립다/ 말을 할까/ 하니 그리워. 그냥 갈까/ 그래도 다시 더 한번"과 비교를 해보면 그 착의(着意)와 심리적 율격이 너무도 유사하다. 시계추처럼 왕복을 반복하면서 어느 한곳에 무게를 싣지 않고 평형으로 파동을 타고 있는 정서의 미묘한 율동, 그리움이 동심의 표정을 항상 지니고 있기에 불안과 갈등의 상처를 입을 수가 없다. 불빛에 빗줄기를 세며 간다는 것을 어떻게 새겨야 할까. 그리움이 잠시 휴식하는 여유에 깃든 낭만적 정감인가. 가을밤 궂은비는 그 모습보다는 소리가 우리 전통 시가에서 빼놓을 수 없는 서정의 중요한 발생 동기이긴 하지만 노산은 여기서 동심에 어우르는 가을비로 그 소리보다는 불빛에 비치는 시각적 영상을 선택했다.

> 成佛寺 깊은 밤에 그윽한 풍경 소리/ 主僧은 잠이 들고 客이 홀로 듣는구나/ 저 손아 마저 잠들어 혼자 울게 하여라// 댕그렁 울릴 제면 더 울릴까 맘 졸이고/ 끊인 젠 또 들리리라 소리 나기 기다려서/ 새도록 풍경 소리 데리고 잠못 일워 하노라 (「成佛寺의 밤」)

이 시조 역시 정야(靜夜)와 종성(鐘聲), 잠든 주승(住僧)과 깨어 있는 객(客), 종소리의 울림과 끊어짐이 대칭 관계를 이루고 있으면서 그 교감의 묘를 살리고 있는 점에서는 앞의 「五六島」나 「그집 앞」과 일치한다. 그러나 이 시조의 특장은 특이한 아이러니에 있다. 제1연의 종장은 이 아이러니를 집중적으로 활용하고 있다. 시적 화자가 심취해 있는 것은 밤새도록 울리고 있는 종소리다. 주승과 함께 객이 마저 잠들고 종소리만 울리기를 바라는 것은 화자의 본의가 아니다. 화자의 심정은 종소리와 더불어 있다. 우리는 여기서 노산 특유의 아이러니의 재치를 발견한다. 또한 중요한 것은 우리 전통 시가에 연면히 흐르는 연정의 정서를 계승하고 있다는 사실이다. 그것은 예로부터 관용어구로 쓰이고 있던, 임 생각에 엎치락뒤치락 잠 못 이룬다는 뜻의 전전반칙(輾轉反側), 전전불매(輾轉不寐)라는 표현이 이 시조의 정서를 표현하는 데 적격이기 때문이다. 그뿐 아니라 우리 전통 시가의 고유한 시정(詩情)의 하나인 '마음의 여유'를 전승한 것을 더 들 수 있다. 그것은 시적 자아를 객관화하는 기법이다. 이 시조의 '저 손아'는 화자 자신을 객관화한 호칭이다. 우리 고시조에 "말이 놀라거늘 혁 잡고 굽어보니/ 錦繡靑山이 물 속에 잠겼세라/ 저 말아 놀라지 마라 그를 보려 하노라"가 있다. 자신이 타고 있는 말인데도 '이 말아' 하지 않고 '저 말아'라고 한 것과 같은 기법이다.

> 뵈오려 못뵈는님 눈감으니 보이시네/ 감아야 보이신다면 소경되어 지이다.
>
> (「소경되어 지이다」)

이 작품은 양장시조다. 시는 언어의 양을 줄이면 줄일수록 그것이 서정이든 관념이든 압축된 결정체의 광채가 빛나야 한다. 고시조에서 흔하게 볼 수 있는 주제가 충·효·열(忠·孝·烈) 사상이지만 그 표현은 몇몇 작품을 제외하고는 대개가 사실적이고 직설적인 표현을 많이 썼다. 노산은 탁월한 재치로 시상의 기발한 전환을 유연하게 전개하고 있다. 그 유연성은 전게한 대로 서로 상반되거나 유사한 것끼리의 연접 관계가 자연스러운 데서 발생한다. 현상적 시각과 상상적 시각의 연접이 자연스러울 뿐 아니라(초장) 눈을 감는 행위가 소경으로 비약하는 것(종장)은 부자연이 아닌 초자연의 승화 현상이다. 초자연이라고 할 수 있는 것은 앞 장에서의 그리움(효심)이 그대로 이어지면서 받은 탄력이 극치로 비약(소경)했기 때문이다. 한시의 구법(句法)에서 전구(轉句)가 발휘하는 극적 효과와 똑같은 기능을 이 시조의 종장에서 발견할 수 있다.

이상화

양감정(兩感情) 공존의 비극

──저항적 열정과 허무적 감상

「마돈나」 지금은 밤도 모든 목거지에 다니노라 疲困하여 돌아가련도다.
아 너도 먼동이 트기 전으로 水蜜桃의 네 가슴에 이슬이 맺도록 달려오너라.

「마돈나」 오려므나. 네 집에서 눈으로 遺傳하던 眞珠는 다 두고 몸만 오너라.
빨리 가자. 우리는 밝음이 오면 어딘지 모르게 숨는 두 별이어라.

「마돈나」 구석지고도 어두운 마음의 거리에서 나는 두려워 떨며 기다리노라.
아, 어느덧 첫닭이 울고—뭇 개가 짖도다. 나의 아씨여 너도 듣느냐.

「마돈나」 지난 밤이 새도록 내 손수 닦아 둔 寢室로 가자 寢室로!
낡은 달은 빠지려는데 내 귀가 듣는 발자국—오 너의 것이냐?

「마돈나」 짧은 심지를 더우잡고 눈물도 없이 하소연하는 내 마음의 촛불을 봐라.
羊털 같은 바람결에도 窒息이 되어 얄푸른 연기로 꺼지려는도다.

「마돈나」 오너라. 가자 앞산 그리메가 도깨비처럼 발도 없이 이곳 가까이 오도다.

아, 행여나 누가 볼는지—가슴이 뛰누나. 나의 아씨여 너를 부른다.

「마돈나」 날이 새련다. 빨리 오려무나. 寺院의 쇠북이 우리를 비웃기 전에 네 손이 내 목을 안아라. 우리도 이 밤과 같이 오랜 나라로 가고 말자.

「마돈나」 뉘우침과 두려움의 외나무다리 건너 있는 내 寢室 열 이도 없느니! 아 바람이 불도다. 그와 같이 가볍게 오려므나. 나의 아씨여 네가 오느냐?

「마돈나」 가엾어라. 나는 미치고 말았는가. 없는 소리를 내 귀가 들음은

내 몸에 피란 피 가슴의 샘이 말라 버리듯 마음과 몸이 타려는도다.

「마돈나」 언젠들 안갈 수 있으랴. 갈 테면 우리가 가자. 끄을려 가지 말고—너는 내 말을 믿는 「마리아」—내 寢室이 復活의 洞窟임을 네야 알련만……

「마돈나」 밤이 주는 꿈 우리가 얽는 꿈, 사람이 안고 궁구는 목숨의 꿈이 다르지 않느니

아, 어린애 가슴처럼 歲月 모르는 나의 寢室로 가자. 아름답고 오랜 거기로.

「마돈나」 별들의 웃음도 흐려지려 하고 어둔 밤 물결도 잦아지려는도다.

아, 안개가 사라지기 전으로 네가 와야지 나의 아씨여, 너를 부른다.

(「나의 寢室로」)

이상화의 시는 정서적으로는 낭만주의, 사상적으로는 민족주의 사상과 프롤레타리아니즘 사상이 교묘히 혼합되어 있는 것이 특징이다. 「나의 寢室로」는 낭만주의 계열의 대표적인 작품이다. 낭만주의는 크게는 상징주

의와 혹은 상징주의의 속성인 데카당티즘과 연관을 가지고 있다. 비합리적인 감성적 사고는 물론, 모호한 원시성 추구, 자유분방한 도피적 사상, 신기를 더한 미적 탐닉 등은 낭만주의의 일반적 성격이다. 낭만주의의 부정적인 측면이 현실 부정에서 오는 강한 절망적 정서라고 한다면 긍정적인 측면은 심적 공허를 충당하는 대상물을 추구하는 꿈의 정서다. 상화의 경우, 당시 소위 백조(白潮) 동인들이 갖는 공통 현상으로 전자의 요소가 강하다. 그러면서도 상징주의가 가지고 있는 숨은 미(美)를 가리고 있는 베일을 벗기는 신선한 힘을 보여주지는 못한다.

이 작품은 시간적 강박관념에서 발생하는 공상적 격정으로 일관되어 있다. 구체적으로 내용을 살펴보면 우선 눈에 띄는 것이 전 작품에 깔려 있는 밤의 시간적 배경이다. 이 밤은 우리의 고시가에서 흔히 볼 수 있는 향락을 누리는 시간성(비록 짧은 시간의 아쉬움일지라도)과는 다르다. 그것은 남의 눈을 피하기 위한 도피의 수단에 불과하다. 새벽을 알리는 암시는 무려 아홉 군데나 나온다. 이러한 급박한 시간 의식은 묘사의 주체와도 관련이 있다. 이미지 형성 면에서 애인의 모습에 대한 묘사는 거의 없다. 마돈나가 형상화된 곳은 "水蜜桃의 네 가슴에 이슬이 맺도록"이란 묘사한 군데밖에 없다. 마음은 피곤하고 두려워 떨며 얄푸른 연기로 꺼져가는 등 화자의 심리 묘사로 일관되어 있다. 뿐만 아니라 사회적 가치 및 형식적인 사회적 삶 자체가 부정되어 있다. 가령 진주로 대표되는 재화에 대한 혐오감이라든가('진주'를 눈물로 해석하는 경우도 있기는 하지만?) 특히 끝부분의 중요한 의미 대목에서 "밤이 주는 꿈"(일상적 잠 속의 꿈)이나 "우리가 얽는 꿈"(희망과 이상)이나 "사람이 안고 궁구는 목숨"(고통스러운 현실적 삶)을 하나같이 꿈(허황됨)으로 보는 것은 분명히 허무주의적이다. 그러나 이러한 부정적 관점에 맞서서 반대급부적으로 '마돈나'에 대한 그리움이나 침실을 '부활의 동굴'로 생각하는 모순된 사실은 무엇을 의미하는 것일까. 동심(어린애 가슴)과 부활과 영원의 상징인 침실에의 동경은 '마돈나'와의 일체화를 꿈꾸는 것이다. 그것은 기다림의 유시간적 고통에서 무시간적 망각의 황홀경을 추구하는 행위다. 뮈세의 말대로 낭만주의 문학이 고통을 우선해서 보는 특징이 있다면 이 작품은 연인의 부재에서 현전으로 옮아가는 과정상의 고통을 분명히 하고 있는 점에서 낭만시의 특징을 잘 드러내고 있다. 그러나 모든 삶의 의미를 부정하면서도 부활의 의미를, 아무런 뒷받침도 하지 못하고 있는 침실을 '부활의 동굴'로 생각하는 것은 낭만주의가 안고 있는 충동적 발상에 불과하다. 여기서 연인이 아무리 마돈나나 마리아로 미화되어 있다고 해도 현전하지 않는 환상적 여인이듯이 그의 산문시 「夢幻病」의 여인도 이와 유사한 성격을 띤다. 하얀 의상을 입고 전설 속의 여인처럼 나타나서 사라진다. 부재의 연인에 대한 그리움은 동서고금을 통해 연시(戀詩)의 테마이기도 하지만 그리움에서 진일보하여 꿈과 현실의 일체화는 우리의 전통 문학—시와 소설 어느 경우든—에서 흔히 볼 수 있는 현상이다. 고대 시가에서는 오히려 꿈에서도 만날 수가 없다고 개탄하는 수도 있지만 소위 몽유록류(夢遊錄類)의 우리 고대소설에서는 꿈속에서의 만남은 보편적 현상이다. 이상화의 「이별을 하느니」는 이러한 만남이 이루어지지 않은 상태에서 서로간의 심리적 거리를 압축하는 긴장이 가속적으로 진행되고 있다. 이별하기보다는 두 마리의 인어가 되어서 살고 싶다라든가 서로 바라보며 우는 두 별이 되자라든가 피 울음 우는 두견이 되자고 절규하는 것이 그러한 예다. 그러나 「빼앗긴 들에도 봄은 오는가」는 전혀 성격이 다르다.

지금은 남의 땅—빼앗긴 들에도 봄은 오는가?/ 나는 온 몸에 햇살을 받고/ 푸른 하늘 푸른 들이 맞붙은 곳으로/ 가르마 같은 논길을 따라 꿈속을 가듯 걸어만 간다./ 입술을 다문 하늘아 들아/ 내 마음에는 내 혼자 온 것 같지를 않구나./ 네가 끌었느냐 누가 부르더냐./ 답답워라 말을 해 다오./ 바람은 내 귀에 속삭이며/ 한 자욱도 섰지 마라 옷자락을 흔들고/ 종달이는 울타리 너머 아가씨 같이 구름 뒤에서 반갑다 웃네./ 고맙게 잘 자란 보리밭아/ 간밤 자정이 넘어 나리던 고운 비로/ 너는 삼단 같은 머리털을 감았구나. 내 머리조차 가뿐하다./ 혼자라도 가쁘게 나가자./ 마른 논을 안고 도는 착한 도랑이 젖먹이 달래는 노래를 하고 제 혼자 어깨춤만 추고 가네./ 나비 제비야 깝치지 마라. 맨드라미 들 마을에도 인사를 해야지./ 아주까리기름을 바른 이가 지심매던 그 들이라도 보고 싶다./ 내 손에 호미를 쥐어다오./ 살찐 젖가슴과 같은 부드러운 이 흙을 발목이 시도록 밟아도 보고 좋은 땀조차 흘리고 싶다./ 강가에 나온 아이와 같이/ 셈도 모르고 끝도 없이 닫는 내 魂아/ 무엇을 찾느냐 어디로 가느냐 우습다 답을 하려무나./ 나는 온 몸에 풋내를 띠고/ 푸른 웃음 푸른 설움이 어우러진 사이로/ 다리를 절며 하루를 걷는다. 아마도 봄 신명이 접혔나 보다./ 그러나 지금은 들을 빼앗겨 봄조차 빼앗기겠네.

(「빼앗긴 들에도 봄은 오는가」)

이 시는 민족주의 사상이 열정적으로 쏟아져 있는 시다. 이상화의 민족주의는 낭만주의는 물론 프롤레타리아니즘과도 연루되어 있다. 이 시는 바로 이 세 가지 사상적 경향을 공유하고 있다. 1920년대에 시작 활동을 같이한 주요한과 김동환이 서정주의와 민족주의를 공유하고 있는 현상과 복합적 성격 면에서 유사하다. 그의 민족주의 정서는 낭만주의적 속성과 합류할 때는 연민적 비애와 허무적 감상으로 기울고 프롤레타리아니즘을 만날 때는 표면적이든 내면적이든 저항의 형식을 취하게 된다. 이러한 종합적인 면을 이 시에서 발견할 수 있다.

'빼앗긴 들에도 봄은 오는가'라는 제목은 조사(措辭)상으로 여러 가지 사유와 정감이 복잡하게 얽혀 있다. 직설적이면서 설의(設疑)와 반어의 중복 형식을 취하고 있다. 억울한 심정을 호소하는 면에서는 직설이지만 나라를 잃어버렸는데 봄은 변함없이 찾아와서 기쁘다는 뜻과 차라리 봄마저 찾아오지 말았어야 하는 것을 와서 오히려 야속하다는 뜻에서는 설의와 반어의 이중 구조가 된다. 우리는 여기서 "모란이 피기까지는 나는 아직 나의 봄을 기다리고 있을 테요"라고 한 영랑과 "國破山河在 城春草木深"이라고 탄식한 두보와 유사한 심정적 동기를 읽을 수 있다. 이 시에서 민족적 정서는 국토(자연과 농토)에 대한 애착과 농민에 대한 사랑에 그 동기를 둔다. 잘 자란 보리밭이며 마른 논에 물을 대어주는 도랑이며 기름진 옥토를 마음껏 밟아보고 싶은 심정이 그것이다. 특히 이러한 관념을 종합한 끝 구절 "지금은 들을 빼앗겨 봄조차 빼앗기겠네"에는 죽어도 빼앗길 수 없다는 역설적 의지가 깊이 배어 있다. 이러한 민족적 정서 외에 프롤레타리아적 기질을 엿볼 수 있는 곳은 바로 "아주까리기름을 바른 이가 지심 매던 그 들이라도 보고 싶다"는 대목이다. 그러나 이 시에서 민족정서나 프롤레타리아 의식이라고 할 사상적 요소는 사실상 낭만적 정조의 기승(氣勝)에 가려져 있는 것이 사실이다. 낭만적 정서로 특별한 관심을 끄는 것은 "마른 논을 안고 도는 착한 도랑이 젖먹이 달래는 노래를 하고 제 혼자 어깨춤만 추고 가네"이다. 이 구절은 워드워즈의 「수선화」에 나오는 "나는 한 눈에 보았네./ 무수한 수선화들이 머리를 까닥이며 흥겨이 춤추는 것을"이라는 대목과 동심적 정황이라든가 의태적 묘사의 기법이 거의 일치한다.

앞서 지적했듯이 그의 낭만주의 열정이 프롤레타리아니즘 의식과 접합할 때는 강력한 저항적 절규로 변모한다. 「街相」이란 제목에 묶은 세 편의 시(「구루마꾼」, 「엿장사」, 「거러지」)는 이미 제재가 암시하듯이 빈고(貧苦)의 정서를 주로 하면서 진실된 삶의 모습을 생생하게 묘사할 뿐 아니라 분출하는 저항심을 내포하고 있다. 「구루마꾼」은 "웃통을 벗은 구루마꾼이/ 눈 붉혀 뜬 얼굴에 땀을 흘리며/ 아낙네의 아픔도 가리지 않고/ 네거리 위에서 소 흉내를 낸다"라고 묘사한다. 노동자의 고행상이라기보다 짐승으로 추락한 밑바닥 인생에 대한 사회적 고발의 분노를 풍겨준다. 「엿장수」에서는 엿장수의 가위 소리는 단순히 엿을 파는 것(엿의 단맛은 사회적 비리나 허례허식을 의미함)이 아니고 큰 가위로 목탁을 치는 것으로 간주한다. 「거러지」는 완악하게 된 세상을 숨어 살 필요 없이 과감히 밖으로 나올 것을 종용한다. 세상에 대한 정면 대결은 불의에 대한 결연한 도전이다. 그리고 거러지를 "하나님의 아들들의 罪錄"이라고 한 것은 신랄한 아이러니다. 그러나 이러한 작품성은 단순한 사회적 저항의 일면에 불과할 뿐, 그의 전작에 흐르는 보편적 성격이 되지는 못한다. 말하자면 그의 작품을 프롤레타리아 문학으로 볼 수 없는 것은 계급혁명에 대한 의지나 공격적 파괴 행위가 거의 나타나 있지 않기 때문이다. 따라서 계급적 민족주의 사상에 깊이 빠져들었던 김기진·박영희·조명희·박팔양·임화 등과는 성격을 달리한다. 이 점에 대해서 백철은 그를 프롤레타리아 시인과 구별해서 경향파 시인이라 했고, 김기진은 "본질상으로 叛逆의 詩人이지만 허무사상을 축으로 한 환상과 열정의 圓舞를 춤추는 多血性의 詩人"이라고 했다. 사실상 이상화는 자신의 말대로 "촛불로 날아들어 죽어도 아름다운 나비"일 수 있을 만큼 천부적인 낭만주의 시인이다.

김영랑

서정의 신비

— '그늘 없는 소리', '향 맑은 구슬 손'

내 마음을 아실 이
내 혼자 마음 날같이 아실 이
그래도 어디나 계실 것이면

내 마음에 때때로 어리우는 티끌과
속임없는 눈물의 간곡한 방울방울
푸른 밤 고이 맺는 이슬 같은 보람을
보밴 듯 감추었다 내어드리지

아! 그립다
내 혼자 마음 날같이 아실 이
꿈에나 아득히 보이는가

향맑은 옥돌에 불이 달아
사랑은 타기도 하오련만
불빛에 연긴 듯 희미론 마음은

사랑도 모르리 내 혼자 마음은

(「내 마음을 아실 이」)

김영랑은 한국 서정시의 정상에 서 있는 시인으로 잘 알려져 있다. 흔히 "북에는 素月, 남에는 木月과 永朗"이라고 한다. 그 이유는 "詩에다 음악을 접붙인 듯 그 音調가 아름답고 素月 시에서 보는 애절한 정서보다 건전(고상)하면서도 至純한 정서" 하며 "언어 하나하나가 섬세하고 미묘하게 조탁되어 기묘한 뉘앙스를 지니기" 때문이라고 한다. 여기 예시 외에도 「돌담에 속삭이는 햇발」, 「끝없는 강물이 흐르네」, 「가늘한 내음」, 「除夜」, 「四行詩」 등은 모두가 이러한 요소가 두드러진 시편들이다.

이 시는 시적 표현의 한 특징인 의미의 여운을 많이 안고 있는 작품이다. 내 마음을 안다는 것인지 모른다는 것인지가 애매모호하다. 여기서 잠시 고시조 한 수를 인용해본다.

"梨花에 月白하고 銀漢이 三更인 제/ 一枝 春心을 子規야 알랴마는/ 多情도 病인 양하여 잠 못들어 하노라."(李兆年). 이희승은 이 시조에서 긍정과 부정이 공존하는 양의(兩義)의 애매성을 수사상의 장기로 찬양한 바 있다. 봄밤에 서린 다정다감한 정서를 아는 주체가 화자인지, 이화인지 아니면 자규인지 애매모호하다는 것과 "子規야 알랴마는"의 언술에서 '~알랴' 로 끝나면 반어법으로 모른다는 뜻으로 기울지만 거기에 '~마는' 이 첨가됨으로 다시 모른다의 부정, 즉 안다는 쪽으로 기울어져 그 언술 내용이 애매모호하다는 것이다. 현대 시학에서 이 의미의 모호성을 시적 기능의 중요한 특징으로 삼는 것은 이미 일반화된 이야기다(W. 엠프슨의 7가지 모호성 등). 영랑의 시에서 맨 끝 행에 나오는 '사랑'이란 말을 살펴보면 이는 일자양의(一字兩義)로 사랑의 정을 나타낼 수도 있고 사랑하는 사람이 될 수도 있다는 것. 또 "내 마음을 아실 이"에서 '~아실'은 어미가 관념형으로 미래 시제와 다르다. 미래 시제형은 안다는 확정의 뜻이지만 관념형은 그 뒤에 후속되는 동사나 존재사의 성격에 따라 그 뜻이 애매할 수가 있다. 그래서 분명히 안다는 뜻의 '~아신'과도 판연히 구별이 된다. 그러나 문제는 제목만이 아니다. 내 마음을 아실 분이 있다는 것인지 없다는 것인지 그것이 베일에 가려 있다. "내 혼자 마음" 하면 벌써 나 외에는 아무도 모른다는 뜻인데 그래도 사랑하는 그 누가 알아주기를 기대한다. 그러면서 나는 간곡한 지순의 깊이로 꼭꼭 숨는다. 그리워하면서도 달아나는 처녀의 순정처럼 숨어서 내 전부를 영롱한 이슬로 그대의 햇빛 위에 띄우기라도 하려는 듯. 그러나 감추어진 보배(눈물의 이슬)는 무위한 것. 이 이슬은 간 곳 없고 향 맑은 옥돌이 정념의 불덩이로 등장한다. 사랑의 눈물이 이슬이 되었다가 옥돌이 되는 것도 비약이지만 옥돌에 향을 주입하는 것은 신출귀몰하는 연금술이다. 이것을 단순히 공감각의 기법이라고 치부하는 것은 가녀린 애소(哀訴)와 불타는 정욕을 동시에 구사한 한국 시가의 전통성을 놓치는 우둔한 접근이다. 결국 전체적으로 보면 자신의 사랑을 아는 이(임)가 있다와 없다가 몇 번의 반전을 거듭한다. 이렇듯 영랑은 인간의 서정적 심리를 자유자재로 구사한다. 속속들이 스며드는 세정(細情)의 오묘한 뉘앙스는 비유적으로 설명할 수밖에 없을 것 같다. 우리 고문(古文, 「弔針文」)에 보면 바느질 기법이 나온다. "누비며 호며 감치며 박으며 공그릴 때에 겹실을 꿰었으니, 鳳尾를 두르는 듯, 땀땀이 떠갈 적에 首尾가 相應하고, 솔솔이 붙여 내매 造化가 무궁하다." 그의 시문장의 조사(措辭)는 바로 이렇게 정교하다.

모란이 피기까지는/ 나는 아직 나의 봄을 기다리고 있을 테요/ 모란이 뚝뚝 떨어져 버린 날/ 나는 비로소 봄을 여읜 설움에 잠길 테요/ 五月 어느 날 그 하루 무덥던 날/ 떨어져 누운 꽃잎마저 시들어 버리고는/ 천지에 모란은 자취도 없어지고/ 뻗쳐오르던 내 보람 서운ㅎ게 무너졌느니/ 모란이 지고 말면 그 뿐 내 한 해는 다 가고 말아/ 三百 예순날 하냥 섭섭해 우옵내다/ 모란이 피기까지는/ 나는 아직 기다리고 있을 테요 찬란한 슬픔의 봄을 (「모란이 피기까지는」)

영랑의 시는 대부분이 직정적인 서정시다. 단지 그 정서의 유형이나 농도 혹은 그것을 다루는 기교상의 특징이 다를 뿐이다. 그런 뜻에서 보면 이 시의 서정적 분위기는 비극적이다. 흔히 시에서 비애미라고 해서 슬픔의 서정을 시적 효과의 으뜸으로 하는 것은 고대 시학(아리스토텔레스의 시학)에서 유래한 전통적 미학 때문만은 아니다. 그것은 슬픔은 기쁨으로 정화할 수 있지만 기쁨은 슬픔으로 옮길 수도 없고 또 그럴 이유도 없기 때문이다. 그만큼 비극성은 예술적 표현의 한 운명적 조건이라 할 수 있잖을까. 그러나 이 「모란이 피기까지는」은 그의 시에서 거의 유일하다고 할 만큼 그의 주된 비극적 서정에 주지적 상상력이 상당한 기능을 하고 있는 작품이다. 이제 그 구조 속으로 들어가보자. 먼저 시 구성을 살펴보면 전체는 3단 구성으로 되어 있다. 제1단(1, 2행)은 모란이 피기를 기다리는 과정이고 제2단(3~10행)은 꽃이 지는 상황과 화자의 심정을 묘사한 과정이며 제3단(11, 12행)은 다시 기다림의 과정으로 이어져 있다. 우리는 여기서 화자의 심리는 모란이 피는 기쁨보다 모란이 지는 슬픔에 초점을 두고 있다는 사실을 알게 된다. 모란이 피기까지의 기다림의 안타까움에서 모란이 활짝 핀 환희의 단계를 건너뛰어서 모란이 지는 절망이 바로 연결된다. 꽃이 핀 모습은 간데없고 어느 새 뚝뚝 떨어져 천지에 자취도 없이 사라져버린 것이다. 이 시간대의 비약도 비약이지만 꽃이 지는 상태는 자세하면서도 그 묘사의 폭이 넓다. 아직 생기가 남아 있는 "떨어져 누운 꽃잎마저 시들어버린"다는 것은 가혹한 절망의 재촉이다. 때문에 "천지에 모란은 자취도 없어지고"의 후속 묘사가 따르게 되고 이 묘사적 상황을 관념화한 것이 "뻗쳐오르던 내 보람 서운ㅎ게 무너졌느니"다. 이를 다시 점층적으로 과장한 것이 "모란이 지고 말면 내 한 해는 다 가고 말아"와 "三百 예순 날 한양 섭섭해 우옵내다"다. 모란의 의미는 일생(시에는 명문화되지 않았지만)을 전부로 해서 그 위의 한 해, 또 그 위에 봄을, 그 봄의 정상에 자리하고 있으면서 삶의 최고의 보람을 표방한다. 이 정상의 깃발 같은 의미가 실종되었을 때의 환멸과 공허의 대추락, 이 걷잡을 수 없는 충격을 흡수하기 위한 제3단의 장치로 대전환이 따른다. “나는 아직 기다리고 있을 테요/ 찬란한 슬픔의 봄을.” 이 뒤의 구절을 놓고 모란이 피니까 기쁘고 모란이 지니까 슬픈 봄이라는 평면적 해석을 하는 것은 이 시의 주지적 내지 상징적 기능을 격하시키는 것밖에 안 된다. 슬픔을 찬란하게 보는 역설 형식의 비애미는 대체로 주지적 기능이 취약한 이 시인의 또 다른 일면이 될 수가 있다.

울어 피를 뱉고 뱉은 피 도로 삼켜/ 평생을 원한과 슬픔에 지친 작은 새/ 너는 너른 세상에 설움을 피로 새기러 오고/ 네 눈물은 數千 세월을 끊임없이 흐려 놓았다./ 여기는 먼 南쪽 땅 너 쫓겨 숨음직한 외딴 곳/ 달빛 너무도 황홀하여 호젓한 이 새벽을/ 송기한 네울음 千 길 바다 밑 고기를 놀래이고/ 하늘 가 어린 별들 버르르 떨리겠구나.// 몇 해라 이 三更에 빙빙 도는 눈물을/ 솟지는 못하고 고인 그대로 흘리었느니/ 서럽고 외롭고 여윈 이 몸은/ 퍼붓는 네 술잔에 그만 지늘겼느니/ 무섬증 드는 이 새벽 가지 울리는 저승의 노래/ 저기 城 밑을 돌아나가는 죽음의 자랑찬 소리여/ 달빛 오히려 마음 어둘 저 흰등 흐느껴 가신다./ 오래 시들어 파리한 마음마저 가고 지어라// 비탄의 넋이 붉은 마음만 낱낱 시들피느니/ 짙은 봄 옥 속 春香이 아니 죽였을라디야/ 옛날 王宮을 나선 나이 어린 임금이/ 산골에 홀히 우시다 너를 따라 가셨드라니/ 古今島 마주 보이는 南쪽 바닷가 한 많은 귀향길/ 千里 망아지 얼렁소리 쉰 듯 멈추고/ 선비 여윈 얼굴 푸른 물에 띄웠을 제/ 네 恨된 울음 죽음을 호려 불렀으리라.// 너 아니 울어도 이 세상 서럽고 쓰린 것을/ 이른 봄 수풀이 초록빛 들어 풀 내음새 그윽하고/ 가는 댓잎에 초생달 매달려 애틋한 밝은 어둠을/ 너 몹시 안타까워 포실거리며 훗훗 목메었느니/ 아니 울고는 차마 죽어 없으리 오! 不幸의 넋이여/ 우거진 진달래 와직 지우는 이 三更의 네 울음/ 희미한 줄山이 살풋 물러서고/ 조고만 시골이 홍청 깨어진다.

(「두견(杜鵑)」)

김영랑은 문예 사조상으로 보면 낭만주의 시인이다. 여기 「杜鵑」은 낭만파의 거장 존 키츠의 「나이팅게일 賦」와 유사한 점이 많다. 작품 제재나 구조 그리고 이미지 전개 양상이 그렇다. 이러한 사실은 한국의 근대 시 내지 현대 시 초기 과정에서 한국 시인들이 서구 시의 영향을 많이 받았다는 사실의 일환일 수도 있지만 특히 영랑은 자신의 시집 「永郎詩集」 속지에 키츠의 시 구절("A thing of beauty is forever")을 제자(題字)로 쓸 만큼 그에게 관심이 많았던 것으로 보인다. 그래서 좀 장황할지 몰라도 영랑의 「杜鵑」과 키츠의 「나이팅게일 賦」를 비교해보기로 한다(졸저 『詩의 原理와 批評』, pp. 138~144 전재. 단, 「나이팅게일 賦」는 지면상 시문 인용을 생략함).

먼저 이 두 작품은 제재가 다 같이 원형적 배경으로 비극적 환생 설화를 가지고 있는 것이 공통점이다. 두견은 촉국(蜀國)으로 돌아가지 못한 망제(望帝)의 원혼이란 사실과 계모의 학대와 시새움에 죽은 전실녀(前室女)의 넋이란 점에 대해서 나이팅게일은 오라비에게 강간당한 누이의 넋이란 점이 유사하다. 이 두 조류의 서식 환경도 마찬가지다. 우는 시기가 봄과 여름이고 우는 시간도 밤 시간이라는 게 공통점이다. 그러나 나이팅게일은 설화 내용과는 달리 그 보편적 이미지는 한이 아닌 환희다. 단 키츠는 이 환희를 죽음의 '안락'으로 이미지를 심화시켰는가 하면 영랑은 이 한을 죽음의 환희로 승화시켰다. 그래서 중요한 공통점은 '죽음에의 도취'(intoxicaton)라고 하는 서정적 정취다. 이 충동적 정서는 낭만시의 한 특성이다. 이제 그 내용을 살펴보자. 키츠의 작품은 8연으로 되어 있고 영랑의 것은 4연으로 구성되어 있다. 키츠는 첫 연에서 "毒 당근을 마시거나 어떤 감각을 둔하게 하는 아편을 찌꺼기까지 들이켜 忘却의 江 쪽으로 가라앉은 듯이" 감각이 마비되어가는 야릇한 황홀경에 들어간다. 시인의 상상력은 단순히 감각적으로 지각되는 재생 상상력(reproductive imaginaton)이 소멸할 때 활동을 시작한다. 아주 급속적이며 지속적으로 어떤 형상이 사라진 다음 그것과 관련을 많이 갖고 있는 또 다른 형상이 생생하게 살아나게 된다. 이것이 생산적 상상력(productive imagination)이다. 나이팅게일의 울음소리(감각적 소여)는 기억 속에서 쇠잔해가면서 독 당근과 아편을 들이킨 영혼 속에서 상상은 전개되어나간다. 나이팅게일이 "어느 旋律的인 곳에서, 헤아릴 수 없는 그늘"에서 노래한 것이나 "먼 南쪽 땅 쫓겨 숨음직한 외딴곳"에서 우는 두견과 공간적 상황이 일치된다. 키츠의 경우는 나이팅게일과 서정적 주체를 일치시킨 데 비해서 영랑은 바다의 고기와 하늘의 별이라는 객관적 상관물로 서정적 주체를 대치시킨 것이 다를 뿐이다. 내면적 신비의 미궁이라고 할 처녀림을 탐색하는 것이 낭만 시인의 의식 현상이라고 한다면 이 두 작품의 위와 같은 일치 현상은 결코 우연한 일이 아니다.

새의 울음소리를 통해 공간적 거리감을 압축하고 황홀경으로 몰입하는 경우와는 달리 이번에는 술이 촉매 역할을 한다. 키츠는 포도주를 통해 세상을 몰래 빠져나가 어슴푸레한 숲속에서 나이팅게일을 만날 것이라고 믿는다. 그러나 영랑은 "서럽고 외롭고 여윈 이 몸은/ 퍼붓는 네 술잔에 지늘겼느니/ 오래 시들어 파리한 마음마저 가고 지워라"에서 보듯이 두견의 울음이 바로 술잔으로 상징되고 있다. 이는 꿈에서만이 우리들 것이 되는 수밖에 없는 열렬한 동경의 대상을 견인하는 상상력의 마술적 통합 기능이다. "퍼붓는 술잔"은 두견의 애처로운 울음의 가락이 그 절정에 달했을 때 끌어낸 직입상징(直入象徵)으로 황홀과 무아경의 최고 경지다. 롱기너스가 낭만시는 광기와 열광을 요구하며 황홀 속에서 자기를 잊는 도취라고 한 그대로다. 키츠는 피로와 질병과 죽음과 사랑의 허망을 절망적으로 노래한다. 영랑 역시 "서럽고 외롭고 여윈 이 몸", "오래 시들어 파리한 마음", "선비 여윈 얼굴"과 같은 고통에 지질린 모습을 묘사한다. 그러나 이러한 부정적 상황 다음에는 이를 극복하는 긍정적 상황이 두 사람의 경우, 똑같이 후속된다. 키츠는 눈에 보이지 않는 시의 날개를 타고서 나이팅게일을 찾아간다. "별 仙女들로 둘러싸여 王座에 앉아 있는 달 女王님"의 밤이나 향긋한 어둠 속에서 "季節의 달이 주는 온갖 꽃"과 "풀, 잡목 숲과 야생 과실나무", "들장미", "麝香薔薇"를 즐긴다. 영랑도 "이른 봄 수풀이 초록빛 들어 풀 내음새 그윽하고/ 가는 댓잎에 초생달 매달려 애틋한 밝은 어둠"을 노래한다. 여기서 상상의 심폭은 점점 더해지면서 죽음에의 도취라고 하는 서정의 구경(究竟)에 도달한다. 그것은 키츠가 노래했던 것 그대로 영랑은 "무섬증 드는 이 새벽까지 울리는 저승의 노래/ 저기 城 밑을 돌아나가는 죽음의 자랑찬 소리여"라고 노래한다. 이재선 교수의 말대로 "死의 遁走(danse macabre)"로 기울어진다. 여기서 니힐리즘과 공허의 시대에는 죽음의 의식은 가속적으로 수용되는 현상이 일어난다. 환경에서 고립되지 않으면 괴리 현상을 빚어 자살을 하거나 미적 감수성으로써 죽음에 대한 인식을 고뇌와는 반대로 신비적으로 미화해서 죽음의 충격이나 공포를 해소시킨다는 병리학적 해석이 적용될 수 있다. 삶과 죽음의 양극은 환희와 고통이라고 하는 개별 개념을 초월하여 삶의 고통이 '죽음의 충동'(tanatopsis)을 거쳐 죽음의 환희로 극복된다. 브룩스도 죽음은 자연의 한 과정이며 부정되거나 스스로 쇠진되어버리는 것으로 생각되어서는 안 된다. 어둠은 죽음과 합쳐지며 또한 뜨거운 삶으로 가득 차 있다. 따뜻한 어둠 속으로 몰입해 들어가는 것은 영원한 자연의 형상으로 몰입하는 것이라고 했다. 영랑의 "죽음의 자랑찬 소리"와 키츠의 "안락한 죽음과 반이나 사랑에 빠져"는 역설의 미학이 이룩한 죽음 의식의 한 절정이라고 할 수 있잖을까.

신석정

동심(童心)의 동쪽 하늘

〈蘭〉이와 나는
산에서 바다를 바라다보는 것이 좋았다.
밤나무
소나무
참나무
느티나무
다문다문 선 사이사이로 바다는 하늘보다 푸르렀다.

〈蘭〉이와 나는
작은 짐승처럼 앉아서 바다를 바라다보는 것이 좋았다.
짐승같이 말없이 앉아서
바다같이 말없이 앉아서
바다를 바라다보는 것은 기쁜 일이었다.

〈蘭〉이와 내가
푸른 바다를 향하고 구름이 자꾸만 놓아가는

붉은 산호와 흰 대리석 층층계를 거닐며
물오리처럼 떠다니는 청자기빛 섬을 어루만질 때
떨리는 심장같이 자지러지게 흩날리는 느티나무 잎새가
〈蘭〉이의 머리칼에 매달리는 것을 나는 보았다.

〈蘭〉이와 나는
역시 느티나무 아래에 말없이 앉아서
바다를 바라다보는 순하디 순한 작은 짐승이었다.

(「작은 짐승」)

신석정은 노장 사상의 영향을 받은 전원시인, 혹은 목가적 시인으로 잘 알려져 있다. 「작은 짐승」에 대해 시인은 이렇게 적고 있다. "老壯의 無爲自然說로 미루어 볼 때 〈常無慾以觀其妙〉(사람이 항상 욕심이 없으면 妙門을 悟得할 수 있다)의 견지에서 본다면 인간 역시 한 마리의 짐승으로 보아 무방하리라는 道敎的 사상 근원이 이 작품에 깔려 있지만……"이라고. 노장 사상에서는 도(道)를 이렇게 이야기하기도 한다. "道는 純粹 動作이라 부를 수 있다. 순수 동작이므로 생각할 수도 없고 감각할 수도 없지만 다만 느낄 수 있다. 그러나 크다고 말하면 천지라도 포괄할 수 있고 작다고 말하면 티끌 속이라도 들어갈 수 있다. 그러므로 세계 어느 곳에 가든지 막힐 데가 없고 또 통치 못할 데가 없다. 가는 곳마다 안정치 못한 물건을 안정케 하고 화평치 못한 물건을 화평케 하고 어지러운 물건을 태평하게 한다. 또 道는 우주에 遍滿하여 上下四方에 넘쳐흐르고 있다. 있지 않는 데가 없으니 여기에도 있고 저기에도 있다. 있지 않을 때가 없으니 이때에도 있고 저때에도 있다. 그러므로 道를 얻은 聖人은 자기 자신을 온전케 하여 自然으로 돌아간다"라고. 그래서 노장이 인생을 하나의 놀이, 혹은 소요(逍遙)라고 하는 것은 이러한 도 사상의 실천적 행위를 의미한다고 볼 수 있다.

도 사상을 예술로 실천하는 데는 허구적 연출(연극이 아니라도)과 미학적 착색이 필요하다. 신석정은 그의 연출 기량을 발휘하는 데 있어서 특이한 독백 형식의 대사를 즐겨 사용한다. 그러면서 이 독백 속에는 상대역(相對役)이 등장하는 경우가 많다. 이런 현상은 시적 상상력으로 돌려 생각하면 여러 가지 의식 현상 중에서 동반자 의식이라 할 수 있다. 이 동반자(상대역)는 그의 시에서 시적 화자의 사상과 정서의 기틀을 다지는 데 있어서 중요한 공조자로서 중요한 조건이 된다. 이 동반자 역으로는 어머니, 임, 너(혹은 蘭이, 에레나, 一林, 영), 기타 자연물(봄, 갈매기 등)이 등장한다. 이 중 어머니는 지락(至樂, 행복)의 행위에 동참하는 가장 측근자지만 모성의 위상을 벗어날 수는 없다(「그 먼 나라를 알으십니까」). 그러나 임을 비롯한 '너'는 그것이 연인이든 아니든(「차라리 한 그루 푸른 대로」에서는 나와 蘭은 부녀 관계로 되어 있다) '나'와 일체화의 경지에 도달한다. 여기 「작은 짐승」이 그 전형적인 예가 된다. 이는 달리 말해서 노장 사상의 실현이 가장 구체화되었다고도 할 수 있다. 노장에 의하면 천지의 현상은 모두 상대적이다. 그 중 가장 근본적인 것으로 생사와 유무의 상대성이다. 유가 무가 되고 무가 유가 되기도 하고 생이 사가 되고 사가 생이 되는 유전(流轉)의 이치다. "〈蘭〉이와 나는 〔중략〕/ 바다를 바라다보는 순하디 순한 작은 짐승이었다"는 것은 나와 〈蘭〉이의 상대적 이질성이 순한 작은 짐승으로 일체화됨으로써 무위자연의 절대적 세계로 돌아감을 의미한다. 그렇다면 "순한 작은 짐승"의 의미는 무엇일까. 도(道)에서 이르기를 "항상 검소한 생활을 하는 哲人은 마치 조각을 하지 않은 原木의 原形과 같다"고 했다. 원형은 순수의 이칭일 수 있다. 순수로 따지자면 온갖 기교를 배양하는 사람보다는 본능밖에 없는 짐승이, 짐승 중에서도 작은 짐승, 즉 새끼 짐승이 더한 것은 사실이다. 석정은 타골과 만해의 영향을 많이 받았다고 한다. 그래서인가 만해의 시에는 극한 상황에 던져져 있는 자신의 실존적 존재를 왜소한 동물(새·고양이·잔나비·양)에 비유한 것이 여러 군데서 발견된다. 두 사람 모두가 어느 절대의 이념 앞에 순수로 체현(體現, 인

카네이션)하는 자세를 그려 보인 것이다. 또 바다는 왜 하늘보다 더 푸르다고 했을까. 물은 샘물에서 계곡을 거쳐 시냇물을 이루고 다시 강물로 커져 바다를 이룬다. 그래서 바다는 물이 도달한 최종의 집합체로서 그 상징적 의미가 크기 때문이다. 이 시의 3연은 〈蘭〉이와 내가 바다와 일체가 되는 순간 발생하는 엑스타시의 절정을 탁월한 비유로 노래한다. 물은 도가에서 중요한 의미를 띤다. 노자는 "물이 높고 깨끗한 데로 올라가려고 다른 물건과 다투지 않고 아주 낮고 더러운 곳으로 고요히 스며들어가서 모든 만물을 평등하게 잘 자라게 한다"고 본다. 결국 그는 물에서 최고 지상(至上)인 선(善)을 발견한다. 그만큼 물은 도(道)와 가깝다. "물오리처럼 떠다니는 청자기 빛 섬"이나 "떨리는 심장같이 자지러지게 흩날리는 느티나무 잎새"는 가히 심오한 직관이 비유로 굴절한 형형(炯炯)한 표현이라 할 만하다. 이렇듯 그의 시적 이미지는 마치 프리즘을 통과한 영롱한 광체와도 같다. 영랑의 시가 은쟁반에 바장이는 구슬 소리 같다면 석정의 시는 연잎에 구르는 이슬방울의 가벼운 발자국 소리 같다고나 할까.

영랑과 석정은 서정의 순수성만이 아니고 그것과 전연 다른 차원인 민족적 감정을 노래한 점에서 공통점이 있다. 영랑의 「毒을 차고」와 석정의 「슬픈 構圖」는 민족 시인이라고 알려진 이육사·윤동주의 시 못지않은 민족의 비운을 절규한 시다. 작품의 우수성은 서정성과 사상성이 융통자재하게 교류하면서 한편으로는 의미의 습곡을 형성하고 다른 한편으로는 다기(多技)한 암벽에 기화요초(琪花瑤草)의 미색과 방향(芳香)을 간직하는 일이다. 「아직 촛불을 켤 때가 아닙니다」는 이 서정성과 사상성의 양면 해석이 가능한 시다. 이 시인의 전작에 흐르고 있는 서정의 기류로 본다면 여기서 사상성을 끌어낸다는 것은 억지요 부자연스러운 해석같이 느껴질 수 있다. 그러나 우리는 이 시의 명상의 자락마다 숨어 있는 민족혼의 가쁜 호흡에 귓문을 닫을 수는 없는 일이다. 서정 시인이 본능적으로 선호하는 것 중의 하나가 은은한 밤의 정경(情景)이다. 그것은 달빛이나 별빛에 조명되는 물상의 표정이 그렇고 온갖 짐승이나 새들이나 벌레들의 울음소리가 주는 서정의 향음(響音)은 물론이고 밤의 적막에 새겨지는 등불이나 촛불이 신비스런 명상을 불러일으키기 때문이다. 그러나 화자는 시종 안간힘을 다해서 밤을 거부하고 있다. 기우는 낮의 정경이 안타깝게 묘사되어 있다. 이제 곧 다가올 밤의 문턱과 낮의 끝자락이 맞물려 있는 경계점에서 전개되는 상황은 아름답다기보다는 비극적이다. 그것은 명상의 새 새끼들이 어둠과 함께 돌아올 수밖에 없기 때문이다. 이쯤 되면 이 시인에게 있어서 밤은 더 이상 명상의 보금자리가 될 수 없게 된다. 낙조의 정경은 서정의 영상적 효과를 얻을 수 있는 한편 망국의 비애라고 하는 종말 의식을 상징화하는 이중적 효과를 얻을 수 있다. 이육사의 「黃昏」이 망국의 비애를 직설적으로 호소한 것과는 대조적이라 할 수 있다. 그를 일러 목가 시인이라고 한다. 그의 목가는 음율(자연)과 가사(민족 혹은 道 사상)가 교묘히 배합되어 꿈속같이 흐르고 있다.

> 새 새끼 포르르 포르르 날아가 버리듯/ 오늘밤 하늘에는 별도 숨었네// 풀려서 틈가는 요지음 땅에는/ 오늘밤 비도 스며들겠다.// 어두운 하늘을 제쳐보고 싶듯/ 나는 오늘밤 먼 세계가 그리워……// 비나리는 촐촐한 이 밤에는/ 밀감 껍질이라도 지근거리고 싶고나!// 나는 이런 밤에 새끼꿩 소리가 그립고/ 흰 물새 떠다니는 먼 호수를 꿈꾸고 싶다 (「촐촐한 밤」)

배가 고픈 느낌을 나타내는 말로 '출출하다'가 있고 '촐촐하다'가 있다. 또 새가 나는 의태어에도 '푸르르'가 있고 '포르르'가 있다. 'ㅏ, ㅗ'는 양성모음이고 'ㅓ, ㅜ'는 음성모음이다. 양성모음은 작고 밝고 경쾌하게 느껴지는가 하면 음성모음은 크고 어둡고 둔중하게 느껴진다. 산림 시인 도로우의 이야기를 '조근조근' 듣고 싶어 하는 석정으로서는 비 내리는 밤의 약간의 시장기(정신적 빈곤)를 촐촐하다고 할 수밖에 없었으리라. 그러나 "어두운 밤을 제쳐보고 싶"은 심정이라 했으니 밝음에 대한 갈망이 오죽했겠는가마는 그는 애써 작고 밝고 명랑한 자연의 품을 추구하는 데는 이러한 언어를 구사할 수밖에 없었다. "밀감 껍질이라도 지근거리고 싶다"는 어떻게 이해해야 할까. 시에서 화자가 고통을 더는 방법으로 먼 산을 바라본다든가 눈을 감는다든가 아니면 아예 울어버린다는 표현을 쓰는 수가 있다. 그러나 감각은 서정을 유발하는 강한 동기가 될 수 있는 반면 감정을 억제하는 힘도 된다. 밀감을 씹으면서 발생하는 그 향기가 바로 이 감각과 서정의 양면 관계를 잘 보여주고 있다.

박용철

'싸늘한 이마'와 감상(感傷)

큰 어둠 가운데 홀로 밝은 불 혀고
앉아 있으면 모두 빼앗기는 듯한
외로움
한 포기 산꽃이라도 있으면 얼마나한
위로이랴.

모두 빼앗기는 듯 눈덮개 고이 나리면
환한 왼몸은 새파란 불 붙어 있는
인광(燐光)
깜안 귀또리 하나라도 있으면 얼마나한
기쁨이랴.

파란 불에 몸을 사루면 싸늘한 이마
맑게 트이어 기어가는 신경의
간지러움
그리는 별이라도 맘에 있다면 얼마나한

가슴 속에 匕首 감춘 서릿길에 타며 타며
오너라, 여기 知慧의 뒤안 깊이
秘藏한 네 荊棘의 門이 운다.

(「門」)

"스무 살을 언덕으로 해서 나는 톨스토이의 路線을 버리고 니체를 통한 헬레니즘의 神話의 光線들 속에 자기의 살길을 만들었다고 생각했다. 처녀시집 『花蛇集』 속의 여름과 白晝의 시편들은 스물한 살 때에 대부분 쓰여진 것인데 그건 모두 이런 정신의 반영이었다." 미당(未堂) 서정주의 말이다. 그의 초기 작품에 영향을 준 것은 니체뿐 아니고 보들레르까지도 포함된다는 것은 이미 잘 알려진 사실이다. 니체와 보들레르가 공통적으로 가지고 있었던 현상은 갈등 의식이다. 니체가 자신의 철학의 상징적 표상인 차라투스트라의 출현을 두고 "빛과 어둠의 혼례"라고 한 것이나 "나는 아주 어렸을 때 두 개의 상반된 감정을 가졌었는데 그것은 삶의 공포와 삶의 法悅이다. 모든 인간에는 두 가지 동시적인 축원이 있다. 그 하나는 하나님을 향한 것이고 다를 하나는 악마를 향한 것이다"라고 한 보들레르의 말은 이러한 사실을 시사해준다. 미당 시도 이러한 갈등으로부터 출발한다. 미의식과 죄의식의 양감정(兩感情, ambivalence)은 「花蛇」, 「문둥이」, 「대낮」 등을 위시해서 『花蛇』 집에 실린 많은 작품들의 주제적 정조다. 여기 「門」도 그러한 정황을 강하게 내포하고 있다. 밤에 눈을 뜨는 것이 무섭고 괴롭고 위태한 일이라고 한 것은 묵은 인습의 노예가 된 상태를 표백한 것이고 여기에 과감한 결별을 선언한 것은 가히 혁명적인 발상이다. 시에서 발상의 혁명은 새로운 이념을 동반하지 않을 때 순수를 고수한다. 보들레르가 탈이념, 탈종교, 탈도덕이라고 하는 기치를 들고 술과 아편과 관능이라고 하는 쾌락의 영역으로 빠져들었듯이 미당도 폐(호흡)와 발톱(무기)만으로 피(육체)와 빛(악마의 울음)의 신위(神位)를 찾아간다. 신을 대신하여 인간이 앉아 있는 니체의 신위와 같은 것을. 여기서 그는 "麝香 薄荷"에 취한 지혜의 뱀을 발견하지만 그 문전만을 배회할 뿐이다. 보들레르는 양면성의 갈등이 관능적 쾌락으로 빠졌다가 우주적 본체를 향해 상승한다. 육체와 영혼뿐만 아니라 자연과 인간이 하나가 되는 「交感」의 길로 들어선다. 상징의 숲으로 들어가 그 뒤에 도사리고 있는 전능한 영혼의 실체를 감각적으로 향수한다. 미당은 "헬레니즘의 神話의 光線들 속"에서 시의 고육(苦肉)을 가꾸었으나 감각과 정신이 접합하는 내면의 깊이를 농밀하게 확대하지 못한 것이 못내 아쉽기는 하지만 당시 시적 연륜이 일천한 약관의 시인으로서 이만한 경지를 개척한 것만으로도 대견한 일이 아닐 수 없다.

서정주는 한국 현대 시사에서 시적 역량이나 그 편력의 다채로운 변모 등으로 많은 독자들로부터 각광을 받고 있는 시인 중의 한 사람이다. 우리는 많은 평자들이 그의 시집을 중심으로 시적 역정(歷程)의 특징을 몇몇 시기로 분류하여 그 변화의 추이를 체계화한 사례를 많이 보고 있다. 대체로 비슷한 소견이긴 하지만 여기서 박재삼 시인의 말을 빌리면 "『花蛇』(1938)에서는 충격적이고 관능적인 목숨의 절규를, 『歸蜀道』(1946)에서는 고향 회귀의 정태적(靜態的) 관조의 세계를 보여 주었고, 『徐廷柱詩選』(1956)에서는 심화되고 오달(奧達)된 완숙적 생체험(生體驗)의 깊이를, 『新羅抄』(1961)에서는 원융(圓融)의 형이상적 이상향을, 그리고 『冬天』(1969)에서는 불교적 삼세(三世) 인연의 미학을 보여 주었다"고 하면서 그의 "고차원의 예술적 심미안(審美眼)"을 찬양했다.

미당의 시적 역량은 한마디로 말해서 소재를 다루는 기량이 특출한 데 있다. 소재가 가지고 있는 본래의 내포 영역을 문맥 관계나 수사적 기교로 심화 확대하는 것이 시인의 일반적 기능이긴 하지만 그는 이 점에 있어 독보적인 재질을 보여주고 있다. 그의 대표작의 하나인 「국화 옆에서」를 예로 봐도 국화라는 소재를 중심으로 해서 평소의 이질적인 요소의 소재들이 가히 '폭력적인 결합'에 의해서 동일 개념을 형성한다. 이미지는 그것도 단순히 공간적으로 널려 있는 것이 아니고 사계절의 시간대 위에서 인과관계로 연계되어 있어서 한 생명체의 신비성과 존엄성이라고 하는 철학적 관념까지를 내포하게 된다. 여기에는 인생의 시련과 자연의 섭리, 갈등과 조화라고 하는 주제적 효과 외에도 생활 속에 물결친 인간의 미적 정서가 병존한다.

> 누님/ 눈물 겨웁습니다.// 이 우물 물같이 고이는 푸름 속에/ 다수굿이 젖어 있는 붉고 흰 木花꽃은// 누님/ 누님이 피우셨지요?// 퉁기면 울릴 듯한 가을의 푸르름엔/ 바윗돌도 모두 바스러져 내리는데// 저 魔藥과 같은 봄을 지내어서/ 저 無知한 여름을 지내어서/ 질갱이 풀 지슴길을 오르내리며/ 허리 구부리고 피우셨지요?
>
> (「木花」)

같은 여인상(누님)을 다룬 것이긴 하지만 이 「木花」는 시적 기능의 또 다른 한 측면을 보여준다. 「국화 옆에서」가 산문적 기교로 장치된 복잡한 구조적 망상 조직으로 되어 있는가 하면 이 「木花」는 시적 표현의 밀도를 좌우하는 비유와 상징의 심층을 보여준다. 특히 3연에서 볼 수 있듯이 목화의 소박미를 역비(逆比)로 굴절시켜 색채(푸르름) 상징으로 한 여성의 내면적 강인성을 부각시킨 것이 그것이다. 두 작품은 주제나 제재가 유사하고 봄과 여름을 거쳐 가을에 와서 이미지 전개의 결실을 시도한 것도 비슷하지만 이와 같이 참신한 이미지의 집중적 전개는 유난히 돋보인다. 봄날을 마약에, 여름을 무지에 비유한 것은 셰익스피어의 작품에서도 보기 드문 탁견이다. 마치 봄날에 농부가 쟁기로 밭을 갈아엎듯이 그의 손길은 풋풋한 흙내 같은 순박한 정서를 마술사같이 걸러낸다. 그는 정서가 어디에 숨어 있는가를 안다. 땅에서고 강에서고 아니면 하늘에서고 그는 매의 눈초리로 그것을 끌어들인다. 그리고 정서의 밑바닥을 안다. 거기에 닿아야만 정서가 빛으로 울려와서 눈물 같은 것이 되는 줄을 안다.

가난하고 외롭고 이지러진 사람들이/ 웅크리고 땅 보며 오고 가는 이 골목// 서럽지도 아니한 푸른 하늘이/ 홑이불처럼 이 골목을 덮어/ 하이얀 박꽃 지붕에 피고// 이 골목은 금시라도 날러갈 듯이/ 구석구석 쓸쓸함이 물밀 듯 사무쳐서/ 바람 불면 흔들리는 오막살이 뿐이다. (「골목」)

골목 구석구석에 묻어 있는 자연의 흔적을, 인간의 호흡과 표정과 감정을, 그는 놓치지 않고 심상의 화폭에 담는다. 마치 제1차 세계대전 당시 전운이 감돈 파리의 거리를 담은 블라맹크의 그림이 연상된다. 회화 아닌 시에서 리얼리즘의 효과는 이런 것인가 하는 생각이 든다.

그러나 그는 리얼리스트가 아니다. 리얼리즘적 소재를 관조적으로, 또 관념적으로 요리하는 로맨티스트다. 뒤에 불교에 심취한 이유도 이러한 심상의 추이와 무관하지가 않다.

이 고요 속에/ 눈물만 가지고 앉았던 이는/ 이 고요 다 보지 못하였네./ 이 고요 속에 이슥한 삼경의 시름/ 지니고 누웠던 이도/ 이 고요 다 보지 못하였네./ 눈물/ 이슥한 삼경의 시름/ 그것들은/ 고요의 그늘에 깔리는/ 한낱 혼곤한 꿈일 뿐/ 이 꿈에서 아주 깨어난 이가/ 비로소/ 만길 물 깊이의/ 벼락의/ 향기의/ 꽃새벽의/ 옹달샘 속 금동아줄을/ 타고 올라오면서/ 임 마중 가는 만세 만세를/ 침묵으로 부르네 (「고요」)

여기서의 고요는 생멸(生滅)이 함께 한 무위적정(無爲寂靜)의 경지, 곧 열반을 이른다. '눈물'과 '시름'은 고통과 한, 이는 사고(四苦: 生苦, 老苦, 病苦, 死苦)의 영역 안에 머문다. 이는 "고요의 그늘에 깔리는 혼곤한 꿈" 일 뿐, 겉으로 보기에는 여기서 깨어나야(해탈) 사무치는 법렬(法悅)의 기쁨을 누린다는 불교의 계율을 그저 범상하게 서술한 것처럼 보인다. 문제는 '고요 속을 다 보지 못한다'는 표현이다. 고요 속을 들여다보는 것은 불교적인 직관도 될 수 있지만 여기서는 심미적인 직관이다. 왜냐하면 이 시의 후반이 들여다보는 행위의 목적어적 후속절이 될 뿐 아니라 온갖 불교적 관념이 미적 형상화되었기 때문이다. 이 부분이 내포하고 있는 관념이나 이미지는 백척간두(百尺竿頭), 뇌성벽력(雷聲霹靂), 중중업고(重重業苦)의 시련을 거쳐 염화미소, 도솔천, 왕생극락(往生極樂)으로 귀의하는 것과 관련되어 있다. 종교적 환희는 정신적 성취감에서 오는 행복감으로 끝나지만 여기에 연비어약(鳶飛魚躍)하는 미적 생동감을 주는 것이 시다. 미당은 구상과 추상, 노래와 이야기를 자유자재로 넘나들면서 만물상의 시를 빚어낸 천재 장인이다.

박목월

모성의 하늘

—보랏빛 서정의 노을

냇사 애달픈 꿈꾸는 사람
냇사 어리석은 꿈꾸는 사람

밤마다 홀로
눈물로 가는 바위가 있기로

긴 한밤을
눈물로 가는 바위가 있기로

어느 날에사
어둡고 아득한 바위에
절로 임과 하늘이 비치리오

(「임」)*

---

* 이 시에 나오는 바위는 목월과 동향인 김동리의 단편소설 「바위」에 나오는 것으로, 동구 바

시적 언어는 음악적 요소(melopoeia)와 형상적 요소(phanopoeia)와 의미적 요소(logopoeia)로 구성되어 있다. 한 시인의 전체 작품성이 이 세 가지 요소를 완비하기는 힘든 일이다. 시인이 일생을 통해서 이들 중 어느 한 가지 요소에 일관되게 얽매일 수도 있고 이 세 요소를 번갈아 시기적 간격을 두고 옮겨갈 수도 있다. 목월은 대체로 후자의 성향을 띤다.

목월 시는 초기 동시에서 『山桃花』에 이르는 작품들이 민요적 율격과 형상성(形象性)에 치중되어 있다고 한다면 『蘭: 其他』 이후의 작품들은 인생과 초월적 존재에 관심을 모으고 있다. 이 점은 목월 자신의 말로 뒷받침이 된다. "나로서는 후기에 이르러 이미지를 가락보다 소중히 여길 무렵에"라든가 "그 후로 나는 이미지에 留意한 作品보다 心情의 直敍的인 作品을 쓰려고 노력했다"는 말은 가락에서 이미지로, 이미지에서 심정으로 이행한 과정을 스스로 밝힌 셈이 된다. 그러나 문제는 음악성과 형상성(이미지)이 의미성으로 옮겨간 점이다. 그의 마지막 시집인 『크고 부드러운 손』을 절정으로 그의 시는 우주적인 보편적 질서의 주체라고 할 '영원한 모성'을 향한 기원을 중심으로 하고 있다. 그러나 사실상 초기 시에서 노래한 자연에서도 그가 추구하는 모성의 모습이 이미 내비치고 있었다.

> 이 길쓺한 산자락에/ 그윽한 눈물을 눈동자에 모으고 아아/ 당신은 영원한 모성 (「山: 素描 1」)

> 아아 노고지리/ 노고지리의 울음은/ 은은한 하늘 꼭지로/ 등솔기가 길고 가는 외로운/ 혼령의 읊조림을 (「春日」)

> 松火 가루 날리는 / 외딴 봉우리// 윤사월 해 길다/ 꾀꼬리 울면// 산지기 외딴

곁에 있는 이 바위를 돌로 갈면서 소원을 빌면 들어준다고 해서 '願 바위' 혹은 '福 바위'라고 불리는데 이는 샤머니즘적 전설에서 유래된 것임.

집/ 눈 먼 처녀사// 문설주에 귀 대이고/ 엿듣고 있다. (「閏四月」)

산빛은/ 제대로 풀리고// 꾀꼬리 목청은/ 튀는데// 달빛에 木船 가듯/ 조는 菩薩// 꽃그늘 환한 물/ 조는 菩薩 (「山色」)

작품 「山: 素描 1」에서는 "산자락에 은은한 웃음과 그윽한 눈물을 눈동자에 모으고 있는 영원한 母性 당신"을 노래하고 있다. 시인은 이 모성의 실체를 밝히지 않는다. 단지 시대적 삶의 고통이 찾아낸 "핏줄에 대한 소망"이라고만 했다. 그러나 동향 작가인 김동리는 목월이 발견하는 자연의 육체는 향토성에서 온다고 하면서 그는 어떠한 의미에서든지 신의 육체를 찾지 않고서는 배길 수 없었다고 술회할 만큼 처음으로 목월의 시에서 신의 존재를 발견했다. 그렇지만 경직된 본유관념적(本有觀念的) 용어인 '신'보다는 시인이 쓴 '모성'이 서정적 내포의 여운을 담고 있는 뜻에서 더 어울리는 말같이 느껴진다. 그래서 "빛나는 母性"의 하늘 저편에서 울려오는 심령의 소리에 대한 동경이 처음부터 "아름답고 눈물겨운 본능이었다"고 한 시인의 말은 「春日」에서는 노고지리를, 「閏四月」에서는 꾀꼬리를 모성의 대유적 성격으로 이해할 수 있다. 그런가 하면 「山色」에서는 보살이라는 인격체로 등장하기도 한다.

작품 「임」은 이 모성이 인간적 실체로 드러난 작품이다. 그런 동시에 이 '임'은 목월 시의 근원적인 본유관념(아포리오리)이 된다. 본인의 말을 빌리면 아무런 구체적 대상을 갖지 않는 "젊은 날의 동경과 사모의 하염없는 꿈속에 피어오른 임"일 수도 있고 자신의 영혼 안에 깃들어 영원한 사모를 거두게 될 영혼의 임이기도 하다. 임에 대한 이러한 무정견(無定見)한 인식이 뒤에 가서는 죽음에 대한 인식과 더불어 차츰 그 성격이 구체화되어간다. 그것은 "生과 死를 다스리는 全的인 주인"이란 이름으로 등장한다. 이 주인으로서의 임은 "現身적인 나"와 "包全的인 自我"를 포용하여 삶의 통로를 열어주는 그러한 임이다. 그러다가 『크고 부드러운 손』에 오면 기독교적인 신앙의 '주'의 이름으로 정착된다.

> 크고 부드러운 손이/ 내게로 뻗쳐온다./ 다섯 손가락을/ 활짝 펴고/ 가득한 바다가/ 내게로 밀려온다./ 인간의 종말이/ 이처럼 충만한 것임을/ 나는 미처 몰랐다./ 허무의 저편에서/ 살아나는 팔./ 치렁치렁한/ 星座가 빛난다./ 멀끔한/ 목 언저리쯤/ 가슴 언저리쯤/ 손가락 마디마디마다/ 그것은 寶石/ 그것은/ 눈짓의 信號/ 그것은 復活의 조짐/ 하얗게 삭은/ 뼈들이 살아나서/ 바람과 빛 속에서/ 풀잎처럼 수런거린다./ 다섯 손가락마다/ 하얗게 떼를 지어서/ 맴도는 새./ 날개와 울음./ 치렁치렁한/ 星座의/ 둘레 안에서. (「크고 부드러운 손」)

이 시는 목월 시의 에필로그를 장식하는 시라고 해도 좋을 것이다. 모성 순례의 종점이다. 그의 전작(全作)의 작품 구조는 모성에 대한 향수와 탐색, 그리고 그것과의 일체화의 과정이라고 할 수 있다. "향수가 나의 정신의 바탕"이라고 한 자신의 음성은 그의 전작에 메아리치고 있는 고향 의식을 대변한다. 그의 작품에 나오는 신라, 경상도, 경주, 원효로, 효자동 등의 국명이나 지명을 위시해서 많은 경상도 사투리에서 풍기는 향토적 이미지는 모두가 이러한 고향 의식에서 발원된다. 초기 시의 자연 세계는 아직 초월자적 관념으로 잡히지 않은 모성의 잠재적 형상에 불과하다. 그의 고독과 사랑과 연민, 혹은 깊은 정념(페이소스)은 이 모성을 향한 집요한 의지의 정서적 메아리라고 할 수 있다. 그러나 목월 시의 정수는 이 순례의 절정기에서 찾아볼 수 있다. 「나그네」, 「청노루」, 「閏四月」, 「산이 날 에워싸고」, 「牡丹餘情」, 「廢園」, 「연륜」, 「蘭」 같은 그의 대표작들은 초기 시의 '관능적인 감각'이나 '정서적인 것'보다 "오히려 온통 정신적인 아름다움"을 표방한 작품들이다. 그의 "정신적인 淨化 작업"이 "작품에서 더 운 핏줄을 뽑아내"게 되었다. 결국 목월의 임은 그의 "영혼 안에 깃들어 영원한 사모를 거두게 될 '영혼의 임'"이다. 이것은 그가 필생토록 추구해 온 시의 '본질적인 세계'다.

정한모

원점을 향한 빛과 향기의 여로(旅路)

열두 대문을 하나씩 열고 들어서듯
고운 포장지에 싸여 있는
선물 상자를 아껴 펴 보듯

연보랏빛 네 생명에의 문을
하나하나 열며 나는 들어갔다.

새 종이 내음과
라일락꽃 소롯한 향기에 묻힌
늪

키워 온 생명의 절정에서 피어난
너의 미소는
물결짓는 드뷔시의 구름
위에 떠 있는
한 덩이 꿈으로 기다리고 있었다

눈부신 듯
다시
뜨는
먼
눈

지금은
물방울 듣는
목소리로
환히 붉히는 꽃이여

빛을 만나
비로소 빛이 되듯
그렇게 탄생한 너의 빛으로 하여

나도
바람 탄 기폭처럼 이렇듯
아침의 생명으로 살고 싶은 것이다
오늘을.
꽃이여.

(「꽃의 탄생」)

정한모는 시인으로서 갖추어야 할 여러 가지 기능을 종합적으로 구비하고 있는 시인이다. 시의 골격과 육질이라 해도 좋고 피와 살이라 불러도 좋을 것이 바로 사상성과 서정성이라고 한다면 이 양면을 아주 개성적으로 소유하고 있다는 점에서 말이다. 구체적으로 말하면 그의 사상성은 프리미티비즘(원시주의)에 닿아 있는 인간애의 깊이에 걸쳐 있고(연작시 「흔적」, 「原點」 등이 대표적인 예) 서정성은 가늘고 고운 선의 문양처럼 밝게 아롱지기도 하고 척박한 육질의 마찰음을 닮은 무거운 음색의 흐느낌 같은 것이 있는가 하면 마치 푸가(遁走曲)의 음계를 따라가는 듯한 서정의 장형(長型) 호흡 같은 것(그의 시는 전반적으로 장시가 많음)이 골고루 흩어져 있어 그 특색은 매우 다양하다.

'꽃'을 소재로 한 시는 동서고금 무수한 시인들이 즐겨 선택한 시 중의 하나다. 그것은 아마 인간의 이상(理想) 심리와 모방 심리가 어우르는 절정에 존재하는 것이 꽃이기 때문인지도 모른다. 때로는 생명의 본연한 자태로, 혹은 사랑의 정념으로, 아니면 미의 극치로 다양하게 묘사되어왔다. 서양에서는 장미와 수선화가, 한국에서는 진달래·국화·모란과 같은 특정한 꽃이 등장하기도 하지만 그냥 꽃이란 이름으로 노래된 것만도 무수히 있다. 그만큼 꽃은 시인의 상상력을 유혹하는 매력의 원형에 자리하고 있는 소재다.

여기의 예시는 우선 그 전개 과정(진행 순서)이 매우 부드럽고 순행적(順行的)이다. 이 말은 묘사 시점의 이동과 함께 화자의 접근 태도를 포함한다. 법문에 들어서는 불자와도 같은 경건한 자세로 접근하면 차츰 꽃의 미적 황홀과 신비의 비밀이 열리기 시작한다. 드뷔시 음악의 선율에 비유한 미적 황홀경의 극치를 거쳐 빛의 신비경으로 이동한다. "빛을 만나/ 비로소 빛이 되듯/ 그렇게 탄생한 너의 빛으로 하여"는 꽃의 생명의 눈이 떠지는 신비를 노래한 것으로 이는 김춘수의 「꽃」과 유사한 구조를 가진다. "내가 그의 이름을 불러주었을 때/ 그는 나에게로 와서/ 꽃이 되었다." 이는 꽃의 생명성에 대한 실존적 사고인데 이 시는 같은 생명성을 두고 신비적 사고로 접근한 것이 다를 뿐이다. 그리고 꽃의 "아침의 생명"은 이 시인이 노리는 사상과 정서가 지향하는 원점의 세계라 할 수 있다. 그러나 그는 감각이 없는 영험의 신비만을 추구하지는 않는다. 싱그러운 육체의 축제에서도 뜨거운 술잔을 든다.

너의 슬기로움도 나의 정신도/ 지금은 육체로 타오르는 밀실에서/ 그 살덩이가 엉긴 채 담긴/ 진홍빛 독한 술잔을 마시자// 쾌락의 물결이 흔들어 주는/ 장대 같은 행복의 맨꼭대기에서/ 깍지 낀 열 손가락이 떨며 졸라매는/ 나의 꿈틀거리는 육체로 하여/ 나의 목숨은 싱싱한 칡넝쿨이 된다. (「演奏」)

이렇듯 육체를 찬양하면서도 거기에는 견제의 손길이 따르고 있다. "깍지 낀 열 손가락이 떨며 졸라매는"이 그러한 견제의 기능을 한다. 일반적으로 그의 시에서 견제의 의미는 엄격한 사상적 내지 도덕적 기준에 근거를 두지 않는다. 그것은 그의 시의 전반적 구조와 관련되는 것으로 이분법적 성격을 띠는 양 패러다임이 통일되기 이전의 상태에서 상호 대립하는 두 기능 중의 하나일 뿐이다. 말하자면 이 시에서 견제의 의미는 육체적인 순기능에 대해 실체가 모호한 역기능의 반작용에 불과하다. 따라서 이 반작용은 어디까지나 조화·통일이라고 하는 균형된 구조적 의미에 기여한다. 그렇기 때문에 그의 시에서는 보들레르적 관능의 해방, 신의 영역에 도전하는 악마의 입김 같은 것이 없다. 따라서 선악의 이미지가 갈등을 빚는 그러한 불협화음의 정서도 없다. 그의 육체의 노래는 미당의 "肉聲의 몸부림" 같은 것이 없고 다만 살아 있는 푸름의 생명을 찬양하는 것이 전부의 의미다. 그만큼 그의 서정성은 관념의 내를 풍기지 않고 육체의 야성적 매력도 없는 순수 속에 자리한다. 작품 「거울」은 이러한 의식의 내면성을 또 다른 양면성의 교감으로 그려 보이고 있다.

수면의 숲 속에서/ 불면의 거울을 닦는다./ 밝은 한 점으로 열려 있는 그것은/ 확대되어가는 창 불타는 하늘/ 온 시야가 되고/ 시간의 저편에서 날아오는/ 한 마리 새/ 전율하는 물결/ 바다가 몰려온다. 황홀한 파상으로/ 뜨겁게 달아오른 난로/ 붉은 커튼 사이로 저녁 바다/ 그리고 아침 바다/ 잔잔한 수면의 잔에 담겨있던 곤한 얼굴/ 지금은 불면의 거울 안에/ 잠들고 있는 하얀 이마/ 그 꿈꾸는 입가에 피는 웃음으로/ 가득히 차는 나의 거울. (「거울」)

수면과 불면의 대치를 어떻게 풀어야 할까. 이것은 이 시를 해석하는 관건이 된다. 아주 쉽게 생각하면 잠을 자면서 꾸는 꿈의 행위를 미적으로 이상화(理想化)했다고 할 수 있을 것 같기도 하지만 꿈은 무의식의 행위다. 따라서 화자의 의지와는 아무 상관없이 아름다운 꿈의 정경을 펼치는 데 불과하다. 그러나 시문 전체의 주문장(主文章) 격인 "불면의 거울을 닦는다"는 것은 화자의 능동적 행위를 강하게 비추고 있기 때문에 그러한 해석은 맞지 않는다. 그러나 이러한 사실은 다시 뒤집어 긍정적으로 볼 때 흔히 이야기 하는 시적 표현의 진실에 접하게 된다. 말하자면 쉬르리얼리즘의 시는 무의식을 무의식 그대로 기술하는 데 본의가 있지만 일반 시의 고위 기능은 무의식을 의식화할 수 있다. "잔잔한 수면의 잔에 담겨 있던 곤한 얼굴"은 화자가 접근하기 전의 수면 상태의 얼굴이다. 그러나 화자에 의해 다시 창조된 거울 속의 얼굴은 전혀 딴 세계의 얼굴이다. 이 얼굴이 창조되기까지 잠을 자지 않고 거울을 닦는 행위는 엄숙하다. 이 대목은 마치 윤동주의 「참회록」에서 "밤이면 밤마다 나의 거울을/ 손바닥으로 발바닥으로 닦아 보자// 그러면 어느 隕石 밑으로 홀로 걸어가는/ 슬픈 사람의 뒷모양이/ 거울 속에 나타나 온다"(「참회록」)를 연상시킨다. 마치 사진기의 조리개가 확대되듯이 밝은 점으로 시작하여 불타는 하늘로 퍼지면서 온 시야를 덮는다. 무시간 속의 새가 날고 황홀한 아침 바다와 저녁 바다가 들러리로 춤추는 전경이 전개되는 가운데 하얀 이마가 빛나는 새 얼굴이 탄생한다. 이것이 무의식의 꿈속에 뛰어들어 그려낸 의식의 궤적이다. 열정이 빠져나간 잔잔한 탐미적 향취가 전신의 감각에 서려 온다.

김종길

상고풍(尙古風)의 서정과 모더니즘 감각

어두운 방 안엔
바알간 숯불이 피고,

외로이 늙으신 할머니가
애처로이 잦아드는 어린 목숨을 지키고 계시었다.

이윽고 눈 속을
아버지가 藥을 가지고 돌아오시었다.

아 아버지가 눈을 헤치고 따오신
그 붉은 산수유(山茱萸) 열매—

나는 한 마리 어린 짐생,
젊은 아버지의 서느런 옷자락에
熱로 상기한 볼을 말없이 부비는 것이었다.

이따금 뒷문을 눈이 치고 있었다.
그날 밤이 어쩌면 聖誕祭의 밤이었을지도 모른다.

어느새 나도
그때의 아버지만큼 나이를 먹었다.

옛것이라곤 찾아볼 길 없는
聖誕祭 가까운 都市에는
이제 그 반가운 옛날의 것이 내리는데,

서러운 서른 살 나의 이마에
불현듯 아버지의 서느런 옷자락을 느끼는 것은,

눈 속에 따오신 산수유 붉은 알알이
아직도 내 血液 속에 녹아 흐르는 까닭일까.

(「聖誕祭」)

대체로 복고풍이나 상고풍의 정서가 빠지기 쉬운 것은 허무적 감상이나 영탄(詠歎)이다. 이는 한국 현대시의 초기적 증상으로 간주되어왔다. 낭만주의가 과잉 정서 일변도에 언어적 감각이 무딘 데 비해서 모더니즘은 정서적 빈곤에 지적 감각이 예민한 것이 특징이다. 전자가 갖는 청각적 멜로디와 후자가 갖는 시각적 이미지는 서로 조화할 수 없는 시적 생리의 양극으로 간주되어왔다. 김종길, 그는 이 양자의 간극을 허물은 시인이다. 동양적인(혹은 한국적인) 정서에 모더니즘적 감각을 접목시킨 시인이다. 그는 태생적으로 회고적 서정에 강하다. 여기에 모더니즘적 감각을 아우르는 것은 아마 그가 추구한 서구 시에 대한 전문적 수업(영문학)의 탓인지도 모른다. 이 시인의 일반적 경향이긴 하지만 이 시 역시 한국의 전통문화에 대한 향취를 많이 풍겨주고 있다. 모정 아닌 부정에 초점을 둔 것은 부가장제의 엄격성에 가린 서정적 부격(父格)을 의도적으로 부각시키려는 심산일는지 모른다. 거기다가 어머니가 빠지고 할머니와 아버지와 아들, 삼대의 가속(家屬)이 맺는 인간관계에서 우리는 그 서정적 밀도의 끈끈함을 느끼게 된다. 단순하면서도 극적인 서사적 매체(아들의 병든 이야기)의 동원은 주제적 긴장감을 고조시키는 데 매우 효과적이다. 병든 아들을 위한 아버지의 구약(救藥) 행위가 전개하는 무언극 같은 감동도 감동이지만 그러한 서사적 행위 외에 참신한 비유가 주목을 끈다. 왜 "나는 한 마리 어린 짐생"이라 했을까. 자식에 대한 사랑의 가장 원천적 모습을 찾는다면 바로 동물의 세계다. 인간이 달고 있는 모든 인간관계의 가식을 제거하는 데는 동물적 비유가 가장 적절할지 모른다. 이러한 경우에 죽음의 공포 앞에 인간과 동물(개)이 통정(通情)의 전율을 함께하는 두르게네프의 산문시 「개」를 연상해볼 수 있다. 그리고 제목과 더불어 본문에 성탄제를 등장시킨 것은 눈 속을 약재(산수유)를 찾아 헤매는 아버지의 지정(至情)을 성역(聖域)의 분위기로 미화시키려는 의도였을까. 또 한 편으로는 이 시인의 모더니즘적 감각을 이 시에서도 찾아볼 수 있다. 아버지의 서느런 옷자락에 열로 상기한 아들이 볼을 부비는 행위의 묘사라든가 산수유 붉은 알알이 혈액 속에 녹아 흐른다는 감각적 묘사는 단순한 이미지즘적 회화성이 아니고 깊은 서정의 심도뿐 아니라 유교적 전통 관념까지도 내포하고 있다고 본다.

> 민들레꽃을 30분의 1로 축소하면 저 꽃이 될까/잔디풀 사이로 가늘게 치밀어 올라/이제 막 피어난 자잘한 풀꽃!//별보다도 작은 꽃둘레건만/별처럼 또렷한 샛노란 꽃잎/사나흘이면 소멸해버릴 이름도 없는 저 별은//몇백, 몇천 光年의 期約 끝에/드디어 여기 나타났는가.//그 가늘디가는 天空의 旋律은/잠자던 내 가슴을 뛰게 하고/ 적막한 뜰을 설레이게 한다. (「풀꽃」)

자연의 신비, 그것은 시인이면 누구나 가져보는 상상적 소재의 하나다. 과학은 자연현상이나 자연의 물상을 사변적으로 그 원리를 추상함으로써 신비의 옷을 벗겨버리지만 시는 오히려 그 신비의 베일을 여러 가지로 갈아입힌다. 그래서 미궁(迷宮)이란 말은 시적 묘사의 장기가 될 수도 있는 것이다. 이 「풀꽃」에서 시인은 시간과 공간적 개념을 크게 확대해서 활용하고 있다. 지상의 범상한 소재(풀꽃)와 천상의 환상적 소재(별)를 동일 개념으로 묶는 것은 그리 독창적인 발상이라 할 수 없다고 하더라도 자잘한 풀꽃을 민들레꽃의 30분의 1로 축소하여 별과 동위 선상에 끌어들이는 상상력은 공간을 요리하는 놀라운 솜씨다. 그러나 공간적 이미지는 시간적 개념을 만날 때 온전한 시적 기능의 입체성을 발휘하는 경우를 우리는 종종 목도한다. 그것은 순수한 이미지즘 시에서 유기적 생명성의 활기보다는 삶의 적막감을 종종 느끼게 되는 사실과 좋은 대조가 된다. 이 시에서 별처럼 아름다운 풀꽃이 불과 사나흘이면 소멸해버린다는 묘사는 공간 개념의 의미가 시간 개념을 만나서 위태롭게 아름다운 생명성의 긴장을 만들어낸다. 이 긴장을 심화시키기 위해서 시인은 천문학적 지식(셋째 연)까지 동원한다. 그러나 결국은 이 시의 말미에서 시인이 의도한 신비감의 진수를 체험할 수 있다. "그 가늘디가는 天空의 旋律", 이는 자연(풀꽃)과 시인이 함께 공유하는 감정이입의 경지(우주적 신비의 판타지)다. 이 시는 어쩌면 워드워즈적인 시적 정조와 너무나 흡사하다. 워드워즈의 「내 가슴은 뛰누나」에서 자연에 대한 신비와 경건의 의미를, 「수선화」에서 미풍에 머리를 하늘로 쳐들고 춤추는 수선화의 이미지를 그대로 맛볼 수 있다.

> 대문깐 줄장미는// 늦은 여름부터 잎을 떨구어/ 지금은 녹슨 철조망처럼 앙상하지만/ 철 아닌 붉은 꽃 두세 송이/ 거기 선연히 피어 있듯,// 머리칼 성글고/ 살결은 메말라/ 삶도 어김없는 늦가을이었건만// 철 아닌 꽃과도 같은/ 진한 빛깔의 순간은 있어/ 몸과 마음 그윽히 달아오름이여! (「가을 편지 2」)

이 시는 삶과 죽음, 혹은 청춘과 노후(老朽)가 의미하는 체념과 무기력과 절망에 대해서 희망과 활력의 정서가 팽팽한 긴장관계를 이루고 있다. 평소에 흔히 쓰는 아주 쉬운 말로 "나는 무엇을 보고 인생의 의미를 다시 깨달았다"느니 "고목에도 잎이 돋아나듯이 나는 回春을 했다"와 같은 표현을 시적으로 형상화했다. 그러나 이 시가 기적 같은 삶의 한 모멘트에 초점을 두고 있다고 한다면 그 초점의 의미는 이 시인만이 가지는 인생에 대한 경이로운 발견이라는 사실이다. 자연의 이치는 질서 정연한 순리로만 이루어진 것이 아니다. 기후의 변화를 비롯한 모든 자연현상이 순리를 벗어난 이변이 수시로 발생한다. 인간도 생로병사의 사이사이에 예측할 수 없는 이변이 얼마든지 발생할 수 있다. 시인은 이러한 이변의 경이를 생체험이든 상상적 체험이든 이것을 구체적으로 형상화했다. 사실적 근거(때늦은 장미꽃의 개화)는 시적 진술의 신뢰성을 더해줌으로써 감동적 효과도 그만큼 크다. 시에서 리얼리즘의 효과는 이러한 한계 안에서 작용하기 때문이다. 그런데 이 시에서 주의 깊게 보아야 할 것은 장미와 인생의 유추 관계를 반복하는 동안에 느닷없이 느낄 수 있는 것은 노년의 환희만이 아닌 오히려 인생무상의 비애감이다. 그래서 시인은 겉으로 "진한 빛깔의 순간"을 반복하면서 "몸과 마음 그윽히 달아오름"을 환호하고 있는 것 같지만 그것보다는 오히려 이 표현의 그늘에 가리운 인생무상의 비애('철 아닌 꽃이 또 쉬 지고 말 듯이')를 교묘히 암시하고 있다. 노후의 소조(蕭條)한 심서(心緒)를 달래는 다음의 시를 보면 이 시를 이해하는 데 도움이 될 듯도 싶다.

> 불빛 노을/ 이제 쇠처럼 식어가고// 荒凉한 나의 靑春의 日暮를/ 어디메 한 구석/ 비가 내리는데// 맨드라미마냥 달아오른 입술이/ 연거퍼 들이키는 서느런 막걸리// 진실로 나의 젊음의 보람이/ 한 잔 막걸리에 다했을 바에// 내 또 무엇을/ 악착하고 悔恨하고 초조하랴 // 무수히 스스로의 이름을 부르며/ 蒼然한 노을 속에/ 내 다시 거리로 나선다.
>
> (「酒店日暮」)

「가을 편지 2」가 시각을 통해 만나는 청춘의 감각이라면 이 시는 미각을 통해서 오는 청춘의 감각이다. 그러나 같은 관능이지만 이 시의 그것은 그 자극성이 정서적 충격에 미치는 효과가 '젊음의 보람'을 느낄 만큼 더 크게 나타나 있다. 그러나 앞의 시가 청춘을 만나는 상태라면 뒤의 시는 만남과 동시에 체념을 동반하고 있다. 그래서 화자는 체념의 표정을 바꾸어 '주점'의 시간에서 '거리'의 시간으로 나오는 소요의 여유를 깨닫고 있는 것이다.

전봉건

'아름다운 이유와 가치'의 서정

十月의

少女는

사과 속에

숨어 있다.

순이는 달음박질 쳐 가서 숨었고

은하는 사뿐히 걸어가서 숨었다.

선화는 어물어물 새도 몰래 숨었고

춘하는 花甁 곁에 잠자다가 숨었다.

저 사과나무 밭의 울타리

저 가시 돋힌 쇠사슬을 넘어서

저 무서운 銃알이 오고 가던

저 사과나무 가지에 오늘 奇蹟 같은 안으로.

그럼

사과나무 밭으로 가 볼까나.
(제일 빛나게 익은 큰 것을 먹어야지)
내가 사랑하는 소녀가 숨은 사과.

한입 깨물면
나의 少女는 꽃다발 되어 뛰쳐나올 거다.
새파란 사과 씨는 寶石처럼
굴러서 大地에 숨을 거다.

十月의
少女는
사과 속에
숨어 있다.

(「十月의 少女」)

"시인이 시를 쓰는 것은 무엇보다도 먼저 자기 자신에게 이유와 가치를 주려는 것이다. (중략) 시인은 항상 이유와 가치를 지니려는 돌멩이다. 시를 쓰기 직전의 시인의 상태는 진공 속의 돌멩이와 같다. 돌멩이는 나뭇잎의 색깔과 냄새가 잔잔하게, 혹은 파도처럼 출렁이는 공기 속에서 비로소 눈을 뜨고 호흡한다." 전봉건 시인의 말이다. 여기서 진공과 공기, 그리고 돌멩이의 의미는 무엇일까. 여기에 대한 해법의 모호한 촉매 역할을 하는 것이 '이유'와 '가치'라고 하는 정언(定言)이다. 진공 속의 돌멩이는 쉬르리얼리즘적인 요소나 순수한 이미지의 조형을 암시하는 것이라면 공기 속의 돌멩이는 여기 인용한 '이유'와 '가치'라는 말과 더불어 "사상은 시가 아니지만 시는 사상이 될 수 있다"고 하는 자신의 주장과 맞물리는 것으로 시의 의미 부분을 암시하는 말이다. 그의 시 「銀河를 主題로 한 봐리아시옹」에 "虛僞의 나, 그리고 아름다운 理由와 價值없는 아름다운 投

止"란 말이 나온다. 윤동주의 시에서 읽을 수 있는 진한 자책의 강박 관념 같은 것이다. 이는 순수한 서정의 그늘에 출몰하는 경우가 많다. 특히 1950년대 전쟁 후기 시에서 크게 눈에 띈다.

여기 「十月의 少女」도 '아름다운 이유'가 서정의 씨앗 노릇을 한다. 시월의 소녀와 사과가 일체가 되는 것은 아름다운 이유 때문이다. 달음박질을 하거나 걸어가거나 어물거리거나 잠을 자거나 무슨 행위이든 그 끝에서 만나는 지점은 한 가지로 사과다. 그리고 순이와 은하와 선화와 춘하는 사과 속에서 하나의 소녀의 얼굴이 되고 꽃다발이 된다. 그것은 나의 분신이며 '아름다운 이유와 가치'의 화신이 된다. 그는 부정적인 사건을 오브제로 처리할 때 그 자체 내에서 그 자체대로 처리하는 일이 거의 없다. 말하자면 시간대 위에서 변화의 흐름을 탄다. 그 변화의 끝에는 밝고 긍정적인 희망의 실체가 기적처럼 등장한다. 그것은 매우 다양한 형상을 띤다. 가령 신이거나 여인이거나 꽃이거나 창(窓)이거나 깃발이거나 아지랑이거나 신설(新雪)이거나 낙엽 같은 것들이다. 이 시에서 총알이 오고 가던 사과나무에 기적처럼 빨간 사과가 열리는 사건에 아름다운 소녀의 이미지가 오버랩 되는 것이 바로 그러한 서정의 처리 형식이다. 그래서 그의 시에는 서정의 정체(停滯)에서 오는 비극적 갈등 같은 것이 없다. 빛과 소리와 향기가 숨어 있는 프리미티브한 에덴의 동쪽으로 서정의 문이 열려 있다. 두 편의 시를 더 살펴보자.

> 피아노에 앉은/ 여자의 두 손에서는/ 끊임없이/ 열 마리씩/ 스무 마리씩/ 신선한 물고기가 / 튀는 빛의 꼬리를 물고/ 쏟아진다.// 나는 바다로 가서/ 가장 신나게 시퍼런/ 파도의 칼날 하나를/ 집어 들었다. (「피아노」)

> 무언지 …… 눈이 부신 듯/ 수줍어하는 듯/ 자꾸 마음이 안 놓이는 듯/ 바쁘고 그저 바쁜 듯// 마치 …… 새 옷을/ 입으려고/ 다 벗은 색시의/ 샛맑안 살결인 양! (「四月」)

이 두 편의 시는 앞의 예시와는 그 유(類)를 달리한다. 의미상으로 연계되는 이미지의 유동이 필요 없다. 관념이나 의미상의 제어 장치가 전무한 이미지즘의 표현 미학만으로 시의 무게를 달 수 있는 시다. 그림으로는 전자가 유화(油畵)에, 후자는 수채화에 비유될 수 있다. 이미지가 그린 동정(動靜)과 강유의 성격 차이를 감각적으로 느끼게 한다. 그러나 표현의 미학이 주는 효과를 떠나 시적 발상의 근원은 동일하다. 그의 추천 시 「願」에서 밝힌 그대로 "불타는 사과인 양 즐거운 말"이 그의 서정과 사상의 근원이기 때문이다.

> 살은 모래로 보내고 피는 물로 보내고/ 그리고 넋은 하늘로 보낼 수 있다면/ 아마도 나는 먼 훗날 작은 하나의 돌이 되어/ 다시 이 하늘 아래 모래와 물 곁으로/ 돌아올 것이다.// 그때는 곱디고운 꽃비 소리 스스로 자아내는/ 하늘 살갗의 돌이 되어 돌아올 것이다.
>
> (「돌 55」)

이 시는 수석시(水石詩)다. 화자와 오브제 사이에는 일체화 전야(前夜)의 생명의 바람 소리 같은 영기(靈氣)가 흐른다. 그만큼 서정이 밖으로 새어나갈 틈이 없다. 이 서정의 밀도 때문에 관념의 동체(胴體)는 고사하고 관념의 수식적 편린도 숨어버리고 만다. 가령 이 시에서 업보에 의한 환생의 관념이 나와 돌 사이에 깊은 내면의 회로를 형성하면서 하늘빛 맑은 서정을 밖으로 흘러 보내고 있다. 결국 시인이 당도한 시업(詩業)의 종반에서 시인은 강물이 밀어낸 "하늘 살갗의 돌" 하나로 햇빛에 반짝거리고 있을 뿐, 그저 그것이 전부다.

천상병

순수의 명의(名義)

——동반자 의식, 저변 의식, 놀이 의식

나 하늘로 돌아가리라
새벽빛 와 닿으면 스러지는
이슬 더불어 손에 손을 잡고,

나 하늘로 돌아가리라.
노을빛 함께 단 둘이서
기슭에서 놀다가 구름 손짓 하면은,

나 하늘로 돌아가리라.
아름다운 이 세상 소풍 끝내는 날,
가서, 아름다웠더라고 말하리라……

(「귀천(歸天)」)

천상병은 시 외적인 면에서 다른 어느 시인보다도 화제를 많이 남긴 시인이다. 일상 생활인으로서야 범상한 상식에 준하는 사고나 행동거지가 표준이 될 수 있지만 학문이나 예술이나 그 밖의 특수한 기호(嗜好)에 쏠린 사람들이야 성격상 기벽(奇癖)이나 기행(奇行)으로 세상을 놀라게 하는 일은 비일비재하다. 그래서 이 시인도 '기인'이란 이름을 많이 들어온 것이 사실이다. '기인'은 김시습과 같이 비위(非違)나 시류에 영합하지 않는 지조 높은 선비도 있을 수 있고 수주(樹州)나 공초(空超)와 같이 낭만적 정취에 몰두한 풍류객도 있을 수 있다. 또한 나도향의 「벙어리 삼룡」이나 이태준의 「달밤」에 나오는 '황수건'과 같은 저지능의 순수 소박한 인간형도 있고, 바보 온달과 같은 현자-우인(賢者-愚人, wise-fool)형도 있다. 천상병 시인은 우선 겉으로 보기엔 현자-우인형에 가깝다. 그는 식자(識者)면서 무식자의 상(像)을 즐겨 달고 다녔고 기교력이 있으면서도 무기교의 소탈을 운명처럼 지니고 살았다. 그는 인생을 몸과 마음을 하나로 해서 살았고 가식이 없이 살았다. 그만큼 시와 인생이 철저하게 유착되어 있는 시인이 또 있을까. 그만큼 서정시의 특징인 자기 고백의 주아성(主我性)을 실천한 시인도 드물다. 그의 시에서 수식어를 찾아보기는 힘들다. 특히 시학에서 시적 수사의 요체라고 하는 비유나 상징이 거의 없다. 그만큼 그의 시는 담백하다.

이 시는 그의 대표작이라기보다 많은 독자나 평자들이 선호하는 작품이다. 그래서 어쩌면 그의 삶의 철학(?)을 압축해서 보여주는 작품일 수도 있다. 여기에는 그의 중요한 세 가지 삶의 의식(인식)이 스며 있다. 첫째는 동반자 의식이다. "이슬 더불어" 혹은 "노을 빛 함께"가 보여주듯이 대상과의 일체감 속에서 행복을 느낀다. 그의 동반자는 자연(새·산·비·시냇물·구름·꽃 등)을 비롯해서 많은 주변의 인물들(어머니·아내·장모·시인·승려·화가·친구 등)과 기호물들(음악·술)이다. 둘째는 저변(底邊) 의식이다. "기슭에서 놀다가"는 그의 삶의 터전이 그랬듯이 밑바닥 인생의 정서를 그대로 대변해준다. 그의 시에 자주 등장하는 골목이나 주막집이 그렇고 "빈촌 막바지 대포집"이 그러하다. 가난을 직업으로 생각하는 그의 시선이 쏠리는 곳은 "어둠보다 더 괴로웠던 사나이들"이었다. 셋째는 목적성 없는 놀이 의식이다. 이 세상살이를 "소풍"으로 생각하는 것이 그것이다. 그가 좋아했던 중광(重光)스님이 세상을 뜨면서 "괜히 왔다 간다"고 한 데 대해서 이 시인이 "잘 놀다 간다"고 한 것은 불교적 철학과 예술적 철학의 속화(俗話)적 발언으로, 너무나 대조적인 데 우리는 놀라게 된다. 이상(李箱)이 관념(자의식)적 놀이를 즐긴 것과는 대조적으로 그는 실생활의 저변을 배회하면서 인생을 소풍처럼 즐긴다. 그러나 이 낙천적인 놀이성은 그의 예술적 의미를 장식하는 중간적 의미에 머물고 있을 뿐이다. 궁극적으로 '하늘'이라고 하는 종교 의식이 그 위에 있음을 이 시뿐 아니라 여러 시편에서 보여주고 있다. 다음의 시 구절은 이러한 시 사상을 압축해서 보여준다.

> 사람이 산보하듯 물은 아래로 흐른다./ 바다의 무게보다 더 중량감이 있다./ 사람이 산보하듯 물은 아래로 흐른다./ 그 도중에 전시된 흥망성쇠는/ 물이 기어이 영원으로, 영원으로 흐르는 것을 모른다. (「선경(仙境)」)

김우창은 그를 일러 "이 시대의 마지막 서정시인"이라고 했다. 그것은 옛날의 시나 시조의 주제였던 인간과 자연의 조화를 고수하는 안간힘을 그의 시에서 찾아볼 수 있다는 뜻으로 해석했기 때문이다. '도시의 보헤미안'으로서 지탱하고 있었던 '서정주의의 감상'이 수락산 밑의 마을로 이주하면서부터 새로운 도시적인 것에 의하여 붕괴되기 시작했다는 것이다. 그러나 평자들이 보는 이 시인의 시대적·사회적 영향 하의 의식 현상을 훨씬 뛰어넘은 원초적인 위상에서 그는 시를 생각하고 있었던 것이 아닐까. 다만 그는 시적 역량의 무한한 가능성을 십분 활용하지 못한(특히 후기에 와서) 불우한 시인이다, 아인슈타인의 두뇌처럼. 이번에는 또 다른 유형의 시를 만나본다.

> 고요한데 잎사귀가 날아와서/ 네 가슴에 떨어져 간다// 떨어진 자리는/ 오목하게 파인// 그 순간 앗 할 사이도 없이/ 네 목숨을 내보내게 한/ 상처 바로 옆이

다.// 거기서 잎사귀는/ 지금 일심으로/ 네 목숨을 들여다보며 너를 본다.// 자꾸 바람이 불어오고/ 또 불어오는데/ 꼼짝 않고 상처를 지키는 잎사귀// 그 잎사귀는 눈이다 눈이다/ 맑은 하늘의 눈 우리들의 눈 분노의/ 너를 부르는 어머니의 눈물 어린 눈이다. (「눈」)

이 시에서 그는 의식과 무의식 사이의 거중(居中) 지점을 배회하면서 그때그때 심상에 잡히는 대상을 직관의 화살로 쏜다. 그만큼 의식의 상궤(常軌)를 거부한 시인이 없고 그만큼 무의식의 미로를 피해간 시인도 없을 것 같다. 때문에 그는 일정한 과녁이 없이 화살을 쏜다. 설령 과녁이 있어도 정곡(正鵠)을 맞출 필요가 없었다. 빗나가서 어떤 자리에 꽂혀도 상관이 없다. 그때그때 화살이 찾아간 그곳이 대상의 폐부(肺腑)일 수가 있다. 왜냐하면 거기에 꽂힌 화살의 전율이 이 시인의 최고의 영광이요 판타지이기 때문이다. 이 시의 '잎사귀'와 '눈'은 그의 정체를 흔들어놓는, 빗나간 자리에 꽂힌 직관의 화살이다. 파랗게 전율하는, 그런데 놀라운 것은 그 빗나간 자리에 마련된 새로운 정곡의 이름을 '어머니'라고 했다. 숨겨두었던 이름이다. 실수인지도 모른다.

저것 앞에서는/ 눈이란 다만 무력할 따름/ 가을 하늘 가에 길게 뻗친 가지 끝에,/ 점 찍힌 저 절대 정지를 보겠다면……// 본다는 것은 무엇인가/ 있는 것과 없는 것의/ 미묘하기 그지없는 간격을,/ 이어주는 다리(橋)는 무슨 상형(象形)인가// 저것은/ 무너진 시계(視界) 위에 슬며시 깃을 펴고/ 피빛깔의 햇살을 쪼으며/ 불현듯이 왔다 사라지지 않는다.// 바람은 소리없이 이는데/ 이 하늘 저 하늘의/ 순수균형을/ 그토록 간신히 지탱하는 새 한 마리. (「새」)

이 시는 천상병 시의 또 다른 한 면을 보여준다. 물리적인 것과 정신적인 것, 현상적인 것과 형이상학적인 인식 사이의 긴장과 그 처리의 추이가 그것이다. 새의 상징적 의미는 "있는 것과 없는 것의 미묘하기 그지없는 간격을 이어주는 다리(橋)"가 되고 "이 하늘 저 하늘의 순수균형"을 지탱해주는 중간자 역할도 한다. "무너진 視界"(인간의 감각적 시력이 닿지 않는)를 열고 불현듯이 왔다 사라지지 않는 '절대 정지'의 한 점으로 표상된다. 이 시에서는 이렇게 새의 존재적 의미를 묘사했지만 같은 제목의 다른 시에서는 "저 하늘에서 이 하늘로", "이 승에서 저 승으로" 자유로이 날아다니는 새를 묘사한다. 그는 무한대의 시간을 압축하여 볼 줄 아는 특이한 시력을 가지고 있다. 그는 시간을 멀리 두고 보지 않는다. 아주 가까이서 같이 걸어가기도 한다. 시간의 경계를 도랑물을 건너뛰듯이 아주 익숙하게 그 위를 걸어간다. 시간만이 아니다. 수락산 한 좁은 계곡물에 알몸을 담그고 푸른 하늘을 보면서도 "푸른 것만"이 아닌 그 너머 더 큰 무엇을 보았고 협소한 「歸天」 찻집에서 화병의 꽃을 보고 만발한 4월의 산유화를 생각하고 가난한 시인의 피를 식히기도 했다.

그는 어쩌면 얕은 웅덩이를 떠돌아다니는 소금쟁이의 행동반경을 지구촌처럼 넓게 생각했을지 모른다. 그러나 뭐니 해도 번개같이 스쳐가는 "엽전 세상"살이를 아름다운 이 세상 소풍이라고 한 이 천치(?) 같은 아이러니가 천상병 특유의 품격의 매력이다.

박재삼

비극적 환상의 서사곡
——한낮 의식의 서정

1. 水晶歌

집을 치면, 精華水 잔잔한 우에 아침마다 새로 생기는 물방울의 신선한 우물 집이었을레, 또한 윤이 나는 마루의, 그 끝에 平床의, 갈앉은 뜨락의, 물내음새 창창한 그런 집이었을레, 서방님은 바람같단들 어느 때고 바람은 어려울 따름, 그 옆에 順順한 스러지는 물방울의 찬란한 春香이 마음이 아니었을레.

하루에 몇 번쯤 푸른 산 언덕들을 눈 아래 보았을까나. 그러면 그때마다 일렁여 오는 푸른 그리움에 어울려, 흐느껴 물살짓는 어깨가 얼마쯤 하였을까나. 진실로 우리가 받들 山神靈은 그 어디 있을까마는 산과 언덕들의 萬里 같은 물살을 굽어보는 春香은 바람에 어울린 水晶빛 임자가 아니었을까나.

(「춘향이 마음 抄」)

박재삼은 진실을 동반한 가장 슬픈 시가 가장 아름다운 시라고 했다. 그가 생각하는 시적 진실은 '오달(奧達)한 시 정신'에 정교한 '기교'까지를 포함한다. 물론 그의 지론은 시의 일반적인 정의를 벗어난 것은 아니지만 문제는 이러한 그의 시적 정의를 시문(詩文)으로 실천하고 있다는 사실이다. 다시 말하면 진실을 동반한 가장 슬픈 시가 가장 아름답다는 명제를 시문으로 풀이해주고 있다. 슬픔이 아름다움으로 카타르시스 되는 데는 시인의 진실이 절대적인 역할을 한다. 누군가가 한 이야기가 생각난다. 이산화유황이 물에 풀리면 아황산이 발생하는데 이런 화학반응에 필수적인 촉매 역할을 하는 것이 백금(白金)이라는 사실이다. 이런 과학적 원리를 시적 원리에 비유해보면 백금은 시인의 진실에 해당된다는 것이다. 박재삼은 이 시에서 전통적인 이야기의 씨앗(유교적 관념)을 건지려고 하지 않으면서 서정(사랑)의 물레를 외곬으로 자으려고도 하지 않는다. 소위 이미지즘이 보여주는 신선하고 정교한 감각미도 살피지 않았고 상징주의가 추구하는 어둡고 침울한 인생의 의미를 캐려고도 하지 않는다. 흔히들 그를 두고 한국의 민족 정서라고 하는 정한(情恨)을 독창적으로 재현하는 데 성공했다고 한다. 그는 춘향의 슬픈 마음을 우리의 전통 가옥의 고색이 창연한 분위기에 깃든 순수한 자연 소재(우물·정화수·물방울·산·언덕·바람·수정)에 의탁하여(감정이입) 미화했다. 그가 그리는 춘향의 사랑은 소설적 허구(춘향전의 텍스트성)와 그 성격을 달리한다. "옛날부터 이야기는 다 거짓말이라도 노래 하나는 참말이다"라는 자신의 어머니 말씀을 실천한 것인지도 모르지만 그는 이 시에서 소설 이야기를 해체하고 시의 본령인 이미지만을 창조했다. 그렇다면 사랑의 슬픔을 이미지로 미화하는 데 작용한 시인의 진실은 무엇인가. 그것은 다름 아닌 한낮〔白晝〕 의식이다. 그는 "항시 세상을 구경만 하는 설움 많은 구경꾼으로서 그 구경은 한낮에 더하였다. 들이붓는 햇볕 속에 서면, 하냥 까닭없이 눈물 흘리는 일이 흔했던 것이다. 가령 햇볕 들이붓는 여름 낮에 무성하게 반짝이는 나뭇잎을 보아도, 가슴 트이게 출렁거리는 바다를 보아도, 좁은 내 가슴에 비해 너르기 한량없던 소학교 운동장에 광명이 주는 무량(無量)한 적막을 보아도 나는 곧장 눈물 흘리곤 하였다"라고 「詩作 노트」에서 적고 있다. 이 시에서 우리는 "산과 언덕들의 萬里 같은 물살을 굽어보는 春香은 바람에 어울린 水晶

빛 임자"라고 한 것이나 돌아온 이도령의 환영을 "天地에 넘치는 바람의 화안한 그림자"(「2. 바람 그림자를」)라고 한 것, 한낮의 매미 울음에서 이도령의 말소리나 발소리를 듣고 심지어 대님 푸는 소리까지를 들을 수 있는(「3. 매미 울음에」) 춘향의 섬세한 서정의 속살까지를 감지할 수 있다.

> 마음도 한자리 못 앉아 있는 마음일 때/ 친구의 서러운 사랑 이야기를/ 가을 햇볕으로나 동무삼아 따라가면/ 어느새 등성이에 이르러 눈물나고나.// 제삿날 큰집에 모이는 불빛도 불빛이지만/ 해질녘 울음이 타는 가을 江을 보겠네.// 저것 봐, 저것 봐,/ 네보담도 내보담도/ 그 기쁜 첫사랑 산골 물소리가 사라지고/ 그 다음 사랑 끝에 생긴 울음까지 녹아나고/ 이제는 미칠 일 하나로 바다에 다 와 가는/ 소리 죽은 가을 江을 처음 보겠네. (「울음이 타는 가을 江」)

시인의 철학은 그의 시작(詩作)에서 어떤 형태로 나타날 것인가. 메슈 아놀드는 워드워즈의 장시 「은둔자」(The Recluse)를 평하는 자리에서 콜러리지가 철학적 사상이 잘 정돈되어 있다는 칭찬을 한 데 대해서 이 시의 철학은 다름 아닌 환상(illusion)이라고 되받아쳤다. 시인의 철학은 언제나 시어의 외연으로는 나타날 수 없는 환상적 내포에 있다. 그래서 슬픔의 미학은 언제나 독자의 환상적 공감대를 벗어날 수는 없다. 박재삼의 시에는 응고되어 있는 비애의 철학이 원형질로 숨 쉬고 있다. 헤세가 「흰구름의 노래」에서 "보라, 잊혀진 옛날의 아름다운 멜로디의 한 가락인 양 솟아나서 하늘가로 떠 흐르는 저 흰 구름을"이라고 노래한 데 대해서 이 시인은 강물의 흐름을 인생의 비극적 서사곡으로 노래한다. 인생의 첫사랑을 강물의 출발인 산골 물에, 중년과 노년의 번뇌를 질펀하게 뒤척이는 도도한 강물에 비유하고 마지막 임종의 시간을 소리 죽은 가을 강에 비유한다. 그리고 임종의 긴장된 순간을 "미칠" 일이라고 한 것과 "울음이 타는" 가을 강이라고 한 것은 생명의식의 절정에서 폭발하는 이 시인 특유의 환상적 황홀이다.

김종삼

퓨리탄적 순수성

—소박성·회화성·음악성

토끼똥이 알알이 흩어진
가장자리에 토끼란 놈이 뛰어 놀고 있다.

쉬고 있다.

피어오르는 아지랑이의 체온은 성자처럼
인간을 어차피 동심으로 흘러가게 한다.
그리고 나서는 참혹 속에서 바뀌어졌던
역사 위에 다시 시초의 여러 꽃을 피운다고.

메말라 버리기 쉬운 인간 〈성자〉들의 시초인
사랑의 새 움이 트인다고.

토끼란 놈은 맘 놓은 채
쉬고 있다.

(「五月의 토끼똥·꽃」)

김종삼은 언어의 순수성에 대해서 이상주의적인 지론을 가지고 있는 시인이다. 그는 자신을 일러 "내가 닦고 있는 言語에 때가 묻어버리면 큰 일이라고 생각하는 一種의 「퓨리탄」에 屬한다"고 했다. 릴케가 "새로운 言語란 言語의 도끼가 들어가 보지 못한 깊은 樹林 속에서 홀로 숨쉬고 있다"고 말한 것을 전적인 신조로 생각했다. 그러면서 "나의 의미의 白書 위에 노니는 이미지의 어린이들, 幻像의 領土에 자라나는 植物들, 그것은 나의 貴重한 詩의 素材들이다" 라고 했다.

토끼똥이 똥이 아니라고 생각하는 것은 시인만이 가지는 미적 편협성(혹은 아집)에서 오는 것만은 아니리라. 왜 야생화에 '아기똥풀'이라는 것도 있지 않는가. 사람의 똥도 아기 똥은 똥으로 느껴지지 않는 것은 인간에게는 근본적으로 미적 내지 시적 심성이 들어 있기 때문일까. 아지랑이에서 체온을 느끼고 그 체온에서 성자의 감화력을 느낀 시인의 고감도의 감수성은 우리로 하여금 신성한 사랑의 새 움만을 느끼게 한다. 이러한 경지에 들어가면 토끼는 이미 어느 산새의 모습으로 변신할 수 있고 그 옆의 토끼 똥은 앙증맞은 산새 알이 될 수도 있잖을까.

> 새 한 마린 날마다 그맘때/ 한 나무에서만 지저귀고 있었다// 어제처럼/ 세 개의 가시덤불이 찬연하다/ 하나는/ 어머니의 무덤/ 하나는/ 아우의 무덤// 새 한 마린 날마다 그맘때/ 한 나무에서만 지저귀고 있었다 (「새 한 마리」)

세 모자의 쓸쓸한 유택(幽宅)의 정경을 묘사한 시다. 어머니와 형과 아우가 어렵게 살다 간 숨은 이야기를 암시적으로 보여준 시다. "어제처럼/ 세 개의 가시덤불이 찬연하다"에서 어제는 살아생전을 의미하는 것이고 가시덤불은 고난의 상징이고 보면 살아서도 고생스러웠지만 죽어서도 아무도 돌볼 사람 없는 황폐한 무덤이 너무도 쓸쓸하다는 뜻이다. 그리고 찬연하다는 것은 그 한(恨)의 미화다. 이 시에서 시인의 주관적 의지는 이 "찬연하다"는 표현 한 군데뿐이다. 두 개의 무덤만 등장시킨 것은 형의 혼령이 한 마리 새로 현신하여(마치 두견새처럼) 한을 호곡(號哭)하기 위해서다. 그런데 왜 "날마다 그맘때"라 했을까. '같은 날 같은 시각'이란 말은 우리 한국의 설화에서 망자가 잠시 현령(顯靈)해서 설원(雪冤)을 호소하는 그러한 상습적 시간과 일치한다. 이렇게 반복되는 시각과 함께 "한 나무에서만 지저귀고 있었다"는 것은 새 소리를 듣는 사람의 집중적 인식을 환기하기 위함이다. 결국 이 시는 전체적으로 보아 치밀한 사실적 묘사가 어느 한 군데의 유루도 없다는 데 감탄할 수밖에 없다.

> 한 걸음이라도 흠잡히지 않으려고 생존하여 갔다.// 몇 걸음이라도 어느 성현이 이끌어주는/ 고된 삶의 쇠사슬처럼 생존되어 갔다.// 아름다이 여인의 눈이 세상 욕심이라곤/ 없는 불치의 환자처럼 생존하여 갔다.// 환멸의 습지에서 가끔 헤어나게 되면은/ 남다른 햇볕과 푸름이 자라고 있으므로/ 서글펐다./ 서글퍼서 자리 잡으려는 샘터, 손을 잠그면/ 어질게 반영되는 것들./ 그 주변으론 색다른 영원이 벌어지고 있었다.
>
> (「이 짧은 이야기」)

결벽증은 일반적으로 시인의 심리현상 중의 하나다. 여기에 정신적 지표가 들어앉으면 시인 개인의 고유한 개성이 발생한다. 이 시는 자신이 어떻게 살아야 하는가 하는 명제를 업고 성실하게 인생을 순례하는 자세를 보여주는 시다. 지금까지의 예시가 객관적 묘사에 의존했다고 한다면 이 시는 과거에 살아온 역정과 지금 행하고 있는 삶의 궤도의 사실성에 자신의 주관적 환상, 즉 퓨리탄적 순수의 관념을 수(繡)놓고 있는 점이 다르다. 도덕적 관념이나 미적 관념 어느 쪽에서도 성실한 열정을 쏟았지만 그 순수성은 때로는 습지에 빠져드는 듯 회의와 환멸을 일으키게 마련이다. 그러나 그 순수의 "햇볕과 푸름"의 주변에는 "색다른 영원"이 벌어지고 있다고 믿을 만큼 그의 시선은 인간의 영적 지평 저쪽을 향하고 있기도 하다.

미구에 이른 아침/ 하늘을 파헤치는/ 스콥 소리/ 하늘 속/ 맑은 변두리/ 새 소리 하나/ 물방울 소리 하나/ 마음 한 줄기 비추이는/ 라산스카 (「라산스카」)

김종삼 시의 순수성은 언어의 질감과 색상과 음색이 다양한 데서 찾을 수 있다. 언어의 질감은 소박성, 색상은 회화성, 음색은 음악성을 의미한다. 이 사실은 시인 자신의 말 속에 은근히 내비치고 있다. 그는 시작에 임할 때 자신에게 뮤즈 구실을 해주는 네 요소가 있다고 하면서 말라르메, 고흐, 사르트르, 세자르 프랑크를 들었다. 이 시는 문학과 회화와 음악적 요소가 모두 복합되어 있다. 말라르메는 '정신의 극지'라고 하여 인간 의식이 그 한계를 넘어서 우주적 본체에 도달할 때 전율적 황홀을 맛본다는 신인(神人) 일체의 사상을 갖고 있는 시인이다. 말라르메의 대표작 「牧神의 오후」를 보면 "목신이여 그 환상은 가장 정숙한 여인의 푸르고/ 찬 눈에서 나오듯 울고 있는 샘물 소리에서 나온다"는 구절이 있다. 이는 이 시의 서정적 정황과 아주 유사하다.

박용래

질박한 토속의 향취

첩첩 산중에도 없는 마을이 여긴 있습니다. 잎진 사이길, 저 모랫둑, 그 너머 강기슭에서도 보이진 않습니다. 허방다리 들어내면 보이는 마을.

갱(坑) 속 같은 마을, 꼴깍, 해가, 노루 꼬리 해가 지면 집집마다 봉당에 불을 켜지요. 콩깍지처럼 후미진 외딴집, 외딴집에도 불빛은 앉아 이슥토록 창문은 모과(木瓜)빛입니다.

기인 밤입니다. 외딴집 노인은 홀로 잠이 깨어 출출한 나머지 무를 깎기도 하고 고구마를 깎다, 문득 바람도 없는데 시나브로 풀려 풀려 내리는 짚단, 짚오라기의 설레임을 듣습니다. 귀를 모으고 듣지요. 후루룩 후루룩 처마깃에 나래 묻는 이름 모를 새, 새들의 온기를 생각합니다. 숨을 죽이고 생각하지요.

참 오래오래, 노인의 자리 밑에 밭은기침 소리도 없을 양이면 벽 속에서 겨울 귀뚜라미는 울지요. 떼를 지어 웁니다. 벽이 무너지라고 웁니다.

어느덧 밖에는 눈발이라도 치는데, 펄펄 함박눈이라도 흩날리는지, 창호지 문살에 돋는 월훈(月暈).

(「월훈(月暈)」)

시에서 상황 설정은 매우 중요한 역할을 한다. 공간대로는 도시 공간과 농촌 공간이, 시간대로는 하루 시간과 계절 시간대가 흔하게 쓰인다. 그런데 실제로는 작품마다 주제와 직결된 상황으로 구체화되어 나타나기 때문에 상황 그 자체를 독립해서 생각할 수가 없다. 문제는 소설에서는 상황이 배경에 불과하지만 시에서는 상황이 상황으로 끝나는 것이 아니고 묵시적인 담화의 역할을 하는 수가 있다는 사실이다. 이것이 시의 사실성과 소설의 사실성의 차이점이다. 시적 표현의 특질의 하나가 언어의 상징적 내포에 있다고 한다면 시인은 이 객관적 묘사 속에 자신의 심리적 시선과 표정과 욕구를 숨겨둔다. 이러한 언술이 암묵적 진술(understatement)이다.

박용래의 시가 전반적으로 그렇듯이 이 시는 철저한 고독 속에 갇혀 있는 한 인간의 삶과 죽음을 묵시적으로 묘사하고 있다. 김소월의 「부모」는 겨울밤의 고독이 극치에 이르지 않는다. 오히려 모자간의 대화는 그 고독을 삼켜버린다. 노천명의 「귀뚜라미」에서 느끼는 고독은 인간 일반에게로 확산되는 서사시적 정조라기보다는 한 인간에게로 집중되는 주관적 서정으로 느껴진다. 그러나 이 시에서의 고독은 인간의 삶과 죽음의 의미 전체에 그 그림자를 드리우고 있다. 시인은 상황 배치를 이렇게 하고 있다. 1, 2, 3연이 삶의 현장이라면 4, 5연은 죽음의 현장이다. 거기서 다시 나누어 보면 1, 2연은 삶의 배경이고 3연은 삶의 본경(本景)이다. 죽음의 장도 4연이 그 본경인 운명(殞命)의 장이고 5연은 그 여운의 조경(助景)이다. 거기서 삶과 죽음의 본장인 3연과 4연은 의미의 절정을 이루고 있다. 3연에서 바람도 없는데 시나브로 풀려 내리는 짚단의 소리를 듣는 것이나 겨울밤 처마 밑에 깃든 새들의 체온을 느끼는 것은 꺼져가는 생명에 밝혀진 영험(靈驗)의 힘 때문이다. 4연은 귀뚜라미의 장송곡으로 전연을 덮는다. 가을밤의 적막을 고요히 흔드는 귀뚜라미의 울음소리가. 이렇게 청천벽력의 울음소리로 변한 것을 두고 누가 부적절한 수사적 결함으로 지탄할 수 있겠는가. 이 곡성의 파장은 이 시 전체에 흐르는 잔잔한 정조의 흐름을 깸으로써 죽음의 의미를 절정으로 몰고 간다. 또 다른 한 편으로 이 시는 프롤로그(서막)와 에필로그(종막)의 조명이 시 전체의 정서적 분위기를 조화로 몰고 간다. 살아생전에는 밤 이슥토록 창살에 비치는 모과(木瓜) 빛 같은 등잔불, 죽어서는 창호지 문살에 돋는 월훈(月暈)이 연극의 조명등처럼 비친다. 한마디로 이 시는 시와 소설과 드라마가 한 데 어우른 감동을 느끼게 한다.

> 솟구치고 솟구치는 玉洋木 빛이랴// 송이송이 무엇을 마냥 갈구하는 山念佛이랴// 꿈속의 꿈인 양 엇갈리는 백년의 사랑/ 쑥물 이끼 데불고 구름이랑/ 조아리고 머리 조아리고 살더이다/ 흙비 뿌리는/ 뜰에 언덕에 (「木蓮」)

박용래 시에 모정처럼 깔려 있는 것이 토속적 서정이라고 한다면 그 정의 색깔이 이 시에서 "玉洋木 빛"으로 나타난다. 옥양목은 너무 희다 못해 엷은 옥색 빛이 도는 무명으로 된 피륙이다. 누이지 않은 생목인 옥당목보다도 더 고운 피륙이다. 서민의식의 절정을 표방하는 이 빛이 하늘로 솟구치니 이는 소박미가 우아미로 승화한 것인가. 갈구하는 것이 불심이고 꿈속의 꿈같은 백년의 사랑이며 구름과 함께 하늘을 향해 머리 조아리고 산다고 했으니 그렇지 않는가. 그러나 이 시에서 목련의 이상은 아무리 하늘로 뻗혀도 땅을 놓치지 않는 데 있다. 항상 "쑥물 이끼"를 데불고 있으면서 "흙비 뿌리는 뜰에 언덕"에 뿌리를 두고 있다. 목련을 통해 드러낸 시인의 시정은 흙벽돌로 쌓은 말집(모말집) 굴뚝에서 아침저녁으로 피어나는 연기와 같다. 이 연기는 조용히 흙냄새를 묻히면서 아래를 흐르다가 하늘에 떠 있는 달을 보거나 날아가는 기러기를 보는 시선으로 빗겨 오른다.

> 세상 외로움을 하얀 무명올로 가리우자/ 세상 괴로움을 하얀 무명올로 가리우

자/ 세상 구차함을 하얀 무명올로 가리우자/ 세상 억울함을 하얀 무명올로 가리우자// 일년 열 두 달 머뭇머뭇 골목을 누비며/ 삼백 예순 날 머뭇머뭇 집집을 누비며/ 오오, 안쓰러운 時代의/ 마른 鶴의 落淚// 슬픔은 모른다는 듯/ 기쁨은 모른다는 듯/ 구름 밖을 솟구쳐 날고/ 날다가 // 세상 억울함을 하얀 무명올로 가리우자/ 세상 구차함을 하얀 무명올로 가리우자/ 세상괴로움을 하얀 무명올로 가리우자/ 세상 외로움을 하얀 무명올로 가리우자 (「鶴의 落淚」)

여기서 학은 무명옷을 입은 우리 민족이라고 해도 좋지 않을까. 이 시 외에 그의 시에서 억울함이니 구차함이니 괴로움이니 외로움과 같은 감정을 직설적으로 표현한 예는 드물다. 그러나 이 생경한 언어들은 그 뒷말의 상징 속으로 흡수되어 여러 가지 이미지로 새롭게 살아난다. 이때 이미지란 다름 아닌 우리 민족의 여러 가지 고통스러운 표정이 된다. 그리고 또 관심을 끄는 것은 왜 무명옷이라 하지 않고 무명올이라고 했을까 하는 사실이다. 올은 실의 가닥이다. 가리개가 될 수 없다. 그래서 최소한의 가능성이나 불가능의 수단을 구사하는 것은 안타까움의 정조를 고조하는 의도가 숨어 있기 때문이다. 또 학은 일반적으로 높은 품격과 우아한 자태를 상징한다. 그러기에 서민적이라기보다 귀족적이며 선비의 품격이 적격이다. 이것은 평소의 학의 자태다. 이 평소의 자태를 묘사한 것이 "슬픔을 모른다는 듯/ 기쁨을 모른다는 듯/ 구름 밖을 솟구쳐 날고/ 날다가"의 3연이다. 그러나 2연은 현실로 돌아온 학으로 3연과는 달리 시대고를 앓고 있는 초췌한 모습이다. 그렇다면 2연과 3연의 학은 너무나 대조적이다. 질박함과 우아함이 서로 넘나드는 이질적 조화에서 볼 수 있는 여유로운 정서, 그것은 우리 민족 정서의 흔쾌한 일단이다. 이러한 내용이 2, 3연의 대척 관계에서 찾아볼 수 있는 것이라면 1, 4연은 같은 내용이 순서를 바꾸어 되풀이 되고 있다. 결연한 의지의 문을 앞뒤로 꼭꼭 잠그고 있는 것이다. 어쩌면 우리는 이 시에서 윤동주 시의 어투를 읽을 수 있을 것 같기도 하다. 민족 시인의 열외(列外)에 서 있는 시인의 시에서.

허영자

'그렇게 맑게, 그렇게 매웁게'

──서정과 모럴

당신의 손짓 한나으로
이 몸은
천지에 가득 웃음 풍기는
꽃일 수 있습니다만

당신의 눈짓 한나으로
이 몸은
형체 없이 스러지는
한 오리 김일 수도 있습니다

해와 달을
저어리 밀어두고
이 몸은 항상
낭랑히 낭랑히 울림하고 지우니

바람하

푸른 잎새로 걸어둔

이 마음 흔들어

풍경 소리 나게 합소서 당신은.

(「바람」)

시인에게 있어 가장 일반적인 신은 자연이다. 그 신에게 절대적인 순종을 하거나 모반을 하는 것은 시인의 자유이다. 그런 뜻에서 시인의 신은 자유의 영역 안에서 볼모로 잡혀 있는지도 모른다. 아니 볼모인 신에게 오히려 발목이 잡혀 끌려 다니기도 한다. 그래서 시인의 상상력이 시인과 신 사이에서 발생하는 인력 안에서 긴장된 진폭의 파장을 일으키는 것을 흔히 보게 된다. 단테와 같은 종교시인인 경우, 시인은 신의 볼모가 되어 신이 그려놓은 대도(大道)를 따라 웅장하고 화려하며 때로는 처절하고 비장한 인생을 그려 보이지만 신을 볼모로 한 시인의 경우, 신은 시인의 상상력에 향유를 뿌리는 초인적인 역할을 한다. 니체는 신을 인정하지 않았다고 하지만 그의 '초인'(超人)은 신의 속성을 그대로 갖추고 있는, 말하자면 시인의 볼모가 된 신의 변신에 불과하다. 이러한 역설은 시인으로 성공한 사례의 한 공통된 논리가 될 수 있지 않을까.

허영자의 「바람」은 이러한 상상력의 기능에 근거한 작품이다. 단 나와 신의 관계가 표면적으로 내가 순종(기원)하는 형식을 취한 것으로 되어 있지만 사실은 신의 전지전능적 기능을 창조적으로 대체하고 있다. 자신이 만들어내는 신은 신에 대한 도전적 의지라기보다는 자신의 상상력을 극대화하기 위한 신에의 모방 행위일 수 있다. 시인의 신이 경전에 들어 있는 신과 다른 것은 바로 이러한 창조적 모방 행위에 있다. '바람'은 '태양'과 '달'을 제쳐놓고("저어리 밀어두고") '당신'의 이름으로 신위(神位)의 위상에 올라 있다. 태양과 달은 범신적 대유로 많이 써왔으므로 진부하게 느껴졌기 때문에 바람을 선택했는지도 모른다. 바람과 같이 지상이나 우주에 충만한 자연을 신선한 충격으로 요리하는 것이 시인의 재능이다. 이 바람은 오상순의 「放浪의 마음」에서 '바다'가 그렇듯이 시인의 상상력에 초절적인 힘의 기능을 발휘한다. 바람의 손짓 하나로 천지에 가득 웃음 풍기는 꽃이 되기도 하고 바람의 눈짓 하나로 형체 없이 스러지는 김(증기)이 된다는 발상은 속성적(俗性的) 개념에서 보면 기상천외의 파격적 발상이 되지만 초월적 인식을 본연으로 하는 시적 상상력에서 보면 당위적 발상이다. 시인의 상상적 영역에도 원심력과 구심력이 작용한다. 지금 살펴본 이 시의 전반부는 원심적 확대에 치중하고 있는가 하면 후반부, 특히 마지막 연은 구심적 집중에 상상력을 모으고 있다. 바슐라르가 말하는 혼의 울림은 이 집중적 상상력에서 온다. 바람이 나의 '푸른 잎새'에 와서 풍경 소리를 내는 것은 나와 바람의 화육의 경지다. 이때 나는 신에 대한 순종이나 모반의 개념을 벌써 넘어선 경지에 서 있게 된다.

> 흰 수건에/ 얼굴을 닦으려다 멈칫한다// 거기 슬프고 부끄러운/ 초상화 찍힐까 봐// 흰 수건에/ 두 손을 닦으려다 멈칫한다// 거기 생활을 헤집고 온/ 비굴의 때 묻을까 봐 (「흰 수건」)

시에서 도덕성은 관념적 무게로 저울질하기보다 순수란 이름의 서정성을 기준으로 접근하는 것이 무난하다. 왜냐하면 시에서 도덕적 관념이란 그 주소도 이름도 얼굴도 분명히 하고 있지 않기 때문이다. 이 시는 같은 여류 시인으로 노천명을 연상케 하기에 충분하다. 섬뜩하리만치 정갈한 정조가 특색이다. 시인의 순수성은 그 감정의 단순함에 있다. 감정에 생경한 관념을 섞는 것은 물론, 감정에 감정을 섞는 것은 금물이다. 그것은 속정(俗情)이다. 어느 평자가 "芝溶의 시는 너무 맑아 송사리 한 마리 살 수 없다"고 했지만 그것은 속정의 시각에 불과하다. 속정은 시인의 생활의 도구일 뿐 시적 도구가 아닐 바에야 시 속에 스며 있는 순수의 이름을 결벽증의 이름으로 나무랄 필요는 없다. 우리는 「흰 수건」에서 '비굴'을 경계하는 심리나 결벽증의 의미를 읽는 것이 아니라 해맑은 마음의 표정을 읽는 것이다. 이것을 굳이 속정으로 바꿔 표현하면 단아(端雅), 조신(操身)이란 이름을 한 섭생(攝生)의 덕목이 되겠지만.

> 한 움큼 하이얀 재로 삭아 내릴지언정/ 한 모금 찬물을 구걸하지 않으리// 기막히는 이 목마름도 굶주림도 모두 참아서 /마지막/ 복사꽃 봄날의 사랑마저 제물로 바쳐서// 가을밤 섬돌 아래 귀뚜리처럼 섧이 우는 여인을/ 오, 이 무슨 윤리의 회초리는/ 아픈, 아픈 메질을 거듭하는가// 돌 하나 나무 한 그루/ 아니 풀 한 포기 없는 따 끝/ 영신(靈身)을 태우는 인습(人習)의 그을음만이 검게 오르는 날// 어디에도 머리 둘 데 없었던 인자(仁者)의 고독과 예지/ 그 십자가 위에/향유와 눈물을 쏟아부으며 뜨겁게 뜨겁게 입맞춤한다. (「香油와 눈물을」)

시인에게 있어 모든 종교는 결국 하나의 종교로 귀착하는 것 같은 느낌을 종종 갖게 된다. 그것은 아마 시인은 어느 특정 종교에 머물러 있지 않고 모든 종교적 이념을 한 눈빛으로 조감하려고 하는 시야를 고집하기 때문인 것으로 본다. 이것은 시인의 자유의지라고 할 수도 있고 시인적 개성, 즉 창조적 의지라고 할 수도 있겠으나 그것은 결국 시인의 가슴에 잠재하고 있으면서 신앙심의 층을 뚫고 올라오는 휴머니즘의 원천 때문이 아닐까. 어느 특정 종교시인의 시에서도 우리는 이러한 사례를 흔히 목격할 수 있다. 종교의 특수성은 시의 경우 개성과 유사하다고 한다면 종교의 일반성은 시의 보편성과 유사하다. 우리 주변에서 흔히 대할 수 있는 대표적인 종교들이 이상하게도 이념적인 공유 영역을 갖고 있다는 사실은 새삼스러운 일이 아니다. 이러한 사실은 세계적인 현상이긴 하지만 우리 한국 시인의 경우에 있어서도 한용운·김현승·구상 같은 시인들로부터 불교·기독교·천주교의 특수성을 넘어선 인류 보편의 종교적 관념을 찾아볼 수 있다는 사례로도 알 수 있다.

허영자의 「香油와 눈물을」은 위와 같은 사실에 근거해서 접근해볼 수 있다. 여기 향유와 눈물은 둘 다 순수의 결정체다. 향유가 기독교적인 이념에 근원한 속죄의 상징적 의미를 갖고 있다면 눈물은 어떠한 의미의 그림자도 드리울 수 없는 순수한 고뇌의 상징이다. 엘리아드에 의하면 전자는 성(聖, the sacred)의 의미 영역에, 후자는 속(俗, the profane)의 의미 영역에 속한다. 이 시는 예수와 막달라 마리아 사이에서 발생한 성경 이야기를 배경에 깔고 있다. 속이 성에 맹목으로 투영되는 것은 단순한 종교 행위에 불과하다. 시에서는 속의 의미가 무화되지 않으면서 성과 새롭게 만나는 길을 모색한다. 속이 자신의 의미를 최대로 줄여서 성 앞에 서게 되면 속은 그 본래의 순수를 잃지 않고 오히려 새로운 생명력을 얻는다. 이 시가 예수에 대한 막달라 마리아의 사랑을 화제로 담고 있는 것은 그런 뜻에서 특이한 의미를 갖는다. 윤리란 이름으로 자신에게 가학(加虐)되는 징벌이 크면 클수록(형식적 속 개념의 압박) 그녀는 고통의 도가 그 절정에 닿을 때까지 인내와 굶주림과 심지어 속세의 사랑마저 증발시켜버린다. "영신(靈身)을 태우는 인습(人習)의 그을음"이 검게 타오를 때까지 그래서 예수와 막달라 마리아가 마지막으로 만나는 십자가에서 성도 속도 아닌 새로운 사랑의 의미(향유와 눈물의 만남)가 싹트게 된다.

이와 같이 모든 물리적 현상이나 정신적 형질에서 최후의 원점까지 압축해서 원형의 미학을 창출해내는 시작(詩作)의 테크닉은 이 시인의 특이한 개성이라 할 수 있다. 가령 「씨앗」에서 "가을에는/ 씨앗만 남는다// 달콤하고 물많은/ 살은/ 탐식하는 입 속에 녹고/ 단단한 씨앗만 남는다// 화사한/ 거짓 웃음/ 거짓말/ 거짓 사랑은 썩고// 가을에는/ 까맣게 익은/ 고독한 혼의/ 씨앗만 남는다"라든가 「정갈한 뼈」에서 "맑고 싸늘한/ 가을 하늘 아래/ 앙상히 가지만 남은 나무여// 부끄러워라/ 무거운 살의 욕망/ 걷잡을 수 없는 피의 열기// 모두 떨구고 나면/ 내게도 저런/ 정갈한 뼈다귀가 드러날 것인가// 아니 드러날 뼈다귀가/ 정녕 있을 것인가 없을 것인가"라고 한 것은 바로 이 시인이 추구하는 구심력의 절정에서 보여주는 영험의 진수라고도 할 수 있다.

허영자 시인은 섬세한 세정(細情)과 발랄한 격정을 고루 갖춘 시인이다. 그의 세정은 옹달샘 같이 조용히 솟아나온다. 그 세정을 처리하는 솜씨 또한 섬세하다. "잎사귀를 들치면/ 맑고도 귀한 것이 숨어 있을 듯// 사랑하올 모든 것/ 꿈꾸는 모든 것이 숨어 있을 듯"(「숲길에서」) 조심스럽다. 인간 감정의 깊은 내면을, 혹은 인간과 자연이 공유하는 오묘한 내연을 속속들이 그리고 다양하면서도 절실하게 그려낸다.

이수익

진기한 장외적(場外的) 시선의 경이

내 목소리가
저 물소리의 벽을 깨고 나아가
하늘로 힘껏 솟구쳐 올라야만 한다.

소리로써 마침내 소리를 이기려고
歌人은
심산유곡 폭포수 아래에서 날마다
목청에 핏물 어리도록 발성을 연습하지만,

열 길 높이에서 떨어지는 물줄기는
쉽게 그의 목소리를 덮쳐
계곡을 가득 물소리 하나로만 채워버린다.

그래도 그는 날이면 날마다
산에 올라
제 목소리가 물소리를 뛰어넘기를 수없이 企圖하지만,

한번도 자세를 흐트리지 않는
폭포는
준엄한 스승처럼 곧추앉아
수직의 말씀만 내리실 뿐이다.

끝내
절망의 유복자를 안고 下山한 그가
발길 닿는 대로 정처없이 마을과 마을을 흘러 다니면서
소리의 昇天을 이루지 못한 제 恨을 토해냈을 때,

그 핏빛 소리에 취한 사람들이
그를 일러
참으로 하늘이 내리신 소리꾼이라 하더라.

(「昇天」)

시인의 의식 활동은 항상 장(場) 내외의 경계선 상에서 전개된다고 본다. 이 장은 인간의 정신 활동 전체에 걸쳐 있다. 가령 물질적 내지 정신적 생활에 필수적으로 따라다니는 어떤 형식의 틀이 될 수도 있고 늘 되풀이 되는 상용(常用)의 길이나 수단 도구도 될 수 있다. 사실 모든 학문이나 예술 활동의 출발이 이러한 상궤(常軌)를 파괴하는 데서 비롯된다고 하는 것은 별로 새삼스러울 것이 못되지만 유독 어떤 시인들이 여기에 민감할 경우, 우리는 그 시인 특유의 개성미를 거기서 발견할 경우가 많다. 소설의 경우도 주인공의 인물이 기인(奇人)인 경우를 꽤 많이 접하게 되는데 이때 대개는 그 인품이 소박, 순수, 정직으로 통하게 된다. 말하자면 정상적인 평균인은 장내적(場內的)인 인물로서 독자의 매력을 살 수 없는가 하면 기인형은 장외적(場外的)인 인물로서 개성적인 매력을 갖게 된다.

이수익 시에 나오는 제재(題材)는 인물이든 아니든 장외적인 시선을 받고 있는 것들이 대부분이다. 여기 「昇天」의 소리꾼은 장내와 장외의 경계선 상의 인물이다. 자신의 장내적인 목소리를 폭포라고 하는 장외적인 소리의 전범에 귀화시키려고 혼신의 힘을 쏟지만 실패하고 만다. 이 시의 이야기는 한편의 드라마 같은 역전을 연출한다. 시적 담화의 표면적인 의미는 분명 소리꾼으로서의 실패를 가리키고 있지만 청취자의 수용 반응은 성공으로 암시되어 있다. 다시 말하면 일상 장내적인 감정으로서의 한(恨)은 실패가 낳은 최고의 비극적 감정이지만 장외적인 예술성으로서는 순치(馴致)된 감정이 된 셈이다. 이야기체의 시적 담화에서 이러한 역설이 주는 신선한 감각도 중요하지만 이 시가 주는 주제상의 지적인 암시가 주목거리가 된다. 그것은 단순히 '고강도의 장인(匠人) 정신'이라고 해도 좋을 도식적인 주제 설정을 가지고 이야기하는 것은 아니다. 문제는 주제의 처리가 제3의 장외의 시선(청취자)을 통하여 성공적으로 전도(顚倒)시키는 시적 의장술(意匠術)이 돋보이는 데 있다.

빈 山幕엔/ 능구렁이처럼 무겁게 살찐 고요가/ 땅바닥에 배를 깔고 숨을 몰아쉬고 있다./ 흙담이 무너져 내려 썩고, 나무기둥이며 문살이/ 오랜 세월 비바람에 썩고 썩어/ 향기로운 부식의 냄새를 피워 올리는,/ 이 버려진 山幕 하나가 고스란히 해묵은 포도주처럼/ 맑은 달빛과 바람소리와 이슬을 먹고 발효하는/ 深山의 특산품인 것을.// 神이 가끔 그 속을 들여다보신다. (「廢家」)

이 시도 장외 의식이 동기가 된 원형적 상상력의 한 장면을 보여주고 있다. 원형은 보편성을 의미한다. 생성과 사멸이라고 하는 보편적 진리가 주기적 운동을 전개할 때 발생하는 현상적 의미를 미화한 것이다. 세계가 본질적으로 상징이라 한다면 시도 그 본질이 상징이다. 이 시에서 느낄 수 있는 미감(美感)은 자연의 숨은 비밀이 상징적으로 형상화된 데서 온다. 아울러 이 시는 죽음의 의미를 역설적으로 미화함으로써 자연법칙의 신비감을 생생하게 느끼게 한다. 또 한편으로 뱀을 등장시킨 것은 '죽음의 향기' 같은 엄숙하고 무거운 정조를 상징한다. 여기에 마지막 행에서 신을 등장시킴으로써 주제와 기교 사이의 정교한 결합의 묘를 보여주기도 한다. 1920년대 한국 시에서 '죽음의 예찬'을 주제로 한 극단의 감상적 관념시와 비교해본다면 이 시는 현대시의 한 특징을 생생하게 보여주고 있다고 하겠다.

이수익의 시로 얼핏 보면 예술성의 시비로 몰고 갈 작품이 있다. 소설에서 가끔 화젯거리가 되는 '예술이냐 패륜이냐' 하는 문제와 유사할 수도 있는 작품으로 「그리운 악마」가 있다.

> 숨겨둔 情婦 하나/ 있으면 좋겠다./ 몰래 나 홀로 찾아드는/ 외진 골목길 끝, 그 집/ 불 밝은 窓門/ 그리고 우리 둘 사이/ 숨막히는 暗號 하나 가졌으면 좋겠다.// 아무도 눈치 못 챌/ 비밀 사랑,/ 둘만이 나눠 마시는 罪의 달디단/ 祝杯 끝에/ 싱그러운 젊은 심장의 피가 뛴다면!// 찾아가는 발길의 고통스런 기쁨이/ 만나면 곧 헤어져야 할 아픔으로/ 끝내 우리/ 침묵해야 할지라도,// 숨겨둔 情婦 하나/ 있으면 좋겠다,/ 머언 기다림이 하루 종일 전류처럼 흘러/ 끝없이 나를 충전시키는 여자,/ 그/ 악마 같은 여자

이 시는 의도적으로 부도덕을 노래한 시가 아님은 물론이다. 이수익은 "시의 목적은 진리나 도덕을 노래한 것이 아니다. 시는 다만 시를 위한 표현인 것이다"라고 갈파한 보들레르나 "도덕적인 시, 부도덕한 시가 문제가 아니다. 다만 잘 씌어져 있는가 그렇지 않는가가 문제다"라고 호언한 오스카 와일드와 같은 예술지상주의 시인은 아니다. 그러나 탐미주의적 열정은 없다 하더라도 "둘만이 나눠 마시는 罪의 달디단 祝杯"란 표현을 통해서 그런 의식의 일단을 내비치고 있다. 다만 그는 '마력적인 시의 의미'를 추구한 시인의 일반적인 자질을 보여줬을 뿐이다. 따라서 우리는 이 시를 대할 때 일상의 부도덕적 관념은 시인의 상상력 속에서 비등점에 이르면 모두 기화되어버린다는 사실을 확인한다. 그래서 시인은 '최고의 자

유인'이란 것을 시인한다. 한편 이 시는 현대 시인의 의식 현상에서 종종 드러나고 있는 한 현상으로, 오래전에 상실해버렸고 모더니즘의 시에서 그 결별이 표면화되었던 전통적인 서정성에 대한 향수를 자아내기도 한다. "외진 골목길 끝, 그 집/ 불 밝은 窓門", 이는 아무리 거기서 탈출하려고 해도 집요하게 따라다니는 과거 의식의 잔영 중의 하나일는지 모른다. 그것은 '초가집' 이미지라 해도 좋을 그러한 서정적 공간이다. 이 시는 이러한 의식 공간에 다분히 현대적 감각의 정욕적 인물을 등장시키고 있다. 과거 같으면 은밀해야 할 정교(情交)가 적나라하게 노출된 채 말이다. 이러한 현상은 어떻게 이해해야 될까. 이 시가 독자에게 호소하는 것은 가녀린 향수에 안주하기에는 너무나 벅찬 정치·사회·문화 전반의 테러리즘에 대한 구명의 절규일 수가 있다. 척박한 정신적 황무지에서는 악마의 마력 같은 시적 재생력이 절실히 필요하다. 이렇게 이 시는 현대시의 에너지성 위기를 극복할 전격적 충전을 극적으로 제시하고 있다.

천양희

'지자요수'(知者樂水)의 지혜

보리밭을 지나다
언 땅 뚫고 나온 보리를 본다
冬安居 끝낸 수행자 같아
나는 지금 菩提를 생각하고 있다
보리밭을 갈아엎어,
보리수를 심을까 궁리하는 동안
마음이 보리밭처럼 울퉁불퉁해져
아직 새파란 보리가
나를 흔들어 놓는다

보리밭을 지나다
눈 속에 든 보리를 본다
설산고행하는 老高僧 같아
나는 지금 보리행을 생각하고 있다.
보리밭에 엎뎌
삼천배 몇배쯤 절하고 나면

나도 감히
菩提三昧에 빠질 수 있을까
아직 새파란 보리가
菩提의 길을 보여주고 있다

(「보리밭을 지나다」)

천양희의 시는 감정이입의 기법으로 엮어진 것이 많다. 그녀의 뛰어난 연상 작용은 이 시에서 보듯이 동음이의의 형식을 취하면서(보리-보리〔菩提〕) 단순한 감각적 존재(보리)를 정신적 의미(불교의 보리〔菩提〕) 쪽으로 이입시킨다. 단순한 존재물이 정신적 상징의 무게를 싣게 된다. 언 땅을 뚫고 나온 보리나 눈 속에 든 보리는 단순한 서정적 소재에 불과하지만 이것이 동안거 끝낸 수행자나 설산고행하는 노고승에 비유될 때는 새로운 정신적 의미로 승화하게 된다. 이 시에서 이러한 사실을 압축해서 표현한 것이 '새파란 보리'다. 이 '새파란'은 이미 감각적 이미지를 넘어서서 종교적 성스러움의 의미로 탈바꿈한다.

누가 말했을까요/ 살아 있는 것처럼 완벽한 것이 없다는 것을/ 우리가 하나의 생명일 때 기쁘고 기쁨은 곧 마음의 길을 열어/ 숨은 얘기 속삭인다는 것을// 여린 잎 속의 푸른 벌레와 생각난 듯이 날리는 눈발과/ 훌쩍거리며 내리는 비가/ 얼마나 기막힌 눈(目)이라는 것을/ 그토록 작은 것들이 세상을 읽었다는 것을// 누가 말했을까요/ 자연으로 돌아가는 것처럼 자연스런 것이 없다는 것을/ 우리가 하나의 자연일 때/ 편하고 편함은 곧 마음의 길을 열어/ 숨은 얘기 속삭인다는 것을// 뒤곁의 대나무숲 바람소리와 소리없이 피는 꽃잎과 / 추위에 잠깬 부엉이 소리가/ 그토록 작은 것들이 세상을 들었다는 것을// 그리고 우리가 보았다는 것을/ 하늘이 텅 비어 있었다는 것을 (「누가 말했을까요」)

이 시는 생명의 기쁨을 노래한 시다. 생명의 기쁨은 항상 깨어 있을 때 찾아온다. 자연의 미물을 포함한 모든 자연현상은 세상을 정확히 보고 듣는다. 그 자연의 눈과 귀가 우리에게 열리는 때가 바로 우리의 생명이 기쁨으로 눈 떠 있을 때다. 대개 전통적인 동양 시에서 자연은 관조의 대상이다. 즉 직관으로 그 세계를 음미한다. 그러나 이 시에서 자연은 그 자체가 아주 작은 눈과 귀를 가지고 있다. 그 눈과 귀가 '나'의 눈과 귀를 거쳐 자연의 순연한 모습과 소리를 보여주고 들려준다. 아니 작은 것은 끝까지 줄이면 하나가 된다. 너와 나는 하나로 줄여서 '우리'가 된다. 그래서 "우리가 하나의 생명일 때 기쁘고 기쁨은 곧 마음의 길을 연다"고 환호하게 된다. 창은 마음의 눈이다. 자연현상이 눈과 귀의 창을 달고 인간으로 들어올 때 시인은 이렇게 자연의 내면적 생명성을 직감하게 되지만 문제는 반복되는 설문 '누가 말했을까요'가 제시하는 누구의 뜻으로 누구의 손으로 이러한 신비로운 경이가 이루어지는가의 물음이다. 동서고금의 시에서 우리는 종종 이러한 성운에 가린 신비의 얼굴을 보게 된다. 하늘에 뜬 무지개를 바라보면 가슴이 뛰는 것이나 수직의 파문을 내며 떨어지는 잎에서 누구의 발자취를 생각하는 시인의 감정은 종교적인 사념으로까지 번져갈 수 있다. 왜 "하늘이 텅 비어 있었다"고 했을까. 깨달음을 경탄하기 위해 깨닫기 이전의 상황을 극적으로 대조하기 위한 것일까. 아니면 깨닫고 난 다음의 불교적 무상념일까. 아무튼 그녀는 시를 종료할 때 의미의 비중을 무겁게 두는 것이 특징이다.

강물에 돌을 하나 던진다 퍼지는 파문! 강둑까지 퍼진다./ 돌 하나가 강을 흔들어 놓는다 저녁때/ 물결은 자꾸 소용돌이 치고 물길은 오래 물굽이를 숨긴다./ 물소리 깊어, 물새떼들 이 어둠보다 먼저 갈대숲에 든다/ 내 생각에 내가 잠겨 저 숲까지 갈 수 없다/ 숲 너머 강 끝에 나루터가 있고 나룻배 띄울 사람이 있다/ 나는 몇 번 발끝을 들고 샛강 너머 다른 강을 바라다 본다/ 강은 강을 거슬러 올라가지 않는다/ 문득 일어서는 물보라, 마른 내 등 짝 후려친다/ 젖은 몸 강쪽으로 조금 기운다 나는/ 또 돌 하나 집어 힘껏 던진다/ 던진 돌에 맞은 건 강인데 내가 다 아프다/ 모든 돌은 끔찍해 돌 하나로 때론 세상이 끔찍하다/ 돌이란 건 함부로 던지는 게 아닌 거야 그래도/ 흐르는 물은 웅덩이를 키우면서 앞으로 나아간다/ 나아가는 물줄기를, 물의 줄기를 몰래 당겨본다/ 강이란 앞으로 나아가는 것이라고, 나아가야 한다고/ 강바람이 강하게 나를 떠민다/ 소리치며 사람들이 강 옆을 지나간다 지나가면서/ 괜히 돌팔매질이나 한다 그때마다 퍼지는 강의/ 파문, 파문들! 파문을 막으려고/ 누구도 돌을 버린 이는 없다 (「돌을 던지다」)

그녀는 자연현상뿐만 아니라 인위적 행위(고의성)로 해서 일어나는 현상에서 삶의 이치와 길을 찾으려고 한다. 길이 잘 찾아지지 않으니 회의가 꼬리를 문다. 강물에 돌을 던지면 파문이 일 듯 회의가 잇달아 일어난다. 그녀는 돌을 버리지 아니한다. "누구도 돌을 버린 이는 없다"고 한 것은 자신의 행위를 '누구'에게 돌린 간접화법이다. 그래서 조용한 강물에 '괜히' 한다고 생각하면서도 돌을 던진다. 그 파문을 강보다 더 아프게 느끼면서도 그것을 즐긴다. 돌 하나가 때로는 세상을 흔들어놓는 끔찍한 일을 저지를 수 있다고 생각하면서도 말이다. "강이란 앞으로 나아가는 것" "거슬러 올라가지 않는" 강의 물줄기를 몰래 당겨보려고까지 하면서(지속적·선지적 감각) 강에 돌을 던진다. 강물에 돌을 던지는 행위의 의미는 그녀의 예지(叡智)에 닿아 있다. 옛날 선각자(공자)가 발견한, 틈만 있으면 비집고 들어가는 물의 지혜를 그녀가 활용한 것이 아닐까(지자요수〔知者樂水〕). 그녀의 시에는 물과 함께 바람의 이미지도 많이 출현한다. 시 「발 없는 새」를 보면 바람이 불면 새는 발을 잃고 바람 속에서 쉰다. '나'도 바람 속에서 쉬고 싶어 한다. 그렇다. 그녀는 이 세상의 온갖 신비와 신기를 바람의 손으로나 물의 눈으로 찾아가는 것을 즐긴다. 아주 조용하고 은밀하게. 천양희 시의 소재는 매우 광범위하다. 크게는 자연과 인간사를 총망라하고 있지만 특히 인간사에서는 일상생활의 면면에서 구한다. 그 대표적인 것이 「단추를 채우면서」다.

단추를 채워보니 알겠다/ 세상이 잘 채워지지 않는다는 걸/ 단추를 채우는 일이/ 단추만의 일이 아니라는 걸/ 단추를 채워보니 알겠다/ 잘못 채운 첫 단추, 첫 연애, 첫 결혼, 첫 실패 / 누구에겐가 잘못하고/ 절하는 밤/ 잘못 채운 단추가/ 잘못을 깨운다/ 그래, 그래 산다는 건 / 옷에 매달린 단추의 구멍찾기 같은 것이야/ 단추를 채워보니 알겠다/ 단추도 잘못 채워지기 쉽다는 걸/ 옷 한 벌 입기도 힘든다는 걸 (「단추를 채우면서」)

한마디로 섭생의 어려움을 시화한 것으로 시경의 "전전긍긍(戰戰兢兢) 여리박빙(如履薄氷):세상을 사는 것이 살얼음을 밟는 것과 같이 두렵다는 뜻"을 연상시킨다. 자연에서는 꽃 한 송이나 물새 한 마리의 표정과 동작에서 숨어 있는 자연의 비밀스러움을 찾아내지만 여기서 보다시피 일상의 사소한 생활 주변의 다반사에서 세상을 살아가는 지혜를 발견한다. 그러나 이런 지혜가 때로는 시적 상상력으로 여과되지 않고 직설적 언지(言志)로 토로될 때는 어희(語戲) 내지 잠언성 현학으로 빠질 수도 있다.

유안진

낭만주의 주제의 푸가(遁走曲)

거꾸로 살고 싶다
잿가루 날리는 이 가슴으로도
눈발 속에서는 아이가 되고 싶다

시골 국민학교 운동횟날같이
만국기가 나부끼는 소리로
웃어 쌓는 아이들

나는 그 애들이 만든 대견스런 눈사람
기웃뚱 서서 무엇을 꿈꿀까?

연분홍 복사꽃 빛 아득한 사랑 얘기
진자주 모란꽃의 피톨 튀던 그 사연들
어디를 헤매이다 하얗게 늙어서 돌아오는 눈발 속에

백원짜리 동전 같이 별사탕 같이

은하를 따라가다 길 잃은 별이 되어
두 눈 글썽이는 아이가 되고 싶다

비탈길도 평지 같이 타달타달 걷는 아이
훌쩍이며 혼자서 돌부리를 차고 싶다.

(「눈을 맞으며」)

시를 아주 소박하게 단적으로 이야기한다면 그것은 시인이 지닌 본질적 심성인 감성에서 출발한다. 이 감성을 본질로 해서 다양하게 전개된 시가 낭만주의 시다. 말하자면 낭만주의는 오랜 역사와 전통을 지니고 있는 시의 종갓집이다. 그러나 이제 와서 이 집은 폐가가 되었거나 혹은 폐허에 옛집을 복원하거나 아니면 아주 다른 현대식 건물이 들어서기도 했다. 낭만주의는 18세기 말에서 19세기 초에 걸쳐 유럽 전체를 풍미한 문예사조다. 그것은 '자기중심적인 맹목적 감정의 표현'이라고도 하고 '자유분방한 내적 경험의 표출'이라고도 한다. 심리학자는 인간의 심성 중 가장 본능적이고 동물적인 활성을 띤 이드(id)에 비유하기도 한다. 인간이 지닌 이러한 내면적 충동이 때로는 코울리지 식 '상상적 정의'(情誼)로 나타날 수도 있고 바이런 식으로 '격정적 정의'로 표현될 수도 있다. 그것이 지향하는 성격은 미래 지향적인 종교의식일 수도 있고 과거 지향적인 원형의식일 수도 있다. 때로는 구체적인 실체를 초월하여 그 실체의 근저가 되는 우주적인 영상을 모방하기도 한다. 낭만주의가 표방하는 미덕은 아름다움과 사랑이다. 그것을 간직하는 수단과 도구는 여하한 관념도 배제하는 순수한 정관(靜觀)이다.

유안진은 시집의 표제를 통해 스스로를 "구름의 딸이요 바람의 연인"이라고 했다. 이 말은 「자화상」 시에 나오는 한 구절이기도 하다. 낭만주의 시인임을 자처한다고 해도 좋지 않을까. 샤토브리앙의 "낭만주의는 자유주의와 동일시된다"는 말이 연상된다. 시 「자화상」에서는 "허공이 오히려 살 만한 곳이며/ 떠돌고 흐르는 것이 오히려 사랑하는 것이다"라고 노래한다. 바람의 이미지로 이러한 감정을 표백한 대목은 위의 시집 속의 「가을 손짓」에서 "소주에 취한 듯 빼주에 타들 듯/ 아리까리 잡힐 듯한 손짓이여 바람이여"라고 했다. 「쉰 살 먹은 방황」에서는 "아 십년을 벼려온 나의 방황아"라고 할 만큼 그는 철저한 자유주의자이기도 하다.

위의 예시를 보자. 우선 이 시는 원형의식적인 사고와 회귀 본능의 충동을 바탕으로 하고 있다. 잃어버린 자신의 순수를 회복하는 길을 동심에서 구하고 있다. 그러나 자신은 아이들 곁에 눈사람으로 서 있는 방관자다. 이 방관자 의식은 그의 「구경꾼」이란 시에서 "먼발치의 넉넉한 여유가 자유로워서 나는 좋아"라는 대목에서도 알 수 있듯이 자신을 객관화하는데 적의한 기법이다. "어디를 헤매이다 하얗게 늙어서 돌아온" 자신의 현재의 모습(눈)을 과거의 자신의 상(像)이라고 할 수 있는 아이들과 대조시키고 있다. 그리고 동심은 순수 그 자체다. 그것은 유희의 정서로 충만되어 있다. 자기중심적인 맹목의 감정만이 용납된다. 이 시에서 가을날 시골 어느 국민학교의 운동회 날 왁자지껄한 아이들의 웃음소리를 부챗살처럼 펴져 하늘을 덮고 있는 만국기가 가을바람에 팔락이는 모습과 소리로 비유한 것은 매우 신선한 감동을 준다. 그것은 형상(시각)과 소리(청각)를 아주 적절하게 공감각화했기 때문이다. 4연에서 비치고 있는 열정은 어떤가. "진자주 모란꽃의 피톨 튀던 그 사연들"이 주는 강렬한 열정은 이 시집의 도처에 흩어져 있는 홍역의 반점 같은 것이라고나 할까.

> 가슴 속 용광로에 불 지피는 황홀한 거짓말을/ 오오 미쳐볼 뿐 대책 없는 불쌍한 희망을 (「자화상」)

> 어느 끓는 가슴 속에 뛰어들어/ 바람神의 성대 (「징소리」)

> 장대 빗발 놋날로 맞아/ 너부러지고 싶다 (「확인」)

쇳물 끓는 일천도 불길 속으로/ 신라 쇠북 에밀레의 비천 보살이 되라 칸다.

(「가을 손짓」)

이렇게 시의 구절을 따로 떼어놓고 보면 마치 1920년대 '백조파' 시인들이나 서정주의 초기 시나 김영랑의 「두견」 같은 시에서 읽을 수 있는 감상성을 진하게 느낄 수 있는 것은 사실이다. 우리는 여기서 "낭만주의는 병이 아니고 도취된 상태의 꿈이다. 그러나 자가 중독이 종종 건강을 해친다"고 한 괴테의 말을 상기해볼 필요가 있다. 그러나 이 시인의 경우 모든 시편을 관류하고 있는 일반적인 기맥(氣脈)이 감상성과는 거리가 멀다는 사실을 감안할 필요가 있다.

낭만주의는 고전주의와 상대적이면서 사실주의와도 반명제적 요소를 지니고 있다. 그런데 이 시인은 고전주의와 사실주의적 면모를 종합적으로 지니고 있다. 고전주의는 전통 의식이나 고향 의식을 통해서, 사실주의는 현실 의식에 따른 소재에 대한 섬세하고 디테일한 묘사를 통해서 잘 드러나고 있다.

목을 뽑아 홰쳐 울고 싶은 촌닭마을 모퉁이 집/ 이마빡에 마른 피딱지 붙은 담벼락과 마주 서서/ 생간댕이 날비린내 풍겨나는 까물침의 꽃/ 맨드라미가 핀다.

(「맨드라미」)

눈부신 살구꽃 그 봄철을 손때 묻혀/ 붉게 익어 휘어지는 감나무 아래/ 단맛 들인 家風이었다./ 새 며느리 시어미 되던 꿈의 자리이다. (「장독대」)

이 종합적인 성격은 그의 특이한 상상적 체질의 일단인지도 모른다. 왜냐하면 그는 자유분방한 심기의 변주를 타는 수단으로 역관념이나 역감정을 자주 구사하기 때문이다.

사람도 사랑도 결국에는 장미 같은/ 저주와 축복과 굴욕과 은총의 웃음 또는 울음/ 사랑하며 미워하고/ 미워하며 사랑하자/ 살고 싶어 죽고 싶다 하고/ 죽고 싶어하며 살자/ 장미 피는 6월에는 오묘한 모순으로/ 모순의 생리로

(「모순의 꽃 장미」)

제일 먼 사람을/ 제일 가깝게 느끼는가/ 가을 사랑은 (「가을 사랑」)

달밤에 우는 까마귀처럼/ 밤보다 깜깜한 밤이 되고 싶어 울며/ 뙤약볕에 凍傷 입고/ 눈서리에 火傷 입고 (「꼬리표」)

겨울같이 추운 봄날씨도 있듯이/ 혹 가다가 엉뚱하게/ 엉뚱해지고 싶다.

(「확인」)

그렇다면 그의 시를 전체적으로 조감할 때 나타나는 이러한 종합적인 성격은 어디에서 연유하는 것일까. 사실 그의 시에는 삶과 죽음, 양지(빛)와 음지(어둠), 앞과 뒤, 행과 불행, 웃음과 눈물, 사랑과 증오, 기쁨과 슬픔, 시작과 끝, 이 모든 것이 출현한다. 어느 시인인들 어느 한 측면만을 선택하겠는가마는 그는 이 양면의 모순적 갈등을 뜨거운 열정으로 불태우면서 기교적(역설법) 장치의 여과 없이 그대로 수용해서 토로한다(물론 탁월한 은유적 표현이 간간히 보이기도 하지만). 이것은 산문에서 보면 직설화법에 해당한다. "시는 뜨거운 감정의 자연적 流露"라고 한 워즈워드의 말이 아주 적격이다. 아마 그는 지금쯤 "목 놓아 울어보고 싶은 大敍事詩의 세상"을 향해 맨발로 뛰면서 변신을 거듭하고 있는지도 모른다. 낭만주의를 주제로 하면서 고전주의와 사실주의를 대우(對偶) 주제로 하는 푸가(fuga, 둔주곡)의 형식으로. "무엇을 신었어도/ 늘 맨발이었다./ 맨발처럼 민망스럽고/ 맨발처럼 당당했다"(「맨발」).

이향아

시인의 모정(母情)

―한국적 토속의 내밀한 이야기

내 盞은 가득 채우지 마십시오.
열 가운데 서너 칸은 비워 두세요
당신이 따르는 무슨 향내로도 毒으로도
그 悲哀로도 어떤 술수로도
이 반쯤 비인 盞에
내려와 쉬는 빛을,
停止된 생애의 한 순간을
아름다운 風雪을 막을 수가 없습니다.

아직 살아보지 못한 餘生을 담을 자리.
아, 어느 날 무엇인가가 되어서
당신이 다시 돌아올 자리,
어둠의 개울을 견뎌 새벽에 고인
속 깊은 눈물 몇 방울도 함께 섞을 자리
반짝이는 유리 술잔의 벌거벗은 고통
그대로 비워 두세요.

열 가운데 서너 칸쯤은

풍편에 묻어온 어지러운 소문
더디고 낯선 어느 노래로
비인 盞의 소망이라며 채우게 될지라도
설령 그렇게 되고 말지라도

(「반쯤 빈 盞」)

이향아의 시를 읽으면 '시인은 언어의 연금술사'(鍊金術師)라고 하는 옛말의 정의를 되새기게 된다. 대개 시를 연금술에 비유한 것은 그 발상이 기발하고 그 정의(情意)가 절절하고 서정의 음영(陰影)이 정교하고 다채롭고 다양함 등의 설명을 떠올릴 수 있다. 이향아의 시가 바로 그렇다. 일반 독자들에게 회자되고 있는 역대의 유명 시인의 시에서 화석처럼 익혀 온 명구(名句)를 제외하고는 이 연금술의 수채화를 쉽게 볼 수가 없는 것이 사실이다. 대개 시적 상상력은 그 스케일이 크면 클수록 그 밀도와 비중이 공소(空疎)하기가 쉽고 표현의 밀도가 치밀하면 상상적 공간이 협착하기가 쉽다. 그러나 이 시인의 경우, 시적 활동이 한창 왕성하던 시절의 한 시집(『눈을 뜨는 練習』)을 보면 정교하게 분포되어 있는 생명의 실핏줄을 도처에서 발견하게 된다.

「반쯤 빈 盞」은 우선 제목이 관심을 끈다. 찬 잔과 빈 잔과 얼마만큼 빈 잔은 크게 보면 우주적 생리나 생명체의 생태나 인간의 정신 현상을 상징할 수 있다. 가령 초승달이나 반달이나 그믐달이 우리에게 비추는 심상 효과라든가 인간의 지식이나 감성의 농도의 정도를 암시할 수가 있다. 나도향의 수필 「그믐달」은 초승달(처녀)과 보름달(여왕)에 대비하여 한 많은 여인(청상과수〔靑孀寡守〕)에 비유되고 있다. 그렇다면 '반쯤 빈' 잔의 의미는 무엇일까. 이 경우도 빈 잔과 대비해보면 그 의미의 윤곽이 드러난다. 박인환의 「木馬와 淑女」를 보면 "가을 바람 소리는/ 내 쓰러진 술병 속에서 목메어 우는데"라는 구절이 있다. 빈 술병에서 절망, 비애, 추회(追懷), 허탈 등의 정서의 목록을 읽을 수가 있다. 그러나 반쯤 비어 있는 잔은 있음과 없음의 경계를 짓기도 하고 지우기도 한다. 있음 쪽에서 보면 앞으로 살아갈 여생의 자리, 그것은 미지의 세계에 대한 기대감 같은 희망이지만 없음 쪽에서 보면 그것은 곧 차오를 비애와 독(毒), 눈물 같은 절망일 수가 있다. 그러나 이 시의 반쯤 빈 잔의 경계에는 여하한 의미의 생애도 정지된 상태에서 위에서 내려온 빛으로 충만되어 있다. 이 절대 공간과 시간을 영유하고 거기에 생을 의탁하는 것은 허욕이요, 인생에 대한 배신이다. 그래서 '당신'이 돌아올 그 자리에 눈물 몇 방울을 타는, 말하자면 이상(희망)과 현실(고통)의 순수한 만남과 출발이 있게 된다. 이 만남의 자리인 술잔이 유난히 반짝거리는 것은 고통을 벗었기 때문이다. 나는 이러한 현상을 '경계의 미학'이라고 부르고 싶다. 이 경계의 미학에서 볼 때 위의 허실의 상황과 유사한 것이 상실과 회복, 결핍과 충당의 맞선 관계다. 이 양자는 전자의 결손을 후자가 충당함으로써 조화와 통일의 형식을 취한다. 쉽게 말해서 없는 것은 보충하고, 흩어진 것은 모으고, 높은데 것은 내리고, 헤벌어진 것은 감싸고, 불안정한 것은 앉히거나 눕혀서 안정과 균형을 잡아준다. 이러한 작업은 한국적 풍물과 민속의 슬기를 섬세하고 정교하게 따내려가는 매운 손끝의 바느질에 비유할 수 있잖을까.

유순한 짐승처럼 엎드린 용마루 끝/ 굴뚝마다 나무가 큰다./ 말라붙는 애간장 비집고 큰다./ 지아비 걱정에 다리 오그리고 큰다.// 햇살 묻어나는 장독대 오지그릇/ 그릇마다 맵고 아린 풍속이 담겨/ 대(代)물려 전해 줄 율법이 어려.// 넘쳐흐르누나, 묶였던 수돗가 물보자기/ 부딪쳐 돌아오는 탕자(蕩子)같이/ 탈선을 엿보누나, 아우성치누나./ 내 용서를 벌써 아누나.// 부엌문을 열고 나오는 저/ 파도 같은 것, 추억 같은 것, 눈물 같은 것,/ 아이들은 하루 종일 말을 안 듣고/ 老母는 돋보기 넘어 조선 종자 여섯 쪽 마늘을 깐다.// 문 열어라, 당신은 문을 열어라./ 지금, 바로 지금,/ 하루를 빗질하여 산마루에 걸어라./ 나는 서둘러 등피를 닦고 최초의 저녁 등을 천정 높이 켤 것이다./ 숨어서 몰래 불을 지르듯이 불을 지르듯이/ 가슴은 천 길 만 길 뛰어 오를 것이다. (「저녁」)

옛날의 민속화가 현대의 동영상으로 탈바꿈한 것 같다. 한국적 희로애락의 풍정(風情)이 살아 움직인다. 생활고에 찌들리면서도 마음의 주름살은 펴고 사는 촌민("하루를 빗질하여 산마루에 벗어 걸어라"), 유하면서도 엄한 관습과 율법, 독고(獨孤) 여인의 명상실인 부엌 생활의 애환, 때로는 산불같이 타오르는 거침없는 열정 등이 제2의 햇살(시인의 모정)로 감싸여 있다. "시는 인생과 우주의 삼라만상을 사랑으로 바라보지 않는다면 애초에 잉태되지 않는다"고 한 이 시인의 말과 일치한다. 그녀의 사랑은 자신에 대한 욕구가 소박했던 만큼이나 인생을 보는 시야도 항상 손이 닿는 가까운 데 머물러 있다. 순박한 이웃이나 삶의 소도구 같은 것을 대상으로 한다. 자신과 소재와의 거리는 근접하면 할수록 리얼리티는 더욱 생생할 수 있다. 대개 관념에 흐른 시가 과거리(過距離)를 유지하고 있다는 것은 위의 사실을 역으로 증명해준다.

어둠 속에서 눈을 뜨고 있어 보았겠지요./ 내 젊은 날의 視力 속으로 일 천 斤量의/ 誘惑과 覺悟와 解脫/ 날 흔들어요, 눈 부셔요.// 어둠 속에서 눈을 뜨고 있으려면/ 밝음 속에 눈이 멀어 있는 것보담/ 아파요, 슬퍼요./ 마른 생선처럼 엮이어 蒼天을 가요./ 눈을 뜨는 練習.// 어둠을 밀어내지 않고 끌어당기는 연습/ 기를 쓰고 사는 연습.// 어둠 속에 눈을 뜨고 있으면/ 대수롭지 않게 알게 되어요./ 구차한 사슬이 하나씩 무너지고/ 끝내는 나도/ 지긋한 어둠 하나로 놓여날 것임을.

(「눈을 뜨는 練習」)

릴케의 시는 "죽음을 향해 열려 있는 삶을 포착한다." 죽음이 현존재로 감지되고 있으며 거기에는 삶과 죽음 사이에서 발생하는 명백하고 준엄한 갈등을 화해하는 길이 엿보인다. 이향아의 어둠 속에 "눈을 뜨는 練習"

은 바로 '죽음을 이기는 연습'이다. 그것이 "밝음 속에 눈이 멀어 있는 것보다 아프고 슬프"기는 하지만 자신을 감고 있는 "구차한 사슬이 무너지고" 끝내는 자신도 "지긋한 어둠"으로 남게 되는 영적 승화로 이어지기 때문이다. 이 시는 비극적 선택의 고통 속에 숨어 있는 삶의 가치의 존귀함을 은근히 시사하고 있다.

김여정

환상적 사실주의의 열풍

사월 초파일께부터
차츰 자비로워진 바다
그대 따스운 눈어름께를 지나
지금은 깊숙한
석가세존의 가슴께쯤 와서
발돋움하는 바다

그대 펴든 열 손마디에서
벙그는 장미꽃잎을 본다
그 서슬에
빈 배가 뜬다

석가세존의 다섯 손톱 끝에서
참으로 부끄러워진 바다가
수억의 풀잎을 눕힐 때

머리 푼 바람
은가락지 낀 시간이
푸른 눈을 빛낼 때

이승의 달은
저승으로 지고
저승의 달은
그대 더운 가슴 복판을 지나
석가세존의 아미에 떠올라
빈 배를 채운다

바다는 다시
장미꽃 언저리로 몰려와
만삭의 몸을 푼다

(「유월의 바다」)

김여정의 시선집 『흐르는 섬』으로 들어가보면 그녀의 시는 산문(평설)으로 접근하기가 무척 힘들다는 생각이 든다. 시와 산문의 주소를 새삼스럽게 깨닫게 해주기도 한다. 그래서 나는 그녀의 시에서 어설픈 시구로라도 맞불을 질러서 그 수많은 요정들의 실루엣을 감지해봤으면 하는 엉뚱한 생각을 해보기도 한다. 이 시집을 펼치면 감정의 전천후 기상(氣象)이 엄습해온다. 이 기상도에는 릴케가 있고 샤갈이 있다. 「편지: 사랑하는 마리아 릴케에게」를 보면 자신을 "아 애절한 선율로/ 심장이 패어간 계곡"이라고 노래한다. 릴케의 '신과 인간의 교감을 극대화한 것'까지는 몰라도 '광역(廣域)의 영험(靈驗) 세계'를 안고 있으면서 '서정적 의상에 가린 다양한 표정' 같은 공감대를 읽을 수 있다. 그리고 「레몬 1」은 샤갈의 그림을 시심으로 조응한 시다. 그만큼 그녀의 시는 표현주의와 초현실주의의 빛이 강하다. '단절된 개개의 순간이 유연한 연속'을 이루고 있는 환상적 사실주의의 화풍을 닮은 것이다.

이 「유월의 바다」는 바다와 부처가 만나는 과정에서 화려한 감정의 수사를 동반한 성(聖, 부처)과 속(俗)의 이미지가 교묘히 배합되고 있음을 잘 보여준다. 종교적 이상이 구현되는 시말(始末)의 과정은 '빈 배'에서 '채워진 배'로 이행되거나 이승의 달과 저승의 달이 넘나드는 것으로 형상화되었고 성과 속의 벽을 허무는 사랑의 잉태는 "그대 더운 가슴 복판을 지나/ 석가세존의 아미에 떠올라"가 보여주듯이 매우 신선하면서도 파격적인 상징으로 구사되어 있다. 또한 사랑의 격정을 매개하기 위해서 석가세존의 정통적인 이미지인 연꽃을 피하고 장미꽃을 취했다. 그만큼 이 시는 석가를 다룬 같은 제재(題材)의 시 「등꽃」에 비해서 역설적인 감정의 기복이 있다.

> 아직은 어두운 새벽/ 안개의 들판을 달려와/ 시린 무르팍 마주대고 앉은/ 너와 나 사이에/ 말은 없어도/ 레몬 열매는 익는다// 말이 무슨 소용이랴/ 익은 레몬 열매 한 알이면/ 우리 어둡고 습한 영혼의 대안(對岸)에/ 따사로운 외등(外燈)이 켜지고/ 넘치는 레몬 향기로 하여/ 목관악기는 울리고/ 내밀(內密)한 언어가/ 윤흐르는 잎사귀를 피울 것을// 맞대인 글라스 밖으로/ 공감의 비가 내릴 때/ 레몬 껍질에/ 목숨의 진한 땀방울이 맺힐 때/ 내가 마지막으로 레몬을 가지고/ 어머니 가슴으로 달려갔을 때/ 어머니 갈비뼈 사이에서/ 마악 열두 쌍의 태양이 떠오르고 있었다
>
> (「레몬 8」)

시선집을 보면 레몬 시가 다섯 편 연속해서 나온다. 그 중 이 「레몬 8」은 너와 나 사이에 이루어지는 생명의 교감을 노래한 시다. 그 교감의 결정체(레몬)가 이루어지기까지 긴장된 의식의 파장은 파상풍처럼 번져나간다. 레몬이 익어가는 시간대 위에서 전개된 생명의 마디마디의 상태가 빛(외등)과 소리(목관악기)와 형태(땀방울)의 모습으로 찬미된다. 대개 감각적

수사는 그 절정을 맞으면 그것으로 끝나는 경우가 많다. 그러나 여기서는 영혼의 대안이라고 하는 영험적 공간 안에서 이루어지기 때문에 궁극에 가서 어머니라는 존재와 태양이라고 하는 정신적 영역으로 승화하는 데까지 이르게 된다. 그의 시적 체험의 일반적인 현상이 그렇듯이 이 시도 의식의 습곡 지대를 형성한 복잡한 감정의 단층, 그것을 건반으로 해서 자유자재로 건너다니는 음계의 현란한 질주가 결국은 성역(聖域)의 관문으로 사라지는 것 같은 신비를 맛보게 된다. 이렇듯 그녀의 시가 생명의 신비감을 자아내게 되는 것은 그녀가 지닌 시상의 한 특징이라 할 수 있는 생명성에 대한 지혜 때문이다. 이것을 세속적 관용어로 말하면 섭생의 지혜라 해도 좋을 것이지만. 가령 「사과나무 아래서」는 이렇게 노래한다. "잘 익은 사과알에서 빛나는/ 뜨거운 해후/ 은혜의 바다 하나가/ 아무도 몰래 넘쳐나고 있음을 보리라// 잘 익은 사과나무 아래 / 서 보라/ 진정한 고통/ 진정한 말씀은/ 향기의 뿌리라는 것을/ 깨닫게 되리라." 시인은 서정적 향기보다는 그 뿌리인 고통의 의미와 진리의 묵시에 생각의 근원을 둔다. 또한 「뜸부기의 말」을 보면 "뜸부기의 말은/ 뜸부기입니다// 뜸부기는/ 햇살의 고마움도/ 먹이의 반가움도/ 사랑의 기쁨도/ 「뜸북」하고 말합니다// 뜸부기는 어둠의 무서움도/ 배고픔의 서러움도/ 이별의 쓰라림도/ 「뜸북」하고 말합니다// 뜸부기의 말은 「뜸북」입니다." 이는 번다(煩多)한 인간 심리의 약점을 우의(寓意)로 힐난하고 있을 뿐 아니라 그 내면에는 인생의 다단한 애환의 감정을 모두 무화시켜버리려는 허무의식이 함의되어 있다. 「매미」에서는 같은 어조로 "노래도 울음도/ 말끔히 빠져나간 허물/ 평화로운 해탈의 모습/ 존재의 가벼움"이라고 노래한다.

김여정 시에서 빼놓을 수 없는 것은 파격적인 서정이다. 단순한 세속의 욕정이 아니면서 종문(宗門)에 들어선 신앙의 열정도 아닌 절대 자유의 절대 감정이 과감하게 구사된다. 마치 금기도 파문도 개의치 않는(?) 양 천주 앞에 직고(直告)하는 '고백성사' 속의 간음의 의미는 무엇일까(「첫 고백성사」). 여기서 간음의 상대는 광야에 홀로 서 있는 너도밤나무, 정사(情

事)는 나무의 번개 바람과 나의 불붙는 노을로 이루어진다. 그 사이에서 태어난 것이 익은 감이고 성긴 빗방울이다. 감은 하늘로 떨어지고 빗방울은 바다로 떨어진다. 세속적 통념으로 제어할 수 없는 탈윤리의 경계다. 파계의 두려움도 없이 스스럼없는 당당한 천주에의 직소(直訴)의 의미는 무엇일까. 어쩌면 간음은 원죄 이전의 무죄라는 원형 의식의 발로인지도 모르는 일. 아니면 가톨리시즘이 샤머니즘의 속성을 종합하고 있는 점에서 탈종교적인 자연사상일 수도 있는 일. 어쨌거나 성역이 없는 무소불위한 시 사상의 도전은 이 시인의 무한한 상상적 역량의 표징일 수가 있다. 이 시(「첫 고백성사」)뿐만이 아니라 그녀의 리비도적 열정은 여러 편의 시에서 발견된다. 「봄 들판」, 「레몬 2」, 「레몬 5」, 「돌」, 「12원가(願歌)」, 「술 마시는 여자」 등 다수다. 이 중 「봄 들판」과 「레몬 2」는 서정주의 「花蛇」를 능가하는 강렬한 리비도적 열정이 짙게 깔려 있다. 그것은 「레몬 2」에서 잘 드러나 있다. "깨어진 사금파리 몇 조각이 한낮의 풀밭을 찾아든다 잠자던 흙덩이 몇 개가 부신 눈을 뜬다 매끄러운 사금파리 위로 풀뱀의 흰 배때기 하나가 지나간다 저만치 뱀딸기 몇 알이 발정한 태양과 만난다 짙은 그늘이 갇힌 꽃을 끌어낸다 무서운 열병이 풀밭을 휩쓴다."

김여정 시인의 시적 여정에는 이러한 불꽃같은 정염이 도처에 솟구치지만 정염이 타고 난 자리에는 죽은 재가 없다. 부단히 "불붙는 등꽃 아래서 죄의 빈손을 향기에 태운다." 아니면 「흐르는 섬」이 되어 "한 잎 풀잎으로 누워 불타는 바다 불길에 몸의 진액을 끓이는" 고통을 즐긴다. 그녀의 「흐르는 섬」은 어쩌면 릴케와 샤갈의 빛을 거쳐 카프카의 강렬한 환상의 「城」 언저리를 떠가는 것인지도 모를 일이다.

임영조

문인화(文人畵)의 운치와 풍속화의 소박미

면벽 100일!
이제 알겠다. 내가 벽임을
들어올 문 없으니
나갈 문도 없는 벽
기대지 마라!
누구나 돌아서면 등이 벽이니

나도 그 섬에 가고 싶다
마음 속 집도 절도 버리고
쥐도 새도 모르게 귀양 떠나듯
그 섬에 닿고 싶다

간 사람이 없으니
올 사람도 없는 섬
뜬구름 밀고 가는 바람이
혹시나 제 이름 부를까 싶어

가슴 늘 두근대는 절해고도(絶海孤島)여!

나도 그 섬에 가고 싶다
가서 동서남북 십리허에
해골표지 그려진 금표비(禁標碑) 꽂고
한 십 년 나를 씻어 말리고 싶다

옷 벗고 마음 벗고
다시 한 십 년
별으로 소금으로 절이고 나면
나도 사람 냄새 싹 가신 등신(等神)
눈으로 말하고
귀로 웃는 달마(達磨)가 될까?

그 뒤 어느 해일 높은 밤
슬쩍 체위(體位) 바꾸듯 그 섬 내쫓고
내가 대신 엎드려 용서를 빌고 나면
나도 세상과 먼 절벽섬 될까?
한평생 모로 서서
웃음 참 묘하게 짓는 마애불(磨崖佛) 같은.

(「孤島를 위하여」)

임영조, 그의 시는 주로 많은 부분이 일상적인 생활 속에서 삶의 지혜를 끌어내어 아기자기한 재치로 심상의 모자이크를 만들어나간다. 그것이 때로는 외설스러울 수도 있을 만큼 진솔한 속기(俗氣)를 그대로 드러내 보인다(「파리」, 「달팽이」 등의 우의성〔寓意性〕 시편들). 이와는 대조적으로 형이상학적 관념 속으로 빠져들기도 한다(「孤島를 위하여」, 「갈대는 배후가 없다」). 그런가 하면 이 양자의 이질적 성향이 조화롭게 어우르는 현상도 보여준다. 이 세 번째 성향이 원숙의 경지로 접근하는 그의 시적 품격을 보여준다. 왜냐하면 이 경우에 인간의 혼과 자연의 살이 천연스럽게 만나 하나의 새로운 생명체의 신비를 체험할 수 있기 때문이다. 이때의 시적 정서는 마치 우주나 인간의 원점 같은 것 앞에서 진지하게 머리를 조아리고 있는 긴장감 같은 것을 느낄 수 있다(「물」, 「목련」).

「孤島를 위하여」는 같은 제재의 그의 시 「섬」에 비교하면 상당한 차이를 보여준다. 「섬」이 우리의 전통적 서정시에서 일반화된 연민과 그리움의 서정이 중심을 이룬 데 비해 이 시에는 실존적 고뇌와 그 극복의 의지가 뚜렷하게 드러나 있다. 불교적이든 도교적(道教的)이든 탈자아(脫自我)의 긴장을 시적 긴장으로 풀어주는 데는 해학적인 제스처가 필요했다. "귀로 웃는 달마(達磨)"나 "웃음 참 묘하게 짓는 마애불(磨崖佛)"처럼 "사람 냄새 싹 가신 등신(等神)"으로 남는 무애(無涯)의 적요(寂寥), 그것이 이 시의 서정적 분위기다. 이 시는 사상적 근거나 표현 형식 면에서 그의 대표 작품으로 많이 알려진 「갈대는 배후가 없다」와 유사한 데가 있다. 피와 살과 고뇌와 욕정과 분노에 떨던 꿈을 말리고 배경과 배후를 차단해버린 허허한 실존의 고독, 그것은 이 「孤島를 위하여」에서도 그대로 드러난다. 들어올 문도 나갈 문도 없는 벽, 그러나 그 벽마저 부정되고 그 자리에 자신의 등이 벽으로 서 있는 것이 인간의 실존적 현실이다. 간 사람도 없고 올 사람도 없는 섬에서 해골 표지 금표비(禁標碑) 꽂고 옷과 마음을 벗고 말리고 절여서 사람 냄새 싹 가신 등신이 되고 싶지만 그러한 섬은 없다. 내가 스스로 (가상의 섬과) 체위를 바꾸어 섬이 되어야 그제야 웃음 묘하게 웃는 마애불(사실상 마애불이 아닌)이 될 수 있을까 하는 회의, 이것은 그의 상상력의 지평(地平)에 떠 있는 웃음도 울음도 아닌 딜레마의 표정이다.

임영조 시의 또 다른 특징은 우아미와 소박미의 양극을 모두 포괄하고 있다는 점이다. 이것은 전술한 대로 그가 지닌 시적 혼령(가령 "뜨거운 사랑의 입김")이 어떠한 소재(특히 자연)를 만나느냐에 따라 시시로 다른 성격의 생명체가 탄생한다는 뜻이 된다. 가령 목련을 만났을 땐 "고고하고 빛부신 초혼(招魂)이 있어/ 뜨거운 사랑의 입김이 있어/ 세상은 또 이렇듯 환해지고/ 눈뜨고 사는 일이 아름다운가?"(「목련」)와 같은 우아한 고품격의 성자형(聖者型)이 탄생할 수 있고 호박꽃과 같이 서민적인 소박한 꽃을 만날 때는 "쩔쩔 끓는 삼복염천/ 성남 변두리 척박한 땅에/ 뿌리를 박듯 좌판을 벌여놓고 아무튼 열심히 사는/ 내 고향 점례를 보았습니다."(「호박꽃」)와 같이 밑바닥 인생의 적나라한 인간상이 만들어질 수 있다. 단 그의 비극적 영상은 이야기체의 갈피 속에 희끗희끗 묻어나는 것이 특징이다. 그만큼 그는 서사체의 체질을 가진 시인이기도 하다.

> 어느 날 문득 크고 작게/ 혹은 흐리거나 진하게 핀 꽃/ 누가 심지 않고 가꾸지 않아도/ 저절로 피어나 짙어지는 꽃이다./ 난생 처음 보고도 서로 친한 듯/ 그래도 왠지 마주 보기 어색해/ 모르는 척 짐짓 외면하고 싶은 꽃/ 내 살이 그만 흙과 친하려는지/ 꽃 색깔도 흡사 흙빛 닮았다./ 마음에 보푸라기 일어나듯/ 손등부터 넌지시 번지는 무늬/ 내 생의 말미에 댄 끝동 같은 꽃/ 하! 나는 여태 이 꽃을 보러/ 앞만 보고 바쁘게 달려왔구나!/ 내 몸의 허허로운 양 달에/ 이승에서 마지막 피워보는 꽃/ 하나 왠지 섭섭하고 쓸쓸한/ 그래서 내보이기 싫은 꽃/ 누가 파종했을까?
>
> (「저승꽃」)

삶과 죽음의 의미는 충격적인 사건을 통해서만 느껴지는 것은 아니다. 미술의 오브제처럼 시는 무심코 지나치기 쉬운 일상의 주변적인 것에서 이러한 의미를 발견할 때가 있다. 저승꽃은 노경에 들면서 피부에 돋아나는 검버섯을 아이러니하게 미화한 말이다. 시인은 여기서 자기 인생의 모든 역정(歷程)을 통하여 인생의 영욕뿐 아니라 삶과 죽음의 본질을 읽는다. 그러나 중요한 것은 전 시편에 흐르는 반대감정의 갈등적 정서다. "난생 처음 보고도 서로 친한 듯/ 그래도 왠지 마주 보기 어색해/ 모르는 척 짐짓 외면하고 싶은 꽃"에서 보듯이 유한과 무한, 자연과 인간, 존재와 당위 사이에서 발생하는 운명적인 갈등과 친밀감 같은 진솔한 인간의 감정을 읽을 수 있다. 그러면서 죽음에 접근하는 자세는 회의를 동반하면서도 초연하고 초연하기 때문에 관조의 경지에 이를 수 있다. "내 생의 말미에 댄 끝동 같은 꽃"—이 한 행으로 이 시의 전편이 압축될 수 있다. 이 '저승꽃'은 인생의 의미를 후광(後光)으로 하고 있는 작은 소재로서 촌철살인(寸鐵殺人)의 개(慨)를 담고 있다.

나태주

도담한 정시(正視)와 여심(餘心)의 의취(意趣)

망설이면서 조심조심
잎을 내민다.

두리번거리면서 가만가만
꽃을 피운다.

내밀어 보았자
풀잎,

피워 보았자
풀꽃,

그러나
그는

겨울에도 홀로 숨쉬고

눈 속에서도 홀로 향그럽다.

(「난초」)

시에서 순수라는 말은 설명하기에 매우 애매하다. 어쩌면 그것은 세속에서 허기진 시인의 순심(純心)에서 길러낸 눈빛 같은 것인지도 모른다. 나태주의 시에서 느닷없이 그런 생각이 든다. "난(蘭)은 깊은 산속에서 나면서도 왕자의 향(香)을 가지고 있다."(蘭生幽谷有王子香)는 말이 있다. 난의 향기가 으뜸인 이유는 "겨울에도 홀로 숨쉬고/ 눈 속에서도 홀로 향그럽"기 때문이다. 이것은 선비의 지절(志節)로 널리 알려진 것이긴 하지만 "피워 보았자/ 풀꽃"에서 시인의 시선은 순박한 동정녀(童貞女)의 미소를 찾아낸다. 대개 명성이 나 있는 시인의 시에서도 세상에 대한 약간의 사시(斜視)를 발견하게 마련인데 그의 시는 도담한 정시(正視)로 순수의 속살을 건져낸다. 말하자면 구김살도 티눈도 옹이도 없는 그런 비슷한 것.

관념이 빠져나간 서정적 잠언(箴言) 형식이 시적 에스프리라 하면 어떨까. 대개 독자의 공감대는 이 안에서 많이 이루어지는 것을 보게 된다. 시 「새야」는 새의 춤과 노래가 인간의 꿈과 일체가 된다는 것을 잠언 형식으로 이야기하고 있다.

남들이 보는데 추는 춤은/ 춤이 아니다.// 남들이 듣는데 부르는 노래는/ 노래가 아니다.// 새야/ 노래하고 춤는 새야,// 남들이 아는 걸 꾸는 꿈은/ 꿈이 아니다

(「새야」)

은익(隱匿)의 신비를 노래하고 있다. 인간이 행하는 인위적 은익은 속사(俗事)의 허위지만 자연은 자연 그 자체가 음양 양면으로 이루어져 있으면서 단지 가려진 부분이 있을 뿐이다. 그래서 인간이 이 자연의 묘의(妙意)에 가까워지려고 흉내 낸 말이 은둔(隱遁)이다. 내면적 응시 속에서 찾아낸 옹달샘에 비치는 온갖 물상의 그림자뿐만 아니라 그 물상의 동작의

일체가 경악스러운 신비의 노래와 춤으로 그 물 위에 뜨는 것을 시인은 본다. 그것이 자기의 꿈으로 화육(化育)되는 경지, 이것이 시의 묘경이다.

> 미루나무 세 그루,/ 까치집 하나,/ 마른 풀을 씹으며 겨울을 나는/ 검정염소 몇 마리,/ 팔짱을 끼니 나도/ 가슴이 따뜻해진다 (「희망」)

불심(佛心) 같은 새하얀 화폭에 점점이 뿌려놓은 데생, 눈밭을 밟고 가는 사람에겐 자신의 발자국이 보이지 않는다. 다만 싸르륵 싸르륵하는 소리만 들릴 뿐이다. 마찬가지로 시인은 풍경 속에 하나의 풍경으로 서 있다. 시인은 그 풍경과 관련한 자신의 외상(外象)은 전연 의식할 필요가 없다. 다만 자신의 알맞게 더워진 체온을 감지할 뿐이다. 그것이 참으로 화평스러운 삶의 숨소리란 사실을 깨닫는다.

시 「일락산 오월」을 보면 길이 없을 것 같은데 숲속은 아무데서나 걸으면 길이요 아무데서나 앉으면 자리란 말이 나오고 쓸쓸해지고 싶어서 산에 오른다는 이야기도 나온다. 소요(逍遙)의 경지다. 그리고 정상에 오르기가 아까워서 언제나 내일을 위해서 남겨둔다는 이야기도 나온다. 마치 한용운의 「수(繡)의 비밀」에서는 님의 옷을 지으면서 거기에 달 주머니에 수를 놓는 일을 다 끝내기 아쉬워 자꾸 미루어둔다는 이야기가 나오고 윤동주의 「별 헤는 밤」에서는 "가슴 속에 하나 둘 새겨지는 별을/ 이제 다 못 헤는 것은/ 쉬이 아침이 오는 까닭이오/ 내일 밤이 남은 까닭이오/ 아직 나의 청춘(青春)이 다하지 않은 까닭"이라고 했다. 다 같이 잔잔한 긴장 속에서 파문으로 번지는 여심(餘心)의 의취(意趣)다. 이것은 한국 시의 전통적 서정성이다.

> 변성기에 접어든/ 아이들의/ 목청은/ 영판 엉망이다./ 엉망인 목청으로 부르는 노래는 또/ 기운 곳투성이다./ 가락이며 음정은 고사하고/ 기본적인 박자조차 따라주지 못한다./ 그러나 그들의 목청은 싱그럽다./ 여기저기 키득대는 웃음소리

가/ 끼어들고/ 분홍빛 여드름도 돋아 있고/ 종발 크기만한 젖무덤도 솟아/ 있다./ 그들의 목청 위에 나는/ 내 헤먹은 목청을 얹어본다./ 목청과 목청이 섞여 강물이 되어/ 흘러가기 시작한다./ 화통이다. 드디어 우리는/ 하나를 이룬다. (「大同」)

여기서 시인은 변성기에 접어든 아이들의 싱그러운 목청과 노쇠한 어른의 헤먹은 목청을 조화시킨다. 원래 조화는 이질적인 것들이 상호 수용하는 것을 의미한다. 미술의 경우 여러 가지 색채가 조화를 이루고 음악에서는 여러 음이 결합하는 화성(和聲)의 원리가 있다. 시적 수사의 기본인 비유법은 이질적인 두 요소—본의(本義)와 유의(喩義)—가 충동적으로 결합하는 것으로 되어 있다. 종교적 대서사시는 흔히 천상적인 것과 지상적인 것이 대화합의 조화로 에필로그를 장식한다. 따라서 이 조화의 원리는 예술적 형식의 원형이라 해도 과언이 아니다. 막연한 젊음에 대한 향수나 그리움을 관념적으로 서술하는 것은 일상적인 언어 표현의 영역에 불과하다. 시가 모종의 관념이나 정서를 구체적으로 형식화한다는 사실을 이 시는 실감나게 보여준다. 음치의 소리가 매력적으로 들리는 것은 그 소박한 생명감 때문이다. 동심은 모든 것이 그대로 자연이다. 음정·박자가 기운 곳투성이일 때 그것은 음악이 아니라도 좋다. 그것은 사춘기의 키득대는 웃음소리와 다를 바 없다. 그래서 시인은 이미 자신이 상실한 이러한 동심의 인간을 통해 자연을 보고, 그 속에서 생명의 기적을 통감한다.

송수권

소리꾼의 육성과 제의적(祭儀的) 상상력

누이야
가을산 그리메에 빠진 눈썹 두어 낱을
지금도 살아서 보는가
정정(淨淨)한 눈물 돌로 눌러 죽이고
그 눈물 끝을 따라가면
즈믄 밤의 강이 일어서던 것을
그 강물 깊이깊이 가라앉은 고뇌의 말씀들
돌로 살아서 반짝여오던 것을
더러는 물 속에서 튀는 물고기같이
살아오던 것을
그리고 산당화 한 가지 꺾어 스스럼없이
건네이던 것을

누이야 지금도 살아서 보는가
가을산 그리메에 빠져 떠돌던 그 눈썹 두어 낱을
기러기가

강물에 부리고 가는 것을
내 한 잔은 마시고 한 잔은 비워두고
더러는 잎새에 살아서 튀는 물방울 같이
그렇게 만나는 것을

누이야 아는가
가을산 그리메에 빠져 떠돌던
눈썹 두어 낱이
지금 이 못물 속에 비쳐옴을

(「山門에 기대어」)

송수권, 그는 민족의 고유한 전통 정서를 특유의 상법(想法)과 어법으로 독자적인 길을 개척한 사람 중의 하나다. 가령 삶을 "끝없는 祭儀와 춤(굿)의 되풀이"라고 한 것이나 "민족 고유의 仙風에서 온 불교 정신"이니 혹은 "향토 언어(남도 토속어)의 생래적 가락을 천착한다"고 한 본인의 말로도 대체로는 짐작할 수 있는 일이다.

이 시는 불교의 환생 이미지가 주조를 이루고 있다. 본인의 말에 의하면 '산문'은 이승과 저승을 넘나드는 경계의 문이다. 이 시에 나오는 첫 번째 돌은 원한 관계로 생긴 맺힘의 한이고 두 번째 돌은 풀림의 한 끝에 저 가슴 밑바닥에서 솟아오르는 환생 이미지로서의 심원한 멋의 정서라고 했다. 죽은 누이(실은 죽은 남동생의 환상적 이미지)의 환생을 다룬 것이긴 하지만 이미지의 이동과 확산이 민족 정서의 산실인 민담, 민속 등 다양한 통로를 거치고 있어서 그때 발생하는 복합심상의 신선한 묘미가 이채롭다. 이 시의 핵심어(키워드) "눈썹 두어 낱"의 의미와 이미지의 심도와 반경은 상당히 깊고 넓다. 눈에 다래끼가 나면 눈썹 두어 낱을 뽑아 길거리의 돌에 묻어두면 그것을 모르고 차고 간 행인이 그 다래끼를 가져가게 된다는 단순한 속설을 근거로 한 것이지만 시에서는 생사의 경지에 걸쳐 있는 한의 원리로 극대화해서 다양한 시적 형상화를 시도한 것이다. 주목을 끄는 것은 눈썹의 환생적 현신(現身)이 살아서 반짝이는 돌도 되고 튀는 물고기도 되고 산당화도 된다는 것이다. 여기서 돌이 불교적 사상의 상징성을 띤다는 것은 비약적 추리가 될 수도 있겠으나 튀는 물고기는 이 시인의 시적 성향의 한 중요한 몫을 차지하는 역동성을 나타내는 것임에 틀림이 없다. 그리고 산당화는 그의 미학적 이미지를 대변한다. "눈썹 두어 낱"은 이 시뿐만이 아니고 「꿈꾸는 섬」에도 나온다. "말없이 꿈꾸는 두 개의/ 섬은 슬퍼라// 우리 둘이 지나다니던 그 길목/ 쬐그만 돌 밑에/ 다리끼에 젖은 눈썹 둘, 빼어 눌러놓고/ 그 소녀의 발부리에 돌이 채여/ 그 눈구멍에도 다리끼가 들기를 바랐더니// 이승에선 누가 그 몹쓸 돌멩이를/ 차고 갔는지/ 눈썹 둘은 비바람에 휘몰려/ 두 개의 섬으로 앉았으니// 말없이 꿈꾸는 저 두 개의/ 섬은 즐거워라"(「꿈꾸는 섬」). 이렇게 눈썹이 꿈꾸는 두 개의 섬으로 환생된다는 이 어법(대유〔代喩〕)은 다양한 굴절의 역학을 지닌 그의 상상력 때문이리라. 미당은 「冬天」에서 이렇게 노래하고 있다. "내 마음 속 우리 님의 고운 눈썹을/ 즈믄 밤의 꿈으로 맑게 씻어서/ 하늘에다 옮기어 심어 놨더니/ 동지 섣달 날으는 매서운 새가/ 그걸 알고 시늉하며 비끼어가네" 같은 눈썹을 다루면서도 하나는 평면적 감각의 선연한 수채화를 보는 감회를 느낀다면 다른 하나는 입체적 감각의 꿈틀거리는 유화를 보는 감회를 느끼게 된다.

> 여러 산봉우리에 여러 마리의 뻐꾸기가/ 울음 울어/ 떼로 울음 울어/ 석 석 삼년도 봄을 더 넘겨서야/ 나는 길뜬 설움에 맛이 들고/ 그것이 실상은 한 마리의 뻐꾹새임을/ 알아냈다.// 지리산 하(下)/ 한 봉우리에 숨은 실제의 뻐꾹새가/ 한 울음을 토해내면/ 뒷산 봉우리 받아 넘기고/ 또 뒷산 봉우리 받아넘기고/ 그래서 여러 마리의 뻐꾹새로 울음 우는 것을/ 알았다.// 지리산 중(中)/ 저 연연한 산봉우리들이 다 울고 나서/ 오래 남은 추스림 끝에/ 비로소 한 소리없는 강이 열리는 것을 보았다// 섬진강 섬진강/ 그 힘센 물줄기가/ 하동쪽 남해를 흘러들어/ 남해

군도의 여러 작은 섬을 밀어올리는 것을 보았다./ 봄 하룻날 그 눈물 다 슬리어서/ 지리산 하(下)에서 울던 한 마리 뻐꾹새 울음이/ 이승의 서러운 맨 마지막 빛깔로 남아/ 이 세석(細石) 철쭉꽃밭을 다 태우는 것을 보았다. (「지리산 뻐꾹새」)

그의 시에는 소재가 독자적인 기능으로 끝나는 단순 소재보다는 다른 소재와의 관계 기능으로 얽혀 있는 복합 소재들이 더 많다. 이 관계 기능의 역할을 조종하고 있는 동력은 불교의 연기설(緣起說)이나 환생설이나 인류학의 통과제의에서 온다. 한 마리의 실제 뻐꾹새와 여러 마리의 뻐꾹새(메아리 소리), 하나의 봉우리와 연접해 있는 여러 봉우리들이 하나로 울림을 같이하는 것이나(연기설) 그 울림의 절정의 고비, 즉 고통(길 뜬 설움, 오래 남은 추스림)의 비등점을 거쳐 한 강물(섬진강)이 열리는 것(통과제의)이나 그 강물이 다시 남해 군도의 여러 섬을 밀어 올리는 행위(환생설)나 뻐꾹새와 산의 울음이 절정에 달했을 때 빨갛게 불타는 철쭉꽃이 피게 되는(환생설과 제의의 복합) 클라이맥스의 엑스타지는 신비 체험의 판도라를 연상케 한다. 이것은 샤만이 누리는 접신의 황홀이 남도 소리꾼의 육성에 육화된 것을 의미하기도 한다(「해바라기 꽃」).

이 시는 시학적 측면에서 보면 또 다른 해석이 가능하다. 시각과 청각의 배합이 교묘한 곡선을 타고 환상을 이루고 있는 것이 특징이다. 원래 의식이란 것은 삶의 본질 속으로 침투하면 모든 기존의 관념을 녹여버리고 새로운 형상들과 만나게 된다. 이것을 일러 직관이라고도 하지만 이 형상들에 빛과 소리를 부여하여 생명성을 창조하는 것이 시인의 임무다. 이 시인은 탁월한 상상력으로 빛과 소리의 조율을 시도한다. 그의 시에서 빛은 교묘히 '그늘' 뒤에 숨고 소리와 그늘이 어우러져 뒤척이면서 곡선의 궤적을 그린다. 이 곡선의 미학을 시인은 일러 '곡즉전'(曲卽全)이라고 했다. 그는 시학의 전부를 곡선에 의뢰했다. 그러고 보면 그의 곡선의 미학은 그가 즐겨 사용하는 소위 '상법'(想法)의 다양한 변화나 이미지의 굴절, 다이너믹한 리듬의 도약(그는 과거 우리 현대시의 정형율적 리듬을 '봉건적 리듬'이라 하여 일축했다) 등을 내포한다.

> 자전거 짐받이에서 술통들이 뛰고 있다./ 풀 비린내가 바퀴살을 돌린다./ 바퀴살이 술을 튀긴다./ 자갈들이 한 치씩 뛰어 술통을 넘는다./ 술통을 넘어 풀밭에 떨어진다./ 시골길이 술을 마신다./ 비틀거린다./ 저 주막집까지 뛰는 술통들의 즐거움/ 주모가 나와 섰다./ 술통들이 뛰어내린다./ 길이 치마 속으로 들어가 죽는다.
>
> (「시골길 또는 술통」)

마치 혜원의 풍속화를 접하는 듯 우리의 전통적 순속(純俗)의 해학이 살아 움직인다. 미시(微視) 안에 드는 좁은 농촌 공간에서 온 마을에 흩어져 있는 온갖 물상들이 살아 춤추고 있다. 리듬의 박동이 빠른 템포로 뛰고 있는 것은 흥취의 포만감이 가쁜 호흡으로 쏟아져 나오기 때문이리라. 겉으로 보기에 어느 한 편에서 잘라낸 리얼리즘 드라마의 한 토막 같기도 하지만 소재(술통)와 서정(주흥)과 리듬(춤)이 한데 어울려 신나는 한 마당을 이루고 있는 판소리 단막극이라 불러도 좋으리라. "길이 치마 속으로 들어가 죽는다." 하기야 시골 길의 향방이 전답과 농가로 향한 상도(常道) 외에 유일한 외도가 어디에 머리를 두고 있겠는가. 주점이다. 이는 한국적 해학의 시적 독백이다.

2
초월적 인식

한용운

'님'의 역학적(力學的) 구조의 의미

님은 갔습니다. 아아 사랑하는 나의 님은 갔습니다.

푸른 산빛을 깨치고 단풍나무 숲을 향하여 난 작은 길을 걸어서 차마 떨치고 갔습니다.

황금의 꽃같이 굳고 빛나던 옛 맹세는 차디찬 티끌이 되어서 한숨의 미풍에 날아갔습니다.

날카로운 첫 키스의 追憶은 나의 運命의 指針을 돌려놓고 뒷걸음쳐서 사라졌습니다.

나는 향기로운 님의 말소리에 귀먹고 꽃다운 님의 얼굴에 눈멀었습니다.

사랑도 사람의 일이라 만날 때에 미리 떠날 것을 염려하고 경계하지 아니한 것은 아니지만 이별은 뜻밖의 일이 되고 놀란 가슴은 새로운 슬픔에 터집니다.

그러나 이별은 쓸데없는 눈물의 源泉을 만들고 마는 것은 스스로 사랑을 깨치는 것인 줄 아는 까닭에 걷잡을 수 없는 슬픔의 힘을 옮겨서 새 希望의 정수박이에 들어부었습니다.

우리는 만날 때에 떠날 것을 염려하는 것과 같이 떠날 때에 다시 만날 것을 믿습니다.

아아 님은 갔지마는 나는 님을 보내지 아니하였습니다. 제 곡조를 못이기는 사랑의 노래는 님의 沈默을 휩싸고 돕니다.

(「님의 沈默」)

이 시는 한용운의 시집 『님의 沈默』에 나오는 전편 시의 내용을 압축해 놓은 그의 대표작이라 할 만한 작품이다. 갑작스런 이별이 주는 고통과 절망과 운명에 미치는 충격의 파장, 그리고 사랑의 순도(존귀성)와 열도(熱度)의 확인을 거쳐 불교의 진리(會者定離, 去者必返)를 원용하여 재회를 다짐한다. 이 재회의 희망 위에서 그의 사랑의 노래는 불사조의 날개를 탄다. 이러한 내용과 아울러 "나는 향기로운 님의 말 소리에 귀 먹고 꽃다운 님의 얼굴에 눈멀었습니다"와 "님은 갔지마는 나는 님을 보내지 아니하였습니다"의 역설적 기교 또한 전편에 걸쳐 금빛 광맥으로 빛나고 있다.

이제 시집 『님의 沈默』 전편을 통해서 '님'에 대한 '나'의 사랑이 그려내는 궤적을 추적함으로써 전체 시의 시적 과정에 전개된 의미의 실상을 밝혀보기로 한다.

"님은 갔습니다. 아아 사랑하는 나의 님은 갔습니다." 만해의 시는 일단 이별의 충격으로부터 시작된다. 이별이라는 외부적 사건은 님과 나 사이의 새로운 관계를 마련해주는 충격으로 내 의식의 중심점에 와 닿는다. 마치 연못에 돌이 떨어져서 중심점에서 무수한 파문이 사방으로 퍼져나가듯이 의식의 심층에서 발생한 충격파는 많은 의미의 반향을 일으킨다. 일차적인 반응은 자기 존재의 자각과 인식이다. 여기서부터 마지막 재회에 이르기까지 시의 전 과정의 주기가 형성된다. 침묵·잠·어둠·죽음·무 등 다양한 어두운 의미의 장을 내포하고 있는 이별은 '거친 바다'와 '끝없는 사막'이라는 극한 상황 위에서 왜소한 동물로 비유된 나의 퇴락한 실존을 드러내 보인다. "끝없는 사막에 한 가지의 깃들일 나무도 없는 작은 새"가 되든가 "꽃 떨어진 소리에 애처로운 꿈을 깨는 어린 잔내비"가 되거나 "움직이지 않는 달빛에 눌리운 창가에 털을 가다듬는 고양이"가 되기도 하고 "어린 양과 같은 작은 목숨"이 된다. 이와 같은 실존적 고독의 극치에 직면하는 순간 거기에는 '죽음의 파멸'을 피하여 '사랑과 부활'이라고 하는 가느다란 희망의 불빛을 발견한다. 이것이 삶과 사랑과 시가 같이 호흡하는 세계라는 것을 깨닫는다. 그는 더 이상 '백골(白骨)의 향기'에 취하거나 '떨어진 꽃'에 눈물을 흘리는 감상에 빠질 수 없었고 '사랑의 줄을 끊는 것은 죽음보다도 더 아프다'는 사실을 깨닫는다. '떨어진 꽃이 옛가지에 도로 필 수 없다'는 사실도 알게 되고 '虛空이 없는 나라', '그림자 없는 사람'들이 사는 세계, 즉 위대한 시간이 정지된 세계(죽음)를 거부하게 된다. 이렇게 볼 때 만해는 하나의 이상주의자 이전에 냉엄한 통찰력을 가진 현실주의자란 사실을 알 수가 있다. 그러면 이러한 거부와 부정의 뒤에 따르는 행위는 무엇인가. 그것은 님에 대한 절대적 추종이다. 여기서 어쩔 수 없이 짚고 넘어가야 할 것이 님에 대한 개념이다. "님만 님이 아니라 그리운 것은 다 님이다. 중생이 석가의 님이라면 철학은 칸트의 님이다. 장미화의 님이 봄비라면 마시니의 님은 伊太利다. 님은 내가 사랑할 뿐 아니라 나를 사랑하느리라." 『님의 沈默』 서문(「군말」)의 말이다. 님의 상징적 의미가 이렇게 다양할 때 그 중 최고의 품격을 갖춘 상징소(象徵素)가 여타의 그것을 흡수하는 것은 해석상 관행이다. 그래서 님을 '조국'이니 '불교의 절대자'니 하는 것이 이런 관념에서 연유된 것이다. 만해 시가 우수한 점은 종교시와 연시(戀詩)의 구분이 안 되는 점에 있다. 그것은 사상적 관념이 서정에 철저하게 융화되어 있기 때문이다. 일석(一石) 이희승이 우리 고시조의 우수성을 "귀에 걸면 귀걸이 코에 걸면 코걸이"(耳懸鈴 鼻懸鈴)라고 비유한 것도 그만큼 해석의 여지를 많이 안고 있다는 뜻이다. 그러나 연시가 어떠한 의미를 만나서 새롭게 태어난다 하더라도 연시로서의 손상은 입을 수 없는 것. 그렇다면 여기서 이야기를 다시 앞으로 돌려서 님을 불교의 관념으로 생각해보자. 불타(佛陀)라 해도 좋을 불교의 절대적 진리에 귀의한다는 사실은 어떤 의미를 가지고 있는가. 말하자면 종교시인으로서의 그의 면모를 살펴볼 필요가 있다. 종교적 인간은 절대 신성의 땅에서만 살 수 있다고 믿으며 그가 살고 있는 속세는 혼돈의 세계며 이 혼돈은 무와 통한다. 이 혼돈의 공포는 무의 공포가 되며 이러한 세계에서 자기 존재의 실체는 죽음으로 해체되어버린다고 믿는다. 그는 이러한 파멸에서 자기 존재를 구제하기 위해 신과 소통의 길을 틀 것을 갈망한다. 이 소통의 길은 자신이 신의 우주 속으로 들어가는 데서 열린다. 만해는 이 같은 절대 귀의의 원리를 신봉한다. 그는 절대자에 대한 존엄의 면류관을 바치는 복종의 길을 취한다.

> 그칠 줄 모르고 타는 나의 가슴은 누구의 밤을 지키는 약한 등불입니까.
>
> (「알 수 없어요」)

> 나의 팔은 그대의 사랑의 分身인 줄을 그대는 왜 모르셔요. (「슬픔의 三昧」)

> 당신의 命令이라면 生命의 옷까지도 벗겠습니다. (「의심하지 마셔요」)

> 服從하고 싶은데 服從하는 것은 아름다운 自由보다도 더 달콤합니다. 그것이 나의 幸福입니다. (「服從」)

> 나의 生命의 꽃가지를 있는 대로 꺾어서 花環을 만들어 당신의 목에 걸고 「이것이 님의 님이라」고 소리쳐 말하겠습니다. (「참말인가요」)

> 당신이 나를 버리지 아니하면 나는 服從의 百科全書가 되어서 당신의 要求를 酬應하겠습니다. 당신이 나를 버리지 아니하면 나는 마음의 거울이 되어서 속임 없이 당신의 苦樂을 같이 하겠습니다. (「버리지 아니하면」)

> 나의 가슴은 당신이 만질 때에는 물같이 보드랍지마는 당신의 危險을 위하여는 黃金의 칼도 되고 鋼鐵의 방패도 됩니다.
>
> 당신은 나의 죽음 속으로 오셔요 죽음은 당신을 위하여 準備는 언제든지 되어

있습니다. (「오셔요」)

"향기로운 님의 말 소리에 귀먹고 꽃다운 님의 얼굴에 눈먼" 자신의 비천(卑賤)은 절대 복종의 길만을 추구하지 않을 수 없었고 "情 하늘보다 높은 이마와 恨 바다보다 깊은 님의 무릎"을 찬탄하면서도 님의 얼굴은 불입문자(不立文字)의 초절적(超絶的) 형상이므로 때로는 "봄 하늘의 별"도 되고 "구름 사이의 반달"도 된다. 이렇듯 분명히 잡히지 않는 님의 형상은 절대자로서의 존엄과 권위를 상징하는 것이 사실이다. 이와 같이 님과 나의 관계는 평행적 등차원(等次元)의 관계가 아니고 상하 주종의 성속(聖俗)의 관계로 이루어진 이상 여기에는 임의로운 사랑의 의지조차 부정되고 만다.

내가 당신을 기다리고 있는 것은 기다리고자 하는 것이 아니라 기다려지는 것입니다. (「자유 정조」)

여기에 이어지는 단계는 절대에 귀의하는 준비 자세로서 나의 몸과 마음을 정갈하게 하는 재계(齋戒)의 정화가 필요했다.

나는 당신의 첫사랑의 팔에 안길 때에 왼갖 거짓의 옷을 다 벗고 세상에 나온 그대로의 발가벗은 몸을 당신의 앞에 놓았습니다. 지금까지도 당신의 앞에는 그때에 놓아 둔 몸을 그대로 받들고 있습니다. (「의심하지 마셔요」)

이렇게 순수의 원점으로 회귀하는 것은 복종에 새로운 의미, 사랑의 간구(懇求)를 부여하여 성(聖, 님)과 속(俗, 나)이 만나는 길을 터놓자는 것이다. 이같이 생명까지도 바치겠다는 비장한 사랑의 서원(誓願)을 거쳐 순수의 몸가짐으로 님을 맞을 준비가 끝나면 또 한 차례 기다림의 고비를 넘겨야 한다. "이 세상 모든 것이 서로 기다려서야 비로소 存立한다"고 하는 불교의 연기설(緣起說)을 따른다면 이 기다림은 님과 내가 합일하여 이루어지는 범아(凡我)의 존재를 확립하기 위한 필연적인 과정이라 할 수 있다.

진정한 사랑을 위하여는 괴롭게 사는 것이 죽음보다도 더 큰 희생이다.

(「이별」)

나는 님을 기다리면서 괴로움을 먹고 살이 찝니다. (「자유 정조」)

만일 당신이 아니오시면 나는 바람을 쐬고 눈비를 맞으며 밤에서 낮까지 당신을 기다리고 있습니다. 〔중략〕 나는 당신을 기다리면서 날마다 날마다 낡아 갑니다. (「나룻배와 행인」)

나의 「기다림」은 나를 찾다가 못찾고 저의 自身까지 잃어 버렸습니다.

(「苦待」)

그러나 아무리 기다려도 요요적적(寥寥寂寂)한 님의 침묵의 가슴을 열지 못할 때 "그칠 줄 모르고 타는 나의 가슴"은 사랑의 성취(만남의 일체화)를 위해 생명의 불꽃을 연소하는 심기일전의 자세로 호소와 절규로 이어진다.

님이여 나의 마음을 가져가려거든 마음을 가진 나에게서 가져가셔요./ 그리하여 나로 하여금 님에게서 하나가 되게 하셔요. (「하나가 되어 주셔요」)

나에게 생명을 주든지 죽음을 주든지 당신의 뜻대로만 하셔요. 나는 곧 당신이어요. (「당신이 아니더면」)

나의 길은 이 세상에 둘밖에 없습니다. 하나는 님의 품에 안기는 길입니다. 그렇지 아니하면 죽음의 품에 안기는 길입니다. (「나의 길」)

님이여 당신과 내가 사랑의 속에서 하나가 되는 것을 참아 주셔요.
(「참아 주셔요」)

아아 나는 님의 그림자여요./ 님은 님의 그림자밖에는 비길만한 것이 없습니다. (「님의 얼굴」)

아아 당신의 얼굴이 달이기에 나의 얼굴도 달이 되었습니다. (「달을 보며」)

이 간구의 호소마저 무위로 돌아갈 때 성속(聖俗)의 모순의 관계는 풀리지 않는다. 여기서 그는 칠전팔기의 의지의 굴절을 또 시도한다. 그 전회(轉回)의 명분은 이별의 찬양이다.

죽음이 한 방울의 찬이슬이라면 이별은 일천 줄기의 꽃비다./ 죽음이 밝은 별이라면 이별은 거룩한 太陽이다./ 아아 이별의 눈물은 眞이요 善이요 美다./ 아아 이별의 눈물은 釋迦요 모세요 짠다크다./ 진정한 사랑은 애인의 抱擁만 사랑할 뿐 아니라 애인의 이별도 사랑하는 것이다. (「이별」)

님은 떠날 때의 얼굴이 더욱 어여쁩니다. (「떠날 때의 얼굴」)

만날 때의 웃음보다 떠날 때의 눈물이 좋고 떠날 때의 눈물보다 다시 만나는 웃음이 좋습니다/ 이별하고 만나지 않는 것은 님이 아니라 길 가는 사람입니다.
(「最初의 님」)

여기서 보면 이별은 벌써 막다른 골목이 아니라 다시 만남의 길로 터진 출구를 가지고 있다. 이별이 이별이 아니듯이 눈물이 수정으로, 한숨이 봄바람으로 정화된다. 그러면서 감정과 이지, 악마와 천사, 인생과 꿈, 티끌과 황금, 해탈과 속박, 웃음과 눈물, 소리와 침묵, 빛과 어둠, 한과 환(歡), 눈물과 사랑, 사랑의 날개와 거짓의 깃발, 사랑의 여신과 칼의 웃음, 백호 광명(白毫 光明)과 악마의 눈 등 이 모든 상극의 관계는 허물어지고 조화 통일되는 바탕 위에서 나의 존재는 님을 향해서 해체되고 창조되는 것을 본다. 그래서 휠라이트가 말했듯이 깊고 눈 부시는 어둠으로서의 신성과 조우하는 신비를 노래하게 된다.

이렇게 해서 님과 내가 만났을 경우, 그 다음에 이 둘은 어느 자리에 어떻게 옮아앉아야 하는가. 시인은 모든 시간과 공간의 세계를 두 연인의 보금자리로 본다는 말이 있듯이 그는 슬픔을 모르는 아름다운 명상의 시간과 공간을 이 둘의 가슴 위에 실현한다.

> 아름다운 冥想의 작은 배는 가이없이 출렁거리는 달빛의 물결에 漂流되어 멀고 먼 별나라를 넘고 또 넘어서 이름도 모르는 나라에 이르렀습니다./ 이 나라에는 어린아기의 微笑와 봄 아침과 바다 소리가 合하여 사람이 되었습니다./ 이 나라 사람은 옥새(玉璽)의 귀한 줄도 모르고 黃金을 밟고 다니고 美人의 靑春을 사랑할 줄도 모릅니다./ 이 나라 사람은 웃음을 좋아하고 푸른 하늘을 좋아합니다.
>
> (「冥想」)

눈물이 진주가 되고 포도주도 되며 한숨이 옥적(玉笛)이 되고 봄바람이 된다. 악마의 눈빛은 사라지고 백호 광명의 빛으로 충만된 세계가 열린다. 속박에서 벗어난 해탈의 법열 속에서 이제 미인의 청춘도 구가할 필요가 없이 모든 가치를 초월한 절대 행복의 봄 아침이 있을 뿐이다. 상극의 양단을 연결하는 역설의 가교도 이제 필요치 않게 된다. 이별에서 만남에 이르는 과정에서 보여주었던 냉엄한 이성의 통제도 풀어지고 사랑을 간구하던 열정도 사라졌다. 죽음 속으로 들어갔던 고치 속의 번데기는 한 마리의 나방으로 부활한다. 여기서 철저한 현실주의자로서의 고행이 끝나고 이상주의자의 영광이 대미를 장식한다.

> 나는 永遠의 時間에서 당신 가시는 시간을 끊어내겠습니다. 그러면 時間도 두 도막이 납니다./ 시간의 한 끝은 당신이 가지고 한 끝은 내가 가졌다가 당신의 손과 나의 손이 마주 잡을 때에 가만히 이어놓겠습니다. (「당신 가신 때」)

> 그러나 당신이 오시면 나는 사랑의 칼을 가지고 긴 밤을 베어서 一 千 도막을 내겠습니다. (「여름 밤이 길어요」)

마치 황진이의 시조 "동짓달 기나긴 밤을 한 허리 베어내어/ 춘풍 이불 아래 서리서리 넣었다가/ 어른님 오신 날 밤이어든 굽이굽이 펴리라"가 재현된 듯한 느낌이 든다. 이렇듯 그의 자유자재한 시간의 변주곡은 신앙과 조국애와 사랑의 주제를 토대로 했을 때만이 가능한 것이 아니겠는가.

지금까지 만해 시의 전편을 통하여 시적 과정에 따른 창작 의식의 발전적 추이를 하나의 구조적 결구(結構)의 형태로 정리해보았다. 즉 이별의 충격에서 발단하여 자기 존재의 실존적 자각과 인식을 거쳐 님의 권위와 절대성에 복종하는 결의를 보이는 진행을 거친다. 그 다음은 재회를 위한 준비로 순수를 위한 재계(齋戒)의 몸가짐을 취하면서 기다림의 고통을 감내한다. 종국에 가서 대전회(大轉回, 再會)의 문을 여는 수단으로 역설과 관조(꿈과 현실의 일체화)를 취하면서 명상의 법열을 체험한다. 이것은 그의 시의 역학적 구조이자 탁월한 사랑의 미학이기도 하다.

유치환

전경(前景)의 신(神), '초려(焦慮)의 까마귀'

나의 지식이 독한 懷疑를 救하지 못하고
내 또한 삶의 애증을 다 짐지지 못하여
병든 나무처럼 생명이 부대낄 때
저 머나먼 아라비아의 사막으로 나는 가자.

거기는 한번 뜬 白日이 불사신 같이 작열하고
일체가 모래 속에 사멸한 永劫의 虛寂에
오직 알라의 神만이
밤마다 고민하고 방황하는 熱沙의 끝.

그 열렬한 고독 가운데
옷자락을 나부끼고 홀로 서면
운명처럼 반드시 〈나〉와 대면케 될지니
하여 〈나〉란 나의 생명이란
그 원시의 본연한 자태를 다시 배우지 못하거든
차라리 나는 어느 砂丘에 회한 없는 백골을 쪼이리라.

(「생명의 서」)

청마(靑馬) 유치환은 "廣大無邊한 全 宇宙에 混沌瀰滿하여 있는 神! 이러한 神의 存在를 具象化하는 것부터가 잘못이다. 신의 形象은 오직 意思로서 萬有에 漂渺 遍在하여 있는 것이다"라고 할 만큼 범신론(汎神論, 萬有神論)자다. 이 시는 그의 이러한 종교적 신념을 그대로 구현한 시다. 자신의 생명성에 대한 근원적인 추구, 그것은 인간의 지식으로는 불가하다는 것을 일차적으로 밝히고 다음으로는 애증, 즉 감정의 부정적 행보에 피폐한 자신의 궁상을 발견한다. 그래서 불교적인 무(無)와 공(空)의 개념도 아니면서 허무주의의 절망적 허무도 아닌 '방법론적 회의'와 유사한 전경적(前景的) 허무의 밭으로 떨어지게 된다. 이 허무의 밭은 실존주의에서 말하는 극한상황(極限狀況)이다. 시에서 아라비아의 사막이 바로 그것이다. 그는 이러한 철학사상적 심지(心志)를 "키엘케골의 신앙은 恐怖와 戰慄 속에서도 絶望하지 않고 單獨者로서 神의 앞에 서게 한다"는 말로 밝히기도 한다. 시에서 알라의 신이 바로 자신의 실존적 주관체(主觀体)라고 한다면 〈나〉의 생명의 "원시의 본연한 자태"를 배우려고 한 것은 실존주의적 자아실현을 의미한다. 이렇게 그는 "운명처럼 반드시 〈나〉와 대면케" 된다고 하는 자신의 철학적 신념을 시적 진술로 옮겨놓게 된다. 시 「깃발」에서 "이렇게 슬프고도 애닯은 마음을/ 맨 처음 공중에 달 줄을 안 그는"의 '그'라든가 「그리움」에 "오오 너는 어디메 꽃같이 숨었느뇨"의 '너'나 「鄕愁」에서 "내 黑奴같이 병들어/ 異鄕의 치운 가로수 밑에 죽지 않으려나니/ 오오 저녁 산새처럼 찾아갈 고향 길은 어디메뇨"의 흑노(黑奴)나 산새, 「가마귀의 노래」에서 "나는 모자를 눌러쓰고 가마귀 모양/ 이대로 황막한 벌 끝에 남루히 얼어붙으려노라"의 가마귀, 「鶴」에서 "우러러 밤서리와 별빛을 이고/ 나는 한오라기 갈대인 양// 마르는 학이로다"의 갈대와 학은 모두가 관념적 허구에 숨은 그의 실존적 자아들이다.

이것뿐이로다/ 억만년 가도/ 종시 내 가슴 이것뿐이로다/ 온갖을 내던지고/ 내 여기에 펼치고 나 누웠노니/ 오라 어서 너 오라/ 밤낮으로 설레어 스스로도 가눌 길 없는/ 이 설운 몸부림의 노랫소리가 들리지 않느냐// 오직 높았다 낮았다 눌러 덮은/ 태초 생겨날 적 그대로의 한 장 非情의 하늘 아래/ 구길 길 없는 절망과 회오와 슬픔과 노염에/ 찧고 뒹굴고 부르짖어 못내 사는 나/ 때로는 스스로 달래어/ 무한한 溫柔의 기름 되어 창망히 잦아 누운 나/ 아아 내 안엔/ 낮과 밤이 으르대고 함께 사노라/ 오묘한 오묘한 사랑도 있노라/ 삽시에 하늘을 무찌르는 죽음의 포효도 있노라// 아아 어느 아슬한 하늘 아랜/ 萬年을 다물은 채 움찔 않고/ 그대로 우주 되어 우주를 우러러 선 산악이 있다거니/ 오라 어서 너 오라/ 어서 와 그 산악처럼 날 달래어 일깨우라/ 아아 너 오기 전엔/ 나는 영원한 광란의 불사신/ 여기 내 가슴 있을 뿐이로다 (「바다」)

내 죽으면 한 개 바위가 되리라/ 아예 哀憐에 물들지 않고/ 喜怒에 움직이지 않고/ 비와 바람에 깎이는 대로/ 億年 非情의 緘默에/ 안으로 안으로만 채찍질하여/ 드디어 생명도 망각하고/ 흐르는 구름/ 머언 遠雷/ 꿈꾸어도 노래하지 않고/ 두 쪽으로 깨뜨려져도/ 소리하지 않는 바위가 되리라 (「바위」)

시에 작용하는 심상(心狀)을 흔히들 지·정·의(知·情·意)라고 하는데 청마의 경우, 의지(意志)가 중심이 된다는 것은 이미 잘 알려진 사실이다. 그러나 근본적으로 지에 정이 따르지 않는 수는 있어도(모더니즘이나 이미지즘의 시) 의지에 정이 따르지 않을 수는 없다. 그래서 그의 시에는 의와 정이 강도 높게 유착되어 있다. 그러나 사실상 그의 의지는 구체적인 관념에 수반되어 있는 것이 아니다. 그의 시적 관념은 원형에 가까운 철학적·종교적 신념일 뿐이다. 시적 정서도 몽롱하게 표류하는 격정의 물결이나 바람만으로 느껴질 때가 많다. 시적 표현의 정석이 형상화에 있다는 사실을 우리는 그의 시를 통해서 역이해하게 되고 그의 시 문장이 주로 진술의 형식을 취하고 있다는 것도 이러한 이유와 유관하다. 「생명의 서」가 그의 시적 이상이 지향하는 정점이라고 한다면 여기 「바다」와 「바위」는 이 정점에 이르는 과정의 두 가지 대조적인 심의(心意) 현상이다. 말하자면 동(動, 바다)과 정(靜, 바위)이 양축을 형성한다. 동은 "밤낮으로 설레어 스스로도 가눌 길 없는/ 이 설운 몸부림의 노랫소리"로 알 수 있듯이 삶의 본능에 뿌리한 오욕칠정(五慾七情)의 파동이라 할 수 있다(시 「그리움」 등). 정(靜)은 "꿈꾸어도 노래하지 않고/ 두 쪽으로 깨뜨려져도 소리하지 않는 바위"에서 보듯이 그것을 잠재우는 의지(淨化)다(시 「해바라기 밭으로 가려오」 등). 청마 시에는 이러한 양극의 각축적 현상이 두드러진다. 생사 갈등이 시의 일반적 현상이기는 하지만 청마 시는 워낙 이러한 현상이 강하다. 시 「아지랑이」는 그의 일반적인 시풍과는 달리 온유한 서정으로 이러한 갈등을 처리하고 있다.

> 다시 한번 우러러 구름을 보소/ 인정의 고움을 가리워 구름은/ 노래인 양 저렇게 세상을 繡놓았나니// 그리우면 그리운 대로/ 책장처럼 넘어가는 푸른 朝夕인데도// 그대 곰곰이 마음 지쳤을 때는/ 나의 꿈꾸고 두고 간 저 구름을// 다시 한번 조용히 우러러 보소 (「구름」)

어느 교향곡의 마지막 장을 연상케 하는 듯한 조용한 감정의 율동을 듣는다. 실존적 고뇌의 절정에서 임리(淋漓)되는 의지의 투혼은 사라지고 관조의 눈빛이 구름에 와 닿는다. 그는 이 시와 같은 제재의 「구름의 노래」에서 "한 시인의 예지가/ 화안히 우주를 광명하는 이 수유// 다시 어느 겨를 어디메 모릉이 바위로 쪼그렸을/ 純粹 思辨이여"라고 노래한다. 그의 시는 의지적 격정으로 인생을 고민하기만 하는 것이 아니고 이렇게 조용하고 염정(廉正)한 눈빛으로 인생을 관조하기도 한다. 「早春」, 「春信」, 「낙엽」이 그렇다.

김현승

신(神)의 거울에 비친 눈물의 의미

이 어둠이 내게 와서
나의 옷과 나의 몸을 가리우고
내 영혼의 여윈 얼굴을 비춰주도다.

이 어둠이 내게 와서
나의 장미와 나의 新婦를 가리우고
내 살과 내 마른 뼈에
땅거미와 같이 스며들도다.

이 어둠이 내게 와서
싸우던 나의 칼날 나의 방패에 빛을 빼앗고,
그 이슬 아래 그 눈물 아래
녹슬게 하도다.

이 어둠이 내게 와서
나의 착함 나의 옳음을 벌거벗기고

그 깊은 품 속에 부끄러이 안아 주도다.

이 어둠이 내게 와서
나의 太陽 나의 이름 모두 가리우고,
증거할 수 없는 곳에 가장 멀고
가장 희미한 얼굴들을
별과 같이 별과 같이 또렷하게 하도다.

이 어둠이 내게 와서
까아만 비로도 箱子 속에 안긴
아름다운 寶石과도 같이,
그 한 복판에 빛내 주도다. 빛내 주도다.
눈 뜨는 나의 영혼을…….

(「이 어둠이 내게 와서」)

그림자/ 너는 나를 먹칠해 버렸다./ 눈도 귀도/ 그리고 혓바닥도 없는 나로.// 그림자/ 너는 나를 검은 보자기로 쌌다./ 전둥이와 같은 나의 이 수치를// 그림자/ 너는 나를 길 위에 裁斷해 버렸다./ 내 발부리에서 터져나는/ 내 영혼의 헐벗은 창자와 같이.

(「그림자」)

김현승은 한국에서 드물게 보는 기독교 시인이다. 시가 기독교의 성경(구약의 시편, 아가서 등)이나 불교의 경전(숫타니파타)에 그 모습을 드러내는 것을 보면 시와 종교의 관계는 상당히 오랜 역사를 가지고 있는 것을 알 수 있다. 김현승의 시를 이해하는 데는 종교와 시의 관계에 대해서 약간의 선행 지식이 참고 자료로 필요할 수도 있다.

종교와 시는 다양하면서도 미묘한 관계를 이루고 있다. 시적 체험과 종교적 체험은 서로가 깊이 혹은 밀접하게 관계하고 있어서 비록 동질적이 아니라 하더라도 종교는 그의 담화 속에 시적 표현을 필요로 한다. 이와 반대로 명상적인 경건이나 신과 인간 영혼의 교분은 시적인 표현을 필요로 할 수가 있다. 그것은 시의 본질이 창조성에 있기 때문이다. 그러나 종교와 시는 명시적으로 다른 의미를 지니고 있기 때문에 양자는 근본적으로 차이가 있다는 사실과 똑같이 양자가 서로 배타적으로 인식될 수는 없다는 상반된 사실이 다 같이 중요하다. 그것은 시에서 감정이나 표현의 진기함은 종교에 있어서도 정당화될 수 있고 마찬가지로 종교에서 진부한 구절이나 식상한 감정 같은 것은 민감한 젊은 세대의 종교 의식을 약화시킬 수 있기 때문이다. 가령 오든이 "누구에게도 敵이 될 수 없는 님(Sir)이여"라고 하여 신격(God)을 인격(Sir)적인 호칭으로 바꿔 쓴 것이나 스펜서의 "죽음에 약탈당한 영혼은 다시 숨을 쉬게 되고" 같은 것은 매우 참신한 표현이다. T. S. 엘리엇에 의하면 시를 생성하는 시인의 마음은 무수한 감정과 말씨(표현법)와 이미지들을 포착하고 저장하는 용기가 된다. 이러한 감정과 말씨와 이미지들은 그것들을 새로운 복합체로 새롭게 묶을 미립자들이 함께 할 때까지 시인의 마음속에 머물게 된다고 했다. 한편 종교적 이해 양식은 종합 통일(synthesis)에 의하는 것이 아니고 목적의식을 갖고 감동적인 신념에 의해 규정된다는 것이다. 그러면서 생명의 조화에 근본을 둔다. 이 생명의 조화는 신자(信者)의 수동적 내지 능동적(말하자면 감수성이 예민한 경우와 감동이 예민한 경우) 체험의 전체성과 신앙 사이에서 이루어진다는 것이다. 그래서 종교와 시의 활동 영역은 합치된다. 체험의 요소들이 상상적으로 합치하는 것과 감동적인 신앙심이 초월적으로 체험을 신성하게 하는 것이 그것이다.

단테 시의 특성은 교리적인 내용이나 시적인 윤색에 있는 것이 아니고 독자에게 암시를 주는 자신의 신학적 아이디어를 수반한 특이한 이미지나 사건의 융합체로부터 야기된 신선한 직관에 있다. 17세기는 어느 때보다 영국에서 종교시의 발전을 보여주었다. 밀턴은 소위 신정설(神正說)로 신이 인간을 다스리는 진정한 정당성은 에덴동산의 더할 나위 없는 무위

(나태)의 세계와 도덕적인 노력으로 변화시키고 도전하는 세계 사이의 암묵적인 대조를 보여줌으로써 「실락원」이라는 대서사시의 각광을 안겨주었다. 이밖에도 존 던, 조지 허버트, 헨리 보간, 크레쇼우 같은 시인들은 신앙심에서 발생한 재주(pious wit)로 모호한 종교적 지각의 묘한 특성을 살려낸 시인들이다. 현대로 내려오면 종교적인 시 예술에 크게 기여한 T. S. 엘리엇이 있다. 그의 「聖灰 水曜日」과 「네 개의 四重奏」는 이러한 유의 대표적인 작품이다. 그는 전통적인 기독교의 이미지에 현대 사회의 비종교적인 면모의 이미지를 종합함으로써 역설적인 통찰의 기능을 크게 발전시켰다.

위대한 기독교적 테마를 은유적으로 재활시키는 일은 시와 종교에 대한 새롭고도 생생한 봉사를 입증한다. 그래서 시와 종교의 효과적인 친화관계가 이루어진다(이상은 『프린스톤 시 백과사전』에서 인용한 것임).

김현승은 자신의 시적 변모 과정을 자연의 미에다 기지와 풍자와 유머 같은 것들을 직조한 민족적 로맨티시즘이나 민족적 센티멘털리즘으로 출발하여 인간의 내면세계로 전환했다고 스스로 밝히고 있다. 이 내면세계의 초점이 되는 소재가 고독이고 이 고독을 지배하는 시 정신이 바로 기독교 정신이라고 했다. 그의 대표작으로 알려진 「눈물」과 「가을의 기도」는 이러한 경향을 대표한다. 「눈물」에 대해서 그는 "이 詩의 基底에는 기독교 정신이 깔려 있다 〔중략〕 '人間이 神 앞에 드릴 것이 있다면 그 무엇이겠는가. 그것은 변하기 쉬운 웃음이 아니다. 이 地上에 오직 썩지 않는 것이 있다면 그것은 神 앞에서 흘리는 눈물뿐일 것이다'라는 것이 이 詩의 主題라고 할 수 있을 것이다"라고 술회한다.

일반적으로 종교 시는 신과 만남을 인식으로 하는 경우가 많다. 박두진의 시가 그렇고 불교적인 사상의 차이를 두고 있기는 하지만 한용운의 시가 그렇다. 이 경우 시적 사실은 신과 나 사이의 공간 위에서 펼쳐지고 그 교감의 매체도 다양하게 활용될 수가 있다. 그러나 자칫하면 그 인식의 장은 관념 일변도로 흐르기가 쉽다. 그러나 이 시인의 경우, 비유해서 말하자면 청교도적 사상을 바탕으로 자구적이고 자성적인 자세로 다양한 창조적 이미지의 옷을 갈아입고 신의 거울 앞에 선다. 거기에 비치는 자신의 상(象)은 육체에 묻어 있는 모든 의미가 증발해버리고 신을 향한 눈빛만 남아 있는 고독한 실존의 모습이라 할까. 그만큼 그의 시는 시인 자신의 말과 같이 인간의 삶을 너무 드라이한 로고스적인 것으로 다루고 있는지 모른다. 앞의 두 편의 시는 각기 주제어라 할 수 있는 '어둠'과 '그림자'가 가지는 공통적 요소 때문에 상당히 닮은 점이 많다. 어둠과 그림자는 광명과 실체에 상반되는 부정적인 의미를 갖고 있지만 이 시에서는 역설적 의미로 긍정되고 있다. 이 역설은 '어둠'과 '그림자'와 유사한 의미와 이미지로 쓰이고 있는 '그늘'이란 말이 들어 있는 다른 시와 비교해보면 잘 알 수 있다. 「오월의 그늘」에 보면 "그늘,/ 밝음을 너는 이렇게도 말하는구나" "그늘,/ 밝음에 너는 옷을 입혔구나"라는 구절이 나온다. 표현 그대로 그늘과 밝음은 동격, 동의어일 수가 있다. 마치 신이 빛과 어둠을 전능의 성령 안에 하나로 두듯이. 다시 예시로 눈을 돌려보자. 여기서 어둠과 그림자는 기독교의 성령(성신)이 화자에게 주는 교시의 상징이다. 어둠은 성령의 매체요, 그림자는 성령이 닿은 화자(인간)의 실체다. 기독교에 의하면 성신은 인간의 영적 생활의 근본 힘이 된다. 성부 성자의 사랑을 전하는 힘과, 계시를 받을 수 있는 힘과, 감화를 받아서 진리를 깨닫고 신앙생활에 정진할 수 있는 힘의 근원이 되는 본체다. 「이 어둠이 내게 와서」는 '내'가 갖추고 있는 모든 허세, 즉 외화(外華, 제1연), 탐미(제2연), 싸움(제3연), 독선(제4연), 오만(傲慢, 제5연) 같은 것을 모두 어둠으로 지워버리고 신의 은총 속에 '내' 영혼이 눈 뜨기를 기원하는 시다. 「그림자」는 처음부터 끝까지 가혹한 자책으로 일관되어 있다. 그러면서 철저한 사실적 근거에서 출발한 발상이다. 윤곽 안이 검은 화상(畵像) 실루엣과 같은 사실 감각이 "너는 나를 먹칠해 버렸다"라든가, "너는 나를 검은 보자기로 쌌다"라든가 "너는 나를 길 위에 裁斷해 버렸다"는 표현을 이끌어내고 있다. 이는 투철한 사실적 응시가 낳은 비유다.

위의 참고 문구에서 엘리엇이 말했듯이 김현승은 무수한 감정과 표현법과 넘쳐나는 이미지들을 상상력 속에 갈무리하고 있으면서 그것을 새로운 복합체로 변용하는 데 비상한 재능을 발휘한다. 한 가지만 예로 든다면 엘리엇이 그랬듯이 기독교적 이미지에 현대 사회의 비종교적인 이미지를 종합하는 역설적 통찰을 보여준다. 작품 「파도」는 비록 심층적인 구조나 수사의 복잡성은 엘리엇에 미치지 못한다하더라도 술과 성(性)과 뱀의 이미지를 이드(id)의 영역에서 원시성(primitiveness) 쪽으로 활용한 사례로 볼 수 있다. 작품 「밤은 영양이 풍부하다」는 종교적 인식의 선입관을 배제하고도 일반 시로서의 우수성이 입증되지만 일반 시와 종교 시의 양의적인 해석에 하등의 무리가 없는 점이 중시되어야 한다. 가령 "무르익은/ 과실의 밀도와 같이/ 밤의 내부는 달도록 고요하다"에서 밤은 위에서 여러 차례 예거한 '어둠'과 '그림자'와 '그늘'의 이미지와 동일하다. 그것은 신 그 자체거나 신의 내면적 영역 안에서 존재한다. 그것은 "꽃들은 떨어져 열매 속에/ 그 화려한 자태를 감추듯"에서 분명해진다.

종합적으로 정리하면 이 시인이 지닌 생명의 숨결은 빛과 어둠의 교감 안에서 때로는 "밀물이 되기도 하고" "썰물이 되기도 하면서" 많은 파장을 일으키는 것을 볼 수 있다. 잠언과 같은 건조한 예지로 인생의 의미를 천착하기도 하고 때로는 "산짐승의 呻吟"과 같은 파토스의 격정으로 인생의 고독을 절규하기도 한다. 그러면서 더욱 높은 곳에 발돋움하고 서서 '예언의 종소리'를 경청한다. "太陽이 뜨는 곳 그 위에 머리를 둔 빛나는 산 위의 산. 그 높이로" 시인의 명예를 두는 것이 그의 이상이다. 그는 성직자의 사명을 시로 실천한 시인이다.

박두진

생명철학의 절대적 표상

해야 솟아라. 해야 솟아라. 맑앟게 씻은 얼굴 고운 해야 솟아라. 산 넘어 산 넘어서 어둠을 살라먹고 산 넘어서 밤새도록 어둠을 살라먹고, 이글이글 애띤 얼굴 고운 해야 솟아라.

달밤이 싫어, 달밤이 싫어, 눈물 같은 골짜기에 달밤이 싫어, 아무도 없는 뜰에 달밤이 나는 싫어……

해야, 고운 해야, 늬가 오면 늬가사 오면, 나는 나는 청산이 좋아라. 훨훨훨 깃을 치는 청산이 좋아라. 청산이 있으면 홀로라도 좋아라.

사슴을 따라, 사슴을 따라, 양지로 양지로 사슴을 따라 사슴을 만나면 사슴과 놀고,

칡범을 따라, 칡범을 따라 칡범을 만나면 칡범과 놀고……

해야, 고운 해야, 해야 솟아라. 꿈이 아니래도 너를 만나면, 꽃도 새도 짐승도

한자리 앉아, 워어이 워어이 모두 불러 한자리 앉아 애띠고 고운 날을 누려 보리라.

(「해」)

박두진의 「해」는 시집 『해』에 수록되기 전에 월간지 『象牙塔』에 발표된(1946) 작품으로 그의 초기 작품 중 대표작으로 꼽히는 몇 편 중의 하나다. 시는 직접적 감각을 나타내는 운율성과 내면적 감각을 나타내는 표상성을 지닌다고 할 때 이 시는 이 양면적 요소를 조화롭게 지니고 있는 작품이다. 표상성의 특징을 이해하는 데는 작품 구조에 대한 인식을 전제로 할 필요가 있다. 작품 구조는 흔히 생각하는 대로 공간적인 의미 분석을 거친다기보다 오히려 이론적이고 논리적인 방식을 취한다. 즉 공간적 위상의 명세화(明細化)가 아니고 개별 작품 사이의 연관 관계를 지속적으로 탐색하는 가운데 여러 특수성 상호간의 대립과 병립이 새로운 질서 위에 통일되는 것을 발견하는 작업이 구조적 이해의 본령이다. 말하자면 개별적 명세화 경향의 기술적 측면과 보편적 논리의 폭을 가지는 구조적(시학적) 측면이 상호 보족(補足)의 종합적 활동이 이루어지는 데서 한 시인의 전체적 작품 얼굴이 드러나게 마련이다. 따라서 한 작품의 개별체적 성격은 적어도 한 시간대로 묶을 수 있는 다수 작품의 전체적 의미 속에서 파악되어야 한다는 것은 상당한 설득력을 가질 수 있다. 이런 의미에서 작품 「해」는 적어도 시집 『해』를 비롯해서 이 시인의 초기 시의 일반적 표상성 위에서 조명되어야 할 줄 안다.

『해』에 수록된 작품들은 정신적 결핍 현상에 대한 자각과 대상적 충족의 욕구가 강하게 분출되고 있는 것이 일반적 특징이다. 물론 이러한 현실 인식과 이상 지향적 욕구의 이면에는 이 시인의 전체 시의 성향으로 보아서 민족적 감정과 기독교적 사상을 모티브로 깔고 있겠으나 일단 그것은 표면화되지는 않고 있다. 그러나 시인의 말 대로 "자연이 지닌 초월적인 본체에 정신적 이상의 대응"을 시도했다고 한다면 이 초월적 본체는 일종의 이데아의 세계라고 가정할 수가 있다. 이러한 이데아를 형상화하는 데는 감각적 체험이 따르게 된다. 따라서 그는 우선 자연의 감각적 서정에 몰입하게 된다. "푸른 하늘", "푸른 강", "푸른 들"에서 보듯이 시각적인 것은 푸름으로 대표되고 청각적인 것은 "새 소리", "바람 소리", "벌레 소리"와 같은 자연의 소리로 대표된다. 시집 『해』는 바로 이러한 감각적 이미지로 가득 차 있다. 휠라이트의 말대로 원형은 우리의 눈과 귀와 가슴을 감각적인 세계를 향해 개방할 때 보여진다고 한다면 감각적 쾌감에서 본체적 생명의 인식으로 이행하는 추세는 그에게 있어서 시작 행위의 변화 과정에서 분명히 드러나고 있다. 작품 「해」는 바로 단순한 감각적 서정보다는 초월적 본체에 대한 인식의 문을 연 작품이라 할 수 있다. 「훨훨 나래 떨며」, 「해의 품으로」, 「青山道」 등에서 보인 많은 푸름의 이미지가 작품 「해」에서는 '청산'(青山)이란 말 이외는 볼 수가 없다. 말하자면 감각을 통해 얻은 모든 이미지들은 새로운 전체라고 할 수 있는 해의 관념적 내포로 통일되면서 그 상징 내용은 초월적 인식을 향하게 된다.

박두진 시의 상징 내지 이미지의 소스는 전술한 대로 두 가지 근본적이 모티브라고 할 수 있는 민족적 감정과 기독교적 사상에서 찾을 수 있는 것은 사실이다. 민족적 감정에서 볼 때는 일제의 굴레에서 벗어난 해방의 환희와 그에 따른 밝은 미래의 전망이 모티브의 중요한 내용이 된다. 그러나 여기서는 기독교적 사상성에 초점을 두고 그 표상성의 특징에 대해서 알아보기로 한다.

원형적 이미지의 소스는 인간의 근원적인 욕망과 혐오에서 찾을 수 있다. 이 욕망과 혐오의 대립적 상태에서 삶에 대한 기본적인 두 가지 비전이 생겨난다. 그것은 묵시적·원형적 비전과 악마적 비전이다. 「해」의 이미지는 삶의 본원적인 욕망에 따라 감각적 표상이 상징적 인식으로 발전한 형태라고 한다면 그것은 바로 묵시적 비전에 소스를 두고 있다. 참고로 신통계보학(神統系譜學, theogony)을 살펴보면 이렇게 나온다. 태양은 천국의 왕조 중 모든 다른 것을 능가하는 최고의 광채를 뿜는 것으로 되어 있다. 또 산은 지구의 가장 높은 지점을 차지하여 창조가 시작된 지구의 중심이며 뿌리가 된다. 절정에 대한 신비적 의미는 그것이 하늘과 땅의 접합점이란 사실과 세계의 축(軸)이 통과하는 중심이란 데 있다. 해가 산 위에 뜨는 것은 이와 같은 빛의 근원인 태양과 천지의 가교(架橋)인 산의 만남을 의미한다. 여기서 절대 생명, 절대 자유, 절대 선, 절대 행복의 장이 열리게 된다. 인간뿐 아니라 모든 생명체가 대화합하는 충만한 사랑의 낙원이 여기에 있다.

대화합을 대단원의 의미로 하면서 전후 5연으로 구성된 이 시는 혼돈(카오스)과 조화(코스모스)가 대립하는 긴장된 구조 위에서 시상이 전개된다. 첫째 연에서는 해의 성체적(聖體的) 속성이 암시적으로 드러나 있다. "맑앟게 씻은 얼굴"과 "이글이글 애띤 얼굴"은 대조적인 속성이다. 즉 맑은 얼굴은 순결을, 이글이글 불타는 얼굴은 힘의 위력을 나타낸다. 빛의 순결이 정화의 내면적 자질이라고 한다면 열의 위력은 지배적 생명력이다. 이 둘은 성체의 원형적 의미로 해석될 수 있다. 둘째 연에서는 나의 존재적 상황이 부정적으로 제시되어 있다. 눈물 같은 달밤의 뜰은 나의 고독한 카오스의 집이다. 이것은 자신의 존재가 코스모스의 바깥에 머물러 있는 실존적 고독의 상태를 의미한다. 이러한 비극적 상황을 완강히 거부하는 것은 다음 연의 긍정적 표상을 불러오는 계기가 된다. 따라서 셋째 연에서는 어둠을 살라먹는 해가 청산에 뜬다. 이 청산은 성역의 장이다. 홀로라도 청산에서 살면 좋겠다는 고독의 긍정은 둘째 연에서 아무도 없는 달밤의 고독을 부정하는 것과 좋은 대조를 이룬다. 넷째 연과 다섯째 연은 앞의 갈등의 관계가 통일과 화합의 관계로 발전한다. 그것은 창세기적 이미지로 전개된다. 범우주적 존재가 큰 사랑의 품속에 포용된다. 이때 언어는 단순한 기호의 의미를 벗어나서 상징이 된다. 현상학적 인식론에서 볼 수 있듯이 전체성에 생명을 부여하면서 통일된 지각과 미(美)를 컨트롤하는 일종의 리듬 같은 것을 느끼게 된다. "워어이 워어이"가 주는 원시적 감각의 호소력과 더불어 우주적 리듬 같은 것을 느낀다. 창조자의 손에서 갓 나올 때의 순수하고 신성한 신화적 삶의 이미지가 이러한 리듬의 이름으로 상징화된다. 원초적이며 긍정적인 삶의 인식 앞에서는 죽음이나 꿈이나 감상은 철저하게 배격될 수밖에 없다. 이것이 문제의 구절 "꿈이 아니래도 너를 만나면"을 해석하는 관건이 된다. 만일 '꿈이 아니라도 좋으니'로 새긴다면 꿈을 긍정적으로 전제하는 뜻이 된다. 둘째 연에서 달밤의 감상적인 서정을 강하게 거부한 사실과 연결하여 "꿈이 아닌 것이 분명하지만"으로 새겨서 문맥 의미의 혼돈을 막아야 할 줄 안다. 이러한 문맥 의미의 동일한 계열성은 첫째 연에서도 읽을 수 있다. 즉 밤 그 자체가 부정되어 있는 점이다. 그것은 밤새도록 살라먹힌 어둠(밤)이 존재할 근거가 없기 때문이다. 밝음을 통한 어둠의 극복을 좀 더 포괄적인 개념으로 확대한다면 죽음과 삶의 한계를 극복한 사실을 들 수 있다. 가령 태양이 무덤 속 하얀 촉루(髑髏)를 비춰준다는 「墓地頌」은 불가시적 소재의 가시적 처리라고 하는 새로운 표현 기교로 죽음을 역동적인 이미지로 재생시켰는가 하면 「雪岳賦」를 위시한 일련의 초기 시에서는 부활의 이미지가 생생하게 드러나 있다.

이러한 현상은 그의 특이한 생명 철학에 뿌리를 둔 표상성의 특징이라고 할 수 있다. 이 외에도 이러한 내용상의 특징과 조화를 이루는 것으로 운율성을 들 수 있다. 그것은 반복 형식과 첩언(疊言), 명령과 영탄의 기교다. 음절이나 낱말이나 행과 연의 반복적 패턴은 시에서 의미의 단위를 통합하는 장치 이상의 강조의 기능을 한다. 반복 형식이 강한 감정의 폭발적 표현과 함께 함으로써 정서적 충동 효과는 매우 고조된다. 이러한 현상은 우리의 고대 시가인 「가시리」와 근대시로서 소월의 「招魂」 같은 데서 그 유례를 발견할 수 있다. 따라서 시적 서정은 남성적 화자가 간단없는 감정의 폭발적 유로(流露)를 통하여 밝고 힘차고 신선하고 쾌적한 맛을 자아낸다.

결국 이 시는 시인의 전체 시의 계보학 상으로 볼 때 후기 시의 작품 경향을 예고하는 중요한 인자(因子)를 내포하고 있다고 할 수 있다. 둘째 연에서 보인 탈감상과 탈고독의 강한 의지는 뒤에 수많은 현실 참여적인 저

향시를 낳게 했으며 나머지 연에서 보인 미래 지향의 이상주의적 성향은 후기를 온통 장식하고 있는 수석시(水石詩)의 깊은 관념의 세계를 열었다고 할 수 있다.

하이데거는 신이 사라지고 없는 혼돈의 시대를 '가난한 시대'라고 일컬었다. 그리고 이 가난한 시대를 대표하는 시인으로 횔덜린과 릴케를 들었다. 그들은 그가 보는 시인의 본질에 가장 접근해 있었기 때문이다. 그에 의하면 시는 신들과 사물의 본질을 건설하면서 명명하는, 말하자면 언어에 의한 존재의 건설이다. 따라서 시는 한갓된 장식품일 수도 없고 일시적인 감격도 아니며 황차 단순한 주변 일에 열중하는 것도 아니고 또 그것을 즐기는 것도 아니다. 시는 역사를 담당하는 근거임으로 해서 한낱 문화 현상도 아닐 뿐더러 문화 정신의 표현도 아니다. 가난한 시대의 시인은 자기의 사명감에 의하여 최고의 고독 가운데 혼자 머물러 있으면서 민족을 대표하고 민족을 위하여 진리를 획득한다. 가령 횔덜린이 "시는 제비처럼 자유롭다"고 했을 때 이 자유는 무제약의 뜻이 아니라 어떤 필연성에 근거를 두고 제비처럼 활동한다는 뜻으로 본다.

혜산(兮山) 박두진 시인은 가난한 시대의 큰 시인이다. 하이데거가 말하는 신의 개념이 비록 다르기는 하지만 혜산은 현 시대가 기독교의 메시아를 잃고 있는 가난한 시대라는 인식을 분명히 하고 있다. 그는 하느님과 우리 민족을 위한 투철한 사명감으로 일관된 시를 써왔다. 철저한 고독 속에서 신과 인간의 본질로 이어지는 필연의 길을 따라서 피로 임리(淋漓)된 시만을 써왔다. 훌륭한 시인은 삶의 의미에 의지와 통찰력을 모은다. 온 정신과 영혼을 내던져 고뇌하면서 인간 존재의 정체성을 정립하고 우주적 질서에 귀의하는 것을 이상으로 한다.

> 쨍 쨍, 영겁(永劫)을 볕만 쬐는 나 혼자의 광야에/ 온 몸을 벌거벗고/ 바위처럼 꿇어// 눈물이 더욱 더 맑게 하여 주십시오./ 땀방울이 더욱 더 진하게 해 주십시오./ 핏방울이 더욱 더 곱게 하여 주십시오.// 뙤약볕에 기진(氣盡)한/ 나 홀로의

핏덩이를 보셨습니까. (「오도(午禱)」)

이러한 처절한 절규는 원초적인 휴머니즘에 닿아 있다. 그의 시에서 프로메테우스 신이 등장하는 것도 프로메테우스가 고뇌에 찬 인간의 목소리를 대변한 신이듯이 여기의 화자도 인간의 목소리를 대변한 민족이요 인류다. 그는 재주로 시를 쓰는 장인 정신을 외면하고 정신이라는 품격으로 일관해왔다. 시와 인간과 삶은 언제나 일체를 벗어난 적이 없다. 시적 경륜이 원숙의 경지에 다다르자 일부 평자들은 그의 시가 추상적 관념 일변도로 흘렀다고 흠잡기도 했지만 이는 오묘한 시적 진리를 심상 본위로만 보려고 하는 이해의 미급(未及) 탓으로 돌릴 일이다. 시적 체험의 지향성에서 볼 때 그는 기라성 같은 세계적 시인들의 대열에 서 있다. 그가 지니고 있는 초월적 본체에의 귀의라고 하는 시적 이상의 최고 관념치는 프랑스 상징파 시인들이나 포, 예이츠, 릴케와 같은 시인들에게서 공통적으로 찾아볼 수 있다.

혜산은 청록파 중에서도 한국 시의 전통적인 서정성에 반기를 든 이색적인 시인이다. 즉 감상적인 요소가 강한 우리 시의 여성적인 서정을 개방적이고 호탕한 남성적인 서정으로 바꿔놓는 개혁을 서슴지 않았다. 작품 「해」에서 볼 수 있듯이 은은한 달밤의 서정을 작열하는 태양의 서정으로 바꿔놓았다. 특히 이 시가 가지고 있는 유장한 성조와 가락은 남성적인 톤을 우리 시사에서 전무후무하게 살려낸 형식미의 백미라고 해도 좋을 것이다. 한국의 현대시는 불행하게도 내용만 있고 형식의 미는 정착되지 못하고 있다. 외국시를 원문으로 접해본 사람은 이를 통감하겠지만 가령 영국 시에서 워드워즈의 시는 그 부드러운 서정성에 맞게 율격도 "弱强格(아이앰버스)"이라고 하는 부드러운 율격으로 구사되어 내용과 형식이 조화를 이루었고(「水仙花」), 괴기와 공포 분위기를 특징으로 하는 포의 시 「까마귀」는 무섭고 을씨년스러운 내용에 맞게 율격의 형식을 박진감 있는 "强弱格(트로키)"을 썼고 또 보들레르는 「고양이」라는 소네트 형식의 시에서 남성운(男性韻)과 여성운을 엄격히 구별하여 내용상의 효과에 크게 이바지했다. 그래서 시형론(詩形論, prosody)이 거의 부재하는 우리 시에서 첩어, 유어(類語) 반복을 주로 하면서 음보에서의 리듬을 적절히 배치하여 이만한 형식미를 성공적으로 끌어낸 혜산의 시재(詩才)는 매우 놀랄 만한 일이다.

조지훈

지(志)·정(情)·의(意)의 나그네 의식

나는 세월과 함께 간다. 세월은 날 떨어트릴 수가 없다.

다만 세월은 술을 마실 줄 모른다. 내가 주막에 들어 한 잔 기울이고 잠이 든 사이에 세월은 나를 기다리며 저만치 앞서 간다. 나는 놀란 듯이 일어나 세월을 따라간다. 나는 벌써 세월보다 앞에 가고 있었다. 숨이 가쁘다. 길가에 쓰러진다.

또 하나 세월이 달려와서 나를 붙들어 일으킨다. 다시 조용히 걸어간다. 먼저 가던 세월이 따라와서 풀밭에 주저앉는다. 두 세월이 무슨 얘기를 속삭인다. 나는 혼자서 그들을 기다리며 저만치 앞서 간다.

나는 또 주막에 들어 한잔 기울일 수밖에 없다. 한잔 마시고 싸우는 구경 좀 하고 나도 덩달아 큰 호통을 치고 멱살을 잡히고 이내 긴 노래 한 굽이를 꺾어 넘길 수밖에 없다. 그 무렵은 대개 黃昏이었다.

새 세월이 작은 종이쪽 하나를 가지고 온다. 죽은 세월의 遺書! 종이를 펴든다. 거기 내가 그에게 들려 준 노래가 적혀 있다.

(「길」)

이 시는 「趙芝薰 詩選」에 수록되어 있고 작품 연대는 1948년으로 되어 있다. 시인 스스로가 밝힌 자기 시의 작품 세계를 암울과 회의, 화사하고 감각적인 세계 그리고 옛것에 대한 아쉬움의 애수, 민족 정서에 대한 애착, 선미(禪味)와 관조의 세계, 한만(閑漫)한 동양적 정서, 자연과 인생, 사랑과 미움에 대한 고요한 서정 등으로 들고 있다. 사실 그의 시는 인생의 내연과 외연 전부를 포괄하고 있다고 해도 좋을 것 같다. 시세계를 이분화하는 서정과 인식(혹은 사상)의 양면을 모두 포유하고 있으면서 어느 일단에 치우치지 않는 형평(衡平)과 원만(圓滿)이 그것이다. 조지훈은 눈물이 많으면서도 감상에 빠지지 않고 투철한 사상과 신념을 실천하면서도 시 정신을 다치지 않는 지사 시인이다. 그는 또 "영혼의 기갈(飢渴)이란 것이 있다면 詩는 바로 그것을 충족시키는 어쩔 수 없는 作爲의 所産"이라고 생각하는 정신적인 신념의 시인이다.

이 시는 구성상 나와 세월과 술과 노래가 중점적으로 배치되어 있다. 나와 세월은 운명적인 동반자, 날을 앞서가는 세월과 뒤따라오는 세월, 나와 세월은 서로 앞서거니 뒤서거니 하지만 세월은 항상 나를 부추긴다. 그리고 새 세월이 전해주는 죽은 세월의 유서에는 나의 노래가 적혀 있다. 이 일련의 허구적 알레고리는 무엇을 상징하는 것일까. 포괄적으로 이야기한다면 그의 투철한 역사의식과 예술혼을 표방한 것이지만 풀어보면 미래의식과 현실의식의 갈등, 냉엄한 현실을 파고 든 예술혼의 기투(企投)와 그 좌절의 회한 같은 것이 아닐까. 예술적 공인(公人)의 자세가 흥취로우면서도(酒興과 與民의 苦樂) 처절한 사명감(노래로 된 遺書)이 배어 있는 시다.

내 오늘밤 한 오리 갈댓잎에 몸을 실어 이 아득한 바다 속 蒼茫한/ 물구비에 씻기는 한 점 바위에 누웠나니// 生은 갈수록 고달프고 나의 몸 둘 곳은 아무데도 없다. 파도는 몰려/ 와 몸부림치며 바위를 물어뜯고 넘쳐나는데 내 귀가 듣는 것은 마지막/ 물결 소리 먼 海溢에 젖어 오는 그 목소리뿐// 아픈 가슴을 어쩌란 말이냐 虛空에 던져진 것은 나만이 아닌데 하늘에/ 달이 그렇거니 수많은 별들이 다 그렇거니 이 廣大無邊한 宇宙의 한 알/ 모래인 地球의 둘레를 찰랑이는 접시 물 아아 바다여 너 또한 그렇거니// 내 오늘 바다 속 한 점 바위에 누워 하늘을 덮는 나의 思念이 이다지도/ 작음을 비로소 깨닫는다. (「묘망(渺茫)」)

이 시는 앞에서 그가 밝힌 바 '선미(禪味)와 관조'의 세계를 읊은 시다. 이 시의 정신적 모태라고 할 수 있는 것이 그가 엮은 『菜根譚』에 나온다. "山河의 큰 덩어리도 이미 微塵에 속하거늘 하물며 티끌 속의 티끌이랴. 血肉의 몸뚱아리도 물거품과 그림자로 돌아가거든 하물며 그림자 밖의 그림자랴. 아주 밝은 知慧 아니면 다 벗어 던지는 마음 없도다(山河大地已屬微塵 而況塵中之塵 血肉身軀 且歸泡影 而況影外之影 非上上智 無了了心)"(自然篇 第11章). 다만 "아픈 가슴을 어쩌란 말이냐"로 시작된 구절이 밝히듯이 그는 『채근담』의 담담(淡淡)한 경구(警句)의 문전에서 일단 시인으로서 가쁜 호흡을 앞세우고 난 뒤 깨달음으로 이어가고 있다. 이 시는 결국 "對象을 自己化하고 自己를 對象化하는 곳에 생기는 統一體 精神이 시의 本質이며 人間 意識과 宇宙 意識의 완전 일치의 체험이 시의 究竟"이라고 생각하는 그의 지론을 대변한다고 할 수 있다. 그러나 그의 시에서 한국의 전통적인 서정을 노래한 특수한 일면을 빼놓을 수는 없는 일이다.

순이가 달아나면/ 기인 담장 위으로/ 달님이 따라오고// 분이가 달아나면/ 기인 담장 밑으로/ 달님이 따라가고// 하늘에 달이야 하나인데 〔중략〕/ 순이는 달님을 다리고/ 집으로 가고// 분이도 달님을 다리고/ 집으로 가고 (「달밤」)

목월(木月)과 호흡을 같이 하는 서정성의 새로운 면모를 이 시에서 만날 수 있다. 소박하고 간결한 민요풍의 서정시다. 상징시인 경우, 언어 표현이 압축의 도를 더할수록 앙상한 의미의 형해(形骸)만 남는 것을 흔히 볼 수 있다. 그러나 간결한 서정시는 압축의 여지가 없다. 쥐면 손가락 틈으로 빚어 나오는 도자기용 흙과 같이 아련한 감촉이 심신에 스며들 뿐이다. 이 시에는 우리 민속의 풍정(風情)이 흠씬 배어 있다. 달밤의 시골 처녀들의 술래잡기나 숨바꼭질의 풍속화를 보는 느낌이다. 갑사댕기 다홍치마 흔들며 깔깔대는 웃음소리 너머로 부엉이 울음 소리가 간헐적으로 들려오는 시골 달밤의 정경이 떠오른다. 달님 하나를 두고 두 처녀의 사랑놀이. "하늘에 달이야 하나인데"를 가운데 축으로 하고 전반은 달아나고 따라가는 사랑놀이의 진행이며 후반은 승자도 패자도 없이 순이는 순이대로, 분이는 분이대로 시새움도 역겨움도 없이 사랑을 안고 집으로 돌아가는 사랑놀이의 종식으로 구성되어 있다. 그러면서 놀이의 아쉬움에 대한 여운을 깔기 위해서 시문은 마침형을 피해서 "집으로 가고"를 구사하고 있다. 조지훈 시인은 '멋'의 운치를 그의 시론의 일각에 앉혀놓고 있다. 그는 시에서 멋을 "優雅한 시의 動的인 일면, 즉 雅麗에 대한 風流"로 생각했다. 그렇다면 이 시도 소박미의 세정(細情)을 따서 구슬이 서로 부딪쳐 나는 소리 같은 낭낭(琅琅)한 멋을 구가하고 있다고나 할까.

따로 난을 설정할 기회가 없을 것 같아서 이 시와 정서적 분위기나 표현의 가락이 아주 유사한 민요시 두 편을 소개한다.

뒷동산에 꽃캐러/ 언니 따라 갔더니/ 솔가지에 걸리어/ 다홍치마 찢었읍네.// 누가 행여 볼까하여/ 지름길로 왔더니/ 오늘따라 새 베는 님이/ 지름길에 나왔읍네.// 뽕밭 옆에 김 안 매고/ 새 베러 나왔읍네. (주요한, 「부끄러움」)

지름길 묻길래 대답했지요./ 물 한 모금 달라기에 샘물 떠 주고/ 그리고는 인사하기 웃고 받았지요.// 平壤城에 해 안 뜬대두/ 난 모르오./ 웃은 罪밖에

(김동환, 「웃은 罪」)

김윤성

존재의 의미
—동양적인 프시케(영혼)의 소요(逍遙)

1

멀다 하고
가깝다 한다
누구로부터 가깝다는 것인가
모두가 나를 중심으로 하는 말 아닌가
내가 없으면
사랑도 神도 없다
나 없는 사랑이
나 없는 神이
무슨 소용인가

그러나 신기하게도
내가 있어
내가 여기에 있어
별은 아득히 멀고
손에 잡히는

것들은 모두 가깝다
내가 있어
내가 여기에 있어
너에게로 향하는 사랑이
너에게로 향하는 믿음이
샘물처럼 솟구친다

2
하늘을 쳐다보고
그 끝없는 푸르름 속에 초점 없는 시선만 한참 굴리고 있다가
문득 정신이 들어 제 자신을 돌아보고는
내 아직도 여기 있음에 안도한다

별을 쳐다보고
광대무변한 우주 공간에 한참 정신이 팔려 있다가
문득 제 자신을 돌아보고는
내 아직도 여기 있음에 놀란다

(「내 아직 여기에」)

"시인으로 산다는 것은 사물의 본질에 가까이 관련되어 있다는 뜻이다"(하이데거).

하이데거가 "시적 언어는 제비처럼 자유롭기 때문에 인간이 영위하는 모든 것 가운데 가장 무책임한 것이면서 모든 재보 가운데 가장 위험한 재보"라고 했을 때 이 위험은 단순한 유희가 아닌 '존재의 건설'이라고 하는 최고의 필연성에 주어질 때 극복된다. 시인은 시를 통하여 자기의 현존재의 근거 위에 서게 된다. 김윤성은 이 시를 통하여 자기 존재의 확인을 새삼스럽게 다짐한다. 이는 지금까지 써온 자기 시에 대한 실존적 근

거를 황혼녘에 와서 재확인한 셈이 된다. 그러기에 이 시는 그의 모든 시의 시작과 끝에 전체적으로 깔려 있는 정신적 배경의 토양, 즉 실존적 각성을 이야기한 시다. 그에게 있어 존재는 무(無)와 함수 관계에 놓여 있다. "무는 존재에 따라붙는 그림자/ 나의 그림자는 내가 없으면 생겨나지도 않는다"(「물소리」). 무와 존재의 관계를 관념적 위상만 바꿔놓은 죽음과 생명의 관계도 "죽음을 지닌 생명의 빛"(「실바람」)이라고 할 만큼 죽음과 생명은 일체(一體) 속에 공존한다. 단 그 관계를 명징한 이미지성으로 실현하는 것이 특징이다.

신이 인간에 대하여 대상적으로 존재하는 것이(적어도 시에 있어서) 서양식 형이상학적 정형이라면 동양 시에서는 그렇지가 않다. 동양의 경우 신의 존재는 비대상적이다. 신이니 천사니 하는 인격적 실체로 형상화되는 일은 거의 없다. 시를 생명과 정신의 원천으로 보고, 하늘과 땅을 새로운 생명 속에 조화, 통일시키는 것을 시나 시인의 사명으로 생각하는 그런 당위성을 굳이 강조하지도 않는다. 시업(詩業)은 자기 본질에의 무한한 충실이며 그 행위는 철학적 사유의 시작이며 끝이 되는 최고의 인식 행위라는 사실에도 초연하다. 말하자면 사유적 인식이 아닌 직관적 인식(정관〔靜觀〕)이 동양적 내지 한국적인 시적 인식이다. 비극적 현실을 다루는 시인의 성정은 비극적이 아니고 관조적이다. 여기에는 소요(逍遙)의 개념이 차라리 적합할지 모른다. 소요 속에서 불현듯 스쳐가는 깨달음의 빛, 이것이 시적 인식이자 삶의 인식이다.

김윤성의 「산책 길에서」는 이러한 동양적인 관조의 경지를 소요의 눈짓으로 이야기한다. 전부 4장으로 구성된 이 시는 인생의 역정을 사이클화하여 회귀하는 형식으로 그려져 있다. 제1장은 길을 따라갔다가 그 길이 다하는 곳에 이르는 과정이고 제2장에서 제4장까지는 돌아오는 과정으로 되어 있다. 전후반부의 중심이 한쪽으로 치우치지 않는 대칭 구도 속에서 전반부는 삶의 희망과 동경과 정열이 한데 어우러져 환희의 절정을 장식한다. 그것은 길이 다한 곳의 외딴 농가의 뜰에 피어 있는 빨간 칸나꽃으로 상징된다.

> 아무 기척도 없는 빈 뜰에/ 빨간 칸나꽃이 피어 있다./ 한낮의 뜨거운 햇볕 속/ 그 빨간 빛깔 너무나 선명하여/ 오히려 서늘해 뵈는

그러나 후반부는 돌아오는 길인 만큼 전반부의 들뜬 흥분은 사라지고 보이는 것은 훨씬 많고 자세하다. 맑고 투명한 정관(靜觀)은 여기서 이루어진다. "하나의 모래알에서 우주를 보듯" 시인은 냇물에 떠가는 나뭇잎에서 철리(哲理)를 감지한다.

> 나뭇잎을 건져 올리다가/ 순간 자연의 운행이 멈춰 버린 듯/ 마른 하늘에 요란한 천둥 소리/ 울려 퍼지고/ 나뭇잎은 내 손에서 천 근 같은/ 무게로/ 느껴져 왔다.

나뭇잎을 물 위에 내려놓았을 때 하늘은 다시 잠잠해지고 나뭇잎은 아무 일도 없었다는 듯이 물 위를 떠내려간다는 것은 쉽게 이야기해서 자연이나 우주 질서에 대한 외경(畏敬)의 자세에서 나온다. 이밖에도 풀잎에 맺힌 이슬방울, 섬돌 위에 앉은 나비의 가냘픈 날갯짓, 이는 모두가 인간의 비극적 실존을 상징한다. 그러나 비극은 비극으로 마감할 수 없는 것, 다시 관조의 눈길은 자연 쪽으로 열린다.

> 한 소나기 쏟아지려나/ 서늘한 바람 불어온다.

로버트 프로스트의 「가지 않은 길」의 길(자연)은 끝까지 시인 앞에 대향적(對向的)으로 남아 있지만 여기서의 길은 소요 가운데 떠 있는 '나뭇잎'과 '이슬'과 '나비'의 전체다. 신이 떠나고 없는 가난한 시대의 시인 휠덜린은 신의 눈짓을 언어로 감지하고 어둔 밤을 거룩한 밤으로 전회(轉回)했다고 한다. 그렇다면 김윤성의 눈에 들어오는 길은 휠덜린의 '신의 눈짓'

으로 볼 수 있는 동양적인 프시케(psyche, 영혼) 같은 것일까.

> 바라보면 볼수록 가찹고도 먼 얼굴/ 꽃이여/ 그대로 두면 한없이 고이 잠들어 버릴/ 너는 바람에 흔들리어 피었나니/ 일찍이 어둠 속에 반짝이던 너의 思念은/ 샛별처럼 하나 둘 스러져 가라./ 너의 어깨 위로 새벽노을이 퍼져 옴은/ 萬象으로 네 존재의/ 餘日을 채우려 함이러니/ 너는 永遠히 깨인 꿈,/ 태양처럼 또렷한 意識!
>
> (「꽃」)

시인이 소재에 접근하는 데는 여러 가지 방법이 있을 수 있다. 그 중 흔하게 쓰이는 것이 유와 무의 의미와 음(陰)과 양(陽), 동(動)과 정(靜)의 이미지 활용법이다. 이 시는 동적인 이미지가 중심을 이룬다. 지금까지 알려진 한국의 꽃 시는 꽃의 내면성이 정태성(靜態性)의 영역 안에서 전개된 것이 일반적이다. 그러나 이 시는 정태성이 동태성(動態性)으로 이동하면서 내면성의 영역을 바꿔놓고 있다. 그것은 꽃이 태어나는 동기에서부터 밝혀진다. "그대로 두면 잠들어 버릴 너"(「꽃」)는 바람에 흔들리어 피어난다고 한 것이 그것이다. 여성적인 이미지가 남성적인 것으로 바뀐 것도 그와 유사한 성격이다. 말하자면 "어둠 속에 반짝이던 너〔꽃〕의 思念"이 샛별처럼 스러져 가기를 바란다. 대신 "태양처럼 또렷한 意識"을 꽃에서 읽는다. 뿐만 아니라 종래의 한국 전통 시에서 꽃은 단순(미)과 순수(미)가 그 정체성의 전부였다면 이 시는 그 벽을 허물고 만상(萬象, 복합미)을 그 뜰에 옮긴다. 이렇게 함으로써 과거 꽃 시에서 즉일(卽日)의 하루만을 전부로 하는 꽃의 집중된 시간 속에 '여일'(餘日)의 여유를 만들어 넣게 된다. 이러한 현상으로 보아 이 시인의 꽃은 한국 전통 시의 맥락을 유지하고 있는 면에서는 서구식 모더니즘의 꽃과는 다르다. 그러면서 한국 전통 시의 꽃과도 다르다. 그렇다면 전통의 의미가 과거의 계승과 현재와 미래의 변화를 동시에 안고 있는 점을 감안해서 후기전통주의적인 성격을 띤다고 해야 하지 않을까.

구상

장엄한 사랑의 미소

—가톨리시즘적 휴머니즘

1

하꼬방 유리 딱지에 애새끼들
얼굴이 불타는 해바라기마냥 걸려 있다.

내려쪼이던 햇발이 눈부시어 돌아선다,
나도 돌아선다.

울상이 된 그림자 나의 뒤를 따른다.
어느 접어든 골목에서 걸음을 멈춰라.

잿더미가 소복한 울타리에
개나리가 망울졌다.

저기 언덕을 내리달리는
체니(少女)의 미소엔 앞니가 빠져
죄 하나도 없다.

나는 술 취한 듯 홍그러워진다.

그림자 웃으며 앞장을 선다.

(「焦土의 詩」)

구상은 "나의 詩는 〔중략〕 나와 남과 人類의 運命이나 그 不幸이 想念의 焦點이었던 것이 事實"이라고 술회한 바 있다. 그의 말대로 서정성보다는 휴머니즘적 사상성에 치우치고 있는 것이 그의 시의 일반적 현상이다. 이 시는 한국전쟁의 전화(戰禍)로 초토화된 어느 도시 빈민가 아이들의 생태를 그린 시다. 그는 가톨리시즘의 심성으로 이 비극적 정경 속에 빠져들고 있다. 객관적 묘사와 주관적 서술이 하나가 되어 있는 것이 이 시의 특징이다. 즉 묘사 속의 아이들과 주관적 서술 속의 화자(시인)는 일체감을 이룸으로써 서정성이 달리 새어나갈 빈틈을 주지 않는다. '아이들'과 '나'는 한데 응고된 비극의 동체(胴體)가 되어버린 것이다(1연과 2연의 관계). 또 한편으로는 화자를 따라다니는 그림자의 실체가 문제다. 이는 비극적 감정이 생성될 때 출현하는 화자의 내면적 자아(自我)다. 이 출현으로 말미암아 이 시의 극적 효과는 절정을 이루게 된다.

한국전쟁이 막 끝나고 난 즈음 50년대 중반쯤에 씌어진 시로 「具常 無常」이 있다. "꿈결 속에 흔들리는 갈대와 같이/ 그저 심심해서 있으면// 헤어진 호주머니 구멍으로부터/ 바램과 추억이 새어나가고 〔중략〕// 꽁초도 사랑도 흘러나가고/ 무엇도 무엇도 떨어져 버리면// 나를 취케 할/ 아편도 술도 없어// 홀로 깨어 있노라/ 아무렇지도 않노라"에서 보듯이 절망과 좌절과 무상감(無常感)이 안개처럼 깔려 있다. 그러나 밤안개 속에서 희미한 가로등이 살아 있듯이 아편과 술이 없이도 그는 아무렇지도 않게 홀로 깨어 있다. 「焦土의 詩」에서 "그림자 웃으며 앞장을 서"는 심정적 정황과 유사하다. 이 두 작품은 비극적 체험의 현실 인식을 대변하는 시다. 이 체험적 인식에서 비판적 인식으로 전환한 작품이 「까마귀」다. 이 작품이 비판적 인식의 상징적 표현이라고 한다면 「그리스도 폴의 江」은 정신적 방황에서 초월적 인식의 길로 전환한 작품이다. 「具常 無常」→「焦土의 詩」→「까마귀」→「그리스도 폴의 江」으로 이어지는 것이 이 시인의 시적 편력의 풀코스다.

시적 효과는 이미지의 산출에 의한 인식의 방법에 따라 달라진다. 시적 인식은 현실에 대한 세 가지 기본적 비전에 따라 달리 이루어진다. 첫 번째 비전은 시인의 창조적 의식이 미래의 전망 위에서 어떤 초월적 의지나 원형적 표상에 초점을 두고 그것에 의한 자아 순화(自我 醇化)나 동일화의 성취를 시도할 때 생긴다. 이때의 시적 효과는 장엄미의 정서가 된다. 두 번째 비전은 시인의 의식이 현재의 모든 사회적 및 인간적 비위(非違)에 저항하고 있는 것을 의미한다. 이때의 시는 정당성의 쾌감을 준다. 세 번째 비전은 시인의 의식이 감각적 체험의 범위에 머무를 때를 의미한다. 이때의 정서적 효과는 사물성을 표상하는 이미지의 활력성에서 오게 된다. 첫 번째 비전의 시가 대체로 인간의 근원적인 문제라든가 삶에 대한 형이상학적인 관념을 다룬 것으로 볼 때 구상의 연작시 「그리스도 폴의 江」은 이에 적합한 예시가 된다.

이 시는 인간의 실존적 의미를 명상한 시다. 이 시의 감명은 무엇보다도 강(江)의 상징적 의미가 성공적으로 처리된 데서 온다. 시인 개인의 의식 속에 지속적인 생명력을 지니고 있는 소재가 시공간을 초월하여 인간의 동질성 위에 생명을 얻을 때, 시인 개인의 개체적 관념 세계는 초월적인 힘으로 변하는 것을 흔히 볼 수 있다. 성공적인 시적 이미저리는 이러한 초월성을 포함할 때가 많다. 이러한 초월적 힘을 현상학자들은 '잠복된 리듬'이니 '고도화된 경험'이니 혹은 '내적 역본설'(內的 力本說)이라고도 하지만 이는 결국 작품 전체에 생명을 부여하는 통일된 정신이라 해도 좋을 것이다. 구상 시의 강은 바로 이 내적 생명성 위에서 작품 전체의 주도적인 이미지로 부각되어 있다. 그는 강의 원형적인 본질 속에 자신의 실존을 삼투(滲透)시키는 길을 기독교적인 관념 속에서만 찾지 않고 불교와 도교 사상까지도 포용하는 데 주저하지 않는다. 「그리스도 폴의 江 29」를 그 예로 살펴보자.

> 너의 無我의 헌신으로 生成하는/ 저 뭇 생명들의 신비한 모습을/ 그저 어린애의 신기함과 놀람과/ 찬미만으로 바라본다.

무유일체(無有一體)의 불교 사상이나 직관적 인식을 통한 자연과의 비자아적 동일화를 유전적(流轉的)으로 실현하려는 도교 사상이 엿보인다. 또한 3.4행에서 보이는 대로 그는 어린이의 순수 감정으로 새로 탄생하는 존재에 대한 인식을 융합하고 있다. 종교시의 난제(難題)가 인식과 서정의 조화에 있다면 이 연은 이 점이 성공적으로 처리되었다고 할 수 있다.

> 그렇다고 내가 脫魂의 황홀 속에/ 들어 있다고 오해하지 말라./ 또한 내가 審美的 희열에/ 들어 있다고 착각하지 말라.

이 연은 비록 설교적인 진술이기는 하지만 삶의 중용적(中庸的)인 자세를 강변한다. 이상과 현실, 정신과 관능, 파토스와 에토스, 허무와 실유(實有)가 어느 한쪽으로 치우치지 않는 중정(中正)은 다음 연에서 보이는 바와 같이 영원과 순간까지도 하나로 포유(包有)한다.

> 저기 둑 기슭의 나무는/ 그저 어제 그 나무고/ 행길의 오가는 사람들은/ 여전히 그 사람들이고/ 강, 너와 나도 저제나 이제나/ 눈꼽만큼도 다를 바 없다.

순간 속에 깃들어 있는 많은 개체들이 영원 속에 정지해버리면 이미 개체나 순간의 의미는 사라지고 만다. 그래서 지금까지 경이의 눈으로 바라보던 강은 시인과 둘이 아니고 하나가 되기 위한 전주(前奏)를 타고 있다.

오직 이제 나의 숨결 속에는/ 네가 함께 흐르고 있고/ 나의 눈은 너의 형용 없는 동작을 보고/ 나의 귀는 너의 침묵의 대화를 듣는다.

화자와 강의 일체화를 이루게 한 역설은 신선한 전망을 암시하고 경악과 쾌감을 동시에 안겨준다.

너를 알게 되어/ 나는 나를 알았고/ 洗禮가 왜 거듭나는 證表인지를/ 늦게나마 깨닫는다.

이 마지막 연에서는 돌연한 묵시(默示)의 감각으로 자기 승화의 성취감을 담담하게 읊고 있다. 구상 시의 호소력은 일단은 사상적 심층과 다변성에서 찾을 수 있다. 이상은 「그리스도 폴의 江 29」를 예시로 살펴보았지만 같은 제목의 30은 어릴 때의 일을 회상하는 서사적 내용의 산문시인데 여기서는 샤머니즘의 마력을 유시적(幼時的) 감정 속에 회상시키고 있다. 앞에서 언급한 대로 그는 정통 기독교 사상에서 볼 때는 용납될 수 없는 이단적 요소를 과감히 수용한다. 그는 성령의 영역에 안주하지 않는다. 오히려 악령의 존재까지도 포용하면서 선과 악, 때로는 성(聖)과 속(俗)의 역설적 지양(止揚)을 시도한다. 그의 시정신은 항상 새로운 만남의 긴장을 몰고 독자의 심령에 부딪쳐 온다. 만해(萬海)의 시정신이 대승적(大乘的) 구현에서 빛을 발했듯이 그는 또 다른 신교적(新教的)인 새 영역에 시의 눈을 띄우고 있는지 모른다. 시 외적인 문제로 평소 그의 인간적 교유(交遊)가 그러했다. 그의 특이한 미소는 어떠한 대상의 눈높이도 넘어서려는 영기(靈氣) 같은 것을 담고 있다고나 할까.

황금찬

사랑의 교향곡

―훈풍의 천국

장미 밭에는
한낮에도
별이 쏟아져 내리고 있었다.

여자가 소리 없는
울음으로
울고 있었다.

장미꽃으로 물든 눈물이
별빛에 빛나고 있었다.

장미 밭에선
일제히 벙어리
벙어리가 되었다.

눈으로 눈으로 돌아가는

산울림이 그만 지쳐
장미꽃 잎에 발을 멈추고 있다.

병들지 않은 태양이
꽃밭 가득히
솟아나고 있었다.

(「장미 밭에서」)

황금찬은 기독교적 신앙과 인간적인 사랑의 서정을 겸비한 화해의 시인이다. 그의 시는 생각이나 느낌이 껄끄러운 소격감을 주는 갈등은 전혀 찾아볼 수 없는 진솔하고 온유한 포용력으로 감싸는 화해의 구조로 되어 있다.

먼저 기독교적 신앙의 시를 보자. 기독교 정신을 작품으로 구현하는 데는 여러 가지 길이 있을 수 있다. 기독교 정신의 3대 속성이라고 할 믿음과 소망과 사랑을 실천하는 데는 방법상의 차이가 있다. 그것은 선악의 대결이나 자기희생과 같은 행위적 요소와 사랑과 봉사와 같은 정의적(情誼的) 요소의 차이점이다. 전자는 신앙의 장애적 존재가 되는 모든 죄악을 제거해야 하는 당위적 필연성 때문에 저항 과정에서 발생하는 갈등을 수반하게 되고 이 갈등 때문에 빚어지는 긴장감이 특징적으로 나타난다. 후자는 기독교적 윤리나 가치관을 실현하는 데 따르는 선악의 상대적 대립을 필요로 하지 않는다. 자신의 일방적인 믿음과 소망을 간구하는 행위만을 필요로 한다. 따라서 화합과 화해의 부드러운 정조가 절대적으로 작용한다. 이 후자의 세계가 바로 황금찬 시인의 신앙시의 세계다. 그의 시는 처음부터 끝까지 소박하고 진솔한 감정과 맑고 투명한 신앙적 고백으로 이루어져 있다.

기독교에서는 사랑에 대한 전통적 상징을 이중성으로 표현한다. 이 이중성은 두 가지 대조적 요소가 화해되는 것으로 되어 있다. 십자가가 그

좋은 예다. 수직대(垂直帶)는 지구의 축이며 수평대는 지구의 현상계를 의미한다. 이 둘의 접합은 진정한 사랑의 궁극적 목표를 상징한다. 결국 이 중성이나 분리를 배제하고 그 둘을 '신비로운 중심'으로 일체화시킨다. 이 일체화의 상징물로 장미꽃과 망우초(忘憂草)를 댄다. 황금찬 시인의 작품에서 장미꽃이 유난히 많이 등장하는 것은 결코 우연이 아니다. 작품 「장미 밭에서」는 위에서 밝힌 기독교적 사랑의 정신이 그대로 형상화되어 있다. 장미 밭에 든 여인이 벙어리가 된 것은 인간의 악과 고통을 담은 요설이 사라진 것을 의미하며 여인의 눈물이 별빛으로 빛나는 것은 슬픔이 하늘의 은총인 사랑으로 화해된 것을 의미한다. 기독교적 사랑은 수평적 공간 안에서는 해결되지 않는다. 수직적 공간 구조가 종교시의 의식 구조를 대표하는 패러다임이듯이 지상에서 천상을 지향하는 수직적 비상(飛翔) 운동은 그의 시 도처에서 만날 수 있다. 그것은 '새'와 '날개'의 이미지로 나타난다. 작품 「날개 1」, 「물가에서」, 「새야」를 보면 잘 알 수 있다.

> 새야!/ 아직도 이름 모를 새야/ 지금 어느 하늘 밑에 날고 있느냐/ 그리고 언제쯤이면 그 호사스러운 날개를 펴고/ 또 이 꽃피는 언덕으로 찾아오려나// 계절이 바뀔 때마다/ 너는 찾아오곤 했다./ 금잔디나 저 민들레가/ 문을 열기도 전에/ 들어도 알 수 없는/ 노래를 부르며/ 옛빛 찬란한 성문 앞에 와서/ 계절의 노래 씨를 뿌리고/ 날아갔다.// 새가 뿌린 노래의 씨가 자라/ 바위에 푸른 이끼가 서고/ 다박솔이 자라 노송이 되어도// 날아간 너는/ 돌아오지 않는구나/ 새야,// 기다리는 눈엔/ 빈 하늘만/ 가득하고/ 새야/ 너의 그 자수정 부리로/ 하늘을 소리나게 쪼을 날은/ 언제쯤 이루어질까// 이 땅엔/ 수없이 계절이 바뀌어가고/ 인정도, 의리도/ 정의도, 사랑도 변모해 가고 있다// 새야/ 이름 모를 새야/ 아침 열리는 바다 위로/ 날아오라/ 해가 산 너머로 기울기 전에/ 날아오라/ 새야 (「새야」)

여기서 새의 비상은 탈고뇌적·탈지상적 의지의 상징이다. 이 수직적 상승 의지에 수반되는 정조는 온유하면서도 다정다감하고 경건하다. 황금찬의 새는 시인 개인이 창조해낸 그런 개성의 새가 아니다. 인간이면 누구나 간직하고 있는 보편적 공감의 새다. 신약성서(마태복음)를 보면 "공중의 새들을 보라. 그것들은 씨를 뿌리거나 거두거나 곳간에 모아들이지 않아도 하늘에 계신 너희의 아버지께서 먹여주신다"는 구절이 있다. 이 시에 나오는 새도 바로 그러한 새다. 하느님의 사랑을 전도하는 새다. 기독교의 메시아 예수의 상징일 수도 있다. 들어도 알 수 없는 아름다운 소리가 전 우주적 공간에 편만(遍滿)되어 있고 그 소리는 사계절을 순환하면서 인간의 곁을 떠나지 않는다. 이것이 기독교 시의 소재가 지니는 보편적 내역이다. 그러기에 박남수나 김춘수 시에 나오는 새와 같이 깊은 철학적 사색의 굴절이 필요 없다. 인간적 고뇌의 갈등의 깊이도 찾아볼 수 없다. 소박미와 단순미는 같은 뜻이면서 그 정조에는 억양이 없다. 조용한 냇물이 흐르는 듯하다. 다만 그리움과 기다림이 그 물 위에 떠 있는 햇빛처럼 반짝여서 독자의 가슴을 가볍게 흥분시킨다.

> 눈이 내리고 있습니다.// 장미나무/ 그 마른 잎새 위에/ 기도의 사연처럼/ 쌓이고 있습니다.// 눈 나라의 마음을 갖고/ 살아가고 싶습니다.// 흰 장미꽃처럼 순결한/ 그런 사랑으로 당신을/ 맞이하고 싶습니다.// 눈 나라의 성문이 열리듯/ 그렇게 문이 열리고/ 마음 밭에 피는 사랑의 꽃.// 소녀의 아침 기도는 끝났는데/ 그래도 눈은 내리고/ 겨울 장미 밭에/ 순결한 장미는 피고.// 걸어오려나/ 조용히 길을 내며/ 기다리는 눈 언덕에/ 당신은 찾아오려나. (「겨울 기도」)

기다리는 것과 찾는 것 이 두 행위는 사랑 행위의 원형이다. 눈은 성역의 상징이다. 이 성역 안에서 기적같이 이루어지는 만남의 조화(기적), 이것이 겨울 장미의 출현이다. 속(俗)과 성(聖)의 대립은 카오스와 코스모스의 대립이다. 이 대립의 극복은 종교인의 지상 과제다. 코스모스가 자신의 존재 속으로 들어올 때 신과 만남이 이루어지고 모든 대립과 갈등은 풀어진다. 이 시에서는 꽃(장미)이 만남의 화신으로 등장한다.

박이도

원점의 앵글에 노출된 인간상

폭설이오 폭설이오
산도 없고 강도 없고
우리 마을도 없이
큰 길도 없이 폭설뿐이오

이제 나는
울음 같은 울음이 나는구나
눈물 같은 눈물이 흐르는구나

한 천 년 물러선 고적감(孤寂感)
이 기쁨을 감당치 못해
나는 눈 속으로 굴을 판다
마을과 마을은 두절되고
이웃끼리 까치 신호를 한다

무덤마다 굴이 뚫리고

비실비실 걸어나오는

눈 사람

그도 소리없는 울음을 운다

이조(李朝)의 머슴과

고려장(高麗葬)이 살아 있는

백설(白雪)의 마을에

까치 한 쌍

한적을 깬다

(「폭설(暴雪)」)

우리는 이 시를 통해서 항상성을 띤 자연현상과 계절성을 띤 자연현상이 주는 정서적 반응이 차이감보다는 일체감으로 용해되는 신비(?)를 맛본다. 봄날의 꽃과 여름의 녹음, 가을의 단풍과 겨울의 눈이 주는 계절감이 결국 자연과 인간의 이름 위에 하나로 내려앉는 현상을 가끔 느끼듯이. 이 시에서 폭설은 과거와 현재, 산 자와 죽은 자, 삶과 죽음이 하나가 되는 경지로 화자를 매료한다. 이러한 사색의 통일성 뒤에 따르는 것은 정서적 일체감이다. 슬픔과 기쁨이 하나가 되는 것이 그것이다. 백색이 백설 같은 군상 위에서 전개될 때 군림의 위엄(혹은 외경) 뿐만 아니라 원시적 신비감을 동반한다. 현대 문명에서 얻은 일체의 정신적 피로를 씻어버리려는 잠재의식이 이러한 자연현상을 통해 표출되는 현상은 평소에 흔히 접할 수 있는 일이기는 하지만 이 시에서처럼 인간의 모든 기능을 한 시간대 위에서 단순화 내지 순연하게 형상화하기는 용이한 일이 아니다. 자칫하면 빠지기 쉬운 백설이 주는 무화감을 피하기 위해 동적인 이미지로 까치를 등장시킨 것이나 "이조(李朝)의 머슴"과 "고려장(高麗葬)"의 사람을 부활시킨 것도 전체적인 정적 분위기에 역동감을 주는 효과를 느끼게 된다.

물 위에선 모두가 가라앉는다// 잠시 후/ 떠오르는 자도 있구나/ 숨이 끊기는 자/ 죽음을 선택 하는 자/ 물 위에 다시 한 번 떠올라/ 주검을 보여 준다/ 지상의 모두와 결별을 주장한다/ 가벼워진 육신/ 때묻지 않은 영혼이/ 정갈한 샘물이 솟아나듯/ 떠오르는 이적(異蹟)이 있구나// 무섭다 무섭다/ 내 죽음도 샘물처럼 솟아날 것인가 (「異蹟」)

과학적 발명과 예술적 창조는 그 근원이 일치한다. 하나는 사실적 근거에 의한 이성적 판단에서 오고 다른 하나는 직관적 환상에 의한 심미적 판단에서 오긴 하지만 어느 쪽이나 진리라는 말을 공통으로 사용한다. 과학 쪽에서 보면 예술은 환상적 진리에 불과하겠지만 예술은 이 진리를 독존물로 생각한다. 존 키츠는 「희랍 백자부(賦)」에서 "美는 진리요 진리는 미다"라고 했고 호머의 시에서 이러한 진리의 발견을 경탄했다. 이 시는 모두(冒頭)에 "물 위에선 모두가 가라앉는다"는 표현으로 죽음의 절대적 진리를 전제로 제시한다. 그러면서 사실성에 근거하여 죽음의 의미를 우회 반전으로 이끌고 나간다. 사람이 물에 빠져 죽으면 일단은 가라앉았다가 다시 물 위에 떠오른다고 한다. 이렇게 무게를 덜고 가벼워진 육신을 통하여 시인은 "때묻지 않은 영혼이/ 정갈한 샘물이 솟아나듯/ 떠오르는 이적(異蹟)"을 발견한다. 이러한 이적이 시인 자신에게 발생하기를 기대하는 것은 그의 시에서 상상력의 많은 부분을 차지하는 종교적 신념의 한 부분(부활)으로 생각한다. 이렇게 그는 시적 생명성의 요체인 발견의 기쁨을 종교적 차원으로 활용한 점에서 주목을 끈다.

개바자에 구멍이 났다/ 수캐도 지나고/ 장닭도 빠져나가는/ 이 허망한 가을// 발자국도 없는/ 새벽길에/ 먼 길 떠나고 싶은/ 외기러기런가// 꽃신 숨겨 두고/ 밤새워 기다리는 정(情)/ 눈밭에 뛰는 사슴떼이듯/ 그렇게/ 옥동자 하나만 허락하소서 (「과수댁」)

한국인의 의식 속에 자리하고 있는 전통적인 정서 중의 하나가 한(恨)이다. 그 한의 상징적 존재 중의 하나가 과수(寡守)다. 한의 실체를 한의 정서로 읊는 것은 한국 전통시의 한 전형적 관행이다. 제명만 다를 뿐 실질적으로 이 시와 제재가 같은 「수절(守節)」이라는 시가 있다. 이 시는 이러한 관행 안에 드는 시다. 그러나 여기 「과수댁」은 사뭇 다른 얼굴을 보여준다. 단적으로 말하면 과수의 심리를 개방적으로 열고 있다. 물론 개방이라고 해도 근대 자유주의 사상적 개방은 아니다. 이 시가 과거 전통적 사상이나 서정성의 틀 안의 한계를 벗어나지 않고 있는 것은 그의 시가 원형적 이미지와 회고적 정서를 주조로 한 것과 필연적인 관계가 있다. 1연은 우리의 고전적 소재를 활용한 풍자적 암시가 돋보인다. 개바자(갯버들로 된 울타리)가 암시하는 시공간적 배경(옛날 아니면 옛날 풍의 시골)과 소재(수캐와 장닭의 자유로운 행동)와 주체(과수댁의 부자유)의 갈등이 잘 그려져 있다. 그러나 1, 2연의 폐쇄된 주체의 감정이 3연에 오면서 활짝 열린다. 감정의 중심이 주체(과수댁)를 벗어나 타자(옥동자)로 이동함으로써 한은 밝은 '정'으로 바뀐다. 이 관심의 이동은 여러 면으로 그 효과를 생각할 수 있다. 소아적인 이기적 여정(女情)에서 자비로운 모정에로의 이동은 탈출의 감정을 정당화하는 일종의 감정이입의 묘법이기도 하다. 끝에 가서 2인칭 시점으로 갑자기 전환한 것 또한 이러한 객관화한 정서를 호소하는 집중적 효과 때문일 것이다.

박이도, 그는 예리한 눈으로 이 세상의 어수룩한 곳에 숨어 있는 지혜와 진리를 발견하는 데 관심을 모은다. 「이적(異蹟)」에서도 지적했지만 「분명한 사건」에서 "부음(訃音)만큼 분명한 전갈은 없다/ 경악보다 더 빠른 순간의 절망"이라고 하여 죽음의 첨단에 걸려 있는 위기적 정서를 기독교의 신앙적 품 안에서 발견하기도 한다. 그러나 이러한 현상은 그의 시의 전체적 맥락에서 볼 때 새로운 의미를 갖는다. 그 맥락의 성격이 전통 의식이다. 그는 일상의 역사적 삶 속에서 지혜와 풍류를 건져 올린다. 때로는 마당극 같은 풍자와 익살의 냄새를 풍기면서(「民譚詩集」 참고).

박제천

‘빈 그릇’의 깊이

—노자사상의 ‘심법’(心法)

거기 있으되 보이지 않는 별을 찾고자
하늘을 올려다 봅니다.
보이지 않으나 거기 떠 있는 얼굴,
눈만 남아 떠도는 나의 별을 찾고자
365개로 나누어 놓은 하늘 하나하나를
샅샅이 더듬어 나갑니다.
붉은 게 검은 풍뎅이 혹은 푸른 하늘소가
되어 언뜻언뜻
다음 하늘로 사라지는 그림자만 쫓아다니는
매일입니다.
가다가 무지개 서거나 먼 산 너머로 번개가
지나가기는 합니다만 그걸 따라갈 생각은
해 본 적도 없습니다.
다만 언제나 나의 별이 거기 있음을 느끼매
두근거리고
언제인가 그를 만나리라 바라매 잠이 들 뿐

(「나의 별」)

이 시를 대하면 넓은 우주 공간을 배경으로 전개되는 진지하고 건전한 자기 정립(自己 定立)의 자세가 먼저 눈에 들어온다. 허욕과 탐욕(무지개와 번개)을 배제한 소박하고 일관된 항심(恒心)의 순수한 빛깔(별)이 눈길을 끈다. 분명히 있다고 믿는 신념과 아무리 찾아도 보이지 않는 현실 사이의 괴리는 인간의 정신적 활동에서 흔히 일어나는 현상이다. 이러한 상황 아래서 인간이 선택하는 대응책은 대체로 철학과 종교와 예술적 신념이다. 삶의 본질에 대한 인식을 위주로 하는 관념적인 시(상상력의 시)에서도 이런 현상은 흔히 볼 수 있다.

이 시의 구조는 꿈의 탐색에서 시작되어 그것의 무위의 실패와 좌절을 거쳐 다시 내면적 성취로 나가는 3단계의 과정으로 구성되어 있다. 이러한 구조적 현상은 이미지의 전개 과정에서도 드러나 있다. 별과 얼굴과 눈은 거기 있다고 믿는 기대만큼이나 선명도를 더해주지만 탐색의 노력이 무위로 끝나는 과정에서는 별은 그 허상인 그림자만 남긴다. 그러다가 다시 별은 시인의 내면에 어떤 신앙 같은 드높은 그리움의 초점으로 부상한다. 신념이 서고 그것을 실천하는 과정에서의 갈등을 극복하고 마지막으로 성취의 기쁨을 맛보는 것은 보편화된 정신 활동의 삼각 구조다. 그러나 박제천의 시는 이러한 보편화된 정신 활동의 구조보다는 동양사상 특히 노자의 철학에 뿌리를 두고 있는 사실을 전제로 해서 이해하는 것이 그의 시인적 자질에 부합되는 방법이라고 본다.

말라빠진 염소처럼 오그라든 그가 거기 누워 있었다 거무튀튀한 살덩어리에서 빠져나간 영혼은 아직도 그에게 돌아오지 않았다. 〔중략〕 잘못은 스스로에게 있다/ 햇빛과 바람과 비를 맞으며/ 찾아온 새들에게 살점을 나눠주고/ 버러지들에게도 피를 맛보게 했어야 마땅했다/ 홀가분해진 영혼이 다른 세상으로 휘파람을 불며 떠나게 했어야 마땅했다// 아니, 그것은 나와 같은 어리석은 자의 생각, 그를 한 번씩 들여다보고 신기해하고 혹은 비웃고 혹은 무심히 지나치는 관람객들 앞에서 그는 지금도 돌아오리라, 아프리카든 어디든, 찾아오리라,/ 백년짜리 너희들 삶 따위는 무시하리라,/ 오연하게 눈을 감은 채/ 이윽고 되돌아올 영혼을 기다리리라. (「미이라 앞에서」)

미라는 고대인의 영혼 불멸설에 근거해서 보면 부활을 전제로 한 살아 있는 죽음의 실체다. 육신과 영혼의 관계를 고려할 때에도 천도(薦度, 불교 의식으로 죽은 혼령을 극락으로 가게 하는 일)는 전적으로 영혼 쪽에 의미를 두고 있기 때문에 육신이 무시되고 말지만 부활은 모든 종교가 다 그런 것이 아니더라도 영혼이 육신의 재생과 어우러지는 것이기 때문에 육신의 존재는 절대적으로 중요하다. 조형예술은 물론이지만 문학예술(특히 시)에서 영혼은 추상으로 존재하기보다 살아 있는 이미지로 육화되어 우리 앞에 등장할 때가 많다. 이것이 예술적 판타지의 특징이다. 이 「미이라 앞에서」는 영혼이 떠나간 뒤의 미라의 꿈(귀혼〔歸魂〕)이 구체화되어 있지가 않다. 귀혼의 간절한 소망이 심정적으로 술회되었을 뿐이다. 그래서 이 작품의 후속 작품이라고 해도 무방할 떠나간 영혼이 돌아올 때까지의 방황의 역정이 구체화된 「나그네 새」가 있다.

이 세상사는 그리움은 배가 되어/ 가까운 하늘을 떠다니고/ 이 세상 죽는 즐거움은 새가 되어/ 먼 하늘을 날아다니니// 술에 섞여드는 별들의 피/ 술로 씻어내는 무지개의 살/ 이제는/ 모두 버리고// 땅 속 어드매/ 하늘 길 어느 갈래/ 참나무 숯이 되어 이글거리는 노여움/ 빈 오동나무 울리는 서러움/ 둥치도 가지도 잘린 채 장승이 된/ 오리나무의 서러움/ 모두 버리고/ 〔중략〕 가자./ 일개 미물로 살아서 움직이는 세상 밖/ 물방울 하나로 살아서 꿈틀거리는 그림 밖/ 그 어느 섬으로 훌쩍 떠나가기로 하자. (「나그네 새」)

이 작품을 「미이라 앞에서」와 관련지어 보는 것은 적어도 이 작품이 이 시인의 형이상학적 신념의 추이에 근거한 추리적 사실에 근거해봤기 때문이다. 이 「나그네 새」는 노자의 사상을 구현한 어느 화가의 그림에 모티브를 두고 있음을 시인은 밝히고 있다. 다시 말하면 화가가 노자의 사상에 근거하여 "세상살이의 한복판에 버티고 앉아, 마음으로는 우주를 떠다니는 자의 나그네 마음을 그린 것"을 이 시인이 다시 시로 형상화했다는 것이다. 여기서 나는 이 시인의 무한 공간으로 유영하는 상상력과 그 충일(充溢)의 밀도를 경이의 눈으로 접하게 된다. 삶과 죽음의 공간을 극대화해서 그리움과 즐거움으로 충만시켰는가 하면 "술에 섞여드는 별들의 피"와 "술로 씻어내는 무지개의 살" 같은 표현은 상상력의 치밀한 밀도는 물론, 그 다층적 공간 안에서의 연접(連接)의 묘는 마치 우주선이 도킹하는 황홀을 느끼게 한다. 그러나 이러한 사실을 다시 노자에 대한 시인의 말로 대신한다면 다음과 같다. "너는 빈 그릇 너에게서 나는 많은 것을 퍼낼 수 있다/ 너는 넘치지 않는다. 그저 깊고 넓다." 그렇다. 퍼내는 능력, 그것이 문제다.

이해인

천주에 바치는 사랑 노래

— '민들레 영토'의 봄 햇살

초록의 희망을 이고
숲으로 들어가면

뻐꾹새
새 모습은 아니 보이고
노래 먼저 들려오네

아카시아꽃
꽃 모습은 아니 보이고
향기 먼저 날아오네

나의 사랑도 그렇게
모습은 아니 보이고

늘
먼저 와서

나를 기다리네

눈부신 초록의
노래처럼
향기처럼

나도
새로이 태어나네

유월의 숲에 서면
더 멀리 나를 보내기 위해
더 가까이 나를 부르는 당신

(「유월 숲에는」)

이해인 수녀의 시는 그 많은 수사학적 요설에서 우리를 해방시켜준다. 마치 맑고 고운 물방울에 기름 물감이 먹지 않듯이 무슨 의미나 감정이 어떻다고 설명의 칠을 한다는 것이 어색하게 느껴진다. 거침없이 실실이 풀어지고 솔솔이 이어져 나가며 땀땀이 스며 있는 이 시인 특유의 사랑과 정성이 항상 신선하게 다가온다. "시인은 불변의 속성을 가지지 않았을 뿐 아니라 아무것도 갖고 있지 않다. 일정한 正體가 없다. 확실히 시인은 神의 자손 가운데 가장 非詩的인 존재다." 키츠의 말이다. 얼핏 들으면 참 모순되는 이야기 같지만 이 말은 역으로 '태양이나 달이나 바다와 같은 자연 현상에 충동적인 자극을 받는 사람이 훨씬 詩的'이란 말을 추리해서 이해하면 더욱 좋다. 그녀의 시는 항상 비시적(非時的)인 숨소리로 열려 있는 독자의 이목 앞에 속삭이듯 밀려온다. 무언지 분명하지는 않지만 생명의 빛과 얼굴과 그리고 말씀들, 모두가 아주 소박하게 '차단한 의상'을 하고 우리 앞에 나타난다. 그녀의 간절한 사랑의 기도로 삶의 무게가 하나 둘씩 덜어져나간다. 그녀는 인생의 그 많은 슬픔이 어디에 숨어 있는지를 안다. 그리고 그 슬픔을 녹이는 사랑도 어디에 깃들어 있는지를 안다. 그것을 아주 조용하게 아주 쉬운 이야기로 노래한다. 그러나 조용한 냇물에도 숭어 떼가 뛰놀 듯이 '뜨거운 지혜의 꽃'이 보석처럼 반짝이는 것을 본다. 이것이 이 시인의 시다.

이 시는 구조가 탄탄하게 짜여져 있다. 먼저 사랑의 시혜자(施惠者)와 수혜자인 당신과 내가 의미상 주사(主辭)로서 주축을 이룬다. 그리고는 사랑의 상징적 존재로 새와 꽃이 양 날개에 얹히고 이 날개를 미화하는 것이 녹색 향기다. 당신이 나에게 베푸는 사랑 행위는 실체(뻐꾸기, 꽃)를 숨기고 상징(새소리, 꽃향기)으로 다가오는 것은 계시의 계율을 의미하는 것이며 나와 당신의 거리에 반비례한 축복의 크기는 자혜로운 은총을 베푸는 절대자의 권위는 물론, 은총에 대한 감사의 마음을 내포한다. 엘리아드에 의하면 종교인의 생존은 신성한 성역에서만 가능하다. 신의 세계는 카오스에 대립하는 코스모스의 세계다. 이 세계의 리듬은 질서, 조화, 영원, 풍요 위에서 이루어진다. 그녀의 풍요로운 신앙적 정서는 알고 보면 예리한 현장 체험의 소산인 경우가 많다. 산에 가면 새는 보이지 않고 새소리만 들리기가 일쑤요, 꽃을 보기 전에 바람에 꽃향기를 먼저 맡는 일은 일상적인 체험의 세계다. 이것을 시적 체험으로 변용하는 재능이 시인의 전유물이다. 시인은 또 이렇게 노래하기도 한다.

꽃이여/ 어서 와서/ 한 송이의 사랑으로/ 머물러 다오// 비어 있음으로/ 종일토록 너를 그리워할 수 있고/ 비어 있으므로/ 너를 안아볼 수 있는 기쁨에/ 목이 쉬도록/ 노래를 부르고 싶은 나// 닦을수록 더 빛나는/ 고독의 단추를 흰옷에 달며/ 지금은 창밖의/ 바람소릴 듣고 있다// 너를 만나기도 전에/ 어느새 떠나보낼 준비를 하는/ 오늘의 나에게/ 꽃이여/ 어서 와서/ 한 송이의 이별로 꽂혀 다오

(「빈 꽃병의 말 1」)

이 시는 1연의 "한 송이의 사랑으로/ 머물러 다오"와 4연의 "한 송이의 이별로 꽂혀 다오"가 의미상 대칭을 이루면서 주제의 기능을 한다. 불교는 비우는 것(무상〔無常〕)이 전부지만 기독교는 채우는 것(사랑)이 전부다. 전자는 고독을 고관념(高觀念)으로 가는 긍정적 과정으로 생각하지만 후자는 고독을 고관념으로 가는 극복해야 할 부정적 과정으로 생각한다. 그래서 기독교에서는 고독이 사랑의 궁핍을 의미할 수 있고 사랑을 불러들이는 촉매 역할도 할 수 있다. 이해인 시인은 고독과 사랑의 양축을 조화롭게 다스리고 있다. 사랑의 슬픔(부재)과 사랑의 기쁨(실재) 사이에서 양자를 포용하는 길을 터득하고 있다. "닦을수록 더 빛나는/ 고독의 단추"가 바로 그러한 심상을 함의하고 있다. 사랑의 기쁨과 이별의 아픔은 만고(萬古) 시에 항상적으로 물결치는 서정의 파동이다. 그러나 이 양자의 서정이 고대 시가에서 흔히 보는 것과 같이 단순한 직정적(直情的) 호소로 끝나는 경우에는 현대 시학이 지침(指針)하는 감상(鑑賞)의 길과는 거리가 멀 수밖에 없다. 이 시는 바로 이러한 결함을 극복한 현대시의 수사적 차원을 활용한 점에서 우리의 관심을 끈다. 구체적으로 말하면 전술한 대로 수미쌍관의 대칭에서 4연의 후구(後句)가 역설의 의미를 띰("한 송이의 사랑으로 꽂혀 다오"의 뜻)으로 해서 표현의 진가가 훨씬 돋보이게 된다. 또 한 편을 보자.

> 하늘에도/ 연못이 있네/ 소리치다/ 깨어난 아침// 창문을 열고/ 다시 올려다 본 하늘/ 꿈에 본 하늘이/ 하도 반가워// 나는 그만/ 그 하늘에 빠지고 말았네// 내 몸에 내 혼에/ 푸른 물이 깊이 들어/ 이제/ 다른 옷은/ 입을 수가 없네
>
> (「다른 옷은 입을 수가 없네」)

옷은 때가 묻었거나 작거나 크거나 색상이나 디자인이 마음에 들지 않을 때와 같이 외관상에 문제가 있을 때나 혹은 너무 닳고 해어졌을 때나 철 따라 몸 사정(체온)에 맞지 않을 때 갈아입게 된다. 그러나 이러한 사실

성과는 달리 몸과 혼에 푸른 물이 깊이 들어 다른 옷으로 갈아입을 수가 없다고 한 것은 옷이 정신적인 상징성을 띠고 있는 것이 분명하다. 옷을 상징적으로 보면 우리의 혼을 감싸주는 기능을 한다. 어떻게 감싸주었기에 다른 옷은 입을 수가 없다고 했을까. 먼저 시인은 꿈과 현실에서 똑같은 하늘의 연못을 확인한 다음 거기에 자신을 내던진다. 그리하여 푸른 물이 육신과 영혼에 깊이 침투할 대로 침투해서 다른 선택의 여지를 주지 않는 절대 만족의 상태에 이르게 된다. 이때 푸른 물이 꿈과 이상을 상징하는 것이고 보면 이것은 종교인의 요지부동의 확고한 신앙의 자세를 의미하거나 아니면 수도의 마지막 과정인 성취의 이상이 실현된 것을 의미한다. 기지(機智)가 신앙의 물에 배면 성스러워지는 것인가 보다.

이성선

영혼의 울림

——선시(禪詩)의 현장

가을 아침
푸른 하늘처럼이나 맑은
땅바닥에 떨어진
나무 잎사귀를 주워 들고 바라보다가

불꽃같이 아름다운
잎사귀 속에 숨어 있는
엽맥들이 모두
나무의 형상을 그대로 하고 있는 것을
처음으로 보았네

엽맥들이 가늘게 떨며 번어 간
잎사귀 둘레로
아직 선명하게 맺혀 있는 이슬

물방울 꽃나무 한 그루를 들고

한 자루 촛불인 듯 하늘 기슭을 밝히고
내가 떨고 섰네

무엇이든 세상의 것은 다 상징이라는
이 놀라움
나무도 씨앗 속에 숨어 있네

이 큰 진리 앞에
나는 무엇의 상징으로 지금 여기 있나
나를 닮은 더 큰 나무는 누구인가

인제 어렴풋이는 알 것 같네
손바닥에 나의 형상이 다 들어 있듯이
나는 하느님 나무의 한 잎사귀

실핏줄에 넘쳐흐르는 그분 눈빛으로
새롭게 피어 자라나고
때로는 스스로 떨어져 땅에 뒹굴며
누군가 그리워 헤매는 보헤미안이기도 한

(「잎사귀」)

이성선의 시를 흔히들 선시(禪詩)라고 한다. 불교의 경전에는 삼학(三學)이라고 하여 계(戒), 정(定), 혜(慧)가 있다. 계는 일상생활의 규범을, 혜는 지혜를, 정은 선(禪)을 의미한다. 선에는 4선이 있다. 제1선에 있어서는 마음의 분별 작용이 아직 남아 있어서 기쁨과 즐거움이 충만되어 있다. 이러한 기쁨과 즐거움에 의하여 몸을 충실하게 해야 한다. 제2선에 있어서는 마음의 분별 작용이 소멸되고 다만 기쁨과 즐거움만이 남아 있다.

제3선에 있어서는 기쁨은 소멸되고 즐거움만이 남는다. 제4선에 있어서는 즐거움마저도 소멸되고 청정심(淸淨心)만이 남는다. 이와 같이 선정에 들면 마음은 안정되어 진여삼매(眞如三昧)에 들 수가 있다. 이때 전 세계는 오로지 하나의 상(相)으로 인식된다고 한다. 선시의 주인공은 이 4단계를 순서적으로 극복하지 않고 동시적으로 수용하고 즐긴다. 엄격히 말하면 참선(參禪)의 마지막 단계에 이르기 전의 상태에서 미적 긴장을 즐긴다. 이것이 시인의 선이다. 이 불완전, 미완의 상태에서 완전('하나의 상')으로 지향하는 과정에서 발생하는 미동(微動)의 긴장, 이것은 시뿐만이 아니라 모든 예술혼의 호흡이다. 이성선의 시는 바로 이러한 호흡을 우리에게 들려준다. 나무의 잎사귀 속에 숨어 있는 나무, 아니면 씨앗 속에 숨어 있는 나무, "나를 닮은 더 큰 나무"는 하느님, "나는 하느님 나무의 한 잎사귀" 등은 모두 본질적 관념이다. 시적 긴장은 여기서 생기는 것이 아니고 "물방울 꽃나무 한 그루를 들고/ 한 자루 촛불인 듯 하늘 기슭을 밝히고/ 내가 떨고" 서 있기 때문에, 나무 잎사귀 "실핏줄에 넘쳐흐르는 그분 눈빛으로/ 새롭게 피어 자라나고/ 때로는 스스로 떨어져 땅에 뒹굴며/ 누군가 그리워 헤매는 보헤미안"이기 때문에 생명에 와 닿는 시적 긴장이 발생한다. 그래서 선시를 비롯한 모든 종교시의 매력은 완전의 상태인 고인 물이 아니고 완전을 향해 흘러가는 냇물이나 여울물의 물살 속에서 발견할 때가 많지 않던가. 그는 또 이렇게 노래하기도 한다.

> 가지에 잎 떨어지고 나서/ 빈 산이 보인다/ 새가 날아가고 혼자 남은 가지가/ 오랜 여운에 흔들릴 때/ 이 흔들림에 닿은 내 몸에서도/ 잎이 떨어진다./ 무한 쪽으로 내가 열리고/ 빈곳이 더 크게 나를 껴안는다./ 흔들림과 흔들리지 않음 사이/ 고요한 산과 나 사이가/ 갑자기 깊이 빛난다/ 내가 우주 안에 있다
>
> (「흔들림에 닿아」)

윌리엄 블레이크는 "한 알의 모래알에서 세계를 보고/ 한 포기의 야생

화에서 하늘을 본다"고 노래했다. 그러나 그는 자연의 상호관계를 제삼자의 시각으로 바라보거나 자신과 자연의 관계에서도 상당한 의미와 서정의 심층을 개척하면서도 어디까지나 타자의 위상을 벗어나지 못한다. 이것은 낭만주의 시인이 지니는 일반적인 한계라고 할 수 있다.

여기 이성선의 시에서는 나와 자연(혹은 우주)의 관계는 일체화 현상으로 나타난다. 본래적인 자기 존재를 근원적으로 이해하고 본래적인 자기로서 존재할 것을 결의한다. 이러한 본래적인 존재 방식의 태도를 취하는 것이 실존이다. 선시도 결국 이러한 존재 방식의 태도로 씌어진 시다. 그리고 작자의 이러한 경험적 인식의 세계(의식 세계)를 추적해서 작품의 성격을 밝히는 것이 현상학적 비평 방식이다. 바슐라르는 자연이나 우주의 근원을 드러내거나 세계와의 구체적인 관계를 밝히기 위하여 여러 가지 자연의 본원적인 현상(흙·공기·불·물)이 인간의 상상력 속에 들어올 때 그러한 현상들의 내포적 가치를 정신분석적으로 연구했다.

이성선 시에 자주 나오는 소재 중의 하나가 물이다. 그래서 시집의 이름도 『물방울 우주』다. 물속으로 우주가 쏟아져 들어가기도 하고 물방울 속에 산이 있고 사람이 있다. 물속으로 천 년을 죽지 않고 지나가는 바람도 있다. 더욱이 물방울에서의 울림을 느끼기도 한다. 이 물방울과 동위적(同位的) 상징으로 자주 등장하는 것이 나무와 꽃과 벌레와 풀잎과 산이다. 이러한 소재들은 다 같이 확대된 내면 공간을 가지고 있다. 우주적 공간으로 그 속에 삶의 전부를 포용한다. 모든 것이 그 속에서 일체화의 화음(和音)으로 노래된다. 이것을 그는 "하늘 운율"이라고 했다. 위의 예시는 유무(有無)와 동정(動靜)과 무한과 유한이 만나는 불립문자(不立文字)의 경지에다 자신을 심은 득의(得意)의 환희를 노래한 시다. 나무에 잎이 떨어지고 나서 산이 보인다는 것은 가을 산이나 겨울 산이 나목을 통해 그 모습을 선명히 드러내는 사실성과 해탈의 경지에서 맛보는 법열의 상징성이 조화 일치를 이루는 탁월한 묘사다. 내 몸에 잎이 떨어지고 무한 쪽으로 내가 열린다는 것도 앞의 자연현상과 대칭을 이루면서 뒤의 득의

(得意)의 광명에 이르는 징검다리 역할을 하고 있다. 결국 이 시는 비움의 노래요, 만남의 노래며 영혼의 절정을 노래한 것이다. 「절정의 노래」에서는 "가장 외로운 곳/ 말을 버린 곳/ 그곳에서 모두를 하늘에 되돌려 주고/ 한 송이 꽃으로/ 가볍게 몸을 벌리고/ 우주를 호흡하리"라 했다. 또 산을 절정의 상징으로 보고 "거대한 힘으로 하늘을 향해 일어서는 목숨의 불화엄 황혼"(「황혼 화엄 노래」)이라고도 했다. 그의 선적(禪的) 명상은 이 절정을 평점(平點)으로 끌어내려 모든 세속적 개념을 무화시켜버린다. 그래서 절정은 고요의 극치 즉 고절(孤絶)의 의미로만 남는다. "숨 막히게 나를 압도하는 고요여/ 말하는 자는 사라지고/ 바라보는 자만 여기 남아 있다./ 바라보는 자조차 떠나면 누가 남아 뼈보다 투명한 마음으로/ 어둠 속에 노래하리"(「황혼 화엄 노래」)라고 한 것은 여기서 "죽은 나무가 살아 있는 나무보다 더 당당히 태양을 향하여 無의 뼈대를 창날같이 빛낸다"고 한 것과 정황이 일치한다. 우화등선(羽化登仙)이란 말이 있고 해탈도 있지만 장자의 나비가 이 시인에겐 더 적격이다. "한 방울 향기보다 더 붉게 핀 적요의 꽃"(「황혼 화엄 노래」)이 이성선에겐 장자의 나비다.

3

인간적 비전 1
— 본연적 순수성

오장환

'피 흐르는 시인'과 '이지(理智)의 프리즘'

저무는 驛頭에서 너를 보냈다.
悲哀야!

開札口에는
못쓰는 車票와 함께 찍힌 靑春의 조각이 흩어져
있고
病든 歷史가 貨物車에 실리어 간다.

待合室에 남은 사람은
아직도
누굴 기다려

나는 이곳에서 카인을 만나면
목놓아 울리라.

거북이여! 느릿느릿 追憶을 싣고 가거라.

슬픔으로 통하는 모든 路線이
너의 등에는 地圖처럼 펼쳐 있다.

(「The Last Train」)

소설에 화두가 있듯이 시에는 비전이 있다. 이것이 없으면 시인의 의식은 표류할 수밖에 없다. 비전에 원천을 두지 않은 일루전은 지리멸렬하게 혹은 파상적으로 흩뿌려진다. 이 경우, 감정이 섬약하거나 혹은 다혈질이면 감상 아니면 격정으로 치닫게 마련이다. 특히 시대고의 중압에 시달릴 경우, 시인은 자신의 독자적인 비전을 정립하지 못하고 감정의 소용돌이나 격랑 속에 표류하기가 쉽다.

오장환은 감정과 비전 사이의 거중간에서 어려운 몸부림을 쳐온 시인이다. 민태규가 "그의 시가 레아리티하려고 고투하나 그는 고만 공상적 로맨티시즘으로 떨어지고 만다"고 한 것이나 김광균이 "無形한 하늘을 향하여 내어젓는 조그만 生活 摸索의 觸手, 不斷히 變色하는 자기 위치와 가치관에의 懷疑와 自笑, 상실한 「이데아」에의 鄕愁, 어두운 지하에서 그가 낙엽같이 띄워 보낸 이 詩片"이라고 한 말은 모두 앞에서 지적한 그의 양면 요소 사이의 갈등적 현상과 유사한 성격을 이야기한 것이다. 임화가 비전의 순수성을 잃고 스스로 로맨티시즘을 거부한 것과는 달리 오장환은 비전의 실체를 향유하지 못한 채 낭만적 열정으로 그것을 모색하는 데 열중했다. 그래서 그의 정서는 비전의 주변을 애틋하게 방황할 수밖에 없었다. 그러나 그의 특유의 진지성 때문에 그의 시는 어쩌다가 깊은 페이소스에 젖어 있으면서도 센티멘털리즘으로 빠져들지 않는 건전한 측면을 보여주기도 했다. '비애'와 '병든 역사'를 '화물차'에 실려 보내면서 '대합실'에서 무언가 기다린다. 그 무엇의 정체는 없고 오리무중에서 카인(원죄의식)을 만난다. 이것이 일제 암흑기에 우리 시인들이 빠진 좌절의 공통늪이긴 하지만 그는 이 좌절에 함몰하지 않는 개성을 보여준다. 이 시 마지막 연은 얼핏 보면 짙은 감상의 궤적 같지만 사실은 그것이 아니다. 슬픔의 하중을 실은 거북이의 느린 걸음에는 막연하기는 하지만 미래 지향의 강인한 의지가 내재되어 있다. 감상의 태내에서는 이러한 참신한 비유가 산출될 수가 없다.

1

荒蕪地에는 거칠은 풀잎이 함부로 엉클어졌다./ 번지면 손가락도 베인다는 풀/ 그러나 이 땅에도/ 한 때는 썩은 果일을 찾는 개미떼 같이/ 村民과 노라리꾼이 북적거렸다./ 끊어진 산 허리에/ 金돌이 나고/ 끝없는 노름에 밤별이 해이고/ 논우멕이 도야지 數없는 도야지/ 人間들은 人間들은 웃었다. 함부로/ 웃었다./ 웃었다!/ 웃는 것은 우는 것이다./ 사람쳐놓고 원통치 않는 놈이 어디 있느냐!/ 廢鑛이다./ 荒蕪地 우거진 풀이여!/ 文明이 氣候鳥와 같이 이곳을 들려간 다음/ 너는 다시 原始의 面貌를 돌이키었고/ 엉클은 풀 욱어진 속에 이름조차 감추어 가며/ 〔중략〕/ 벌레 먹은 落葉 같이 洞口에서 멀리하였다.

〔중략〕

3

鑛夫의 피와 살점이 말라붙은 헐은 도록고/ 廢驛에는 달이 떴다./ 텅— 비인 敎會堂 다 삭은 생철 지붕에/ 十字架 그림자/ 빗/ 두/ 로/ 누이고/ 洋 唐人 鑛山家의 아버지, 聖堂의 牧師도/ 企業과/ 술집과 旅幕을 따라 떠돌아가고/ 軌道의 無數한 枕木/ 끝없는 레일이 흐르고 휘이고/ 썩은 버섯 질긴 비름풀!/ 녹쓴 軌道에 엉클어졌다./ 해설피 장마철엔/ 번개불이 / 쐉— / 쐉— 하늘피 구름을 갈라/ 다이나마이트 爆發에/ 山脈도 鑛夫도 景氣도 웃음도 깨어진 다음/ 비인 待合室 門 앞에는 石炭 쪼가리/ 싸늘한 달밤에/ 잉, 잉,/ 잉, 돌뎅이가 울고/ 無人境에/ 달빛 가득 실은 헐은 도로꼬가 스스로히/ 구른다./ 부엉아! 너의 우는 곳은 어느 곳이냐/ 어지러운 회리바람을 따라/ 不吉한 뭇새들아 너희들의 날개가 어둠을 뿌리고/ 가는 곳은 어느 곳이냐 (「荒蕪地」)

이 시는 철저한 사실적 묘사가 특징이다. 이 사실적 묘사의 배경에는

「The Last Train」이 그랬듯이 비극적 상황에 대한 깊은 통찰력이 작용한다. 폐광을 무대로 한 폐촌, 폐역, 광부에 대한 일그러진 상황은 물론 을씨년스러운 주변 자연 현상까지도 하나같이 조화를 이루고 있다. "鑛夫의 피와 살결이 말러붙은 헐은 도록고"는 광부의 처절한 삶의 도구를 통하여 극화한 사실적 묘사의 극치다. 비뚤어진 십자가가 서 있는 삭은 양철지붕의 교회당과 더불어 자본가와 성직자의 타락상 하며 녹슬고 휘어진 레일과 썩은 침목, 특히 그 틈 사이사이를 비집고 자라는 질긴 비름풀, 그것은 모질고 질긴 광부의 강인한 생명력의 상징이다. 오장환이 그 당시 유행병처럼 번져 있던 아나키스트적 알레르기성이나 프롤레타리아트적 열병에서 애써 탈출하려는 의지를 이 시에서 발견할 수 있다. 이 의지에 에너지를 공급해주는 기능 역할을 하는 것이 악마의식이다.

> 저기 한 줄기 외로운 江물이 흘러/ 깜깜한 속에서 차디찬 배암이 흘러……싸탄/ 이 흘러……/ 눈이 따겁도록 빨—간 薔薇가 흘러…… (「할렐루야」)

> 내 노래를 들으며 오지 않으려느냐/ 毒한 香臭를 맡으러 오지 않으려느냐/ 늬는 귀 기우리려 아니하여도/ 딱따구리 썩은 枯木을 쪼으는 밤에 나는 한/ 거름 네 앞에 가마 (「無人島」)

여기 나오는 뱀이나 독(毒)한 향취는 윤곤강의 「丹蛇」나 서정주의 「花蛇」에 나오는 원죄 의식이나 미의식 같은 집중적 테마와는 무관하다. 그것은 악마적 에너지의 한 수단으로 활용되었을 뿐이다. 이것이 그의 시적 상상력을 끌고 나가는 추진력이긴 하지만 이보다 중요한 것은 그의 상상적 의지다. 그의 의지는 전경(前景)과 후광 사이에 가려 있는 비전을 모색하고 있음이 틀림없다. 이 비전을 굳이 미래의식이나 재생의식이나 아니면 원형의식이라 단정할 수는 없겠지만 이것 때문에 그의 시는 생명력을 얻게 된다.

나의 노래가 끝나는 날은/ 내 가슴에 아름다운 꽃이 피리라.// 새로운 墓에는/ 옛 흙이 향그러/ 내 노래는 벗과 함께 느끼었노라.// 나의 노래가 끝나는 날은/ 내 무덤에 아름다운 꽃이 피리라. (「나의 노래」)

김동석은 오장환을 이야기하는 자리에서 "그는 斗鎭의 「墓地頌」을 읽고 좋아하면서 「詩란 사람을 따뜻하게 해 주는 것이다」"라고 했다고 한다. 「墓地頌」에 비할 바는 못 되지만 어쨌든 이 시는 그의 의식 속에 크게 자리하고 있는 미래의식의 한 윤곽을 그려 보이고 있다고 할 수 있다. 그는 또 "朝鮮 詩人 가운데서 章煥 만치 歷史의 濁流를 잘 表現한 詩人도 없다"고 하면서 그의 시를 '탁류의 음악'이라고 압축해서 평했다. 그렇다. 그는 "비인 紙匣과 事務를 박구며" 시들어가면서도 "花瓶에 한떨기 붉은 薔薇와 히아신스" 같은 청춘의 체온을 느끼면서 살았고 "鐵柵 안 짐승"처럼 울면서도 "五腸에서 개울물이 흐르는 소리"를 들을 줄 알았다. 그는 '단 한 번 나는 울지도 않았다'고 자신을 지키면서도 무너지는 내면의 벽 앞에서 통곡할 수밖에 없었다. "피 흐르는 詩人에게 理智의 프리즘은 眩氣로웁소"(「不吉한 노래」)라고 절규했다.

김춘수

'무의미'의 의미
—얼굴 없는 관념과 면사포 쓴 이미지

너도 아니고 그도 아니고, 아무것도 아니고 아무것도 아니라는데…… 꽃인 듯 눈물인 듯 어쩌면 이야기인 듯 누가 그런 얼굴을 하고,

간다 지나간다. 환한 햇빛 속을 손을 흔들며……

아무것도 아니고 아무것도 아니고 아무것도 아니라는데, 온통 풀 냄새를 널어놓고 복사꽃을 울려놓고 복사꽃을 울려만 놓고,

환한 햇빛 속을 꽃인 듯 눈물인 듯 어쩌면 이야기인 듯 누가 그런 얼굴을 하고……

(「西風賦」)

"나는 무슨 에꼴을 念頭에 두고 詩作하는 일은 별로 없다. 이미지면 이미지, 意味면 意味, 리듬이면 리듬, 또는 formalism이면 formalism을 意識的으로 따르려고 한 일은 별로 없다. 되도록 詩에 이러한 요소들을 다 活用해 보고 싶은 慾望을 가지고 있을 뿐이고 또 그렇게 努力하고 있을

뿐이다. 나는 항상 詩에서 前記한 要素들 중 어느 것이든 等閒되어 있거나 充分히 活用되지 못하고 있을 때 그 시를 不具라고 생각하는 것이다." 김춘수의 말이다. 물론 이 말은 객관성과 보편성을 결여한 자신의 지론(持論)일 수가 있다. 그것은 시적 구성 요소가 수학에서 쓰고 있는 필요하고도 충분한 조건과 일치해야 할 당위성이 없기 때문이다. 이미지나 의미 일변도의 시를 시의 영역에서 배제한다거나 불구(不具)의 시로만 볼 수 없는 것도 그 이유 중의 하나다. 그러나 그의 말은 뒤에 '무의미 시론'에 맥락이 이어지면서 그의 시를 이해하는 데도 상당한 참고 자료가 된다. 그에 의하면 '무의미'의 뜻은 언어학적인 의미에서 무의미가 아니며 그림으로 말하면 소박한 사생적(寫生的)인 것이 아닌, 반 고흐의 그것처럼 의미를 덮어씌울 그런 대상이 없는 그림과 같은 것을 말한다. 대상이 없으니까 그만큼 구속의 굴레를 벗어나게 되고 아무것의 통제도 받지 않는 연상(聯想)의 파동이 부단히 진행된다는 것이다. 어떻게 보면 그의 무의미 시론은 이미 현대 시론이 정립된 당시의 시작(詩作)의 정석을 재론한 것에 불과할 수도 있다.

어쨌든 "언어에서 의미를 배제하고 언어와 언어의 배합, 또는 충돌에서 빚어지는 음색이나 의미의 그림자나 그것들이 암시하는 제2의 자연 같은 것"이 그의 무의미시의 이론적 실체라고 한다면 여기 「西風賦」는 바람이 심고 간 이미지나 의미의 수(繡)틀이라고나 할까. 그것도 보기에 따라서 수시로 변신을 거듭하는. 너도 아니고 그도 아니고 아무것도 아닌 부정의 토양 위에 꽃과 눈물과 이야기가 긍정의 싹으로 돋아난다, 그것도 유혹의 모습으로. 다시 앞의 부정이 되살아나면서 이번에는 보다 강한 유혹이 시각과 청각을 뒤덮는다. 그러나 유혹은 다시 꼬리를 내리고 아지랑이처럼 사라진다. 삶의 회의와 매력을 관념으로 푸는 것은 철학이다. 그것을 이미지로 풀면 시가 된다. 철학적 해법이 아무리 다양하다 해도 무미건조하기는 마찬가지다. 그러나 시어에 열리는 이미지는 항상 일회성을 띠기 때문에 언제나 참신하다(그것이 모방이 아닌 경우에). 이 시는 이러한 사실을 생생히 인증해준다. 그의 시의 매력은 '면사포를 쓴 신부'와 같은 이미지가 관념으로 가는 길을 활짝 열어만 놓고 있다는 데 있다.

> 내가 그의 이름을 불러주기 전에는/ 그는 다만/ 하나의 몸짓에 지나지 않았다.// 내가 그의 이름을 불러주었을 때/ 그는 나에게로 와서/ 꽃이 되었다.// 내가 그의 이름을 불러준 것처럼/ 나의 이 빛깔과 香氣에 알맞은/ 누가 나의 이름을 불러다오./ 그에게로 가서 나도/ 그의 꽃이 되고 싶다.// 우리들은 모두/ 무엇이 되고 싶다./ 나는 너에게 너는 나에게/ 잊혀지지 않는 하나의 意味가 되고 싶다.
>
> (「꽃」)

시는 그 해법의 여지를 많이 안겨줄수록 깊은 음미의 맛을 준다. 이러한 사실을 독자에게 부추기는 것이 소위 현대 비평의 하나인 '독서의 현상학'이다. 독자는 시인의 창조적 경험을 추체험하는 대상적 경험을 통하여 나름대로의 연상물을 재창조한다. 많은 독자들에게 회자되고 있는 김춘수의 이 「꽃」은 소위 연시(戀詩)의 백미로 애송되기도 하지만 그의 시론에 근거해 본다면 상당한 모순을 내포하고 있다. 왜냐하면 이 시에 나오는 '몸짓'과 '꽃'의 관계는 미숙과 완성의 관계가 되어서는 안 된다. 사실상 몸짓이 시적 표정의 진면목이지 "잊혀지지 않는 하나의 意味"로서의 '꽃'은 긍정적인 가치를 지닐 수 없다. 그것은 무의미 시론에 위배되기 때문이다. 그런데도 이 시의 매력은 그대로 살아 있다. 그 이유는 앞에서 지적한 모순의 논리 때문이다. 흔히들 우수한 시의 레토릭적 조건으로 들고 있는 역설이 이 시의 매력이며 장점이다. 작자 자신의 말대로 "자신의 시에는 의미의 여운이나 알레고리성이 눈에 띄게 깔려 있다"고 한다면 이 여운이 바로 역설의 장치로 포장되어 있다는 것이다. 그래서 「꽃」에서 화자의 숨은 의중은 아무도 나의 빛깔과 향기에 알맞은 이름을 불러줄 수가 없다는 것이다. 사실상 나는 그의 이름을, 그는 나의 이름을 불러줄 수 없기에 서로는 서로에게 꽃과 의미가 '되고 싶다'고 강조한 것이다. 그래서 영원히 하나의 몸짓으로 남는 비극적 구조가 이 작품의 생리다. 김춘수는 꽃을 주제로 한 시를 다른 어느 시인보다도 많이 썼다. 여기 「꽃」이 1952년에 발표되었고 1955년에 같은 제목의 「꽃」이 나왔다. 거의 비슷한 연대에 「꽃의 素描」, 「꽃을 위한 序詩」 등이 잇따라 발표되었다. 「꽃」보다 「꽃을 위한 序詩」가 그의 무의미 시론에 더 적합한 시다. "나는 시방 위험한 짐승이다/ 나의 손이 닿으면 너는/ 未知의 까마득한 어둠이 된다"로 시작하는 이 시는 끝까지 존재의 불안을 울음으로 노래한다. 나의 손으로는 너(꽃)를 만질 수가 없다. 만지면 어둠 속에 녹아버린다(존재성의 상실). 눈물과 울음만으로 너의 존재를 확인한다. 즉 울음의 바람으로 너의 존재를 금(金)으로 확인한다. 금은 실체가 아니다. 최고 가치의 상징일 뿐이다. 이것은 의미의 도피, 곧 무의미 시의 정체다.

김춘수는 최근 시집 『쉰한 편의 悲歌』에서 자신의 비가(悲歌)는 릴케의 『두이노의 悲歌』의 패러디라고 했다. 그렇지만 릴케의 그것과는 사뭇 다르다고 했다. 어떻게 다를까. 릴케의 비가는 이미 많은 해석이 지적했듯이 광역의 영험 세계를 안고 있다. 신과 인간의 교감을 극대화한 초월적 인식의 세계가 릴케의 시 세계다. 그의 시는 서정적 의상에 가린 다양한 표정도 표정이거니와 시적 존재론은 그 깊이로 해서 쉽게 해법을 드러내 보이지 않는다. 릴케의 시에서 천사의 존재는 인간의 본질에 대한 암시나 언급을 주지 않는 존재이지만 '무섭도록 아름다운 존재'다.

김춘수의 비가에는 이러한 릴케적인 신이 없다. 본인의 말을 빌면 다만 "릴케의 汎神論이 낳은 독특한 天使像을 겨우 짐작한다." 신 지향적인 주체 사상의 결여는 처음부터 그가 선택한 자유 연상의 기틀을 고수한 것이기는 하지만 초기 시에서부터 간혹 내비치던 죽음 의식은 이 『悲歌』에 와서 살아나고 있다. 가령 초기 시 「가을 저녁의 詩」에서 "풀과 나무 그리고 山과 언덕/ 온 누리 위에 스며 번진/ 가을의 저 슬픈 눈을 보아라.// 정녕코 오늘 저녁은/ 비길 수 없이 정한 목숨이 하나/ 어디로 물같이 흘러가 버리는가 보다"라고 하여 명상을 통하여 느끼던 죽음을 훨씬 가까이 감각

속으로 끌어들이고 있다.

> 나뭇잎을 밟고 갈 발은/ 해가 지고 첫별과 함께 왔다./ 눈에는 보이지 않고/ 그 발소리 가늘고 긴/ 네 손가락 같았다. 지금/ 여든 한 살에 落下, 나는 떨어진다./ 어디로 멀리 가고 있다. 아니/ 아주 가까운 어딘 듯/ 가슴이 두근두근 잠도 오지 않는다./ 나를 끌어당기는 누군가의 引力. 보일 듯 보일 듯/ 보이지 않는다./ 가늘고 긴 네 손가락 같은/ 가고 있는 은은한 발소리가 들린다. (「제23번 悲歌」)

보들레르가 그랬듯이 이 시인도 인간이 지닌 이율배반의 양면성의 갈등 속에서 고민해왔다고 스스로 고백하고 있다. 하기야 큰 시인 쳐놓고 이런 갈등의 절정 위에서 큰 시를 낳지 않은 사람이 있을까만. 여기 이 비가의 저변에도 그러한 갈등의 비극성을 조용히 마무리하려는 몸짓이 흐르고 있다. 다시 본인의 말을 들으면 "최근에는 종전의 비의적인 요소를 줄이고 풀어쓰기로 했다"고 했다. 그런데도 이런 사실과는 상관없이 자기 시에는 여전히 난센스와 알레고리가 갈등하고 있다는 것이다. 이승의 종말에 대한 양감정(兩感情), 그것은 살아온 삶의 계측(計測)을 높낮이로 했을 때의 갈등적 충격과 저승 행에 대한 양감정, 그것은 죽음의 위치에 대한 계측을 원근(遠近)으로 했을 때의 갈등이 두 축으로 맞물려 있다. "보일 듯 보이지 않는" 누구에서 알 수 있듯이 신에 대한 거중적(居中的)인 시각에는 비극성이 고조될 수가 없다. 다만 호기심과 긴장이, 미지의 공포에 대한 위축된 전율이 있을 뿐이다. 그래서 "가늘고 긴 네 손가락 같은 은은한 발소리"의 메타포가 등장하게 된다. 실존적 고뇌가 죽음을 전망할 때 내는 공감각적 감동이다. "시는 話術이다. 더 얕잡아 말하면 레토릭이다"라고 말한 이 시인의 진술이 공감이 간다.

홍윤숙

삶의 내벽에 새긴 '존재의 원점'

비어 있는 항아리를 보면
무엇이든 그 속에 담아 두고 싶어진다.
꽃이 아니라도 두루마리 종이든 막대기든

긴 항아리는 긴 모습의
둥근 항아리는 둥근 모습의
모 없이 부드럽고 향기로운
생각 하나씩을 담아 두고 싶어진다

바람 불고 가랑잎 지는 가을이 오니
빈 항아리는 비어 있는 속이 더욱 출렁거려
담아 둘 꽃 한 송이 그리다가
스스로 한 묶음의 꽃이 된다

누군가 저처럼 비어서 출렁거리는
이 세상 어둡고 깊은 가슴을 찾아

그 가슴의 심장이 되고 싶어진다

빈 항아리는 비어서 충만한
샘이 된다

(「빈 항아리」)

이 시는 시집 『지상의 그 집』에 수록된 것으로, 시인의 연륜이나 시력(詩歷)으로 보아 만년(晩年)의 작품이라 짐작된다. 대체로 이렇게 연만한 때면 인생이나 시업이 감상적 회고와 무게를 던 편안한 사색으로 기울게 마련이지만 그녀의 시는 시종 초년의 슬기와 감성이 유루(遺漏)되거나 퇴색되지 않고 잘 보존되어 있다. 세계적으로 명문 석학이나 예술인이 그러했듯이 이는 고전적 산실의 주인공들이 갖는 공통된 현상이다. 이 시는 이러한 사실을 실감나게 한다. 젊은 날의 의욕과 감정은 그대로, 예지는 그 광택을 잃지 않고 있다. 이 시인은 "시는 일차적으로 자기 성찰과 확인"이라고 했고 "존재의 내밀한 인식"에 초점을 두기도 했다. 이 시는 이 두 가지가 잘 어우러진 자기 실존에 대한 자성이다. 항아리 속이 비어 있다는 것은 항아리의 탈생적(胎生的) 조건이다. 이 오브제가 시인에 의해 발견된 것은 인간의 실존적 운명과 유사하기 때문이다. 인간사에 언제나 화두로 따라 다니는 '공(空)'개념과 빈 항아리는 이 시 전체를 묶는 비유로 나타난다. 여기서와 같이 빈 것을 채우려고 하는 것은 식욕과 생식욕의 동물적 본능과는 다른 상위(上位) 본능이다. 허(虛)와 실(實)은 인간이 자연을 그리는 마음이나 인간이 인간을 그리는 마음속에, 아니면 인간 스스로의 마음속에서 서로가 놀라운 인력(引力)으로 작용한다. 그것은 시에 이르면 미의식(조화와 균형의 미감)으로 탈바꿈한다. 가을날의 고독(빈 마음)을 베를렌은 쓸쓸히 떠다니는 낙엽에 부쳐 달래기도 했지만 여기서는 그러한 동적인 이미지가 아니고 동양적인 정관(靜觀)의 눈빛으로 접근한다. 공허의 갈증을 생각과 꽃으로 채워주다가 나중에는 공허가 꽃(실〔實〕)

이 되고 궁극에 가서는 샘이 된다. “어둡고 깊은 가슴의 심장이 되고 싶은” 절절한 연민의 감정이입만큼이나 “비어서 충만한 샘”의 역설이 돋보인다.

여자(女子)가/ 장식(裝飾)을 하나씩/ 달아가는 것은/ 젊음을 하나씩/ 잃어가는 때문이다// 「씻은 무」 같다든가/ 「뛰는 생선(生鮮)」 같다든가/ (진부한 말이지만)/ 그렇게 젊은 날은/ 젊음 하나만도/ 빛나는 장식이 아니었겠는가/ 때로 거리를 걷다 보면/ 쇼윈도에 비치는/ 내 초라한 모습에/ 사뭇 놀란다/ 어디에/ 그 빛나는 장식들을/ 잃고 왔을까/ 이 피에로 같은 생활(生活)의 의상(衣裳)은/ 무엇일까// 안개 같은 피곤(疲困)으로/ 문(門)을 연다/ 피하듯 숨어보는/ 거리의 꽃집/ 젊음은 거기에도/ 만발(滿發)하여 있고/ 꽃은 그대로가/ 눈부신 장식이었다.// 꽃을 더듬는/ 내 흰 손이/ 물기 없이 마른/ 한 장의 낙엽(落葉)처럼 쓸쓸해져/ 돌아와/ 몰래/ 진보라 고운/ 자수정(紫水晶) 반지 하나 끼워/ 달래어 본다 (「裝飾論 1」)

시가 독자의 감탄을 자아내게 하는 경우는 여러 가지가 있지만 그 중 하나가 시인의 에스프리나 위트에 의한 새로운 관념적 사실의 발견이다. 생활 속에 흩어져 있는 사실이나 사상(事象) 속에서 시인의 지혜는 이따금 잠언 같은 진리도 아니면서 철학적 진리도 아닌, 참신하고 신선한 허구적 진리를 창조해낸다. 이는 감성적 요소라기보다 지적 요소에 해당된다. 17세기 영국의 형이상학파 시인들이 장기로 내세우는 기상(奇想, conceit)이 그 한 예가 될 수 있다. 이 시는 바로 그러한 지적 기능으로 성공한 작품이라 할 만하다. 원래 장식이란 말은 사치의 개념에 속한다. 적어도 시에서는 경계해야 할 어휘다. 그러나 여기서 잃어버린 젊음에 대한 그리움을 대상하는 장식은 그 본래의 속기(俗氣)를 벗고 인간의 순수한 운명적 고뇌를 불식하는 수단으로 탈바꿈한다. 그리고 앞의 「빈 항아리」에서와 마찬가지로 이 시에서도 허와 실의 대립은 실존적 의미의 긴장을 조성한다. 어릿광대의 의상 같이 경박하고 한 잎 낙엽과 같이 퇴락한 ‘나’의 현존과 잃어버린 시간 속의 젊음, 살아 있는 젊음의 상징인 꽃과 젊음의 상징적 모조품인 자수정의 대립이 그것이다. 그러나 장식의 문맥 의미가 그랬듯이 장식의 실체인 자수정 역시 젊음의 모조품이라는 개념은 극복되고 살아 숨 쉬는 구원의 청춘을 상징한다.

홍윤숙은 시적 체험의 공간이 넓으면서 그 인식의 질량도 아주 다양하고 풍부하다. 아울러 그 서정의 유형이나 심도도 다채롭고 깊이가 있다. 때때로 불같은 열정과 날카로운 이성의 칼날을 구사하기도 하지만 이 시에서와 같이 "안개 같은 피곤(疲困)으로" "피하듯 숨어 보는" 낮은 시선과 "돌아와 몰래"와 같이 일상을 토닥거리는 자상한 정감을 능하게 발휘한다. 그러나 무엇보다 시인으로서의 그의 근본은 생사에 대한 의연하고 준엄한 대결에서 찾아볼 수 있다. 그녀에게 있어 시는 "삶에 대한 물음으로 시작하여 벗기고 캐며 수직적 깊이로 상처를 내는 부단한 메스가 된다." 그것은 그때그때마다 "하나의 마침표를 찍는 斷言"이라고 생각할 만큼 그의 시는 철저하고 진지하다. 그래서 본인의 말대로 우리는 그의 시에서 "존재의 원점을 찾아 굴착해 가는 삽의 마지막 부딪침 같은 소리"를 듣게 되는지 모른다. 그러나 그의 시론이자 시적 철학의 영상은 신앙적 고백에서 찾아볼 수 있다. 이것은 그녀의 시에서 영원한 숙제의 화두처럼 나타난다.

그 집은 사방으로 눈부신 뜰을/ 열어 놓고 있었다// 어디서나 환히 길을 잡는/ 탑(塔)이었다// 멀리 바라보면 선명한 문(門)이다가/ 가까이 다가서면 희뿌연 벽(壁)// 문은 밖으로 열려 있고/ 안으로는 굳게 잠겨 있었다/ 빛은 사위(四圍)를 비치고 있었지만/ 빛 속에서 어둠은 보이지 않았다// 빛은 빛에 눈이 어두워/ 발 아래 어둠이 보이지 않았다/ 내가 어둠 속에 있을 때/ 그 집은 찬란한 빛이더니// 내가 빛 속에 들어갔을 때/ 집은 어둠 속에 묻혀 버렸다// 나는 빛을 그리며 다시 어둠으로 돌아오고/ 어둠 속에 빛은 다시 도도해졌다

(「속(續)주일미사(主日彌撒)」)

한하운

인간고(人間苦)의 현장

―생체험의 비극상

한번도 웃어본 일이 없다.
한번도 울어본 일이 없다.

웃음도 울음도 아닌 슬픔
그러한 슬픔에 굳어버린 나의 얼굴.

도대체 웃음이란 얼마나
가볍게 스쳐가는 시장기냐.

도대체 울음이란 얼마나
짓궂게 왔다 가는 포만증이냐.

한때 나의 푸른 이마 밑
검은 눈썹 언저리에 매워본 덧없음을 이어

오늘 꼭 가야 할 아무데도 없는 낯선 길머리에

쩔룸 쩔룸 다섯 자보다 좀더 큰 키로 나는 섰다.

어쩌면 나의 키가 끄으는 나의 그림자는
이렇게도 우득히 웬 땅을 덮는 것이냐.

지나는 거리마다 쇼윈도 유리창마다
얼른 얼른 내가 나를 알아볼 수 없는 나의 얼굴.

(「자화상(自畵像)」)

한하운의 시를 읽고 있으면 비극의 깊이가 얼마나 깊은지, 고통의 뿌리가 인간의 마음 어디까지에 닿아 있는지, 그리고 이를 묘사하는 언어의 기능이 어디서 정지해버리는지 알 수가 없을 만큼 망연자실하게 된다(「인골적(人骨笛)」). 그의 시를 들여다보면 육체와 정신의 경계가 이렇게 선명하게 그려질 수 있는가 하는 생각이 든다. 보통 육체의 아픈 깊이가 정신의 문턱에 닿아 있게 마련이거늘 그의 노래(시)는 이 둘의 화융(和融)이 이루어지지 않는 곳에 자리하고 있다. 그는 육체의 땅 끝에서 엄청나게 먼 하늘의 섬을 갈구한다. 그는 육체를 철저하게 혐오하면서도 그 앞을 물러서지 않는다. 보다 가까이 접근해서 그 실상을 파헤친다. 마치 임상의(臨床醫)의 해부용 메스처럼. 그래서 그 일그러진 비극의 절정 위에서 정신의 하늘을 본다. 정신이 맑으면 맑을수록 육체는 보이지 않고 육체가 흐리면 흐릴수록 정신은 멀리 떠나 있게 된다. 이와 같은 대칭 구도가 그의 비극시의 골격을 이루고 있다.

이 「자화상(自畵像)」은 그의 육체시를 대변하는 시 중의 하나다. 천형병이 그의 육체를 완전히 점령해버리고 난 다음의 모든 기능이 절멸해버린 상황이 그려져 있다. 슬픔이 박제가 되어버리고 혼이 빠져나간 육신이 허수아비로 걸어가는 것은 분명 육신의 춤이 될 수도 있지만 이 이상의 비극은 없다. 비극의 대본은 슬픔에 포로가 되지 않는 자만이 쓸 수 있다. 슬픔 앞에 웃음을 보이려고 하는 가장의 허세나 울음으로 카타르시스 하는 진솔한 적응 어느 것이나 시에서는 문제가 있다. 전자의 경우는 시적 진실을 잃기 때문이고 후자는 여기에 외수(外水)가 스며들면 감상으로 떨어지기 때문이다. "한번도 웃어 본 적이 없고 한번도 울어 본 적이 없는" 시인의 결연한 의지는 유림의 전유물과 같은 지절(志節)의 의미와는 판연히 다르다.

> 가도 가도 붉은 황톳길/ 숨막히는 더위 뿐이더라// 낯선 친구 만나면/ 우리들 문둥이끼리 반갑다.// 천안 삼거리를 지나도/ 쑤세미 같은 해는 서산에 남는데// 가도 가도 붉은 황톳길/ 숨막히는 더위 속으로 쩔름거리며/ 가는 길……// 신을 벗으면/ 버드나무 밑에서 지까다비를 벗으면/ 발가락이 또 한 개 없다.// 앞으로 남은 두 개의 발가락이 잘릴 때까지/ 가도 가도 천 리, 먼 전라도길.
>
> (「전라도 길: 小鹿島로 가는 길에」)

서정주 시에 「문둥이」라 제(題)한 다음과 같은 시가 있다. "해와 하늘 빛이/ 문둥이는 서러워// 보리밭에 달 뜨면/ 애기 하나 먹고// 꽃처럼 붉은 울음을 밤새 울었다." 명실공히 비극적 서정의 절정이라 일컬어지는 시다. 여기서 생각해볼 일은 직접 체험과 간접 체험의 차이다. 서정시는 그 소재가 구상적이든 추상적이든 작자의 주관적 감정을 읊은 것이긴 하지만 서정적 주체가 객관적 시각에서 상상하는 것과 생체적 경험을 직접적으로 호소하는 것과의 차이는 감동의 효과가 상당한 차이를 보일 수가 있다. 가령 여기 두 시를 비교해보면 "해와 하늘 빛이 문둥이는 서러워"에 대해서 "쑤세미 같은 해는 하늘에 남는데"의 차이다. "쑤세미 같은 해"라는 사실적 묘사에 대해서 '서러워'라는 서술의 감동적 효과의 차이다. 우리는 여기서 시에서 가급적이면 성정형용사(에피세트)의 구사를 피하라는 문체상의 교훈을 새겨보게 된다. 그뿐이 아니다. "꽃처럼 붉은 울음을 밤새 울었다."에 대해서 "지까다비를 벗으면/ 발가락이 또 한 개 없다"의 비교는 앞의 경우보다 사실적 표현이 주는 감동적 효과의 차이를 체험하게 된다. 그래서 우리는 체험에 관한 릴케의 명훈(「말테의 手記」)을 상기해보게 된다. 한마디로 줄여서 말한다면 한하운의 인간고의 처절한 육성은 비극의 원형이 살아 숨 쉬는 소리다.

> 가갸 거겨/ 고교 구규/ 그기 가./ 라랴 러려/ 로료 루류/ 르리 라.　(「개구리」)

「자화상」에서 "어쩌면 나의 키가 끄으는 나의 그림자는/ 이렇게도 우득히 웬 땅을 덮는 것이냐. 지나는 거리마다 쇼윈도 거리마다/ 얼른 얼른 내가 나를 알아볼 수 없는 나의 얼굴"이라고 읊음으로써 그는 이미 리얼리즘의 기법을 터득하고 있었다. 「천하대장군·지하여장군」에서는 이 두 장승을 "괴위(魁偉)한 造形 言語"의 의미로 보고 "원시가 현대문명을 넘어선 오늘의 쉬르레알리즘"이라고 찬양한 바가 있지만 그의 전반적인 작품에서 볼 때 이미 쉬르리얼리즘 이전에 리얼리즘을 거친 흔적이 도처에서 발견된다. 이 「개구리」가 바로 그러한 예의 하나다. 이 시는 옛날 서당에서 학동들이 한글(당시 언문)을 중구난방으로 소리 내어 읽는 현상을 여름밤 개구리 울음소리에 의성한 시다. 이렇게 상징어(의성어와 의태어)를 동원한 사실적 묘사는 리얼리즘의 초보적 단계인 문체상의 특징에 불과하지만 이미지즘의 시각적 효과만큼이나 청각적 이미지의 효과가 크다.

조병화

원상(原象)과 우상(偶像)의 갈등 구조

낙엽에 누워 산다
낙엽끼리 모여 산다
지나간 날을 생각지 않기로 한다
낙엽이 지는 하늘가에
가는 목소리 들리는 곳으로 나의 귀는 기웃거리고
얇은 피부는 햇볕이 쏟아지는 곳에 초조하다
항시 보이지 않는 곳이 있기에 나는 살고 싶다
살아서 가까이 가는 곳에 낙엽이 진다
아 나의 육체는 낙엽 속에 이미 버려지고
육체 가까이 또 하나 나는 슬픔을 마시고 산다
비 내리는 밤이면 낙엽을 밟고 간다
비 내리는 밤이면 슬픔을 디디고 돌아온다
밤은 나의 소리에 차고
나는 나의 소리를 비비고 날을 샌다
낙엽끼리 모여 산다
낙엽에 누워 산다

보이지 않는 곳이 있기에 슬픔을 마시고 산다

(「낙엽끼리 모여 산다」)

조병화의 시는 내용상 두 가지 경향을 뚜렷이 하고 있다. 그 하나는 제재나 주제가 군중과 더불어 있는 공동체의식에 근원한 것이고 다른 하나는 자신에 대한 자아의식에 근거를 두고 있는 점이다. 이 두 현상은 본인 스스로의 시변(詩辨)에서도 밝힌 바 있다. "나는 항상 당신과 같은 群衆의 가슴 속에서 나의 詩를 發掘하는 데 노력을 해 왔습니다. 다시 말하면 당신과 같은 群衆의 숨은 가슴이야말로 나의 시의 鑛脈이었습니다. 나는 또한 어수선한 이 판국에서 詩를 위한 詩가 아니라 그 누구의 것도 아닌 바로 우리들의 시를 옹호하기 위하여 노력을 했습니다. 다시 말하면 당신과 같은 선량한 群衆들의 말(詩)을 옹호하기 위하여 견디어 왔습니다. 나는 당신과 같은 群衆의 벗 〔중략〕 群衆의 群衆이 되고자 하는 群衆의 한 사람 당신과 같은 시대의 被害者올시다." 이는 바로 앞의 두 가지 경향 중 전자의 경향을 대변한 것으로, 그의 시에 대한 평자들의 일반적인 정평으로 알려진 내용이기도 하다. 이러한 경향성은 그의 시가 평이한 담론체의 문체라는 특징에서도 드러난다. 구체적으로 몇 편의 작품을 예로 들어 보자. 「무수한 太陽」은 항상 불우한 인류의 곁에 머물고 있던 의사 슈바이처를 찬양하여 "능금을 먹은 어버이들의 죄를 가슴에 안고/ 접근할 수 없는 距離 밖에/ 타고난 外廓地帶를 순례하며"라고 읊었고 「샘터」는 "일그러진 항아리를 들고/ 마을 아가씨들의 헤트러진 머리카락을 따르면/ 나의 가슴에도 빨간 해가 솟는다"라고 하여 어느 빈민촌의 공동 우물터의 아침 풍경을 동정의 눈빛으로 읊고 있다. 「結婚 式場」의 "여자들이 모두 빨간 입술들을/ 긴 목 위에 얹혀 놓고/ 萬國旗 아래 상품들처럼 나열한다// 男子들은 모두 도야지 같은 입술들을 다물고/ 햇볕을 두려워하는 짐승처럼/ 목을 숙인 채 여자들을 마주 본다"고 하여 합동결혼식장의 가난한 신랑신부의 표정을 희화적(戱畵的)으로 묘사하고 있다.

이 「낙엽끼리 모여 산다」의 문제점은 낙엽과 화자 간의 관계가 주제상으로나 서정적으로나 모호성에 가려 있는 점이다. 이 모호성은 시 구조 전체에 걸쳐 있다고 할 수 있다. 서두에 "낙엽에 누워 산다/ 낙엽끼리 모여 산다"는 두 문장은 상호 무관한 개별체적 언술이다. 즉 낙엽끼리 모여 사는 낙엽의 동류의식과 내가 낙엽에 누워 사는 동참의식 사이에 그럴 만한 연계적 사유가 존재하지 않는다. 이러한 모순된 문맥상 모호성은 이 시편 전체의 구성상의 특징 안에서 풀리게 된다. 그렇다면 그 구성상의 특징은 무엇인가. 그것은 다름 아닌 3단계 쌍괄형(雙括型) 구성 형식이다. 논법상으로 이 쌍괄형은 결론—추리—결론의 과정을 거치지만 선결론(先結論)은 사실상 대전제가 되고 후결론이 본결론이 된다. 이 시의 경우, 모순된 서두의 두 행은 삼단 형식에서 선결론의 역할을 한다. 그 다음으로 추리 과정(증명)이 진행되고 다시 그 뒤에 이어지는 것은 앞의 결론의 두 문장이 앞뒤가 바뀐 또 다른 결론(후결론) 형식이다. 선결론과 후결론을 일치시키는 연결고리를 만드는 것이 추리 과정이다. 따라서 이 추리 과정에서는 시의 내용적 일체가 구체화된다. 사상성이나 서정성의 실체뿐만이 아니라 그 생성 과정 일체가 그대로 드러난다. 먼저 이 과정의 실상을 살펴보면 화자는 두 개의 자아를 놓고 독백을 한다. 그것은 육체적 자아와 그 곁에 있으면서 시적 행위 일체의 주인공인 (아마 정신적 자아인 듯한) 또 하나의 자아다. 육체적 자아는 "살아서 가까이 가는 곳에 낙엽이 진다./ 아 나의 육체는 낙엽 속에 이미 버려지고"에서 알 수 있듯이 낙엽의 물리적 생명성과 운명을 같이한다. 살아서 가까이 가는 곳엔 언제나 낙엽이 진다는 것은 육체적 생명성의 한계를 단언한 것이다. 그러나 정신적 자아는 이러한 육체적 생명의 한계를 극복한다. 슬픔을 마시고 산다는 것이나 슬픔을 디디고 돌아오는 행위가 그것이다. 그렇다면 이 육체적 삶으로서의 부정된 명제에 대한 영원한 정신적 삶으로서의 반명제의 조짐은 무엇으로 나타나는가. 그것은 내 귀가 기웃거리는 들릴 듯 말 듯한 '가는 목소리'요, 내 눈이 그리로 쏠리는 보일 듯 보이지 않는 미지의 곳(빛)이다. 이 소리와 빛은 제2의 생명이 깃든 곳이요 영원한 삶이 호흡하는 곳이다. 여기에 이르는 행위는 비장하기 이를 데 없는 처절한 고행이다. "비 내리는 밤이면 낙엽을 밟고 간다./ 비 내리는 밤이면 슬픔을 딛고 돌아온다./ 밤은 나의 소리에 차고/ 나는 나의 소리를 비비고 날을 샌다." 이 4행 중 마지막 2행은 마치 종교적 수행의 한 절정을 읽는 것 같기도 하다. 이러한 추리 과정의 전개가 끝나면 "낙엽끼리 모여 산다./ 낙엽에 누워 산다"는 대전제(선결론)는 앞뒤 행이 바뀐 채 대미(후결론)를 장식하게 된다. 왜 낙엽끼리 모여 사는지, 왜 내가 낙엽에 누워 사는지, 그 이유를 알게 되고 나아가 낙엽과 내가, 아니 낙엽과 인간이 일체가 되는 경지를 인식하는 데 이르게 된다.

이번에는 이러한 경향과는 달리 내면적인 자아의식의 시를 살펴보자. 우선 앞서와 같은 방식으로 작자의 변(辨)을 먼저 들어본다. "나의 詩의 出發은 어두운 自我에의 길이었고, 그것에의 懷疑였고, 그것에의 摸索 내지 방황이었고, 그것에의 歸依, 그것에의 救援, 그것에의 自意識이었었다. 〔중략〕 나는 지금까지 이 어두운 自我意識을 떠나서 한 번도 나를, 그리고 詩를 생각해 본 일이 없다." 이 두 번째 경향성은 첫 번째 경향이 대체적으로 대중성이 수반하는 평면적 사고와 안이한 상식성에 빠진 것에 반해 사고의 내면적 깊이와 이미지의 다양한 음영하며 구성이나 구조상의 짜임새 등이 독창성의 위상을 높여주고 있다고 할 수 있다. 이것은 그의 양산(量産)의 시 중 수적으로 희소하기는 하지만 문학성의 차원에서 소중히 다루어야 할 가치가 있다고 본다. 이제 그 몇 작품을 예로 들어본다.

> 나를 정리하는 내 생각 속에/ 어느 또 하나 어리석은 우상이 남아 있기에/ 내 모습 그대로 나는 돌아갈 수가 없는가./ 내가 애써 배워 오고 아껴 온 지성들은/ 모두 나와는 먼 나의 우상을 쌓아 오기에 바빴던 것인가/ ―더구나 그 우상은 나를 괴롭히는 것인데―/ 나는 상하기 전의 내 원상을/ 강한 네 육체 위에 돌려 오기 위하여/ 오랜 그 우상을 내 속에 묻어야 함을 알았다/ 알아갈수록 슬퍼지는 것

은 무슨 까닭일까/ 내 살아 있는 내 공간에서 / 내 깊이 알아갈수록 외로워지는 까닭은 무슨 일일까/ 허다한 나 아닌 내 우상을 깨뜨려가면서/ 나는 검은 호숫가를 걸어 왔다/ 그러나 또 하나 남은 우상 속에/ 내 것인 생리를 위하여/ 체취에 무르익은 거리로 나는 나와야 한다/ 내 육체로는 걷잡을 수 없이 팽창한 두뇌 속에/ 허허한 궁전 같은 생각이 회오리바람 치고/ 육체를 그리워하며 육체와는 먼 우상이 내 생각을 지배한다/ 마침내 인간의 본능이 스스로를 까닭 없이 미워하며/ 스스로가 허전해지는 그것들과 같이 / 나는 먼저 내 육체의 척도를 알아야 한다 / 척도 속에 들어앉을 생리를 가져야 한다/ 생명을 가진 모든 개체와 같으면서/ 나와 같은 그것을 찾아가야 한다 / 생리와 더불어 체취가 무성한/ 아 내 그 원상을 찾아가야 한다 / 낡은 지성 이전의/ 내 그 원상을 찾아가야 한다

(「남은 우상(偶像)을 위하여」)

이 시의 내면적 구조는 앞의 예시와 마찬가지로 내면의식의 갈등적 양상으로 구성되어 있다. 실존적 원상에 대한 자아실현의 방향이 독백체로 그려져 있다. 마치 스토아학파의 우주 이성론이나 범신론에서 볼 수 있는 엄격한 도덕주의에 따른 자아 규범의 상(象)을 읽는 것 같기도 하다. 우상처럼 받들어왔던 극도로 팽창한 낡은 지성에 대한 회의, 지성에 의해 핍박 받고 손상을 입고 있는 원상에 대한 회복의 의지가 맞물려 있다. 잘못된 육체의 생리를 정리하는 길은 육체의 척도를 세우는 일, 내가 쌓았으면서도 본래적인 나와는 거리가 먼 지성의 우상이나 강한(건전한) 육체를 떠나 있는 유사 원상은 모두가 지양되어야 한다. 그래서 육체의 척도를 세우고 이 척도 속에 어느 쪽으로도 치우치지 않는 생명을 가진 모든 개체와 같은 나(보편적 자아)의 생리(우주적인 생리)를 심어야 한다. 여기서 이 생리와 무성한 육체를 구유(具有)하는 새로운 원상(진정한 의미의 또 다른 우상)을 발견할 수 있다고 보는 것이다. 그러나 사족으로 붙이고 싶은 것은 시인에게는 절대 불변의 원상이 없다는 것, 그래서 제목이 「남은 偶像을 위하여」라는 것. 어쩌면 시인은 아무리 빛나는 항성보다는 그 출현이나

광채로 보아 언제나 새로운 신기를 더해주는 혜성을 좋아하는지도 모를 일이니까.

김남조

생명의식의 절정
—순교적 정신의 페이소스

생명은 추운 몸으로 온다
벌거벗고 언 땅에 꽂혀 자라는
초록의 겨울 보리
생명의 어머니도 먼 곳에서
추운 몸으로 왔다.

진실도
부서지고 불에 타면서 온다.
버려지고 피 흘리면서 온다

겨울 나무들을 보라
추위의 면도날로 제 몸을 다듬는다.
잎은 떨어져 먼 날의 섭리에 불려 가고
줄기는 이렇듯이
충전 부싯돌임을 보라

금 가고 일그러진 걸
사랑할 줄 모르는 이는 친구가 아니다
상한 살을 헤집고
입맞출 줄 모르는 이는 친구가 아니다.

생명은 추운 몸으로 온다
열 두 대문 다 지나 온 추위로
하얗게 드러눕는
함박눈 눈송이로 온다.

(「생명」)

시 「목숨」에서 이 「생명」에 이르는 생명의식의 변화는 놀라우리만큼 크다. 아니 시적 편력의 변화와 추이를 요연하게 잘 드러내 보인다. 「목숨」은 "돌멩이처럼 어느 산야에고 굴러/ 그래도 죽지만 않는/ 그러한 목숨이 갖고 싶었습니다"에서 볼 수 있듯이 원초적 본능에서 우러난 순백하고 강인한 육질(肉質)의 생명의식을 호소하고 있는 데 비해 여기 「생명」은 정신적 여과 과정을 거쳐서 거듭난 생명의식이다. 이러한 현상은 이 시인의 정신적 지축이 생명의식이라는 사실과 그것의 꾸준한 성장이 진행되어왔다는 것을 의미하기도 한다. 이 시에서 생명과 진실과 사랑은 동위선상의 의미의 중심을 이룬다. 이 의미의 중심을 떠받들고 있는 똑같은 동위 개념의 연결 고리는 인고와 희생과 영광이다. 말하자면 인고와 희생이 생명과 진실의 모태라면 영광은 생명과 진실을 분만한 기쁨인 셈이다. 이러한 사실은 이 시인의 시 사상이나 시 정신을 이해하는 데 중요한 밑그림의 역할을 한다.

고트프리트 벤은 이렇게 말한다. "위대한 시인은 위대한 리얼리스트다. 서정시의 본질에는 시인 자신의 비극적인 체험이 들어 있다. 그리고 모든 시 작품의 배후에는 언제나 시인이 무한한 모습으로 숨어 있으며 그의 본질, 그의 존재, 그의 내면적 상태와 대상들은 오직 작품의 전면으로 나타난다"고. 김남조는 항상 생명의식의 절정에 서서 자아와 대상들을 만난다. 백척간두의 대결이다. 이육사의 「絶頂」과 같은 폭풍 전야의 긴장이 서리치면서도 "강철로 된 무지개"와 같은 약간의 감상의 틈도 주지 않는다. 야멸차고 오롯하고 때로는 남성적 담대성으로 승부를 거는 집요한 집착으로 일관한다. 그렇다면 그의 내면적 존재의 본체와 그것이 지향하는 이상적 실체는 무엇인가. 그것은 생명성과 시업(詩業)이다. 이 양자를 보존하는 지상 과제 위에서 전개되는 실천적 행위와 가치의 덕목이 위의 시 「생명」에서 지적한 내용이다.

하늘도 제일 높은 하늘에까지/ 너를 부르는/ 한 목소리뿐이다// 선물로 받은/ 햇빛이라 여기며/ 비라 여기며/ 나날이 더운 손 잡아주며 산다/ 사랑을 가진 나는// 진작에 몰랐던/ 눈물과 진실/ 너로 해 생긴 근심도 소중해라/ 사랑을 가진 나는// 바다도 제일 깊은 바다에까지/ 너를 부르는/ 한 목소리뿐이다/ 선물로 받은/ 빈 자리라 여기며/ 외롭다 여기며/ 약손 얹어 가슴 쓸어내리듯 산다/ 사랑을 가진 나는// 아아 내 눈이 본/ 가장 광명한 빛으로/ 몸이 빛나고 영혼이 빛나는 너를// 죽도록의 내가/ 보고 싶은 마음도/ 훗세상에 심어/ 뿌리 깊은 연분의 나무 될/ 기도에 바치고 나면// 땅의 제일 먼 땅끝에까지/ 너를 부르는/ 한 목소리뿐이다

(「雅歌 1」)

이 시는 제일 높은 하늘, 제일 깊은 바다, 제일 먼 땅까지, 훗날 세상까지 가장 광명한 빛으로 몸과 영혼이 빛나는 너를 부르는 나의 사랑의 기도다. 여기서 너와 나의 관계는 유동적이고 환상적인 비전 안에서 이루어진다. 너는 영원한 동반자이기는 하지만 창조적인 변형의 본질임에는 틀림없다. 사랑의 동반자이면서 시의 인격적 현존이기도 하다(그는 스스로 시를 자신의 동거인이라고 술회했다). 어쨌든 너와 나의 역학적 긴장은 그의 시심이 끌고 가는 긴 여로에 이정표처럼 나타난다. 가령 「시지프스 4」에서

는 이렇게 읊고 있다. "맨 처음 산행의 업보가/ 선고되던 날/ 그의 갈비뼈 하나를 돌 속에 심었기에/ 가멸한 인기척에도/ 바위는 귀하게 불을 밝히고/ 언제라도 그의 산행에 따라 나선다.// 이로 인하여/ 새 천년 첫눈 오는 날에도/ 산상의 시지프스는/ 젊고 용맹하며 외롭지조차 않다./ 아내여 나의 아내여라고/ 감미롭게 고백하며/ 시린 돌 위의 눈을 쓸어준다." 시인은 성경의 패러디를 활용하여 아내를 고역(苦役)의 동반자로 새로운 비전을 창조했다. 그래서 이 비극의 음성적 서정에 촛불을 밝힘으로써 한층 역동성 있는 시의 신화를 재창조했다. 이밖에 너와 나의 이중적 역학 기능이 예리한 관찰력에 잡혀 있는 시로 「두 깃발」이 있다. "하나의 깃발보다/ 둘의 깃발이 더 외롭고 심각하다/ 공중에 소슬히 당겨져/ 따로이 묶였으면서/ 온몸으로 마주 펄럭이다니." 청마(靑馬)의 「깃발」과는 아주 대조적이다. 청마의 경우, 절대 고독은 허무와 비애를 동반하지만 여기의 상대 고독은 그것이 극한에 이르러도 삶의 의미를 끝까지 놓치지 않는다. 그것은 이 시의 표면적 진술과는 상관없이 서로가 일으키는 맞바람 속에 서로의 감정을 교환하기 때문이다. 그래서 외로우면서도 외롭지 않는 양 감정의 역설이 상존(尙存)하게 된다. 이것은 우리의 전통 시가에서 흔히 보는 짝사랑의 연시풍(戀詩風)과는 사뭇 다른 패턴이다. 예로부터 거리(距離)의 철학과 미학은 인간의 오뇌(懊惱)와 환락 모두를 지배해왔다. 그것은 시간과 공간 개념을 모두 포용한 삶의 전면도(全面圖) 위에서 전개되었다. 특히 전설과 신화를 포함한 많은 서사체의 담론에서는 물론, 허구한 시가류에서 이로 인한 서정의 가쁜 호흡을 체감할 수 있다. 황진이의 시조(동짓달 기나긴 밤……)를 절정으로 해서 많은 고려가요와 애정 가사에서 맛볼 수 있는 일이다. 그러나 공존의 위상(아주 근거리)에서 너와 나의 두 실체의 서정에 불꽃을 지피는 일은 매우 이색적인 변형이다.

박인환

니힐리즘의 토루소(胴體)와
센티멘털리즘의 음영(陰影)

한 잔의 술을 마시고
우리는 버지니아 울프의 生涯와
木馬를 타고 떠난 淑女의 옷자락을 이야기한다.
木馬는 주인을 버리고 거저 방울 소리만 울리며
가을 속으로 떠났다. 술병에서 별이 떨어진다.
傷心한 별은 내 가슴에 가벼웁게 부숴진다.
그러한 잠시 내가 알던 少女는
庭園의 草木 옆에서 자라고
文學이 죽고 人生이 죽고
사랑의 진리마저 愛憎의 그림자를 버릴 때
木馬를 탄 사랑의 사람은 보이지 않는다.
세월은 가고 오는 것
한 때는 孤立을 피하여 시들어 가고
이제 우리는 作別하여야 한다.
술병이 바람에 쓰러지는 소리를 들으며
늙은 女流 作家의 눈을 바라다보아야 한다.

…… 燈臺에 ……

불이 보이지 않아도

거저 간직한 페시미즘의 未來를 위하여

우리는 처량한 木馬 소리를 記憶하여야 한다.

모든 것이 떠나든 죽든

거저 가슴에 남은 희미한 意識을 붙잡고

우리는 버지니아 울프의 서러운 이야기를 들어야 한다.

두 개의 바위 틈을 지나 靑春을 찾은 뱀과 같이

눈을 뜨고 한 잔의 술을 마셔야 한다.

人生은 외롭지도 않고

거저 雜紙의 表紙처럼 通俗하거늘

한탄할 그 무엇이 무서워서 우리는 떠나는 것일까.

木馬는 하늘에 있고

방울 소리는 귓전에 철렁거리는데

가을바람 소리는

내 쓰러진 술병 속에서 목메어 우는데

(「木馬와 淑女」)

박인환, 그는 시대고와 세대고를 동시에 앓고 있었다. 1930년대 이상이 거쳐간 모더니즘적 고뇌를 1950년대에 와서 재현했다고나 할까. 그러나 이상이 협애한 내면적 자의식의 한계를 벗어나지 못한 데 비해서 박인환은 보다 지적이면서 세계적인 시야로 시상의 내역을 넓게 가진 것이 다르다. 그는 〈후반기〉 동인으로 다음과 같이 이야기한다. "〈후반기〉에 속하는 시인의 대부분은 1920년대 불안의 세계에 태어났다. 이들의 어떠한 한 사람도 그들이 성장되고 사고하는 방법이 그 기반을 황폐한 정신적 풍토에 두었다는 것을 부인치 않는다"라고. 그렇지만 그가 앓고 있었던 지적 고뇌는 남다른 특징이 있다. 구미 문학에 상당히 심취했던 그는 특히 실존주의와 초현실주의 시인이나 작가들의 영향을 많이 받은 것으로 보인다. 실존주의와 초현실주의는 서로 상반되는 이념의 주의다. 그러나 그는 초현실주의의 무의식적 파동과 실존주의의 의식적 탐색(실존적 고뇌) 사이에서 나름대로의 연결고리를 찾으려고 했는지 모른다. 사실상 제1차 세계대전 후 발생한 다다이즘과 초현실주의는 제2차 세계대전 후 새로 나타난 실존주의와 동의(同意) 영역을 가질 수 있다. 초현실주의가 '혁명적 니힐리즘'이며 '창조적 일원론적 니힐리즘'이라고 한다면 실존주의는 실존을 둘러싼 가상적 실체 일체를 부정하는 니힐리즘에 사색의 근거를 두고 있는 점에서 그렇다. 그래서 그는 「사르트르와 實存主義」라는 글에서 사르트르의 「嘔吐」는 "허무에서 존재에의 정신의 변태를 미묘하게 그려냈다"고 진술하고 있다. 이러한 사실을 종합하여 볼 때 그의 시에서 니힐리즘적 정서가 내면 깊이 흐르고 있다는 것은 결코 우연이 아니다. 니힐리즘의 다양한 양상의 이론적 근거를 이해할 수 있고 거기에 따른 그의 지적 모색이라고 하는 시작(詩作)상의 특성도 감지할 수가 있다.

이 「木馬와 淑女」는 그의 시에 종종 등장하는 초현실주의 시인 아폴리네르의 영향을 많이 받은 것으로 본다. 아폴리네르의 「미라보 다리」는 이 작품과 유사점을 많이 가지고 있다. 그 하나가 회상의 형식이다. 「미라보 다리」는 실연의 아픔을 노래한 것이라 하지만 여기에는 과거를 즐겨 회상하는 형식이 주조를 이루고 있고 「木馬와 淑女」도 마찬가지다. 여기서 잠시 회상에 대한 박 시인의 인식의 근거를 살펴보자. 그는 작품 「살아 있는 것이 있다면」의 부제로 T. S. 엘리엇의 "현재의 시간과 과거의 시간은 거의 모두가 미래의 시간 속에 나타난다"는 말을 인용했다. 그리고 그 첫 연에 "살아 있는 것이 있다면/ 그것은 나와 우리들의 죽음보다도/ 더한 냉혹(冷酷)하고 절실한/ 회상과 체험일지도 모른다"라고 적고 있다.

> 아 창백(蒼白)한 세상과 나의 생애에/ 종말이 오기 전에/ 나는 고독한 피로(疲勞)에서/ 빙화(氷花)처럼 잠들은 지나간 세월을 위해/ 시를 써 본다.

(「세 사람의 가족(家族)」)

이 시의 회상의 형식이 초현실주의의 문법적 도구는 아니지만 여기에 단절의 형식이 작용하면 놀랍게도 무의식의 단편 같은 것이 쏟아져 나올 수가 있다. 다음의 시는 그 단편적인 예가 될 수 있다.

……처녀(處女)의 손과 나의 장갑을/ 구름의 의상(衣裳)과 나의 더럽힌 입술을……// 이런 유행가의 구절을/ 새벽녘 싸늘한 피부가 나의 육체와 마주칠 때까지/ 노래하였다./ 노래가 멈춘 다음/ 내 죽음의 막이 오를 때

(「종말(終末)」)

김규동은 박인환의 「밤의 노래」를 예로 들면서 시행의 도치적 배열을 단절의 기법이라 했고 조향은 초현실주의적 단절법은 아니지만 이미지즘계의 단절법을 구사했다고 지적했다.

그러나 그의 시에서 그러한 것들보다도 수사상의 차질로 드러난 단절의 불협화 현상을 도처에서 발견할 수 있다. 가령 「의혹의 기(旗)」에 나오는 "엷은 고독처럼 퍼덕이는 기(旗)/ 그것은 주검과 관념의 거리(距離)를 알린다." "최후처럼 인상은 외롭다./ 안구(眼球)처럼 의욕은 숨길 수가 없다"가 그렇다. 문제는 여기에 사용된 비유 형식은 비유의 정법에 어긋난다는 사실이다. 즉 본의(本義: 인상, 의욕)와 유의(喩義: 최후, 안구)가 서로 상응하지 않는다. I. A. 리차즈가 말하는 이 둘 관계의 결합이 비록 '폭력적 결합'이라 하더라도 궁극적으로는 일치해야 하는 논리에 안 맞는다는 점이다. 그리고 윌리엄 엠프슨의 난해성의 논리에도 맞지 않는다. 이와 같이 비유법의 논리나 난해성의 적법성을 비약한 것이 초현실주의의 무의식의 기법이긴 하지만 그렇다고 그의 시가 무의식의 기법을 준수하고 있는 것도 아니다. 더군다나 조향이 지적한 이미지즘적인 단절법이라고 하기엔 이미지 위주의 의도성이 결여되어 있다. 그러나 시 「거리」를 보면

"지금 그곳에는 코코아의 시장(市場)이 있고/ 과실(果實)처럼 기억만을 아는 너의 음향이 들린다/ 소년들은 뒷골목을 지나 교회(敎會)에 몸을 감춘다/ 아세틸렌 냄새는 내가 가는 곳마다/ 음영(陰影)같이 따른다"는 표현이 있다. 이는 마치 이상의 시를 연상하리만큼 초현실주의적이면서도 이미 지즘적 감각을 느끼게 하는 것은 사실이다. 그러나 그의 시는 감각적이기보다는 근본적으로 심적 상황에 근거를 두고 있다. 이 심적 상황에서 야기되는 심의 활동의 주된 형식이 회상이다. 이 회상의 기류 속에 그의 특유한 에스프리가 함께 등장한다. 이 에스프리는 그의 시에서 모더니즘적 감각이라 해도 좋을 것이다. 위에서 예시한 「의혹의 기(旗)」가 그렇지만 「어느 날의 시가 되지 않는 시」에서는 그런 현상이 짙게 나타난다. "여우(女優) 가르보의 전기책(傳記冊)이 놓여 있고/ 그 옆에는 디텍티브 스토오리가 쌓여 있는 / 서점의 쇼우윈도우/ 손님이 많은 가게 안을 나는 들어가지 않았다./ 비가 내린다./ 내 모자 위에 중량이 없는 억압이 있다." 모더니즘 시의 지적 에스프리는 주로 문명비판적 풍자 형식을 취하게 마련이다. 그러나 이 시의 그것은 시니컬한 공격성과는 거리가 멀다.

이와 같이 회상의 기류 위에 뜨는 지적 에스프리도 문제지만 이와 상대적으로 여러 가지 비극적 정황이 짙게 깔려 있다. 센티멘털리즘의 황홀한 노을 빛—"혼자 길을 가는 여자와 같이/ 정다운 것은 죽고/ 다리 아래 강은 흐른다"(「센티멘털 쟈니」)—과 니힐리즘(혹은 페시미즘)의 회색 빛 그림자—"오래도록 네 욕망은 사라진 회화(繪畫)/ 무성한 잡초원(雜草園)에서/ 환영(幻影)과 애정과 비벼대던/ 그 연대(年代)의 이름도/ 허망한 어젯밤 버러지"(「기적(奇蹟)인 현대」)—와 그리고 이 모든 것을 하나로 집어삼키는 검은 죽음의식—"황제의 신하처럼 우리는 죽음을 약속합니다./ 지금 저 광장의 전주(電柱)처럼 우리는 존재됩니다"(「불행한 신(神)」)—이 있다. 이것은 그의 시에 나타나는 시정(詩情)의 총 목록이라 해도 과언이 아니다. 「木馬와 淑女」는 바로 이러한 요소들을 종합하고 있다. 그러나 그의 시에서 느끼는 매력은 이러한 비극적 서정을 피우면서도 그 속에 생명의 불씨를 품고 있는 점이다. 강인한 다이너미즘, 그는 프로이트의 뱀(리비도의 상징)을 원용하고 있었는지 모른다. "두 개의 바위 틈을 지나 청춘을 찾은 뱀과 같이/ 눈을 뜨고 한 잔의 술을 마셔야 한다." 뱀과 한 잔의 술, 미당의 「花蛇」에서 우리는 강렬한 탐미적 엑스타시를 맛보는가 하면 박인환의 「木馬와 淑女」에서는 이처럼 질척한 리비도의 축제의 한마당을 체험하게 된다.

시인에게나 철학자에게나 그 밖의 사색을 전문으로 하는 사람에게는 상상의 진로를 차단하는 벽이 있게 마련이다. 이 벽은 차단의 역할만을 하는 것이 아니다. 그것은 추진이나 돌파를 위한 충전의 기회를 제공하기도 한다. 박인환은 사르트르를 알고 그의 「壁」을 읽었을 것이다. 그러나 박인환의 「壁」을 보면 실존주의 철학자나 작가가 극한 상황의 고독 속에서 실존의 여윈 눈빛이나 실태를 붙잡으려고 한 것과는 달리 철저한 단절의 방벽을 치고 일상적인 허무 뒤에 숨어 있는 그 무엇을 호흡하는 데 급급하고 있는 것을 알 수 있다.

> 그것은 분명히 어제의 것이다./ 나와는 관련이 없는 것이다./ 〔중략〕 옛날 그 위에 명화(名畵)가 그려졌다 하여/ 즐거워하던 예술가는/ 모조리 죽었다.// 지금 거기엔 파리와/ 아무도 읽지 않고/ 아무도 바라보지 않는/ 격문(檄文)과 정치 포스타가 붙어 있을 뿐/ 나와는 아무 인연이 없다.// 그것은 감성(感性)도 이성(理性)도 잃은/ 滅亡의 그림자/ 그것은 문명(文明)과 진화(進化)를 자랑하는/ 사탄의 사도(使徒)/ 나는 그것이 보기 싫다/ 그것이 밤낮으로/ 나를 가로막기 때문에/ 나는 한 점의 피도 없이/ 말라 버리고/ 여왕이 부르시는 노래와/ 나의 이름도 듣지 못한다.
>
> (「壁」)

'여왕의 노래'나 '나의 이름' 이것은 그가 추구하는 실존적 의미의 궁극적 실상일 수 있다. 이것을 위한 싸움은 자신의 전생명을 건("한 점의 피도 없이 말라버리"는) 싸움이다.

박인환, 그는 이렇게 적고 있다. "우리들 自身의 分裂한 精神을 우리가 사는 現代社會에서 어떻게 나타내 보이며 純粹한 本能과 體驗을 통해 본 不安과 希望의 두 世界에서 어떠한 것을 써야 하는가를 항상 생각하면서 作品들을 발표했었다."

송욱

모순의 적격화
—부조리의 장미

장미밭이다
붉은 꽃잎 바로 옆에
푸른 잎이 우거져
가시도 햇살 받고
서슬이 푸르렀다

벌거숭이 그대로
춤을 추리라
눈물에 씻기운
발을 뻗고서
붉은 해가 지도록
춤을 추리라

장미밭이다
핏방울 지면
꽃잎이 먹고

푸른 잎을 두르고
기진하면은
가시마다 살이 묻은
꽃이 피리라

(「장미」)

시인이 상당한 시학의 지식을 소유하고 있는 경우가 있다. 구미에서는 시인으로 명성을 가진 사람들 중에 시학과 시 창작력을 겸비한 사람들이 많이 있다. T. S. 엘리엇은 그 대표적인 인물이다. 송욱은 동서고금에 걸쳐 시학에 대한 종합적인 개념을 저서로 펴 낸 바가 있다(『詩學評傳』). 그는 구미 시의 두 주류를 영미 시와 불란서 시로 분류하고 전자를 '말하는 시'(서사적·경험적)로, 후자를 '노래하는 시'(서정적·이데아적)로 대조해서 보기도 했다. 그는 영문학을 전공했으면서도 프랑스 쪽 서정성으로 기울기도 했고 영불 모더니스트 시에 관심을 쏟기도 했다. 그의 첫 시집 『何如之鄕』에서 보인 사회 비판의식 같은 것은 영불 모더니즘 시의 역사 감각과 관련되는 것으로 보인다.

이 「장미」는 한 생명이 태동하는 과정의 고통과 탄생의 신비를 미적으로 관조하고 있다. 이 시에는 붉은 꽃만이 아니고 푸른 잎사귀와 가시가 함께 등장한다. 붉은 해, 핏방울, 꽃잎이 일련의 탯줄이 있고 그 옆에 푸른 잎사귀가 무슨 태반 같은, 혹은 보호막 같은 들러리를 치고 있다. 이 잎의 푸른 서슬이 요동을 치는 사이 햇살 받고 서슬 푸른 가시마저 급박한 태동의 불길에 휘말려든다. 이렇게 한 생명의 탄생이 안으로 가쁜 물살로 진행되는 것을 시인은 짧고 빠른 리듬의 템포로 감지한다. 이렇게 그의 시가 프랑스 시의 이데아성이나 음악성을 새롭게 실험하는 것같이 보이면서 한편으로는 영국 풍의 탐미적 감각을 의방하는 측면도 보이고 있다. 영국의 탐미주의 작가 오스카 와일드의 단편소설에 「나이팅게일과 장미」가 있다. 청춘 남녀의 사랑 이야기로, 실연의 위기를 맞은 한 남자의 소원을 위해 나이팅게일이 한 겨울에 장미 가시에 가슴을 찔러 진홍빛 장미 한 송이를 피워주고 죽는 이야기다. 이 소설과 이 시의 마지막 대문은 거의 일치한다. 비극적 서정도 서정이지만 탐미적 정서가 충격적이다.

송욱은 시의 형식과 구성과 구조에 특별한 관심을 보인다. 이 시도 서로 성격이 다른 꽃과 잎과 가시가 공생 공존하는 모순 구조로 이루어져 있다. 그 자신도 "육체의 정신적인 가치와 정신의 육체적 가치를 생각하게 되었다"고 말한 바가 있지만 결국 시에서 구조란 시적 자료의 성격에 의해 조건 지어지고 자료의 성격은 문제(모순적 사실)를 야기하고 이어서 그것을 해결하는 데 이른다. 이때의 해결은 곧 자료의 정돈을 의미할 때가 많다. 이 말은 시작 행위란 모순을 야기하고 그것을 적격화하는 행위가 동시에 이루어짐을 의미한다. 이것은 송욱 시에서 흔히 볼 수 있는 사실이다.

> 눈 감으면/ 모래밭이 다가선다./ 깜박이지 말고/ 온 누리를/ 누리라고.// 하늘에 솟는 탑을/ 돌로 쌓지 말라./ 열흘을 네 곱절을/ 굶어 왔으면/ 부른 배 위에/ 나라를 세우라고// 어린이 어진이가/ 가슴을 치면/ 하늘과 땅이/ 물구나무 선다/ 몸을 던져라/ 몸을 던져라.// 미치광이무지개가/ 다리를 놓으면/ 우렛소리를/ 구구대는 비둘기가,/ 번개가/ 굽이치는 시냇물이/ 모래 밭/ 사람 사이로/ 창살에 낀다.
>
> (「유혹」)

제목이 「유혹」이다. 그렇다면 무엇이 화자(혹은 인간)를 유혹한다는 말인가. 매우 애매하다. 일반적으로 유혹의 대상은 사랑이나 명예나 지위나 금전이나 쾌락 같은 낭패의 함정이 도사리고 있는 것들이다. 이 시의 경우를 살펴보자. 이 시의 시적 현장은 T. S. 엘리엇의 「황무지」와 비슷한 황량한 모래밭이다. 인간의 양심(어린이, 어진이)이 통탄을 하면 하늘과 땅이 물구나무서고 무지개가 미쳐 날뛴다. 그런데 유혹의 대상은 현세적 가치가 있는 삶의 이쪽에 있는 것이 아니고 삶의 저쪽에 있는 죽음과 비슷한 광증(狂症)의 세계다. 평소에 흔히 말하는 '차라리 죽었으면 좋겠다' '차라리 미쳤으면 좋겠다'하는 심경과 일치한다. 공든 탑이 무너지고 기아에 허덕이며 양심이 타락한 세상에 광증의 유혹은 죽음의 유혹보다 더 무서울 수 있다. 그래서 이 시에서 구사된 풍자의 물살은 폭포보다 더 사납다.

> 王은 王이다/ 그러므로 티가 없어야 한다/ 그러나 王은 仁이라는 먹물로 내 몸에 刺字한다 / 正義라는 칼날로 나를 코벤다/ 造物者는 모두를 키웠지만 義로운 체하지 않는다/ 덕택을 모두에게 두루 끼쳤지만 어질다 하지 않는다!/ 萬古보다 나이가 들었지만/ 아아 누가 늙었다 하랴!/ 하늘과 땅을 덮고 실었다/ 모든 모습을 아로새겼다/ 그러면서도 공교하지는 않다!/ 오직 부녀자처럼 나들이간다/ 사시사철을 봄나들이 간다/ 나비처럼 호랑나비처럼……/ 어느 데나 모두를 꽃으로 안다/ 넘실넘실 하롱하롱 꽃송이로 삼는다…… (「王과 造物者: 莊子를 위하여」)

노·장의 도(道)는 언어로 표현되기 이전의 자연을 의미한다. 그래서 무위자연이다. 도는 언어로 표현될 수 없으면서도 부득이 언어로 표현될 수밖에 없는 모순된 필연성을 안고 있다. 이 점에서는 불교도 마찬가지다. 언어도단이니 염화시중이니 이심전심이란 말이 그런 뜻에서 나온 말들이다. 시적 표현은 이러한 도 사상과 근본적으로 일치한다. 왜냐하면 비유나 상징이나 역설이나 아이러니와 같은 시적 표현 장치들은 언어의 표현 불가의 운명을 거역한 도전적 행위이기 때문이다. 말하자면 시인은 이러한 언어의 불완전성에 도전하여 임의로 원래 없는 무적(無籍)의 기능을 최대한으로 만들어 활용하려고 하기 때문이다. 장자는 세상을 그저 즐겁게 살아가는 것을 행복의 전부로 생각한다. 장자의 선(善)은 어떠한 규제나 구속이나 당위의 강제성에서 벗어나 자유롭게 누릴 수 있는 향락에 그 근본을 둔다. 그래서 여기에 소요(逍遙)의 개념이 등장한다. 인생은 어떤 목적이 없는 놀이요 산책이라는 것이다. 인간의 온갖 고통과 심지어 죽음까지도 놀이나 소요로 보는 것이다. 여기서 얻는 마음의 행복, 곧 지락(至樂)이 인생의 전부다. 시에서 삶의 의미나 이념적 가치를 내세우는 소위 인생파보다는 시 그 자체의 미적 쾌락을 강조하는 예술파가 이 노장에 가깝다.

이 시를 살펴보자. 인(仁)과 의(義)는 왕(유교)이 누리는 전권이다. 조물자(조물주와 다름)와 같은 장자는 소요의 자유인이다. 만고(萬古)보다 나이가 들었다는 것은 장자의 마음이 그가 태어난 시간대를 초월하고 있다는 뜻이다. 즉 처음부터 시간을 초월하고 있다는 뜻이다. 그는 바람이 불듯, 물이 흐르듯, 자연이라는 얼굴 없는 얼굴로 세상을 소요한다. 나들이하는 부녀자의 가벼운 몸짓으로, 꽃을 찾아다니는 나비처럼. 이렇게 시인은 장자를 흉내 내어 장자를 조물(造物)한다.

문덕수

치밀한 의미망

—내면적 지혜의 단층

죽음과 삶의
사이에
잎사귀처럼 돋아난
흰 종이 한 장
무슨 예감(豫感)처럼
부들부들 떠는 성난 종이의
언저리에 불이 붙고
말씀이 삭아져 떨어지는
십육절지 반(十六切紙半)의 백지
죽음과 삶의
사이에
잎사귀처럼 돋아난
흰 종이 한 장

(「종이 한 장」)

시의 참신성과 독창성은 항상 이미지의 역동적인 생명력에 기인한다.

이러한 이미지의 생성력은 시인의 창조적인 지혜에서 나온다. 시의 문체나 구조가 복잡하면 할수록 거기에는 시인의 창조적인 지혜가 내면화되어 있는 것이고 반대로 문체나 구조가 단순한 경우에도 시인의 지혜는 거기에 고도로 압축되어 있는 경우를 우리는 흔히들 볼 수 있다. 문덕수의 시에서 바로 이러한 내면적 지혜의 단층구조를 읽을 수 있다.

문덕수는 자신의 시적 편력(遍歷)을 "내면세계의 미학(심층 심리세계, 의식의 자동)에서 외면세계의 이미지(전쟁과 문명사회, 이미지의 지적 처리)로, 다시 내외의 경계를 허물어버린 언어 이전의 사물세계"로 옮겨갔다고 술회하고 있다. 물론 본인의 의도된 계획에 따라 일정한 시간대로 시적 경향성을 구획하는 것은 한 나라의 시문학사와 마찬가지로 타당한 통념이기는 하다. 그러나 한 시인이 갖는 특수한 체질은 본인의 의도와는 상관없이 자신이 만들어놓은 시간대의 울타리를 넘나드는 경우가 많다. 그것은 초기 시의 성향이 후기에 가서 되살아나기도 하고 초기 시에 후기 시의 성향이 이미 얼굴을 내밀고 있는 현상을 많이 볼 수도 있기 때문이다. 그런데 이와는 반대로 작가가 의도적으로 시간대의 울타리를 치지 않는 경우가 있다. 가령 화가인 경우 샤갈 같은 사람은 추상에 반기를 들고 초현실주의적인 경향으로 쏠리긴 해도 작품의 테마성은 시간대를 두고 반복을 거듭한 사실을 예로 들 수 있다. 이러한 사실을 종합하면 한 시인의 작품성은 조감적(鳥瞰的)인 안목으로 보되 보편성과 특수성의 색깔을 감식해야 한다는 결론이 나오게 된다.

이 시인의 시집 『素描』에 대한 일본 시인들의 평을 보면 "실존의 깊이를 꿰뚫는 지속적 의지의 결정(結晶)"이라든가 "활달한 언어의 생명력", "쉬르리얼리즘을 연상하게 하는 언어에 의한 선열한 이미지" 등등의 내용으로 격찬을 하고 있다. 이러한 시각은 위의 예시(例詩) 「종이 한 장」에서도 그대로 적용된다. 그것은 양괄(兩括)로 묶어진 중심 시구 "죽음과 삶의 / 사이에/ 잎사귀처럼 돋아난/ 흰 종이 한 장"에서 공감을 느낄 수 있기 때문이다. 발상의 시원(始原)이 실존에 있고 그 기법이 쉬르리얼리즘과 모더니즘적인 언어 감각에 있음을 알 수 있다. "불이 붙고 말씀이 삭아서 떨어지는 성난 종이"의 의미는 독자 개인에 맡겨진 해석의 몫이지만 삶의 의욕과 회의의 갈등을 극복하려는 강인한 생명력의 '지향적' 특징(이는 시인 자신이 밝힌 후기의 작품 경향)이 이미 초기 시에서 이렇게 드러나 있다는 사실이 주목된다. 그런가 하면 후기 시에서도 초기에서 볼 수 있는 예리한 감각적 터치가 두드러지게 드러나 있다는 점이다. 그것은 「묘지」, 「모래 한 알만 적신다면」, 「매미 소리」 등에서 쉽게 감지된다. 그러나 문제는 후기 작품 경향에 대해서 "사물의 직접적 체험의 선행(先行)"이니 "시의 내재적 특징과 지향적 특징의 관계 모색"이라고 한 본인의 말과는 별개로 이러한 예각적 관찰이 인생의 본질 문제에 뿌리를 두고 있다는 데 있다.

> 은빛 실날을 뽑으며/ 그물을 짜는/ 한 올의 바람./ 이슥고/ 환상처럼 걸리는 조롱(鳥籠)/ 천사의 손도 얼씬 못하는/ 조롱./ 그 속에/ 지구는 무한의 구석 끝을 울리는/ 쓸쓸한 새./ 금빛 구름을 뿜으며/ 그물을 짜는/ 한 가닥의 지푸라기./ 이슥고/ 허무의 가지 끝에 걸리는 초롱.// 신의 눈도 얼씬 못하는/ 초롱./ 그 속에/ 우주는 영겁의 모서리를 밝히는/ 호젓한 불꽃. (「선에 관한 소묘 3」)

이 시는 기하학적 이미지—선(線)의 이미지—에 실린 축소된 우주 공간(지구를 중심으로 한)의 의미망으로 짜여 있다. 원래 선은 1차원에서 시작하여 2, 3차원의 단위가 되지만 4차원(시공간)에서 시간을 현상화하면 훌륭한 상징적 단위가 된다. 가령 이 시에서 선은 실날과 바람이라는 1차원적 이미지에서 그물, 조롱, 초롱이라는 3차원의 이미지로, 다시 "영겁의 모서리"라는 4차원의 이미지로 확대되고 있는 것이 바로 그 예가 된다. 선의 의미는 이런 차원에서 그 내역이 크게 팽창할 수 있다. 선은 숫자로 말하면 0에 해당되는 무한한 추상의 의미, 말하자면 철학적 의미는 물론 시의 상징적 의미를 함의한다. 이 시는 이러한 선의 특수한 아이콘적 기능을 심도 있게 활용했다.

이 시는 구성에서나 소재의 처리에서 치밀한 짜임새나 기교를 수반하고 있다. 지구와 우주를 중심 소재로 해서 은빛 실날과 금빛 구름, 한 올의 바람과 한 가닥의 지푸라기, 천사의 손과 신의 눈, 조롱과 초롱이 맞선형으로 배열되어 있다. 그러나 지구가 조롱 속에 갇힌 새로 비유되었다가 어느새 그 조롱이 초롱으로 변용하면서 그 속의 "쓸쓸한 새"는 "호젓한 불꽃"인 우주로 탈바꿈한다. 결국 지구는 우주의 빛 속으로 삼투한다. 아니 우주가 오히려 지구 속으로 들어온다고 하는 것이 옳으리라. 그것은 영겁의 시간을 같이 하는 절대 공간의 우주가 "쓸쓸한 새"인 지구로 들어오기 위해서 "영겁의 모서리"를 비추는 호젓한 불꽃으로 축소되어 있기 때문이다. 이렇게 지구와 우주가 파천황의 랑데부를 함으로써 앞의 소도구같이 맞서 있던 소재들도 혜성의 꼬리 같은 한 빛의 의미를 달고 지구와 우주를 따르는 일대 우주 쇼가 전개된다. 여기에는 의도적으로 천사와 신이라고 하는 초인간적인 힘을 배제하고 있다(천사의 손이나 신의 눈이 얼씬도 못한다). 가공할 인간의 환상적 괴력을 과시하기 위함인가. 치밀한 상상력의 장관이다.

마종기

실존의 영상과 그 유동(流動)의 실체

산 안에 또 산이 하나 있구나.
눈 앞에 보이는 산 안에
숨어 사는 산이 있으니
산에 오르면 싱싱하게
산이 하는 말을 들을 수 있구나.
거칠은 산의 피부 안에
깊고 부드러운 산 냄새

물 안에 물이 없으면
우리들이 물 안에 보일 리도 없겠지.
바다에 혼자 나가서도
멀리서 오는 말을 들을 수가 없겠지.

그러나 내 속에 내가 있는 것도 할 수 없겠지.
내 속에 숨어 사는 나보다 작은 목숨.
조용하면 들리는 말 소리의 혼

(「산 안에 또 산이」)

우리는 두 가지 철학적 명제를 같이 호흡하면서 살고 있다. 그것은 사유와 존재의 관계가 서로 상반된 결합의 형식으로, '인간은 사유하니까 존재한다'는 데카르트 식 형식과 '인간은 존재하니까 사유한다'는 그 반대 형식의 두 가지 명제다. 첫째 것은 이성 중심의 합리주의적 관념론의 근원이 되는가 하면 둘째 것은 비합리적인 주관적 실존철학의 근원이 된다. 앞의 경우는 인간의 존재는 사유라는 본질에 얽매여 있을 수밖에 없지만, 뒤의 경우는 인간의 존재는 사유에 구속되지 않고 설령 사유가 인간의 본질적 속성이라고 하더라도 인간의 현상적 존재(실존)는 사유의 본질에 선행하게 된다("실존은 본질에 선행한다"). 따라서 사유는 실존의 자유 의지에 의하여 좌우될 뿐이다.

지금 인류 사회의 문화적 혼란은 첫째 것의 현상이 붕괴되고 둘째 것의 현상이 기승을 부리고 있는 데 기인한다. 사유의 무원칙한 자유는 언어의 혼란으로 이어질 수 있다. 시의 경우를 생각해보자. 첫째 것의 원리를 정립한 데카르트는 철학보다 오히려 시가 더 풍부한 의미를 갖는 것으로 본다. 아이러니컬한 일이기도 하지만 그것은 시인이 영감과 상상력의 불에 자극되어 시를 쓰기 때문에 그렇다는 것이다. 부싯돌에 불꽃이 들어 있듯이 우리의 정신적 내면에는 씨앗이 들어 있다. 철학자는 그 씨앗을 추론을 통해 끄집어내지만 시인은 판타지를 통해 그것을 밝힌다는 것이다. 따라서 시인이 철학자보다 훨씬 더 밝은 광채를 밝힌다고 본다. 이와 유사하게 횔덜린을 시인 중의 시인이라고 말한 하이데거도 언어가 시로 순화될 때만이 제 빛이 나게 되고 '존재의 집'이 될 수 있다고 했다. 문화의 총체적 위기를 맞고 있는 시대와 사회에서 시의 존재 의미를 생각해보는 것은 이처럼 시가 언어의 순정체(純正体)이기 때문이다.

마종기는 이 시에서 산과 물이라고 하는 외면적인 현상적 존재 속에 내면적인 또 다른 산과 물을 상정하고 있다. 아울러 '내' 속에 또 다른 '나'를 대칭적으로 설정하고 있다. 그리고 물 안의 물을 통해서 내 안의 나를 조명하고 있다. 자연의 존재물을 그냥 존재라 하고 인간의 존재를 실존이라고 일컫는 이유를 이 시는 추론이 아닌 판타지를 통해 이야기하고 있다. 물 안에 물이 있기 때문에 내가 물 안에 보인다는 것은 분명 철학적 내지 과학적 논리가 아닌 시적 판타지다. 존재물(물)은 인간 실존의 도구(조명 장치)이면서 내 실존의 실체(혼)를 인식하는 데 발판이 된다. 부싯돌에 들어 있는 불꽃, 우리 몸의 어딘가에 깃들어 있을 텐데 도무지 그 거처를 알 수 없는 정신(내 속에 숨어 사는 나), 그보다 작은 목숨은 또 무엇인가. 이것은 시인만이 가지는, 아니 시인 개개인이 가지는 자기만의 혼이다. 이 위대한(?) 내면의 씨앗, 그것은 잘 보이지 않고 잘 들리지 않으니 작은 목숨일 수밖에 없다. 그래서 사실은 분명 큰 것인데도 작은 목숨으로 묘사되었으니 역설의 기교다.

시적 사유는 우리가 입고 있는 사유의 구각(舊殼)을 벗는 데서 시작한다. 벗기다 보면 나오는 속살이 신기하기만 하지만 바라보면 어느덧 벗긴 사과의 흰 살이 산화되듯이 그 매력은 사라지고 그래서 벗기는 행위의 반복이 잠시 중단되기를 바라는 안정의 희구(언어의 틀 속에 가두어 두려는 행위), 여기서 뜬구름 같은, 수증기 같은, 아니 한 찰나의 형상인 꽃 같은 유동(流動)의 실체를 직관으로 붙잡아두려고 한다. 이 시인은 그 직관에 잡힌 형형색색의 꽃을 노래한다.

> 작은 꽃, 큰 꽃, 고운 꽃,/ 귀여운 꽃, 탐스러운 꽃, 가녀린 꽃 중에서/ 색깔과 향기와 모양과 표정을 풀고/ 서 있는 꽃, 앉아 있는 꽃./ 그 많은 前生의 기억 속에서도/ 언제부터 이렇게 혼자 있는 꽃.// 볼수록 더 조용해지는 꽃/ 자기도, 나도, 그 사이도 조용해지는/ 세상의 모든 잊혀짐./ 몇 달쯤 그 꽃잎에 누워/ 편안하고 긴 잠을 자고 싶은 꽃. (「蘭」)

그 많은 시간의 옷을 입고 침몰하는 꽃 중에서 지금 내 앞에서 정지된 얼굴로 다가선 꽃, 이 행운에 안식을 거는 무위한(?) 시인의 욕망, 이것이 이 시의 내면의 그림이라 하면 어떨까. 여기에 사변적인 논리의 옷을 바꿔 입히면 "그의 시에서는 고통의 도가니 속에서와 같은 싸움이 없고 그 싸움에서 발휘될 정열이 보이지 않으며, 그곳으로부터 벗어나려는 착잡한 변증적 단계가 생략되고 있다. [중략] 직관에 의한 자아의 객관적 범주화라는 내면적이고도 비의적인 심리 과정의 뛰어난 성취를 발견하게 되면, 그의 투명함 속의 깊이를 새로이, 개안적인 시선으로 바라보게 된다"(비평가 김병익의 말)는 찬사가 나오게 된다.

이승훈

무의미의 의미와 암중모색의 의미

오늘도 나를 삼키는
비쩍 마른 사상
칼날 같은 추억
20년이 넘게
쩔뚝거리는 도시
텅 빈 광장
애인이 씹다 버린
빠알간 사과
뚝닥거리는 시계
오늘도 나를 삼키는
벽을 향해
질주하는 학생들
곤두선 학문
이름이 없는 고통의 폭약
허허벌판의 술
나는 벌떡

일어난다
이제 나는 땅 바닥에
침을 뱉지 않겠다
입술이 없는 삶도
코가 없는 삶도
어쩌면 가을 해가
흘리던 비린내도
너도 나도 박쥐도
병든 길을 확인하고
도대체 이런 식으로
살아야만 하는 걸까
창백한 손으로
시커먼 잉크로
시방 내가 쓰는 시
다른 마음이 쓰는 시
오늘도 골목에서
술만 마시는 아버지
펑펑 쏟아지는 해
오늘도 약방에서
약을 사는 아우
하이얀 창백한
버섯꽃이 피는
그림자의 폭포
오늘도 나를 삼키는
그림자의 폭포와
해와 벙어리와
흘러가는 나날

모두 벌떡 일어나

더욱 커단 이성으로

나를 감싸라

(「그림자가 나를 삼킨다」)

이승훈의 시를 감상하려면 두 가지 전제를 거쳐야 할 것으로 본다. 그 하나는 종래 전통시를 대할 때와는 달리 관념이든 정서든 작품과 일체감을 갖는 것을 기대해서는 안 된다는 것이고 둘째는 시에 접근하는 데 최소한의 도구로서 현대 언어학에 대한 인식을 필요로 한다는 것이다. 소쉬르를 거친 데리다의 해체이론이 이해상 보조수단이 될 수가 있다. 데리다에 의하면 모든 언어에 수반되어 있는 임의성, 변덕성, 애매성, 그리고 기표(記標, 시니피앙)와 기의(記意, 시니피에) 사이의 간극(gap)을 해결하는 방법의 발견이 시를 이해하는 데 필수적이다. 시는 그것을 그냥 즐길 수밖에 없을 만큼 복잡하고 미묘한 언어의 유희이기 때문에 시를 이해하고자 할 때는 독단에 빠지거나 오도되기 쉽다는 것이다. 그래서 시에 사용된 언어의 조직을 정밀히 검토하며 거기서 야기된 모든 가능한 의미를 고찰하고 언어유희에서 나타난 모든 암시나 펀(pun, 재담)이나 그 밖의 다른 형태의 표현을 고찰할 필요가 있다. 단 어떠한 유형의 결론을 내려서도 안 되고 순수한 인간적·종교적·사회적 가치를 추구할 필요도 없다.

언어의 한계적 조건을 감옥으로 인식하고 거기서 탈출시켰을 때 이미 언어는 해체된 상태에 빠지게 된다. 이때 언어의 기존의 생리와 조직과 구조는 파괴되고 환골탈퇴의 재생의 시험대에 오르게 된다. 이 새로운 언어의 창조주인 시인은 비상한 상상력으로 새로운 연금술을 시도한다. "창조는 파괴의 集積이다"라고 설파한 피카소의 말 그대로 시인은 녹슨 언어의 아귀를 씻어내고 새롭게 꿰어 맞추면서 새로운 언어의 실체를 생산하려고 한다. 그 생산의 도구로는 의도적인 주관적인 관념이기보다는 자유연상의 자동기술의 기법을 선택한다. 이때 언어는 누구에게도 의지할 필요가 없고 어떤 경우도 책임질 필요가 없는 완전 자유주의 상태로 들어간다. 이것이 바로 포스트모더니즘이 표방하는 신사고법(新思考法)이다.

이승훈은 일찍부터 이 신사고의 기법을 시험하고 있는 것 같이 보인다. 그가 평소에 비대상, 무의미 시를 표방한 것으로도 충분히 짐작할 수 있는 일이다. 이 시는 우선 불연속적 이미지로 구성되어 있다는 것이 특징이다. 이 말은 그의 시 의식이 질서정연한 연결고리가 없이 부단히 그리고 빠른 템포로 이어져나가는 '의식의 흐름'의 기법을 닮았다는 뜻도 된다. 그러나 그의 시는 불연속적 이미지로만 구성된 것은 아니다(비록 흔하지 않지만). 가령 이 시에서 사상·추억·광장·사과·시계·벽·학생·학문·술 등등은 얼핏 보아 문맥 속에서 연결고리가 없이 표류하고 있는 것 같이 보이지만 사실은 그렇지가 않다. 그의 시집 『당신의 방』에 수록된 여러 편의 시를 읽어보면 어느 정도는 의식의 체계나 정돈 현상을 감지할 수 있다. 말하자면 포스트모더니즘의 신사고법에서 일탈된, 인식상의 초점이 잡혀 있는 새로운 신사고를 시도하고 있는 것 같이 보인다. 이 시집에서 인식상의 초점의 위치에 서 있는 것이 '당신'(혹은 '너')이라고 하는 가상적 인격체다. 여기에 필연적인 상대역이 상상적 주체인 '나'다. 이 시집의 내용상 전부는 다름 아닌 '당신'과 '나' 사이에서 일어나는 관념과 서정의 환상적 내지 파상적 실체들이다. 이 실체들은 '당신의 방'과 '내가 사는 방'을 축으로 해서 긴장과 갈등을 자아내면서 출몰을 거듭한다. 굳이 단정적으로 말한다면(단정해서는 안 될 일이지만) '당신의 방'이 '내'가 동경하는 이상향(?)이라면 '나의 방'은 지옥과 같은 현실(?)일 수 있다. 시 「당신을 위해」를 보면 당신의 고향은 빛덩이만 고여 있는 곳이다. 그러니 나의 이상적 존재임이 분명하지만 거기에 대한 접근은 항상 회의적이다. 판단 정지라기보다는 새로운 판단을 위한 의식의 민첩한 이동이다. 이것은 현대시가 안고 있는 신사고법적 일반 논리를 이 시인 나름대로 활용하고 있다는 뜻이다.

당신의 방엔/ 천개의 의자와/ 천개의 들판과/ 천개의 벼락과 기쁨과/ 천개의 태양이 있습니다/ 당신의 방엘 가려면/ 바람을 타고/ 가야 합니다/ 나는 죽을 때까지/ 아마 당신의 방엔/ 갈 수 없을 것 같습니다/ 나는 바람을 타고/ 날아가는 새는/ 될 수 없기 때문입니다 (「당신의 방」)

소위 종교시인이나 민족시인의 시에 등장하는 당신의 뜻은 명료하게 잡히게 마련이다. 이승훈의 시에서 당신은 관심의 대상으로서 큰 틀을 형성하고 있는 것은 사실이지만 그 존재적 개념부터 모호할 뿐 아니라 당신이 처해 있는 공간적 환경부터가 배열에 있어서나 구성에 있어서 해체적이다. 우연과 무질서의 현재적 상황만 존재한다. 과거와 미래는 아예 끼어들 틈이 없다. 당신이 누구인지 모르니까 당신에 대한 이해의 의지가 없다. 수시로 출몰하는 욕망(관심)이 일고 있다. 화자가 흘린 발화(發話: 개인 방언, dialect)들은 다형태적이면서 미묘한 차이의 흔적을 남기고 있다.

그의 시에서 현실적 존재와 상황은 일단 전체적으로 부정된다. 능욕이 있고 신음이 있고 창백한 술병이 있고 쓰레기가 있고 죽어가는 파리가 있고 병신들끼리 희희낙락하는 거리가 있다(「왕십리」). 세상 도처에 크고 작은 난리투성이다. 지식인·거지·깡패·양아치·시인·작가·연예인·평론가 할 것 없이 모두 난리다. 부조리한 현실에 대한 호의(「무슨 세상이 이래?」)와 무기력하고 위선적인 자신에 대한 고발(「전화」)에 이어 끝내는 완벽한 절망에까지 이르기도 한다(「다시 3년」). 이렇게 난파된 자아가 도처에서 자폐증 환자의 증후를 보이고 있는 것과는 달리 전향적 인식의 초점이 너와 나 사이의 자장(磁場)에서 발생하는 상징적 의미의 통로를 활발히 이동하고 있는 현상을 보여주기도 한다.

새로운 눈물 속에/ 너는 작은 驛이었고/ 너는 작은 새였고/ 너는 작은 바다였다./ 작은 바다 속에/ 나는 다시 태어났다./ 불안을 이긴 밤에/ 산너머 산너머/ 갑자기 찾아온/ 새로운 눈물은 / 나를 감싸고 가슴에/ 쾅쾅 못을 박았다.

(「새로운 눈물」)

역은 도착과 출발의 시간을 같이 물고 있는 과도적 공간이다. 새의 비상이나 바다의 출렁이는 파도는 개방된 공간 이미지뿐 아니라 지속적인 시간 이미지를 함께 하고 있다. 여기서 '너'와 '나'는 생성과 소멸의 운명적 조건을 같이 한다. '너'가 누군지 그것을 밝히는 것은 상징의 숲에서 한 나무만 가려 보는 것만큼 무모한 일일 수 있다. 굳이 '너'가 문제가 된다면 그것은 부단히 출몰하는 미묘한 심상의 동기라고 추상적 가명을 부여할 수는 있지만. 그래서 '너'의 존재적 의미보다는 '너'와 '나'를 운명적으로 만나게 한 상황(새로운 눈물) 그것에 관심을 둘 필요는 있다. 비극적 서정(눈물)의 태반을 거치지 않고는 '너'와 '나'는 만날 수가 없다는 사실과 '새로운'이 암시하는 것으로, 비극적 서정은 단발적인 것이 아니고 지속적 상황으로 연발할 수 있다는 사실이 중요하다. 불안을 이기면 다시 찾아오는 눈물, 이승훈 시의 비극성은 이러한 반복과 지속 위에서 생겨난다. 시시포스의 어깨같이 그의 시의 비극성은 원형적 충동에 뿌리를 둔 반복성에 있다. 그의 상상력 안에는 하나의 초점이 아닌 다초점들이 무질서한 이동을 한다. 원심(圓心)을 외면한 원주(圓周) 상의 무수한 점들의 유희, 여기에 금방이라도 한 줄기 기적 같은 빛이 들어와 와! 하고 소리라도 지를 것 같은 급박한 긴장—이것이 그의 시가 내포하고 있는 암중모색의 분위기다.

노향림

비극적 동기의 밝은 회로(回路)

1

밝은 조명 아래 꼿꼿이 서서 기타를 연주한다.
90세가 넘은 맹인 작곡가 로드리고 옹
슬픔이 깊게 파인 눈자위가 좀 더 어둡다.
기타를 뜯는 나무등걸 같은 손은
옹이 박혀 수전증으로 떤다.
아주 어린 시절 고향 마을에서 들었을
양식기 달그락거리는 소리가 팔굽에서 난다.
빛의 알갱이로 찍어 놓은 점자 악보를
한점 한점 더듬으며
닿을 수 없는 깊은 세상을 가고 있을까.
그의 손에서 가볍게 구겨지는 음표들이
밤하늘의 보석을 실로 꿰고 있음을 보고 있을까.

2

나는 육조 다다미 방바닥에

배를 깔고 엎드린다.

무수히 부서지기만 하는 말의 알갱이를 부스러뜨린다.

줍고 주워서 다시 부스러뜨린다.

목포시 산정동 벼랑에 높이 뜬 종탑에서

종소리가 싸락눈으로 소리 죽여서 낟알처럼

아득히 날리는.

(「로드리고를 듣다」)

이 시에 대한 시인 자신의 말을 들어보자. "로드리고는 보이지 않는 눈으로 누구도 흉내낼 수 없는 빛의 알갱이를 한자 한자 악보에 찍는다. 나는 그 빛의 알갱이를 받아 부스러뜨리고 또 부스러뜨렸다. 한밤에 몇 시간이고 앉아서 하는 반복된 작업. 나는 그것을 마다하지 않는다. 강렬한 빛을 희구해 한자 한자 백지 위에 적는 일은 결코 소소한 작업은 아니다."

노향림의 시는 비극적인 동기를 보편으로 한다. 그녀의 비극적 동기는 일반적인 생과 사의 갈등적 역학관계에서 발생하는 것과는 성격이 다르다. 동기의 개체는 종합이나 하모니의 과정을 거치지 않는다. 말하자면 동기만 있고 동기화(motivation)가 없다. 어떻게 보면 이런 현상은 시적 동기의 당연사로 생각할 수 있다. 시에서 이런 현상을 장기로 하는 것이 이미지즘이라 하고 혹자는 이 시인도 그 영향을 받은 것으로 생각하기도 한다. 그러나 그녀의 시적 동기의 흐름은 전류의 회로와 같다는 데 그녀의 고유한 개성이 있다. 전류가 정상적으로 흐르기 위해서는 끝이 없는 폐로로 되어 있어야 한다고 한다. 가령 이 시에서 테마의 자장 안에 드는 중요한 동기는 "빛의 알갱이"와 "점자 음표"와 "말의 알갱이"들이다. 혹 이 삼자를 초인간적인 것과 인간적인 것 그리고 이 둘을 바라보는 시선으로 관계를 연결할 수도 있겠지만, 어떤 형태로든 결합하는 것은 독자의 몫일 뿐, 시인은 여기서 완전히 자유롭다. 그러나 시인은 말의 알갱이를 그 위에 띄울 빛과 소리를 교묘히 접근시킨다. 서로가 비껴가는 것 같으면서 삼투하는 듯한 묘한 기미를 예리하게 끌고 간다. 말하자면 "종소리가 싸락눈으로 소리 죽여서 낟알처럼 아득히 날리는" 것은 어쩌면 소리가 빛 속으로 들어간 것을 의미한지도 모른다. 시 「도원길」에서 "구름밭 속으로 막 건너가다 들킨/ 짧은 햇살의 뒷몸"이라고 한 것과 거의 같은 정황의 묘사다. 과학에서는 빛과 소리의 회로가 삼투하면 난리가 난다. 그러나 이미 많은 시인들이 이것을 태연하게 특권으로 행사해 오지 않았는가. 그것은 시인들이 여기서 또 다른 제3의 생명(감동)이 탄생되는 것으로 생각했기 때문이다. 그런데 문제는 이 시 속의 소리가 빛을 비끼면서 빛 속을 삼투하는 기미(機微)의 묘를 보여주고 있는 것과는 반대로 시 「해에게선 깨진 종소리가 난다」에서는 빛 속에서 소리가 홰를 치고 있는 사실이다. "바람이 조금만 불어도 파동 치는/ 해에게서는/ 수 세기의 깨진 종소리가 난다"가 보여주는 그대로다. 「로드리고를 듣다」와 「해에게선 깨진 종소리가 난다」가 이 양 방향의 서정성을 대표하는 것이라면 이 양자를 조화하는 것이 시인의 전체적 시작 과정의 마지막 단계가 될 수 있다. 이 에필로그적 성격을 띤 작품이 「옥탑방」이다.

영화 「노트르담의 꼽추」에서 꼽추 카지모도는 집시의 여인 에스메랄다에 대한 사랑으로 교회 뾰족탑의 밧줄에 매달려 종을 친다. 그 종소리에서 시인은 '빛의 알갱이'와 소리(음표)의 알갱이가 서슴없이 어울리는 신비를 발견하고 그의 고유한 '말의 알갱이'로 이렇게 적는다.

> …… 종칠 때마다 날개 스치는 소리 허공에 가득하고/ …… 햇빛이 맑게 목청 트는 소리/ …… 우화(羽化) 직전의 애벌레에게도 그의 등에 난 혹에도 길들은 살아 숨쉬리라
>
> (「옥탑방」)

그렇지만 사실은 시화되지 않은 이 영화의 라스트 신이 빛과 소리가 만나 새롭게 트인 한 생명의 길을 열어 보이고 있다. 카지모도와 에스메랄다가 나란히 영면하고 있는 그 고요 위로 카지모도가 남기고 간 종소리가

빛도 소리도 아닌 바람 같은 것으로 흐르고 있는 바로 그것 말이다.

> 손바닥만한 밭을 일구던/ 김 스테파노가 운명했다.// 그에게는/ 십자고상과 겉이 다 닳는 가죽 성경,/ 벗어놓은 전자시계에서 풀려나간/ 무진장한 시간이/ 전부였다.// 그가 나간/ 하늘 뒷길 쪽으로/ 창문이 무심히 열린 채 덜컹거린다.// 한평생/ 그에게 시달렸던 쑥부쟁이 꽃들이/ 따사로운 햇볕 속/ 상장(喪章)들을 달고 흔들리는// 조객(弔客)이 필요 없는 평화로운 곳. (「창」)

이 시는 한 인간이 운명한 뒤에 그가 살다 간 시간과 그가 밟고 살았던 좁은 공간과 또 그가 소유하고 있었던 십자고상과 성경, 그리고 그가 돌본 채마밭의 야생초 몇 포기가 시공간 전면에 쓸쓸히 등장하고 있다. 대개 삶의 폭이 좁으면 좁을수록 깊이가 깊은 것이 큰 삶의 모양새인가 싶다. 그러나 큰 삶은 죽음과 연결되었을 때 그 모습을 드러낸다. 이 시에서 삶에서 죽음으로 넘어가는 통로(3연)에 창문이 비치되어 있다. 하늘의 뒷길로 통하는 이 문으로 고인이 조용히 빠져나간 뒤 그 창에는 삶의 의미가 자막으로 밝혀 있거나(2연) 무성영화의 영상처럼 비치고 있다(4연). 삶의 의미의 무게를 실은 것은 2연의 자막이 해설한 그대로 유한한 생존 시간의 의미를 무한으로 전이시킨 데 있다. 작중인물의 유한한 삶이 우리 선인들이 즐겨 쓰던 만고상청(萬古常青)의 무한으로 비화해버린 것이다. 다른 한편으로 4연에서 삶의 의미가 영상(쑥부쟁이 꽃들)으로 상징하는 것은 자막의 해설보다 시적 표현의 본령에 속하는 것이기 때문에 감동의 효과는 더 클 수밖에 없다. 자연의 순수는 인간이 따를 수 없다. 꽃들이 '시달렸다'는 표현이 평소에 고인이 쏟은 애착의 뜻을 지닌 역설이고 보면 상장을 달고 몸을 흔드는(울부짖는) 쑥부쟁이 꽃들의 애도(哀悼)는 고인에겐 그 이상의 영광의 조문이 있을 수 없다. 그러고 보니 끝 연(5연)은 불필요한 자막의 부연이 아닌가.

노인 요양소/ 칠 벗겨진 담장 아래/ 생의 빈 자리를 찾아 여인들이/ 해바라기 하며 앉아 있다.// 붉은 것들만이 눈부시게 아름답다고/ 거짓말처럼 붉은 그림자들을 제 몸 속에서/ 꺼내어 깔고 앉아 있다.// 가물가물한 마음의 기억 속에/ 숙인 목덜미와 파인 가슴 속에/ 비밀한 사랑 몇 장을 지갑처럼 숨겨 넣고/ 가위 바위 보! 가위 바위 보!// 그 소리 부드럽게 받아먹다가/ 벌레 먹은 고사목이 함께 놀고 싶다고/ 흩어진 옷매무새를 추켜올리는 사이// 영산홍이 하루해가 길고 지루했다는 듯/ 다 저녁에 싱싱해진다./ 사연 깊은 여인 같다./ 눈물나게 아름다운 이승의 한 컷이여 (「영산홍」)

앞서 밝힌 바 있듯이 노향림의 시는 비극적인 서정이 주를 이룬다. 인물로 보면 죽음 앞에 가까이 가 있는 노인이라든가 고통과 수심과 슬픔에 젖어 있는 인물들이 많다. 따라서 인물과 상관된 주변 환경과 사물 현상들도 대개 그러한 정조로 비쳐지고 있다. 그러나 그 슬픔의 처리가 문제다. 그녀의 시에서 무엇이 그 슬픔을 충격적 감동으로 와 닿게 하는가. 이것은 원론적인 이야기가 되겠지만 괴테의 파우스트적 패턴으로 바꿔서 보면 영원히 비극적인 것이 우리를 진실로 인도하기 때문일 수도 있다. 이 시를 대하고 있으면 화사한 영산홍과 불타는 낙조와 웃음 띤 노인의 얼굴이 "눈물나게 아름다운 이승의 한 컷"을 이루고 있음을 실감하게 하는 바로 그런 진실이다. 영미 뉴크리티시즘적으로 이야기한다면 의미(extension)와 함의(intension)의 연결고리가 아주 예리한 국면(situation)을 이루어 시적 긴장의 효과를 발휘한다. 뉴크리티시즘이 주장하는 상반적·상보적·상생적 효과를 이 시에서 찾아볼 수 있다. 영산홍은 화사한 붉은 꽃으로 요양소의 늙은 여인들과는 그 의미나 이미지가 원래는 맞지 않는다(상반적). 그렇지만 이 노인들은 "거짓말처럼 붉은 그림자"(추억 속의 젊음)를 영산홍을 통하여 체험한다(상보적). 그러나 결국에 가서는 현실의 영산홍은 유한하지만 추억 속에 자리한 영산홍은 젊은 날의 비밀한 사진 몇 장처럼 소중하고 아름답다. 그것은 동심("가위 바위 보!")의 웃음으로 영원하다(상생적).

문정희

야성적 열정과 실존적 통찰력

나는 저 가혹한 확신주의자가 두렵다

가장 눈부신 순간에
스스로 목을 꺾는
동백꽃을 보라

지상의 어떤 꽃도
그의 아름다움 속에다
저토록 분명한 순간의 소멸을
함께 꽃 피우지는 않았다

모든 언어를 버리고
오직 붉은 감탄사 하나로
허공에 한 획을 긋는
단호한 참수

차마 발을 내딛지 못하겠다
전존재로 내지르는
피 묻은 외마디의 시 앞에서

나는 지금
점자를 더듬듯이
절망처럼
난해한 생의 음표를 더듬고 있다

(「동백꽃」)

이 시는 한마디로 요약하면 탐미적 감각과 절정의식으로 동백꽃의 내오(內奧)를 직관한 시다. 문정희는 시 「바퀴벌레 한 마리도 똑같은 길을 가지 않는다」에서 "나의 고독은/ 진정 사랑을 받지 못해서가 아니라/ 진정 사랑할 데가 없다는 데 있다"고 했듯이 그의 정서는 언제나 능동적이고 적극적인 의욕을 동반한다. 평소에 사랑과 고독을 철저하게 비축해두었다가 때가 오면 폭포수가 쏟아지듯이, 분수가 치솟듯이, 번개나 천둥이 치듯이, 산불이 타오르듯이 화려한 열화로 내뿜는다. 그러나 이 불을 지피는 것은 그녀가 머릿속에 갈무리하고 있었던 예리한 통찰력이다. 동백꽃은 꽃잎으로 시나브로 지는 것이 아니고 꽃송이 전체가 무겁게 땅으로 떨어지면서 진다. 사담이긴 하지만 나는 언젠가 김영랑 시인의 고택 뒤뜰에서 만발한 동백에 심취하고 있었는데 문득 어깨를 툭 치는 충격에 놀라 살펴보니 동백의 낙화송이였다. 그때 소스라치게 놀라면서 느낀 전율감을 이제 이 시인의 시에서 새로운 의미로 다시 한 번 맛보게 된다. 그녀에겐 생명의 절정과 미의 절정이 만났을 때 생긴 죽음의 무게가 그려내는 허공의 선, 이 한 획의 선이 붉은 감탄사가 되고 외마디의 비극시가 된다. 시인은 삶과 죽음과 미가 삼위일체로 출렁거리는 꽃 속에서 숨어 있는 음악을 또 감지한다. 점자를 더듬는 맹인으로 어쩌면 영육의 합창일지도 모르는 그 난해한 음표를 더듬는다. 우리는 죽음이 아름다움으로, 아름다움이 죽음으로 승화되는 양면 교체의 비극시, 거기서 카타르시스의 신비적 쾌감을 체험한다.

반바지 입고 통부츠 신고/ 머플러를 휘날리며/ 카페에서 라떼를 마시고/ 새로 생긴 상점에서 조개비누를 사고/ 돌아오는 길/ 쇼윈도에 잠시 얼굴을 비춰보는 사이/ 드디어 꼬리를 잡고 말았다/ 저 여자, 언제부터인가 나를 미행하는/ 웬 늙은 여자/ 이미 한철은 다 가버린 여자/ 줄기차게 나를 따라다니며/ 기를 꺾어놓는 / 낯선 여자의 꼬리를 잡고 말았다/ 어떻게 저 여자를 따돌려 놓고/ 다시 젊은 내 고향으로 돌아갈 수 있을까/ 그녀에게 내 노래의 도끼를 쥐여주고/ 차라리 내 대신/ 밤마다 슬픈 울음을 허공에 새기는/ 시인이 되게 할까 (「늙은 여자: 미행」)

이 시는 이중 영상으로 짜여져 있다. 과거와 현재, 청춘과 노후가 맞서 있다. 구조상으로는 두 분신이 대립하고 있는 갈등구조다. '나'는 과거적 분신이고 '늙은 여자'는 현재적 분신이다. 대개 시에서 시간대의 의식 현상은 현재에서 미래를 지향하든가 아니면 현재에서 과거를 회상하는 방향으로 진행된다. 젊은 날의 행복과 아름다움을 향수에 싣는다. 고시조에 흔하게 등장하는 탄로가(嘆老歌)의 패턴이 그렇다. 키츠는 희랍 항아리에 새겨진 영원한 젊음의 상을 부러워하면서 찬미했다. 이 시는 이러한 단순한 과거 지향적인 패턴과는 다르다. 우리의 고시조나 낭만주의 시에서는 의식의 흐름이 순리적으로 진행된다. 현재의 거울에 과거의 영상이 조영될 뿐이다. 우탁의 시조에 "늙는 길 가시로 막고 오는 백발 막대로 치렸더니 백발이 제 먼저 알고 지름길로 오더라"는 구절이나 이백 시의 "白髮三千丈"이 그렇다. 그러나 문정희는 과거의 거울에 현재의 영상을 비춰준다. 이 시에서 '나'를 미행하는 여자는 사실상 자신의 현재적 실체다. 따라서 화자인 '나'는 과거 내 청춘의 허상에 불과하다. 이렇게 의식의 역주행과 역발상은 현대시의 한 특징이기도 하지만 이 시에서는 극적인 서사 형식과 두 인물의 갈등 형식 속에 시적 긴장이 진행되고 있다. 그러나 이 시를 자세히 들여다보면 의미상 초점은 현재의 '나' 아닌 나(늙은 여자)에 두고 있음이 분명하다. 시인은 젊은 날의 '나'와 오늘의 '늙은 여자'의 두 분신을 적절히 조정하고 있다. 늙은 여자가 '나'를 미행한다는 것은 '나'의 동정을 염탐하는 행위지만 '나'를 견제하려는 의도가 근본에 깔려 있다. 그래서 화사한 젊은 날의 과거보다 노후한 현재에 더 비중을 두고 있다는 사실을 추리할 수 있다. 결국 '늙은 여자'에게 시인의 영광을 돌려주려고 하는 것은 사실상 시인으로서의 자신의 입지를 확인하려는 의지의 표명이라고 할 수 있잖을까.

가을이 오기 전/ 뽀뽈라*로 갈까/ 돌마다 태양의 얼굴을 새겨 놓고/ 햇살에도 피가 도는 마야의 여자가 되어/ 검은 머리 길게 땋아 내리고/ 생긴 대로 끝없이 아이를 낳아 볼까/ 풍성한 다산의 여자들이/ 초록의 밀림 속에서 죄 없이 천년의 대지가 되는/ 뽀뽈라로 가서/ 야자 잎에 돌을 얹어 둥지 하나 틀고/ 나도 밤마다 쑥쑥 아이를 배고/ 해마다 쑥쑥 아이를 낳아야지// 검은 하수구를 타고/ 콘돔과 감별당한 태아들과/ 들어내 버린 자궁들이 떼지어 떠내려가는/ 뒤숭숭한 도시/ 저마다 불길한 무기를 숨기고 흔들리는/ 이 거대한 노예선을 떠나/ 가을이 오기 전/ 뽀뽈라로 갈까/ 맨 먼저 말구유에 빗물을 받아/ 오래오래 머리를 감고/ 젖은 머리 그대로/ 천 년 푸르른 자연이 될까 (「머리 감는 여자」)

* 멕시코 메리다 밀림 속의 작은 마을 이름

이 시는 마치 원시인의 촌락을 거닐고 있는 것 같은 느낌을 준다. 문화인류학자 레비스트로스가 답사한 남미 아마존강 유역의 원주민 촌락과 이 시인이 상상한 멕시코 밀림 속의 뽀뽈라 마을의 환경이 일치하는 것처럼 느껴진다. 레비스트로스는 문화 현상을 인간의 기본적 욕구에서 출발한 것으로 보고 원시민의 신화를 통하여 인간 정신의 본질을 탐구했다. 그의 대표적 저서인 「野性의 思考」와 「神話學」 전 4권의 하나인 「나체 인간」의 세계를 이 시인은 '익힌 것'이 아닌 생생한 '날것'의 이미지로 그 현장의 상황과 자신의 포부를 시로 엮어냈다. 이 시가 보여 주는 현대 문명의 음지에 들끓는 인간의 타락상은 야성을 추구하는 이 학자의 반인간주의 사상과 연관된다. 그리고 원형의식의 극점엔 모계 중심 사상의 원점인 여성과 그 산실의 태반이 있다. "햇살에도 피가 도는 마야의 여자"가 지니는 순수한 성체, 이것은 빗물로 감은 머리가 그대로 천년 푸른 자연으로 생각하는 시인의 야성적 사고(?) 속에 자리를 같이한다. 여기에 다산의 욕구가 폭발해도 관능의 체취가 풍기지 않는 것도 시인의 상상이 자연의 원시적 소박성(프리미티비티)을 이탈하지 않기 때문이다.

문정희는 감정의 발산을 최대로 하면서도 그것을 적절히 추스를 줄 아는 재능을 갖고 있다. 그녀의 사색에서는 금기를 찾아볼 수 없다. 어떠한 제재도 잘 소화해낸다. 때로는 에로티시즘의 아슬아슬한 경계를 느끼게 하면서도 천연스럽게 빠져나가는 재치가 있다. 그녀의 사색에는 언제나 뜨거운 열정이 묻어 있다. 그 힘으로 성과 속의 이미지를 따로 직조하기보다는 그 둘을 적절히 교직하면서 때로는 희화적인 풍자로, 때로는 첨예한 예지로 발굴한 인생의 진실을 묵시적으로 그려 보인다.

정호승

죽음과 사랑의 의미
—이(理)의 눈, 기(氣)의 손

죽은 아기를 업고
전철을 타고 들에 나가
불을 놓았다

한 마리 들짐승이 되어 갈 곳 없이
논둑마다 쏘다니며
마른 풀을 뜯어 모아

죽은 아기 위에
불을 놓았다

겨울새들은 어디로 날아가는 것일까

붉은 산에 해는 걸려
넘어가지 않고

멀리서 동네 아이들이
미친년이라고 떠들어 대었다

사람들은 왜
무우시래기국 같은 아버지에게
총을 쏘았을까

혁명이란 강이나 풀,
봄눈 내리는 들판 같은 것이었을까

죽은 아기 위에 타오르는
마른 풀을 바라보며

내 가랭이처럼 벗고 드러누운
들길을 걸었다

전철이 지나간 자리에
피다 만 개망초꽃

(「개망초꽃」)

비극은 사실과 상징, 어느 쪽에서도 발생할 수 있다. 사실일 때는 가난이나 질병 아니면 전쟁(혹은 사회적 환란)이 원인이 될 때가 많고 상징일 경우는 인식상의 관행으로 비극성을 안고 있는 경우도 있지만 원래는 객관적 사실성에 작자의 주관적 사물성이 작용해서 인위적으로 만들어진다. 시적 체험의 상징적 비극성은 대개가 이런 때 발생한다. 그러나 이 시는 사실과 상징 어느 쪽으로도 해석이 가능하다. 첫 번째 시각으로 사실 쪽에서 보면 화자는 철저한 사실적 근거 위에서 비극적 담화를 이끌어가고 있다. 혁명이란 말을 통해서 독자는 일단 어느 연대쯤에 발생한 전쟁이나 사건으로 짐작할 수 있다. 그러나 문제는 끝에 가서 서사적인 내용과 겉으로는 아무 상관이 없는 개망초꽃이 느닷없이 등장하고 있는 사실이다. 그렇다면 이 개망초꽃이 단순한 사족의 의미로밖에 기능할 수 없는 것이라면 앞의 비극적 이야기를 종식하고 난 다음의 정서적 전환용의 보족 수단(한국 시의 구성 형식상 많이 보는 사례)으로 볼 수도 있을 것이다. 두 번째 시각으로 상징 쪽에서 보면 처음부터 개망초꽃을 전부로 한 상징성을 비극적 인물의 사실성으로 구체화하고 있다는 것이다. 다시 말하면 개망초꽃의 비극적 이미지를 비극적 사실로 서사화하고 있다는 것이다. 물론 개망초꽃이 작품 서두에 왔더라면 그 상징성의 신뢰가 말미에 오는 것보다 훨씬 더할 수도 있지만 추리의 근거는 마찬가지다. 이 시에서 사실이냐 상징이냐 하는 물음이나, 상징이 먼저냐 사실이 먼저냐 하는 문제는 별 의미가 없다. 그만큼 양자가 교묘히 유착되어 있다. 결국 총 맞아 죽은 무우시래기국 같은 죽은 애기 아버지와 애기 시체를 화장하는 미친 어머니의 이미지가 피다 만 개망초꽃 이미지에 오버랩 되는 현장은 화자의 가랭이처럼 벗고 드러누운 들길이다. 이 비극의 현장을 조명하는 것이 붉은 산에 걸려 넘어가지 못하는 해다. 이 비극의 절정은 절정으로 끝나지 않고 완만하게 내려오는 다리가 있다. 이 시인이 지니는 그 다리의 이름은 이미 많은 독자들이 공감하고 있는 사랑이라고 할 수 있으리라. 이 시에서는 화자가 걸어가고 있는 봄눈 내리는 들판이 바로 그 사랑이다.

> 둥근 달이 떠 있다/ 짐을 내려 놓아라/ 푸른 별이 떠 있다/ 길을 건너라// 그대와 나의 깊은 계곡/ 팽나무로 만든 외나무다리 위를/ 반가사유상이 괴었던 손을 내리고/ 조심조심 걸어서 간다// 짐을 내려 놓아라/ 무겁지 않느냐/ 눈물을 내려 놓아라/ 마르지 않았느냐
>
> (「외나무다리」)

정호승 시가 지니는 매력의 하나는 아닌 밤중에 홍두깨 내미는 격의 서

로 무관한 것 같은 언어들의 돌출적 표현이다. 그만큼 그의 시는 우리를 당혹하게 한다. 산문은 물론이지만 시의 문맥은 유기체(생명체)의 혈맥과도 같은 것. 일단 독자는 경건한 자세로 시문의 연결고리를 짚어보아야 한다. 이런 비유는 어떨까. 산길을 가다가 보면 길이 끊어진 경우가 종종 있다. 낙엽이 쌓인 경우도 있고 눈이 쌓인 수도 있다. 아예 큰 너럭바위가 길을 차단해버린 경우도 있다. 이때 산행자는 시선을 좀 멀리 두고 길을 연결할 줄 알아야 한다. 가을날 낙과가 떨어져, 보일 듯 말 듯한 과수원 길이 시의 길일 수도 있다. 정호승은 기(氣)가 승한 시인이다. 그것은 시집 『사랑하다가 죽어버려라』, 이 한 말로도 짐작이 가능하다. 이 말이 스스로의 독백이든 독자에의 주문이든 상관이 없다. 문제는 끊어진 길같이 툭툭 던져진 그의 기 속에 들어 있는 이(理)의 발견이다. 주자는 이(理)를 일러 "형질도 없고 운동도 하지 않고 그 실재는 氣를 통하여 관념적으로 파악되는 것"이라 했다. 그렇다면 정호승이 기 속에 숨겨둔 이의 관념은 어떤 것일까. 그것은 다름 아닌 불교적 관념이다. 이 시에서 "둥근 달이 떠 있다/ 짐을 내려 놓아라"가 얼핏 보아 뚱딴지 같이 느껴지는 기의 발로라고 한다면 "반가사유상이 괴었던 손을 내리고/ 조심조심 걸어서 간다"는 이에 상응하는 이의 관념이다. 왜냐하면 반가유상(半跏思惟像)이 괴었던 손을 내려놓는 것은 중생의 짐(번뇌)을 내려놓는 것을 의미하기 때문이다. 둥근 달이 떠 있다는 것과 반가사유상이 조심조심 걸어서 간다는 것도 서로 맞아 떨어지는 상응 구절이다. 불전을 보면 달은 수미산(須彌山) 중턱에 있으면서 사왕천을 비춰준다. 말하자면 서방 정토로 안내하는 사자이자 무량광불(아미타불을 뜻함) 그 자체일 수가 있다. 그렇다면 이 시 구절에서 달과 반가유상은 그 의미나 이미지가 일치가 된다. 정호승의 시에 불가의 말이 자주 등장하는 것은 결코 우연이 아니다. 그의 시는 불교의 자비를 기독교의 사랑으로 접목한 것같이 느껴진다.

너를 기다리다가 해골이 되어/ 동해안 백사장에 버려져 있으리라/ 너를 사랑하다가 백골이 되어/ 어린 게들의 놀이터가 되리라/ 햇살이 지나간 다랑이논 같은 나는/ 너를 바라보는 것만으로/ 너의 운명이 되었으나/ 이제는 아무도 오가는 사람은 없어/ 동해안 바닷물을 다 들이키리라/ 게들을 따라 봄날이 올 때까지/ 개펄 속에 들어가 새우잠을 자리라 (「새우잠」)

시인의 상상력이 자유롭다는 것은 일상적으로 통용되는 보편적 관념의 한계를 벗어나 기상천외의 창조적 발상을 구사할 수 있다는 데 있다. 이는 시인에게만 허용되는 언어 행위의 특권이다. 가령 이 시에 나오는 '백골'을 가지고 살펴보자. 정몽주의 시조("이 몸이 죽고 죽어……")에 나오는 백골은 일상적 관념(죽음의 상징)의 한계를 벗어나지 못하지만 윤동주의 시(「또 다른 고향」)에 "고향에 돌아온 날 밤에 내 백골이 따라와 한 방에 누웠다"는 것이나 이 시에서 "너를 사랑하다가 백골이 되어 어린 게들의 놀이터가 되리라"는 사뭇 다르다. 백골은 서정시의 본령인 이미지의 활용면에서 엄청난 차이를 보여준다. 너를 사랑하다가 백골이 된 (나)는 어린 게들의 놀이터가 되리라고 했으니, 게들은 무엇을 의미하는가. (내)가 죽어서도 사랑하는 '너'의 화신들인가 아니면 '너'의 대상적 충족의 분신들인가. 어쨌든 종전에 한국 시가 보여 주던 죽음이 낳은 한의 이미지가 전무한 가운데 사랑의 헌정만으로 일관한다. 개펄에서 노는 게들은 봄날이 오고 바닷물이 빠져야 활발히 활동할 수 있다. 그래서 해골이 된 죽은 내가 "동해안 바닷물을 다 들이키리라"고 했으니 이토록 포만한 사랑의 기염이 있을 수 있을까. "게들을 따라 봄날이 올 때까지"(사실은 봄날을 따라 게들이 올 때까지) "개펄 속에 들어가 새우잠을 자리라"고 했으니 게들 생각에 잠을 제대로 잘 수 없다는 뜻이고 보면 이 같은 인내와 자비의 도량은 부처에게서나 찾아볼 수 있는 것이 아닐까. "너를 바라보는 것만으로 너의 운명이 되었으니"에서 나의 운명이라 하지 않고 너의 운명이라 한 것도 넘치는 사랑의 위력이다.

한광구

인간고의 상처와 '산경'(山經)

햇살은 자꾸 비껴가고
축축한 그늘에
몸을 누인 채
가는 명줄을 낮은 하늘로 걸어 놓고
우리는 살아 있음에 감사했어.
늘 상스런 辱說로 부는 北風을
맞받으면서
수풀은 자꾸 흔들렸어.
잠들 수가 없어. 밤은,
여긴 어디야 ? 어디긴 무덤 속이지.
그럼 우린 ? 뭐야 껍데기지.
스스로 毒이 올라 빳빳해진 모가지를 쳐든 갈대밭으로
달빛은 조용히 내려왔어.
때때로 꿈의 조각 같은 파편들이 번쩍거렸어.
꿈이 없는 이 땅의 긴 잠으로 우리도
가물가물 빠져들다가

깜짝 놀라 깨어날 때면
아직도 그때 찢어지던 하늘의 破片들이
녹슬지 못하고
퍼렇게 눈뜨고 있어.

(「傷處를 위하여 1」)

동물이 생존을 위해서 환경에 본능적으로 대처하는 자기 보존의 천연적 방편으로 보호색과 경계색이 있다. 이를 시인의 경우에 적용해본다면 자연이나 사회적 환경의 도전에 스스로 무관심하거나 아니면 적극적으로 그런 환경에 화해적으로 적응하려고 할 때 시인은 보호색을 띤다. 이때 시는 대체적으로 별다른 갈등이 없이 안정된 서정적 분위기 일색이 된다. 그러나 그러한 환경에 적극적으로 도전하면서 생존의 의미를 개척해나가려고 할 때 경계색을 띠게 된다. 서구적 용어이긴 하지만 '시 정신'이니, '비극적 체험'이란 말이 시적 관용어로 많이 쓰인 것으로 보아 현대시는 후자의 경향을 많이 띠고 있는 것같이 느껴진다.

한광구의 시집 『상처를 위하여』는 인간적 고뇌에 대한 절망과 좌절을 읊은 것이 대체적 경향이다. 「상처를 위하여」의 상처는 인간이 본래적으로 지니고 있었던 원초적인 건강체에 가해진 일련의 손상을 의미한다. 그래서 그의 시의 비극적 현장은 인간이 빚어낸 정신적 타락에 근원한 모든 부조리 현상만이 아니다. 그의 비극의 실마리는 인간의 실존이 입고 있는 운명적인 상처에서도 찾아볼 수 있다. 이 시에 무덤 속에 있으면서 그것도 알맹이를 상실한 채 껍데기로 남아 있다는 표현이 있다. 이것은 실존의 근거를 상실했다는 뜻이다. 인간의 조건에서 이 이상의 비극이 있을 수 없다. 잠은 꿈이 있으므로 해서 죽음의 상태를 면할 수 있다. 파편(상처)은 녹이 슬어야 부식한다(사라진다). 그렇지 못하니 이런 운명적 형벌이 또 어디 있는가. 독이 올라 빳빳해진 모가지를 쳐든 갈대(인간)는 그래도 살아 있음에 감사한다. 누구에게 감사하는지는 분명치가 않지만 이 누구의 상징적 개념은 기독교와 불교를 포함한 자신의 영혼을 지배하는 절대적 존재자일 수가 있다. 이렇게 생명의 존엄성에 대한 끈질긴 집념은 바로 이 시인이 지니고 있는, 운명적 가해자에 대한 저항적 무기가 된다.

> 산은 오르는 것이 아니라/ 가서 박히는 것임을 알게 됐네./ 내가 가서 박히니/ 풀도 나무도 박히어 파랗고/ 냇물도 박혔다가 흐르는 걸./ 하늘도 이렇게 뿌리를 박고/ 산 속에 살고 있음을 알게 되었네./ 울창한 나무와 풀들이/ 검붉은 몸뚱이로/ 어제의 잎들을 털어내고/ 뿌리를 박고/ 하늘 말씀을/ 땀처럼/ 눈물처럼/ 흘리는/ 물을 모아/ 아래 세상으로 보내는 걸/ 비로소 알게 되었네. (「산경(山經)」)

이 시를 이해하는 데는 그의 시 전반에 걸쳐 중요한 모티브를 형성하고 있는 물의 이미지에 대한 고찰이 필요하다. 여기서 잠시 시의 모티브와 상징을 생각해본다. 모티브는 시인의 상상력에 출발을 제공하는 유기적 장치다. 감각적인 자극을 주어 작품의 진로를 안내해나간다. 서정시의 모티브는 시의 내용을 이루는 사고와 비전과 정조(mood)와 격렬한 감정을 의미하기도 한다. 그렇다면 상징은 모티브와 어떻게 다른가. 상징은 지속적으로 발생하는 이미지라고 정의된다. 다시 말해서 이미지가 개념적인 결정체가 될 때 상징의 기능을 발휘한다. 개념적인 결정체란 것은 이미지가 표상적인 것이 되었을 때를 의미한다. 즉 이미지가 단순히 어떤 행동이나 국면(situation)의 요소를 제공할 때는 모티브의 기능을 발휘하고 다른 무엇을 의미할 때는 상징이 된다.

한광구의 시를 관류하고 있는 물의 이미지는 이 모티브와 상징 양면 모두를 동시적으로 지니고 있다. 물의 이미지는 빗물, 샘물, 이슬과 같은 동류적 이미지로 이동하기도 하고 눈물, 땀, 피와 같은 이질적 이미지로 비약하기도 한다. 동류적 이미지로의 이동은 모티브의 영역에 머물지만 이질적 이미지로의 비약은 상징으로 진입한 것을 의미한다. 가령 샘물이 하늘을 안고 있고 그 속에 산이 들어와 흔들린다고 한 것(「샘물」)은 모티브의 상태라고 한다면 빗물이 눈물로 젖으면 썩지 않고 풋풋하게 살아나 풀잎의 푸른 피로 이마가 뜨겁게 꽃을 피운다고 한 것(「빗물 2」)이나, 이슬이 내려 온 산이 젖었으니 하늘과 땅을 섞는 소리 온 산에 가득하다(「산바람」)고 한 것은 물의 이미지가 상징으로 옮겨간 것을 뜻한다. 불곰의 울음이 '나'의 갈증에 불을 지르는 것을 안타까워하면서 시퍼런 강물이 가슴까지 차올라 불곰의 울음이 잠기기를 바라는 것(「불곰의 울음소리」)도 물의 해갈 기능을 상징으로 활용한 예가 된다(그의 시에서 물은 종종 불〔울화를 포함한 모든 격정〕에 대응하는 국면에 활용되고 있음). 그러나 그의 물 이미지의 상징적 추이는 종교적 관념 쪽으로 큰 흐름을 잡는다. 「사랑 샘물: 야곱의 우물」에서는 기독교적 사랑을, 「푸른 浴法: 속리산에서」에서는 불교의 해탈을 노래한 것이 그 대표적인 예다. 그러나 때로는 시적 서정의 여과 장치인 상징의 도구를 떠나서 직설적으로 "물로써 淨罪하고/ 물로써 淨身하고/ 물로써 得道한다"(「自然法」)고 할 만큼 서정보다는 종교적 의지에 무게를 두기도 한다.

「산경(山經)」은 후기에 접어들면서 이 시인의 시적 경향의 변화를 잘 보여주고 있다. 이 시에서 산은 하늘의 뜻을 대차(貸借)한 공간이다. 인간이나 모든 자연은 산에 뿌리를 내려야 의미를 갖는 것으로 되어 있다. 산속의 물도 산에 의지하지 않고는 흘러갈 수가 없다는 것이다. 시인은 이러한 존재의 근거를 정립하는 표현으로 '박힘'이란 용어를 썼다. 사실 물은 낮은 데로 흐르다가 평형의 지형(가장 큰 것은 바다)을 만나면 거기에 고이고 만다(거기서 새로운 변화의 움직임이 일어난다). 이때까지 유동하던 물의 이미지는 이 시에 와서 하나의 고정된 이미지로 정착하는 모습을 보여준다. 결국 물은 땀과 눈물을 상징하는 "하늘 말씀"이며 오직 "아래 세상"(인간 세상) 한 방향으로만 흘러간다. 그래서 물의 이미지는 결국 그의 성숙해 가는 종교적 입지에 따라 움직인다고 할 수 있다.

이성복

정신적 함수의 긴장 관계

─'흐르지 않는 중심'(당신)과 '흐르는 몸'(나)의 인력

비는 그리 단단하지도 못한 송곳으로 땅을 쪼으려 내려오다가 땅에 닿기도 전에 아예 드러눕고 만다 자해 공갈단이다 비는 아스팔트 바닥에 윤활유를 들이부은 듯 아스팔트 검은 색을 더욱 번쩍이게 한다 하늘에서 내려올 땐 각기 다른 몸이었던 비는 아스팔트 바닥 위를 번칠거리며 흐르다 세상을 감싸는 한 줄기 시간의 띠가 된다 아. 오늘은 늙은 우주가 질펀하게 생리하는 날 누군가 간밤에 우주의 알집을 건드린 거다 아니다 아무도 다녀가지 않은 우주의 알집 두터운 벽이 깨져 부서져 무너지는 것이다

(「비」)

낭만주의적 수사는 사물성을 하나도 다치지(비틀기, distortion) 않고 시인의 주관적 심상에 비치는 그대로 형상화하는 것이 특징이다. 흔히 서정성이 강하다고 하는 자연 소재로 비·눈·달·구름·꽃·나무·풀·호수 등등이 대체로 그런 방향으로 활용된다. 그러나 현대시에서 상징주의나 모더니즘의 기법이 도입되면서 이러한 소재들의 내포는 비틀린 방향으로 비약되는 현상을 보게 된다. 이는 시인의 상상력이 또 다른 차원으로 옮겨가는 것을 의미하기도 한다.

이 시는 비에 대한 통일된 이미지로 일관되어 있지는 않지만 공격적인 이미지로 자해공갈단에 비유된 것을 제외하면 모두 비의 액체성 이미지를 벗어나 있지는 않다. 농밀한 수액인 검은 윤활유에 비유된 비가 그 흐름의 형상(띠)을 통하여 시간 이미지로 전환한다. 이미지의 단속(斷續)은 다시 계속되면서 이번에는 윤활유가 여인의 생리로 이동한다. 늙은 우주의 생리(피)가 우주의 알집으로 이동하는 것도 자궁 이미지라는 점에서 동일계 연상이면서 생식 본능의 원형 이미지에 가 닿는다. 또한 우주의 알집 두터운 벽이 깨져 부서져 무너지는 것으로 전개한 것은 비의 역동적 이미지를 확대화한 것으로 볼 수 있다.

> 당신을 맞거나 보내거나 저렇게 무한정 잎을 피워 올린/ 과일나무 둥지처럼 저희는 쓸쓸합니다 당신이 저희 곁에/ 오시거든 무성한 저희 잎새를 바라보시기를// 저희 사랑이 꽃필 때 저희 목숨은 시들고 수없이 열매들을/ 따낸 과일나무처럼 저희 삶은 누추합니다 당신이 저희 곁을/ 떠나시거든 저희를 닮은 비틀린 나무들을 지켜보시기를// 어두운 곳에서 옷을 벗다 들킨 여인처럼 저희 꿈은 자주/ 놀란답니다 갑자기 끊긴 아이의 울음처럼 캄캄히 멎은 저희/ 기도를 기억하시기를, 당신의 먼 길을 저희가 기억하듯이
>
> (「편지 4」)

우리는 그동안 많은 현대 시인을 통해서 소위 연가풍의 시를 접해왔다. 그 중에서 이성복의 시는 비유와 역설로 내밀한 심상의 경지를 충격적으로 호소한 점에서 주목의 대상이 된다. 가령 이 시에서 무성한 잎을 피워 올린 과일나무를 쓸쓸하다고 하는 것이나 사랑이 꽃필 때 목숨이 시든다는 것이 그러한 예가 된다. 역설적 표현이라도 때로는 갈등의 여운을 남기지 않는 수도 있다. 1, 2연은 어떻게 보면 자식을 많이 둔 어머니상을 떠올릴 수 있지만 시인은 이러한 진부한 고정관념을 불식시키느라 3연에서 기발한 급전을 시도한다. 여기서 만약 '당신'이 신적 존재라면 화자('저희')의 간절한 소망인 '꿈'과 '기도'는 경기에 가까운 놀라움의 충격을 주

어야 했었다. 그래서 옷을 벗다 들킨 여인과 갑자기 끊긴 아이의 울음의 비유가 등장한 것이다.

> 당신의 정원에 두 개의 꽃나무가 있었습니다 하나는/ 잎이 예뻤고 다른 하나는 가지가 탐스러웠습니다// 당신은 두 개의 꽃나무 앞에서 서성거리는 나를 보고/ 그 중 하나는 가져가도 좋다고 하셨습니다// 나는 두 개의 꽃나무 다 갖고 싶었습니다 하나는 뜰에/ 심고 다른 하나는 문 앞에 두고 싶었습니다// 내 다 가져가면 당신의 정원이 헐벗을 줄 알면서도 허전한/ 당신 병드실 줄을 알면서도……// 당신의 정원에 두 개의 꽃나무가 있었습니다 두 개의/ 꽃나무 사이, 당신은 쓸쓸히 웃고만 계셨습니다 (「두 개의 꽃나무」)

욕심과 관용 사이의 숨바꼭질에서 욕심은 숨어 있는 관용을 찾지 못할 때가 많다. 그러나 관용은 숨어 있지 않은 데도 욕심은 관용을 찾지 못한다. 결국 욕심은 관용이 스스로 나와주기를 바란다. 드디어 관용이 스스로 웃으며 나타날 때 욕심은 겸연쩍게 웃을 수밖에 없다. 이 숨바꼭질은 놀이가 아니다. 그것은 하루에도 몇 번씩 우리 마음속을 스쳐가는 정서의 바람소리일는지 모른다. 시인은 이러한 추리를 열어주는 이야기를 교묘히 엮어놓고 있다.

> 내가 당신 속으로 깊이 들어갔을 때 나는 아직 당신/ 바깥에 있었습니다 그때 당신은 웃는 것 같았고 우는/ 것 같았고 온갖 슬픔과 기쁨이 하나로 섞인 그 소리는/ 나의 머리끝 발끝을 끝없이 돌아나갔습니다 그 소리에/ 잠겨 나도 당신도 잊혀지고 헤아릴 수 없는 윤회의/ 고리들이 반짝였습니다 반짝임 사이로 어둠이 오고 나도/ 당신도 남이었습니다 (「사슬」)

이 시는 불교의 윤회사상을 서사적 허구로 시화한 것이다. 불교에서는 '있는 것도 없고 없는 것도 없다'는 역설이 교리의 한 근본이다. 제행무상

(諸行無常)에 바탕을 둔 말이다. 이 시는 좀 더 직접적으로 말해서 회자정리(會者定離) 거자필반(去者必返)의 연기설에 고리를 달고 있다. '나'와 남('당신')이 만나고 헤어지는 희비의 정황을 명암으로 조명했다. 인연의 고리(사슬)가 맺어지고 풀리는 경각의 긴장에서 맛보는 일종의 신비 체험 같은 것이 유난히 돋보인다. 이 시를 읽고 있으면 인간의 운명이라고 하는 큰 관념이 눈앞에 기어가는 작은 개미를 보듯이 선연하게 드러나는 것 같은 느낌이 들게 된다.

지금까지 살펴 본 작품 개별체의 성격과는 달리 이성복의 시는 그 특유의 공동체적 성격을 가지고 있다. 그것은 이항대립의 역설적 상관관계를 기조로 하고 있는 점이다. 이러한 기조는 작품 속에 자주 등장하는 '당신'에 초점을 두고 전개된다. 시집 『그 여름의 끝』을 자료로 해서 살펴보기로 하자. 나는 밝은 곳만 찾다가 더 이상 밝은 곳을 찾지 않았을 때 마음이 갑자기 밝아진다. 그리고 거기서 당신을 발견한다(「만남」)는 것은 그리움은 망각의 늪에서 재활한다는 뜻이 될 수 있고 또 당신을 붙잡는 행위는 당신을 가두는 행위가 된다(「비단길 3」)고 한 것은 그리움의 무한 용량을 자유의 들이에 담고 있는 것을, 당신을 만나지 않았으니 헤어질 리 없고 헤어지지 않았어도 손잡을 수가 없다(「그대 가까이 2」)는 것은 나와 당신 사이의 관념과 서정의 거리를 신축자재한 유연성으로 긴장의 불씨를 항상 안고 있다는 뜻으로, 나를 미워하고 그대(당신)를 사랑하거나 그대를 미워하고 나를 사랑하거나 갈래갈래 끊어진 길들은 그대의 슬픔이다(「슬픔」)는 뜻은 사랑에는 가정적 부정보다 더한 적이 없다는 사실을, 내가 당신 속으로 깊이 들어갔을 때 나는 아직 당신 바깥에 있었다(「사슬」)에서는 만남의 불씨를 당기는 찰나를 유예하려는 욕망의 크기를 읽을 수 있고, 발을 뻗으면 닿을 수 있는 거리에 당신은 있다(「발」)는 것은 당신의 부재에서 오는 공백의 공포를 반어적으로 우회한 것이라면, 나는 팔도 다리도 없어 당신에게 가지 못하고 드릴 말씀 전해줄 친구도 없으니 당신이 원하시면 언제라도 오시면 된다(「기다림」)는 것은 신체적 과장으로 정신적 소망을 극대화하는 빌미로 한 것을, (당신이) 머리맡에 계시는 것 같아 깨어보면 바깥에 계신다. 창을 열고 나가보면 빗줄기 너머에 계신다(「비 2」)는 것은 당신의 존재는 항상 가시적 거리 안에서 비극적 정조(비)의 표정으로 서성이고 있는 것을, 당신은 제게 흐르는 몸을 주시고 당신은 제게 흐르지 않는 중심이다. 저의 흐름이 멎으면 당신의 중심이 흐려진다(「샘가에서」)는 것은 당신과 나의 관계를 초점적으로 정리한 것으로 사랑의 절대성(중심)과 사랑 노래의 영원한 지속을 약속한다. 이러한 표현적 사실은 '허깨비'(허상)와 '실체'(실상)의 변증법적 통일 형태의 상징으로 볼 수 있잖을까. 그는 "슬픔은 온통 슬픔 전체일 뿐 다른 무엇의 대치가 되는 것이 아니다"라고 했고 "기쁨에도 본래 짝지을 것이 없다"고 했다. 그래서 기쁨의 자리에 '당신'을 두고 슬픔의 자리에 '나'를 두면서 그 사이의 강한 애정의 인력을 타고 오가는 현란한 혹은 처절한 허상들을 노래했다. 허깨비도 아니고 실체도 아니면서 결국은 실체를 거쳐 간 허깨비로 끝나는 것이 그의 시에서 보여주는 서정의 변증법적 종합의 형태다. 그러나 시적 표현의 일반적 현상이기는 하지만 그의 시에서 종합 형태의 허깨비는 숨어 있다. 허무의 실체는 항상 숨겨져 있다.

김혜순

극사실풍(極寫實風)의 분산된 비전

풍경이 나를 거닌다
내가 밤의 풍경을 쓰다듬는다
이렇게 비 오는 오늘밤, 풍경이 침대 위에서 돌아눕는다
풍경은 왜 거기 있지 않고 여기 있는가
소름이 돋아 우둘두툴한 풍경
두 팔로 껴안아도 여전히 온몸 떨리는 풍경
왜 풍경은 몸 속으로 들어와 고통이 되고 싶은 걸까요?
비 쏟아져 들어가는 지하도를 옆구리쯤에 품은 풍경
그 지하도 밖으로 나오자
녹슨 철골들이 산발한 채 붉은 물을 뚝뚝 흘리는
그 아래 입을 쓱 닦은 깨진 유리병이
피를 뚝뚝 흘리는 밤의 풍경
그곳, 우산도 없이 내가 서 있는 밤의 풍경
내가 베개에 얼굴을 파묻자
멀리 안보이는 관악산이 비켜서고 새로운 풍경이 나타난다
풍경에게도 깊이가 있나 봐요

나날이 풍경이 깊어져요 명치끝을 파고들어요
호흡이 바뀔 때마다 풍경은 바뀌고
안개가 피어오르고 내 방이 녹아서 강물에 떠내려가요
왜 고통이 몸 밖으로 나가면
한낱 고물집하장이 되어 버리는 걸까요?
안에서 밖으로 내뿜어지는 풍경 속
나는 어째서 녹물을 칙칙 뱉는 짓다 만 우정병원 콘크리트에
기대고 서 있는지 비는 철썩철썩 내 뺨을 갈기고 있는지
조금만 몸을 움직여도 바뀌어버리는 예민한 풍경의 살갗
그래, 이제 그만 풍경의 문을 닫아걸자
행복했어요 멀리서 바라보기엔
그러나 가까이 다가서면 참혹했어요
비 오는 밤의 풍경이 내 두 팔 안에서
나 없이도 울고, 나 없이도 헐떡거린다
비 오는 밤 풍경의 한복판
온몸의 피가 밀려왔다가 밀려가는 그곳
벙어리 여자처럼 큰 소리로 울며 내가 지나갔지요
먹구름이 몇가닥 얼굴 위로 흘러내려요
언제나 한 장의 표면밖에 가진 것이 없는
그런데 이 풍경의 출구는 어디예요?

(「풍경 중독자」)

보들레르의 『악의 꽃』이 출판되자 풍속 문란이란 죄명으로 기소된 적이 있다. 이때 빅토르 위고는 침체된 시단에 '새로운 전율'을 일으켰다고 하면서 보들레르를 변호하고 나섰다. 여기서 '전율'의 의미는 탁월한 감성과 종횡무진한 상상력, 심원한 영감으로 개척한 획기적인 감동의 울림을 뜻하는 것이겠지만 그 울림의 중심에는 순수한 인간의 영혼이 도사리

고 있었다는 사실이 중요하다. 이것을 좀 달리 말하면 인간의 내면에 숨겨져 있는 추악한 치부를 적나라하게 파헤침으로써 타락한 인간의 실상을 신랄하게 고발했다고도 할 수 있다. 그래서 인간 심중의 지옥으로 독자를 인도한다는 뜻에서 그의 『악의 꽃』을 단테의 『신곡』에 비유하는 사람도 있다. 우리는 여기서 시 정신이니 시인의 사명 같은 것을 되새겨볼 필요가 있다. 아인슈타인의 뇌가 인간이 가지고 있는 뇌 능력의 6%밖에 활용되지 못했다는 말이 있다. 과학이 아닌 문학예술에서 인간의 상상력의 잠재력은 얼마나 될까. 창조력이란 명목으로 시인의 상상력은 무한대의 자유의 광장으로 뻗칠 수 있다. 인간과 자연은 그 자체만으로도 무한 소재가 될 수 있지만 인간과 자연의 관계 기능의 영역도 무한하다. 여기에 시간과 공간이 도입되면 엄청난 4차원의 세계가 전개된다. 이때 시인이 무엇을 어떻게 선택해서 자기의 방을 만들어나가느냐 하는 것이 과제다. 천상천하유아독존(天上天下唯我獨尊)이란 말이 있고 천지지간 만물지중에 인간이 최귀하다는 말이 있다. 시인이 추구하는 모든 길은 인간으로 통해 있어야 한다. 인간이 부정되고 인간이 해체된 시의 강물은 탁류 여부를 떠나서 결국은 말라버리고 만다. 19세기 말에 등장한 소위 세기말 사조는 인류 역사에서 그 흔적만 남기고 결국은 사라지고 만다. 20세기 말에 등장한 포스트모더니즘도 같은 길을 밟을 수밖에 없을 것이라고 생각한다.

김혜순의 시는 포스트모더니즘 시로 단정하기에는 그 내포적 영역이 너무 넓고 복잡하다. 그녀의 시 속에 등장하는 인간을 비롯한 모든 소재는 혼돈 속에 빠져 있다. 가상된 비전에 의한 전경(前景)이 전무한 상태에서 인간은 무작위의 손(시인의 손)에 의한 변화의 가능성을 무한으로 지니게 된다. 그녀는 매섭고도 당차며 냉철한 손으로 인간을 자기 특유의 4차원의 세계로 몰고 간다. 시간과 공간이 자유자재로 삼투하는 세계가 4차원의 세계다. 그녀의 상상력 앞에는 타부(금기)가 없다. 절대 자유의 파운더리에서는 선악(善惡), 정사(正邪), 호오(好惡), 가부(可否), 미추(美醜)가 없다. 이런 것들은 거추장스러운 장애물에 불과하다. 이 시인은 「봄비」에 대한 '詩作 노트'를 단 한 줄로 줄여서 "봄비 내리는 날, 썼다"고만 했다. 어디가 아픈가 하고 누가 묻든 말든 어디가 어떻게 아프다는 사실만 드러내면 그만이다. 다다이즘의 '다다'(dada)가 무엇이냐고 하니까 '다다는 다다다'라고 답하는 것과 같다. 초자아(super-ego)의 기능을 접어버린 시인은 내면이든 외부 환경이든 그것과 부딪쳐 발생하는 자각 현상을 묘사적으로 실현(realizaton)만 하면 되는 것이다.

이 시는 그녀의 시적 생리를 우회적으로 보여주고 있다. 풍경에 대해서 살펴보자. 그의 풍경은 항상 화자와 가까이 있다. 멀리서 바라보았을 때의 풍경은 행복하던 것이 가까이서는 항상 참혹하다. 멀리하려고 해도("풍경의 문을 닫으려 해도") 항상 다가서는, 아니 몸속으로 들어와("명치끝을 파고들면서") 고통이 되고 싶어 하는 풍경이다. 이렇게 고통의 상징이라 해도 좋을 이 풍경은 호흡이 바뀔 때마다 바뀐다. 조금만 몸을 움직여도 바뀌어 버린다. 그런가 하면 단순한 일회성으로 의식의 표면을 스쳐갈 뿐이다. 명치끝을 파고드는 풍경이 몸 밖으로 나가면 아무런 쓸모없는 "고물집하장"이 되어버리니 밖으로 내보낼 수가 없다. 그러나 이 풍경이 나갈 출구가 없다고 했지만 사실상 내보낼 수가 없다는 뜻이기에 이것은 아이러니다. 이렇게 해서 안으로 스스로 받아들인 풍경은 시인의 내면에서 이합집산하는 동안 마음의 벽에 부딪쳐 고통을 유발한다. 그래서 시인은 풍경을 불러들여 스스로 그 풍경 속에 갇혀버린 '풍경 중독자'가 되고 만다. 이 시인의 말을 들어보자. "시인은 자신의 아픔을 모셔놓고 그 아픔을 향해 춤을 추는 사람이다. 시인은 자신의 아픔을 몸속에 넣어놓고 모시고 어르고 놀아주고 축제를 벌여주며 때맞춰 제사지내는 사람이다. 시인은 그 아픔이 싫어 도망가다 도망가다 병든 사람이지만 그 아픔을 제 서방보다 귀히 여기는 사람이다. 시인은 밤이면 밤마다 어둠 붙여들고 아픔 맞으러 산에 오르는 사람이다."

무서워 무서워/ 소금기둥 위에다 비옷을 걸친/ 내가 지나간다/ 십년 장마에 반쯤 녹아/ 키가 줄어든/ 내가 지나간다// 검은 우산을 쓰고/ 다가온/ 네 검은 안경테 밑에서/ 소금물이 줄줄/ 녹아내린다// 그래그래 다 녹자/ 이까짓 소금기둥/ 다 녹여 버리자/ 바닷물 더 짜지게 (「팔십 년 긴 장마」)

소금 기둥과 같은 인간의 존재는 언젠가 비를 만나게 되어 있다. 아무리 비옷을 걸쳐도 그 소금이 녹아내리는 것은 운명적이다. 인간이 생존하는 동안 그 비는 계속 내리게 되어 있다(제목의 '팔십 년'은 인간의 일생을 의미하는 지도 모른다). 2연에 오면서 1연의 '내'가 '네'로 바뀐다. 검은 우산을 쓰고 검은 테 안경을 쓴 저승사자 같은 사람으로 '내'가 변신해버린 것인가. 3연에서 체념으로 일관하지 않고 끝에 가서 새로운 의미로 반전하는 것은 이 시인이 지닌 지구력(생존의 의지)의 한 측면이다. 17세기 영국 형이상학파 시인들의 기지가 아무리 뛰어난다 해도 이 시인만 할 수 있을까. 기상천외의 발상으로 독자를 당혹하게 해놓고도 자신은 자조적 방관자로 독자의 어깨 뒤에 서 있다. 원래 시가 그렇기는 하지만 그의 시에는 피해자만 있고 가해자는 없다. 가해자를 찾는 것이 해석의 길의 하나다. 그래서 그의 시를 달구는 긴장은 해석의 여지를 몽땅 안은 독자를 딜레마로 몰고 간다.

칼이 칼을 사랑한다/ 발이 없는 것처럼 공중에서 사랑한다./ 사랑에 빠진 칼은 칼이 아니다 자석이다/ 서로를 끌어당기며 맴도는 저 집요한 눈빛!/ 흩어지는 땀방울 내뱉는 신음/ 두 개의 칼이 잠시 공중에 엇갈려 눕는가 했더니/ 번쩍이는 두 눈빛으로 저 멀리 같은 방향을 바라보기도 한다/ 서로 몸을 내리치며 은밀하게 숨긴 곳을 겨냥하는 순간/ 그 눈빛 속에서 4월마다 벚꽃 모가지 다 베어지기를 그 몇 번!/ 누군가 하나 바닥에 몸을 내려야 끝이 나는 칼의 사랑/ 분홍신을 신은 무희처럼 쉬지 않고 사랑할 수는 있어도/ 그 사랑을 멈출 수는 없는/ 시퍼런 몸 힘껏 껴안고 버틸 수는 있어도/ 끝내 헤어져 돌아갈 수는 없는/ 공중에서 내려올 수도 그렇다고 넘어질 수도 없는/ 꼿꼿한 네 개의 무릎에서 피가 솟는다/ 저 몸도 내 몸처럼 구멍이다 저 검은 구멍을 베어버려라/ 거기서 솟는 따뜻한 피로 얼굴을 씻어라/ 아무리 소리쳐도 절대로 물러서지 않는 저 끔찍한 사랑/ 그러기에 이제 내 사랑은 몸을 공중에 들어올리는 것이었다고/ 한번도 발을 땅에 붙이지 못한 것이었다고 말해야 하나?/ 다행인가? 우리 사랑이 아직 저렇게 공중에 떠 있다는 것 (「칼과 칼」)

김혜순의 시에서 제재는 불안정하거나 전도되거나 돌발적이거나 비약적인 시추에이션으로 빠져 들어간다. 그래서 그 제재가 활동하는 추이에 따라 독자는 매우 급박한 긴장감을 지속적으로 지니게 된다. 가령 이 시에서 크게는 (칼)싸움이 사랑으로 변용 처리한 것이 우선 긴장의 단서가 된다. 실제 전개된 상황으로 보면 (칼이) 공중에 떠 있는 한시적 시간과 언젠가 땅 위에 떨어지고 말 운명적 조건 안에서 전개되는 사랑은 시종 긴장을 대동할 수밖에 없다. 서슬 푸른 칼날의 섬광에서 사랑의 눈빛을 발견하는 것이나 칼의 기능인 살상의 힘으로 전취한(?) 따뜻한 사랑의 피로 얼굴을 씻는 것은 악마주의적 발상이다. 사랑의 이상심리는 격정이 진행되는 과정에서 발생하는 것을 흔히 보게 되듯이 "서로 몸을 내리치며 은밀하게 숨긴 곳을 겨냥하는 순간/ 그 눈빛 속에서 4월마다 벚꽃 모가지 다 베어지기를 그 몇 번!…… 저 몸도 내 몸처럼 구멍이다 저 검은 구멍을 베어버려라"는 구절에서 우리는 에로티시즘, 더 구체적으로 사디즘의 불길 같은 것을 느낄 수도 있다.

이 시인은 온대성 체질이 아니다. 열대성 아니면 한대성 체질이다. 아니 열대와 한대의 양 역을 왕래하는 이상 기류가 형성하는 기상이 그녀의 시적 기상이다. 실험시니 전위시라는 용어도 따지고 보면 이러한 기상과 관련이 있다. 항상 새것을 추구하는 도전정신의 적은 평온과 해이다. 그녀가 지니고 있는 가공할 만한 상상력은 일단 냉철한 감각의 저변 영역에서부터 시작한다. 가령 "하늘에서 투명한 개미들이 쏟아진다.(비)/ 머리에 개미의 발톱이 박힌다.(비)/ 투명한 개미들이 투명한 다리로 내 몸에 구멍을 뚫는다(비)"(「(비)」)에서 보듯이 감각은 감각을 낳는다. 그 이상은 나아가지 않는다. 그런가 하면 한편으로는 파천황적 뜨거운 발상이 기염을 토한다. "하늘엔 곧 부서질 별들/ 땅에는 곧 폭발할 산들/ 그 사이에 빚어진 사람들// 누군가 지구를 맷돌처럼 갈아/ 키질하고 있구나/ 먼지로 흩날리는 머리/ 허리끈을 꽉 움켜잡고/ 오늘의 언덕을 굴러 떨어지는 몸뚱아리"(「세기말적 遊泳」). 감각은 중추신경으로 이어져야 하고 뜨거운 용광로의 주물(鑄物)은 그 뜨거운 열과 함께 몸체 안에서 무슨 새로운 형질의 체적을 남기는 것이 아닐까. 앞으로 그녀의 무서운 상상력의 마력이 어느 의미 있는 인간의 목소리를 내기 위해 어느 방향으로 물꼬를 틀 것인지 자못 궁금해진다.

최승자

불사조의 잿더미

——생멸의 고통

촛불이 타고 있는 동안은
이 환한 불빛에 기대리라.
심장이 타고 있는 동안은
이 따스한 온기에 기대리라.

촛불이 타고 있는 동안은
심장이 타고 있는 동안은
결코 결코 기도하지 않으리라.

나 죽은 뒤, 나도 모르는
나의 기원만이 이승 저승
홀로 헤맨다 할지라도

내 심장 한 개의 촛불로 만들어
온 밤내 태우기만 하리라.
결코 결코 기도하지 않으리라.

(「기도하지 않으리라」)

시인은 독존(獨尊) 의식이 누구보다도 강한 부류의 사람이다. 시인의 독존은 권위 의식이 달고 있는 역정(逆情, 혹은 逆症)을 풍기지 않으면서 무해한 개성과 고집의 이름으로 철저하게 고독할 뿐이다. 기도는 자력의 한계점에서 발생하는 타자(절대자)에의 의존 행위다. 이 행위를 거부하는 표본적인 사상 형태가 실존주의다(유신론적 실존주의는 다르지만). 시인은 이러한 철학의 명찰을 거부하면서 정체가 없는 스스로의 신을 찾아 자신의 길을 열어간다. 그때 발생하는 페이소스와 판타지에 도취하는 것만으로 생애의 전부를 거는 경우도 있다.

최승자의 이 결벽의 독백은 불사조의 날개와 같은 열정을 전부로 하고 있다. 이 독백은 그의 심장에 녹아 있는 정념의 내용을 이야기하지 않는다. 설령 이물질의 집합이었다 하더라도 그것은 심장의 불꽃 속에서 생명성의 순도로 돌아가버렸으니까. 심장이 불꽃으로 타고 있는 동안은 기도하지 않으리라는 다짐은 생전에는 절대 기도하지 않으리라는 뜻이긴 하지만 심장의 촛불이 타고 있는 동안에는 기도하지 않겠다는 단서가 붙은 것으로 해서 이 시인의 비극은 또 다른 비극을 잉태하게 된다. 그러나 일단 이 열정이 꺼지는 과정 전체에서 발생하는 생명의 에너지는 새로운 희망의 불빛을 발견하게 된다. 그것은 절망과 좌절의 늪에서 "한평생 열에 들떴던 이마"를 식혀주는 "산발한 그리움"의 손짓이다.

그 많은 좌측과 우측을 돌아/ 나는 약속의 땅에/ 다다르지 못했다.// 도처에서 물과 바람이 새는/ 허공의 房에 누워 "내게 다오/ 그 증오의 손길을, 복수의 꽃잎을"/ 노래하던 그 여자도 오래 전에/ 재가 되어 부스러져 내렸다.// 그리하여, 이것은 무엇인가./ 내 운명인가, 나의 꿈인가,/ 운명이란 스스로 꾸는 꿈의 다른 이름인가.// 기억의 집에는 늘 불안한 바람이 삐걱이고/ 기억의 집에는 늘 불요불급한/ 슬픔의 세간들이 넘치고// 살아 있음의 내 나날 위에 무엇을 쓸 것인가./ 무엇을 더 보태고 무엇을 더 빼야 할 것인가./ 자세히 보면 고요히 흔들리는 벽,/ 더 자세히 보면 고요히 갈라지는 벽,/ 그 속에서 소리 없이 살고 있는 이들의 그림자,/ 혹은 긴 한숨 소리.// 무엇을 더 보태고 무엇을 더 빼야 할 것인가./ 일찍이 그들 중의 하나였으며/ 지금도 하나이지만,/ 잠시 눈 감으면 다시 닫히는 벽,/ 다시 갇히는 사람들/ 갇히는 것은 나이지만,/ 벽의 안쪽도 벽, 벽의 바깥도 벽이지만.// 내가 바라보는 이 세계,/ 벽이 꾸는 꿈.// 저무는 어디선가/ 굶주린 그리운 눈동자들이 피어나고/ 한평생의 꿈이 먼 별처럼/ 결빙해가는 창가에서/ 나는 다시 한 번// 아버지의 나라/ 그 물빛 흔들리는 강가에 다다르고 싶다.

(「기억의 집」)

최승자, 그녀의 눈은 안팎으로 가혹하게 열려 있다. 때로는 인사이더의 시각으로, 때로는 아웃사이더의 시각으로 삶의 본질을 꿰뚫고 본다. 그때 본질은 무위한 각질과 혼동될 만큼 애매모호하다("애매와 모호가 살았는데,/ 둘은 죽을 때까지/ 서로 싸웠다"〔「나날」〕). 그리고 삶보다는 죽음을 훨씬 가까이에 두고 있다("죽음이 내 주위를/ 물결처럼 공기처럼/ 어둠처럼 맴돌며/ 내 급소를 노리고 있다"〔「죽음이 내 주위를」〕, "그대들이 살아 헤매며/ 이 세계의 모든 문들을 두드릴 때/ 나는 무덤의 따뜻한 실내에 있을 것이다"〔「그대들이 나를 찾을 때」〕, "타오르는 죽음 곁에/ 깜깜히 누운 삶이여"〔「오늘밤 깊고 깊은」〕). 그녀는 산 사람이면 누구나 누리는 생래적인 기득권적 감각과 사고를 거부한다. 삶은 죽음 아래 깔리고 희망은 감옥처럼 캄캄하고(「희망의 감옥」) 세계는 상처들의 쓰레기 더미(「일찍이 세계는」)고 만월처럼 독이 차오르는 곳(「봄의 略史」)이다. 실제 숲은 없고 머릿속에서 황홀한 환상의 숲만을 짜낼 뿐(「없는 숲」)이다. 시의 생명성이라고 할 서정에 대해서도 서정의 시대는 끝나고 서정의 연습 시대가 있을 뿐(「날이 흐리고」)이라고 단호하게 말한다.

대체로 이러한 내용을 직간접적으로 담고 있는 것이 「기억의 집」이다. 기억은 과거가 재생되는 현상이다. 살아 있음의 나날 위에 무엇을 쓰고 무엇을 보태고 무엇을 빼야 할지 모른다고 했으니 현재에만 급급할 뿐 기억에 배려될 시간이 없는 것이 문제이고 다음은 기억할 자료를 담을 파일의 벽은 공간을 갖고 있지 못하다. 벽의 안쪽도 벽이고 바깥도 벽이니 기억할 자료가 있을 수 없다는 것이 또 문제가 된다. 그러니 있는 것은 환상의 기억(벽이 꾸는 꿈)뿐이다. 그래서 '기억의 집'은 결국 '허공의 房'에 불과하다. 그렇다면 내 존재의 실존적 불안은 어디서 오는 것일까. 그것은 현실에 적응도 대응도 하지 못하는 무력에서 온다. 운명이 외부의 지배적인 힘이 아니고 스스로 꾸는 꿈으로 간주하는 이상 그 무력증은 전적으로 자생적인 것이다. 거기다가 그 현실은 차단의 역할 밖에 못하는 벽이기 때문에 그의 비극성은 결국 자신의 꿈과 현실이 합세한 이중고의 압력에서 온다.

그러나 중요한 것은 절대 절망과 절대 좌절같이 느껴지는 잿더미에서 희망의 불씨가 숨 쉬고 있다는 데 있다. 불사조가 몸을 태운 그 잿더미에서 새끼가 태어나듯이. 물빛 흔들리는 강가의 아버지의 나라에 희망을 거는 것이 그것이다. 이 기적적인 전환은 이 시인의 특이한 시적 체험의 기적으로, 그의 여러 편 시의 에필로그에서 발견할 수 있다.

> 새들은 항시 낮게 낮게 가라앉고/ 산발한 그리움은 밖에서,/ 밖에서만 날 부르고// 쉬임없는 파문과 파문 사이에서/ 나는 너무 오랫동안 춤추었다.// 이젠 너를 떠나야 하리.// 어화어화 우리 슬픔/ 여기까지 노저어 왔었나.// 내 너를 큰물 가운데 두고/ 이제 차마 떠나야하리.// 오래 전에 내 눈 속 깊이 가라앉았던 별,/ 다시 떠오르는 별./ 오래 갈구해 온 나의 땅에/ 다시 피가 돌고/ 돌아와 이제 내 울타리를 고치느니,// 허술함이여 허술함이여/ 버려진 잡초들이/ 이미 내 키를 넘었구나.
>
> (「돌아와 이제」)

논리학의 형식에서 이중 부정이 강한 긍정으로 나타나듯이 경험적 형식도 실패로 인식된 다음의 경험 자료는 경험 주체의 자세에 중요한 모멘트를 제공한다. 즉 부정의 지속이냐, 긍정적 전환이냐의 선택이 문제가 된다. 시인의 서정적 자세를 이 기준에 두고 평가하는 일은 흔히 볼 수 있는 일이다. 이 시에서 춤추는(산발한) 그리움은 슬픔의 날개를 달고 항상 나를 밖으로만 유혹했다. 이 큰물 같은 슬픔의 유혹을 떨치고 돌아서는 시인의 눈빛 속에 다시 떠오르는 별(눈 속 깊이 가라앉았던 별), 그것은 오랫동안 잊혀졌던 고향 방에 깜박거리는 등불이다. 이 등불을 찾아올 때까지의 역정을 시인은 다음과 같이 이야기한다. "아직도 곧잘/ 희망에 푸릇푸릇 데쳐지고/ 절망에 달달 볶여지고/ 자포자기에 푹푹 고아지는/ 나는 수억 년 전부터의 원시적 아메바"(「토악질」), 그러나 몸의 형체가 일정하지 않는 한 개 원형질 조각인 아메바로 표류할 수 없는 것이 그녀의 시적 운명인지도 모른다.

기형도

슬픔을 보는 눈, 죽음을 만지는 손

아아, 그때의 빛이여. 빛 주위로 뭉치는 어둠이여. 서편 하늘 가득 실신한 청동의 구름떼여. 목책 안으로 툭툭 떨어져 내리던 무엄한 새들이여. 쓴 물 밖으로 소스라치며 튀어나오던 미친 꽃들이여. 나는 끝을 알 수 없는 질투심에 휩싸여 너희들을 기다리리. 내 속의 모든 움직임이 그치고 탐욕을 향한 덩굴손에서 방황의 물기가 빠질 때까지.

밤은 그렇게 왔다. 포도 압착실 앞 커다란 등받이 의자에 붙어 한 잎 식물의 눈으로 바라보면 어둠은 화염처럼 고요해지고 언제나 내 눈물을 불러내는 저 깊은 空中들. 기억하느냐, 그해 가을 그 낯선 저녁 옻나무 그림자 속을 홀연히 스쳐가던 천사의 검은 옷자락과 아아, 더욱 높이 흔들리던 그 머나먼 주인의 임종. 從者여, 네가 격정을 사로잡지 못하여 죽음을 환난과 비교한다면 침묵의 구실을 만들기 위해 네가 울리는 낮은 종소리는 어찌 저 놀라운 노을을 설명할 수 있겠느냐. 저 공중의 욕망은 어두움을 지치도록 내버려두지 않고 종교는 아직도 지상에서 헤맨다. 묻지 말라. 이곳에서 너희가 완전히 불행해질 수 없는 이유는 神이 우리에게 괴로워할 권리를 스스로 사들이는 법을 아름다움이라 가르쳤기 때문이다. 밤은 그렇게 왔다. 비로소 너희가 전생애의 쾌락을 슬픔에 걸 듯이 믿음은 不在

속에서 싹트고 다시 그 믿음은 부재의 씨방 속으로 돌아가 영원히 쉴 것이니, 골짜기는 정적에 싸이고 우리가 그 정적을 사모하듯이 어찌 비밀을 숭배하는 무리가 많지 않으랴. 밤은 그렇게 노여움을 가장한 모습으로 찾아와 어두운 실내의 램프불을 돋우고 우리의 후회들로 빚어진 주인의 말씀은 정신의 헛된 식욕처럼 아름답다. 듣느냐, 이 세상 끝 간 곳엔 한 자락 바람도 일지 않았더라. 어떠한 슬픔도 그 끝에 이르면 짓궂은 변증의 쾌락으로 치우침을 네가 아느냐. 밤들어 새앙쥐를 물어뜯는 더러운 달빛 따라가며 휘파람 부는 작은 풀벌레들의 그 고요한 입술을 보았느냐. 햇빛은 또 다른 고통을 위하여 빛나는 나무의 알을 잉태하느니 從者여, 그 놀라운 보편을 진실로 네가 믿느냐.

(「포도밭 묘지 2」)

미학적 구조는 긍정과 부정의 변증법 아래서 발생한다고 한다. 말하자면 슬픔과 위안이 미의 변증법에서 명제의 단위가 된다는 것이다. 자연과 사회에 대한 인간의 관계 위에서 주제가 발생하고 이 주제를 뒷받침하는 일반적 국면이 시적 모티브라고 할 때 주제와 모티브의 가장 일반적이고 보편적인 것이 슬픔이라고 보는 것이다. 슬픔의 동기는 일상적이고 보편적인 인간의 운명에 자극을 받을 때나 사회적 갈등이 동기가 될 때 발생할 수 있다. 사회에 대한 외상적(外傷的) 경험이 없이 순수한 인간적 고뇌에 의한 슬픔은 철학적 사색이나 관념 쪽으로 흐르게 마련이지만 모종의 외상적 경험이 일종의 강박관념으로 쏠리게 될 때 시인은 대사회적 공격을 직접적으로 가하든가 간접적으로 야유나 풍자의 형식을 취하는 경우가 많다. 작품의 미학적 양상은 작자와 독자의 심리 활동과 관련시켜 볼 때 '표현적'일 수도 있고 '감정적'일 수도 있다. 순수한 인간적 고뇌가 동기가 될 때는 표현적이지만 사회적 갈등의 동기인 경우는 대개 감정적 양상(비판적 감정)을 띠게 마련이다.

기형도 시의 슬픔의 동기는 순수한 인간적 고뇌가 동기가 된다. 그리고 미학적 양상은 표현적이다. 표현적이란 것은 무시간적·무장애적 자유감정을 임의롭게 하면서 어떠한 표현의 질량도 이미지나 관념의 용기에 담을 수 있다는 것이 특징이다. 그러나 그 뿌리는 인간의 원형적 운명 조건을 벗어나지 못한다.

이 시의 내용은 그 원천을 인간적 고뇌에 두고 있다. 아이스킬러스의 「포박된 프로메티우스」가 그렇듯이 인간적 고뇌는 운명적인 것으로 본다. 스스로 불행하다고 생각지 않는 곳에 프로메티우스의 비극적 운명이 싹텄듯이 시인은 스스로 불행이라는 이름의 아성을 정복하려 했다. 인간이 불행해질 수 없는 이유를 "神이 우리에게 괴로워할 권리를 스스로 사들이는 법을 아름다움이라고 가르쳤기 때문이"라고 갈파한 것은 신이 인간을 회유하기 위한 위증(僞證)으로, 혹은 "어떠한 슬픔도 그 끝에 이르면 짓궂은 변증의 쾌락으로 치우친다"고 한 것은 인간이 안일을 위해 인간 스스로에게 던진 위증으로 생각했음이 틀림없을 것이다. 이쯤 되면 기형도는 아마 니체라는 강물의 한 지류로 출렁이고 있는지 모른다. 그만큼 인간고(人間苦)의 깊이를 앓고 있다. 그러나 처음부터 슬픔은 극복의 대상이 아니라는 점에서 그의 비극은 시작되었다. 전생애의 쾌락을 슬픔에 걸 듯이 믿음을 부재 속에 싹틔우고 다시 그 믿음을 부재의 씨방 속으로 돌아가 영원히 쉬게 한다. 햇빛이 또 다른 고통을 위하여 빛나는 나무의 알을 잉태한다. "빛 주위로 뭉치는 어둠", "실신한 청동의 구름떼", "무엄한 새들", "미친 꽃들"을 보는 눈을 그는 스스로 질투심과 탐욕의 눈이라 했지만 결국은 죽음의 그림자인 슬픔에 깊이 함몰하고 말았기 때문이다. "그 머나 먼 주인의 임종"을 추종하는 종자(從者)들을 향하여 "그 놀라운 보편을 아직도 믿느냐"고 반문하면서.

> 어느 영혼이기에 아직도 가지 않고 문밖에서 서성이고 있느냐. 네 얼마나 세상을 축복하였길래 밤새 그 외로운 천형을 견디며 매달려 있느냐. 푸른 간유리 같은 대기 속에서 지친 별들 서둘러 제 빛을 끌어모으고 고단한 달도 야윈 낮의 형상으로 공중 빈 밭에 힘없이 걸려 있다.

아느냐 내 일찍이 나를 떠나보냈던 꿈의 짐들로 하여 모든 응시들을 힘겨워하고 모든 높고 험한 언덕들을 피해 삶을 지나다녔더니, 놀라워라. 가장 무서운 방향을 택하여 제 스스로 힘을 겨누는 그대, 기쁨을 숨긴 공포여, 단단한 확신의 즙액이여.

보아라, 쉬운 믿음은 얼마나 평안한 산책과도 같은 것이냐. 어차피 우리 모두 허물어지면 그뿐, 건너가야 할 세상 모두 가라앉으면 비로소 온갖 근심들 사라질 것을. 그러나 내 어찌 모를 것인가. 내 생 뒤에도 남아 있을 망가진 꿈들, 환멸의 구름들, 그 불안한 발자국 소리에 괴로워할 나의 죽음들.

오오, 모순이여, 오르기 위하여 떨어지는 그대. 어느 영혼이기에 이 밤새이도록 끝없는 기다림의 직립으로 매달린 꿈의 뼈가 되어 있는가. 곧이어 몹쓸 어둠이 걷히면 떠날 것이냐. 한때 너를 이루었던 검고 투명한 물의 날개로 떠오르려는가. 나 또한 얼마만큼 오래 냉각된 꿈속을 뒤척여야 진실로 즐거운 액체가 되어 내 생을 적실 것인가. 공중에는 빛나는 달의 귀 하나 걸려 고요히 세상을 엿듣고 있다. 오오, 네 어찌 죽음을 비웃을 것이냐 삶을 버려둘 것이냐, 너 사나운 영혼이여! 고드름이여.

(「이 겨울의 어두운 창문」)

"오르기 위하여 떨어지는" 행위는 시시포스의 신화 구조와는 다르다. 시시포스의 오르는 행위는 신의 의지에 의한 것이지만 여기서는 시인 자신의 작위적인 행위다. 그만큼 시인의 눈에 비친 모순의 세계도 자신이 만들어낸 모순의 운명이다. 죽음을 비웃을 수도 없고 삶을 버려둘 수 없는 양감정(兩感情)의 정서가 어쩌면 시인 보편의 정서일지도 모르지만 그는 이 정서 속에서 자기 존재의 근거를 찾고 의미를 찾고 그의 미학을 창출한다. 그러나 슬픔에서 기쁨으로 이어지는 통로는 언제나 순탄치가 않다. 아니 스스로 그런 길을 선택한다. 그러한 척박한 동토 위에 서 있는 자신의 초상('고드름' 같은 '영혼')을 즐겨 그려 보인다. 그의 시적 호흡은 가쁘고 열기가 있다. 휴식을 원하지는 않지만 어쩔 수 없이 도달한 휴식 공간은 가장 비극적인 마지막 밀폐된 공간이다.

> 사랑을 잃고 나는 쓰네// 잘 있거라, 짧았던 밤들아/ 창밖을 떠돌던 겨울 안개들아/ 아무것도 모르던 촛불들아, 잘 있거라/ 공포를 기다리던 흰 종이들아/ 망설임을 대신하던 눈물들아/ 잘 있거라, 더 이상 내 것이 아닌 열망들아// 장님처럼 나 이제 더듬거리며 문을 잠그네/ 가엾은 내 사랑 빈 집에 갇혔네 (「빈 집」)

아무런 기교도 없다. 모든 영양과 수분이 증발해버린 언어의 유해(遺骸), 인생에 대한 마지막 감상을 찾아보려는 것도 여기서는 사치다. 슬픔의 잔해에 대한 가벼운 전율이 일 뿐이다. 그는 슬픔을 신으로부터 사들인 권리로 생각한다. 그리고 이것을 놀라운 보편의 진실로 간주한다. 그러나 그가 창조한 슬픔은 이와 같이 그의 생각보다 독자에게 미치는 감동의 파장이 훨씬 더 크다고 할 수 있다. 그의 슬픔을 보는 눈은 죽음 앞에서 백내장에서 녹내장으로 사위어가고 죽음을 빈방의 문고리를 만지듯 빈손으로 만지고 있다. 처절한 적요의 공포 앞에서.

송재학

극광(極光), '극채색'(極彩色)의 인간상

밤 깊어 눈 덮인 곳의 침엽수들, 새벽을 향해 무너진다 흉곽 엑스레이로 드러나는 허연 나무 뿌리들(깊은 잠만이 폐를 진정시키리) 누군가 병의 귀엣말로 끊임없는 기침과 즐거운 잠들, 거세고 부드럽고, 흙탕물이나 맑은 물살로 인간은 흘러가리라 속삭인다 자정의 물결 지나 뇌리의 수초는 일렁이고 아픈 흉곽 그늘 아래 시간은 고여 있다 불면은 얼음 꺼지는 강, 밤의 어둑어둑한 물결에 가시고기 은고기로 덤비며 지친 물살의 이마를 짚는다 짐승의 땅, 쓰러지는 불인 양 우수수 꽃이파리 나무이파리인 양, 새로 세 시의 안팎은 파리하다

(「얼음시 4: 불면증」)

송재학의 『얼음시집』을 펼치면 복잡한 내면의식의 흐름 위에 뜬 여러 가지 색상의 형상을 만날 수 있다. 그 형상이 인물로 등장할 경우, 거기에는 언제나 인간의 비극적 음영이 깃들어 있게 마련이다. 그리고 인물의 가상적 실체로 등장한 아버지, 어머니, 그, 김 형, 김형모 등은 사실상 시적 자아의 내면적 분신으로 느껴질 때가 많다. 대체로 시인의 서시는 적어도 시인의 시집 내용을 초점상으로 압축하는 성향을 보이는 것을 감안한다면 송재학의 『얼음시집』의 「서시」는 그런 뜻에서 상당한 암시를 준

다. "그는 〔중략〕 遲遲한 세월 마른 먼지로 풀썩일 때 〔중략〕 죽음처럼 걸어왔다" "숱한 사람들 산산히 부서져간 어둠의 켜켜로 이 땅 한숨 안으로, 검은 눈의 그가, 다가와 불끈 손 내밀고"에서 보이는 '그'는 시집 도처에서 그 현신을 바꾸면서 시적 자아의 행위 일체의 동기를 유발한다. 이 내면적 분신인 '그'는 이 시인에 있어 가상적 신념의 상징이다.

『얼음시집』에 실린 연작시 「얼음시」 5편은 송재학의 시의 면모를 이해하는 데 중요한 자료가 된다. 「얼음시 1」은 박기철과 김형모라는 인물을 통하여 열악한 사회 환경 아래서 지식인과 서민이 제 나름대로 겪어야 하는 정신적 갈등을 서사적으로 리얼하게 묘사한 작품이다. 「얼음시 2」는 어느 병동의 밀폐된 공간 안에서 환자인 듯한 인물이 자신의 흉곽 엑스레이 사진을 보고 마치 얼음 속의 핏줄같이 느낀다. 또 거기서 살얼음 어는 소리까지 들으며 가쁜 호흡을 한다. 「얼음시 3」은 부제(다산 생각) 그대로 다산 정약용의 정치적 고난의 역정과 그의 고고한 학문과 고매한 선비정신을 유배지 강진에서 그의 저술을 통하여 마치 결빙음을 듣듯이 아프게 체험한다. 「얼음시 4」는 역시 부제(불면증)가 가리키는 그대로 「얼음시 2」와 심리적 정황이나 정서적 분위기가 일치한다. 「얼음시 5」는 "얼음 깎아 빚은/ 볼록렌즈로/ 불지르면/ 저 가파른 겨울산들/ 타올라/ 붉은 산 되리"(전문)라고 읊고 있다. '얼음시 1~4'의 성격은 죽음과 같이 정지되고 냉각된 삶의 현장이면서 한편으로는 그것을 바라보는 시인의 냉철한 이성적 투시경의 성격을 띤다. 그러나 「얼음시 5」에 와서는 얼음의 상황적 성격은 시인의 미래 지향적 의지(불)에 의하여 활력이 넘치는 희망을 약속하게 된다. 다시 말하면 당장은 "그리움의 이름들"을 "차가운 노래"로밖에 부를 수 없었던 것이 얼음의 볼록렌즈로 불을 질러 가파른 겨울 산들을 붉은 산으로 만들겠다는 것이다. 이것은 그가 지니는 시적 경향에서 큰 비중을 차지하는 역사의식 내지 사회의식의 한 단면을 보여주는 사례라 할 수 있다.

물살이 내 귓속으로부터 밝아져 눈이나 입 코로 차가운 못물 넘치고 어두운 주홍의 노을까지 수련은 물의 생명 근처 기웃거립니다…… 오늘 꽃필 무렵 상여 나갔습니다 상여꾼의 앞소리 뒷소리로 수련은 조금조금 열립니다…… 물은 두근거리며 쓸쓸함의 비밀로 세계의 가운데로 흐르며 불 켜고…… 못물은 수련 필 때 기다려 밤부터 새벽까지 뒤채고 신음하고 피흘렸는지 모르는데 이 고요한 수련이라니…… 수련, 희고 붉은 꽃잎마다 뚝뚝 묻어나는 물이나 불은 새벽의 참빗이 훑어내린 재(灰)같은데 이 고요한 수련 또는 폭풍은! (「睡蓮의 날짜 1」)

송재학은 감각적 묘사에도 능한 시인이다. 가령 "분홍은 병(病)의 깊이, 분홍은 육체가 생기기 시작한 겨울 숲의 손톱이다. 분홍은 또 다른 감각에 도달하고픈 노루귀의 비밀임을 아는지"(「흰색과 분홍의 차이」)라든가 "빛일까 어둠일까 쇠 같은 허공을 긁어대자 어딘가 숨어 있던 울음이 鷄子欄干을 붙들고 몸 안으로 들어와 푸른 방 자주 소반을 만든다"(「철아쟁」) 같은 표현 속에서 감각끼리 서로 어우르는 것은 물론, 시각과 청각은 자유자재한 굴절을 일으키며 사물의 의미 영역으로 파고들어 새로운 의미나 이미지를 만들어낸다. 그러나 그 의미는 불연속적 의미망을 형성한다. 이러한 현상은 그가 지니고 있는 초현실주의적 사고의 일단일 수가 있다.

그러나 이 시는 못물의 물살이 일으키는 감각적 파동은 수련(睡蓮)으로 하여금 물의 생명성에 접혼(接魂)하는 데까지 밀고 나간다("못물은 수련 필 때 기다려 밤부터 새벽까지 뒤채고 신음하고 피흘렸는지 모르는데"). 이렇게 수련이 물에서 피는 꽃이라는 일차적 이미지에서 출발하여 죽음과 재생의 이미지로("상여꾼의 앞소리 뒷소리로 수련은 조금조금 열립니다"), 나아가 불교의 연화 이미지로("새벽의 참빗이 훑어내린 재(灰)"), 혹은 생명성의 역동적 위력으로("이 고요한 수련 또는 폭풍은!") 전개하는 등, 그의 감각적 묘사는 일차적 소재의 표면적 한계를 훨씬 넘어선 관념의 방향으로 발전한다.

큰스님 울음에 취해/ 법고 소리 법고 소리…… 그 소리에/ 사흘 밤 사흘 낮 씻

기어 쥐방울나무/ 쬐그만 그늘같이 정결히 닦여/ 산 어디 푸른 잠일까, 시퍼런 댓잎 함께/ 훨훨훨 승천하던 누이 누이 누이// 한 누이는 남자를 사랑하다/ 겨울에 맺히는 동백으로 돌아오고/ 한 누이는 남자를 사랑하다/ 풀잎으로 흩어지고/ 한 누이는 한 누이는 한 누이는/ 저마다 제 불씨를 지니고 묻히다가/ 먹빛 울음에 겨워,/ 햇빛 더불어 떠다니네// 바람 첩첩 너울 속에, 큰 소리 웃음 속에/ 월명사 선방을 두드리며 한 사내와/ 금방 헤어진 누이 누이로/ 천지 환해지네

(「月明* 누이」) * 『三國遺事』 卷第五, 感通第七, 月明師.

이 시는 신라의 고승 월명이 지은 향가 「祭亡妹歌」의 내용을 추리하여 만든 작품이다. 이 향가는 월명이 누이의 죽음을 애도하기 위해 지은 것으로, 현세의 무상함과 사별의 아픔을 절규하고 극락정토에서 재회할 것을 약속하는 내용이다. 『삼국유사』에 실려 있는 향가는 모두가 배경 설화를 동반하고 있다. 그러나 이 시는 이 원작을 패러디하면서 원작이나 원작의 배경 설화에 전연 없는 누이의 행적을 추리 상상하여 만들어낸 작품이다. 문제는 월명이 불심 일변도로 불도의 정감을 노래한 데 비해서 이 시인은 인간적 사랑에 초점을 맞추었다. 그러기에 이 향가가 인생무상의 비애로 일관한 데 비해서 이 시는 1연에서만 향가의 내용과 정서를 같이 하였을 뿐 나머지는 오히려 현세적 사랑에 역점을 두고 있다. 특히 마지막 연에서는 오히려 월명사의 폐쇄된 관념을 안쓰럽게 생각이나 하는 듯 현세적 사랑에 도취한다. 이 패러디화한 누이들의 자유분방한 사랑 유희는 어쩌면 현실 긍정의 강한 의지에 연유되어 있거나 나아가 자유정신을 바탕에 깐 휴머니즘 정서에 닿아 있는지도 모른다. 그래서 그는 인간의 아픈 목소리를 극광(極光), 극채색(極彩色)에 무겁게 녹여서 비춰주고 있다고 할 수 있다.

나희덕

로고스적 에스프리
──진실과 사랑의 화성법(和聲法)

세 자매가 손을 잡고 걸어온다.

이제 보니 자매가 아니다
곱추인 어미를 가운데 두고
두 딸은 키가 훌쩍 크다
어미는 얼마나 작은지 누에 같다
제 몸의 이천 배나 되는 실을
뽑아낸다는 누에,
저 등에 짊어진 혹에서
비단실 두 가닥 풀려 나온 걸까
비단실 두 가닥이
이제 빈 누에고치를 감싸고 있다

그 비단실에
내 몸도 휘감겨 따라가면서
나는 만삭의 배를 가만히 쓸어안는다

(「누에」)

나희덕의 시는 서정시의 본질에 대해서 지금까지 우리 한국시가 씌어진 한계를 반성하고 새로운 지평을 열려고 하는 조용한 몸부림 같은 것을 느끼게 한다. 말하자면 충동적 정감보다는 로고스적 에스프리로 시의 중심을 잡아나가려고 하는 응집력 같은 것 말이다. 그녀의 시가 세상 이치를 자연물이나 인간사를 통하여 발견하는 것이나 그 이치가 때로는 생명의 본질일 수도 있고 삶의 자세일 수도 있다는 것만으로 결코 개성적인 것이라 할 수는 없을 것이다. 그러나 그녀의 시는 인생이라고 하는, 아주 오래되어 고색이 창연한 그릇의 변죽에 신기한 손길이 와 닿는다. 이상한 소리가 난다. 징소리 같은 큰 울림도 아니면서 그렇다고 꽹과리 같은 쟁그라운 소리도 아니면서 어쩌면 어느 밤 깊은 연안의 파도소리 같은 해맑은 울림 같은 것인지도 모른다. 우리는 그녀의 시에서 사랑이라 하기에는 너무 뜨겁지가 않고 연민이라 하기에는 표정이 숨어버린 그런 조용한 읊조림을 읽을 수 있다.

이 시 「누에」가 주는 감동은 기형적 과장으로 이루어진 은은한 아날로지의 광채에서 발생한다. 모성애와 효심의 형상화가 유난히 돋보이는 이유는 도덕경의 수신적 엄숙성을 마치 상대성 원리 같은 생명성의 자력으로 따뜻하게 재생시킨 것 같은 신비감 비슷한 것을 느끼게 하기 때문이다. 마지막 연에서 소재(누에)가 화자(나)에게 육화되는 것은 그녀가 스스로로부터 발견하고 건져내는 그 무수한 "길 속의 길"에 회귀하는 현상으로 느껴진다.

그때 나는 사과를 줍고 있었는데/ 재활원 비탈길에 어떤 아이가 먹다 떨어뜨린/ 사과를 허리 굽혀 줍고 있었는데/ 내가 주워 올린 것은/ 흙 묻은 나의 심장이었다/ 그때 나는 다른 한 손에 가방을 들고 있었는데/ 목발을 짚은 그 아이의 가방을 들고 있었는데/ 내 손에 들린 것은/ 내 생의 무거운 가방이었다/ 그때 나는 성한 몸이라는 것조차 괴로웠는데/ 그 아이는 비뚤어진 입과 눈으로/ 자꾸만 웃었다 나도 따라 웃곤 했는데/ 그때마다 비탈의 나무들은 휘어지고 흔들렸는데/ 그

휘어짐에 놀라 새들은 날개를 멈칫거리고/ 새들 대신 날개 없는 나뭇잎만 날아올랐다/ 그때 나는 괴로웠을까 행복했을까// 오늘 아침 땅 위에 떨어진 사과 한 알/ 천국과 지옥의 경계처럼/ 베어먹은 살에만 흙이 묻어 있다/ 그때처럼 주워들었지만/ 나는 그게 내 마음 같다고는 생각하지 않았다/ 살아서 심장에 흙이 묻을 수 있다니,/ 그랬다면 이 버려진 사과처럼 행복했을까 괴로웠을까 (「그때 나는」)

누가 먹다 버린 사과에 흙이 묻어 있다는 사실에서 인생의 의미가 마치 '한 알의 모래알에서 우주를 보는' 격으로 확대되어 있다. 먹다 버린 사과는 재활원 비탈길에서 목발을 짚고 비뚤어진 입과 눈으로 웃고 있는 아이(뇌성마비인 듯한)의 것이라고 한다면 이 사실성에서 뻗어나가는 연상과 추리는 결국 휴머니즘의 본원에 닿아 있다. 먹다 버린 사과에서 천국과 지옥의 경계를 발견했다면 흙이 묻은 베어 먹은 쪽이 지옥이란 말인지, 이 흙 묻은 사과가 바로 자신의 심장으로 깨달았다 해도 그것이 행인지 불행인지 알 수 없다고 한 뜻은 무엇인지 이 시는 그것을 밝히지 않는다. 시 속의 인물과 화자가 인간적 고뇌를 같이 앓는 현장으로 새들과 나뭇잎을 공감대로 동원하면서도 화자는 어떻게 보면 미숙한 것 같은 표현으로 서정적 회의를 거듭한 것은 주제 처리에 있어 모호성의 매력인지도 모른다.

나희덕은 언제나 낮은 시선으로 깊은 침투력의 날을 세우고 인간이나 세상의 숨은 의미를 끌어낸다. 깊은 애정을 가지고. 그녀 시의 진실은 바로 이 따뜻한 애정을 통해서만 포착된다. 그녀가 개척한 길은 너무나 인간적인 것이면서 항상 새롭고 다양하다. 그가 개척한 길은 서둘러 낸 '지름길'이 아니고 여유 있는 '에움길'이다. 그 길에서 "밑 모를 우물 속에 던져진 돌이 바닥에 가 닿는 소리"까지를 들을 수 있을 만큼 세심한 깊이의 통찰력을 가지고 세상을 본다. "벌거벗은 육체가 아름다운 건 주머니가 없어서일 것이다"라고 할 만큼 날카로운 비판적 예지도 돋보인다. 시인으로서 갖추기 힘든 이러한 종합적 기능을 아주 자연스럽게 펼쳐 나간다.

이건 금이 간 항아리면서/ 금이 갔다고 말할 수 없는 항아리// 손가락으로 퉁겨 보면/ 그런 대로 맑은 소리를 내고// 물을 담아 보아도 괜찮다// 그런데 간장을 담으면 어디선가 샌다/ 간장만 통과시키는 막이라도 있는 것일까// 너무나 짜서 맑아진,/ 너무 오래 달여서 서늘해진,/ 고통의 즙액만을 알아차리는/ 그의 감식안// 무엇이든 담을 수 있지만/ 간장만은 담을 수 없는,/ 뜨거운 간장을 들이붓는 순간/ 산산조각이 나고 말 운명의,// 시라는 항아리 (「어떤 항아리」)

시인에게는 사실과 진실이 따로 있는 것이 아닌가 싶다. 사실은 사실로서 있으면서 철학적 진실같이 중량감이 있는 것과는 달리 가벼운 부력으로 진실을 사실 위에 띄운다. 사실 속의 무수한 층절 사이사이로 난 길(이 시인은 이것을 "길 속의 길"이라고 했다) 위에 그 진실은 풀꽃처럼 피어 있기도 한다. 이 「어떤 항아리」는 이처럼 사실 속의 새로운 사실(진실)로 우리 앞에 등장한다.

여기서 항아리와 시와 인간은 같은 의미선상에서 그려져 있다. 하마터면 스쳐버릴 뻔했던 일상 속의 진실을 끌어내는 것이 시인의 눈길이고 마음의 촉각이고 보면 시인은 "짜서 맑아진, 오래 달여서 서늘해진" 시와 인생의 의미를 항아리라는 매체로 발견한다. 무슨 경전의 진리 같은 위엄은 들어내버리고 "먹다 버린 땅 위의 사과 한 알"에 비치는 햇빛 같은 진리가 그녀의 시 속에 살아 있다. 시인에게는 그 발견의 내용이 때로는 '미완성 교향곡'인 줄 알면서도 영원한 완성의 과제로 생각하는 착각의 진지성(genuineness)이 있는 것이 아닐까. 시인에게 이 이상의 진실이 있을 수 있을까.

4

인간적 비전 2
— 사회적 복합성

임화

비순수의 한계

——정치적 신념의 독소(毒素)

大洋과 같이 푸른 잎새를,

그 젊은 守護卒 滿山의 草花를,

돌바위 굳은 땅 속에 파묻은 바람은,

이제 孤兒인 벌거벗은 가지 위에 소리치고 있다.

青春에 빛나던 저 여름 저녁 하늘의 金빛 별들도

幽冥의 하늘 저쪽에 흩어지고,

손톱같이 여윈 단 한 개의 초생달,

그것조차 지금은 '레테'*의 물 속에서 呻吟하고

있는가?

〔중략〕

새싹 위에 나부끼던 보드러운 바람,

豊足한 샘(泉), 빛나는 太陽,

그리고 不滅의 精神인 山岳 蒼空은,

하늘에 떠도는 한 조각 猜疑의 구름과

死의 暗黑 滅亡의 바람만을 남기고

자취도 없이 터울도 없이 스러졌는가 ?

깊은 落葉松의 密林과 두터운 안개에 싸인
저 험한 溪谷 아래,
지금 이 여윈 蒼白한 새는 날개를 퍼덕이며
숨소리조차 죽은 미지근한 가슴 위에 두 손을
얹고,
어둠의 恐怖 絶望의 歎息에 떨고 있다.
—아무 곳으로도 길이 열리지 않는 暗黑한 溪谷
〔중략〕
그러나 瀕死의 새여! 낡은 心臟이여! 떨리는
四肢여!
안 보이는가 안들리는가
그렇지 않으면 이제 아무것도 모르는가.
〔중략〕
오오! 새여! 그대 蒼白한 새여!
노래를 잊은 피리여!
너는 '햄렛트'냐? '파우스트'냐? '오네긴'이냐?
그렇지 않으면 유리製의 良心이냐?

오오 이 미친 無秩序의 狂亂 가운데서
죽음의 運命을 우리들의 얼굴에 메다치는 暗黑
가운데서
너는 보는가? 못보는가?

이 불길이 가져오는 生命의 香氣를
이 壯烈한 格鬪가 傳하는 봄의 아름다움을
滿山의 草花와 우거진 綠陰, 그리고 黃金色

實果의 단 그 맛(味)을
이 暗黑, 暴風, 雷鳴의 巨大한 苦痛이
密集한 喬木의 隊伍와 그 한 個 한 個의 英雄인
靑年, 樹木의 肉體 가운데
굵고 검은 한데의 年輪을 더 둘러주고 가는 것을!
〔중략〕
영리한 새여! 아직도 양심의 불씨가 꺼지지
않은 조그만 心臟이여!
불룩 내민 그 귀여운 가슴을 두들기면서
이렇게 소리쳐라!

'오라! 어둠이여! 울어라! 폭풍이여!
怒呼하라! 死와 暗黑의 '마르세이유'여!

그렇지 않은가!
누구가 大地로부터 스며오르는 生命인 봄의
水液을
누구가 靑年의 가슴 속에 자라나는 英雄의 情神을
죽음으로써 막겠는가
暗黑인가? 暴風인가? 雷鳴인가?

* 단테의 「神曲」 중의 句로 '永久히 希望을 버리라'고 쓴 地獄의 門을 들어서면 곧 내(河)가 있어 이 江을 '忘却의 江'이라고 하여 모든 것을 忘却 속에 묻어버린다는 뜻.

(「暗黑의 精神」)

텐느가 작자와 시대와 사회를 통해서 작품을 이해하려고 하는 소위 '환경결정론'을 주장했듯이 우리는 작자를 통해서 작품을 이해하는 독서 습관에 젖어 있게 마련이다. 그러나 '어느 정도'니 '다소간'이라는 변통이 용납되지 않는 경우가 있다. 그것은 작자가 정치사상적 신념에 철저하게 젖어 있을 때 작자와 작품은 완전무결하게 일치하게 된다. 이때 그 정치적 이데올로기의 대표적인 것이 마르크시즘이다. "잃은 것은 예술이요, 얻은 것은 이데올로기다"라고 한 회월의 말에 전적으로 의존한 것이 아니라 하더라도 여기 임화를 비롯한 몇몇 극성 '프로' 내지 '카프' 시인들의 경우를 보면 쉽게 이해할 수 있다. 우리는 사상과 정서라고 하는 문학의 양면성을 수없이 반복해서 새기고 있지만 감상적 격정이나 사상 일변도로 기울 때 문학성을 상실한다는 주장은 그동안 많은 체험을 통해서 잘 알고 있는 사실이다. 1920년대의 소위 '백조'파 시인들과 '카프' 시인들의 공통점은 격렬한 감정의 노출이다. 전자는 관념이 따르지 않은 무의미한 아우성(정서의 맹목적 발산)인가 하면 후자는 관념의 노예가 된 호소(呼訴)다. 어느 쪽이든 시적 이상의 정도(正道)가 되지 못한다.

임화는 시인 편력에 일관성이 없다는 비판을 받고 있다. 다다이스트에서 로맨티스트로, 다시 프롤레타리아트로 변신을 거듭했다는 것이다. 변신이든 전신(轉身)이든 그것이 시인으로서의 성장의 계기와 물려 있을 때 하등의 문제될 바가 없지만 그것이 스스로 혼돈을 야기할 때 문제가 된다.

이 「暗黑의 精神」은 시종 뜨거운 열정으로 끓고 있다. 프로 시의 정석이라고 할 이념마저도 표면화된 것이 없다. 그리고 '암흑의 정신'이란 제목 자체가 극히 모호한 표현이다. 만일 이 말이 정신이 암흑의 상태에 이르렀다는 절망적 표현이라면 그것은 정신이 부정적으로 표현되었기 때문에 제목으로는 부적절하다. 거꾸로 '암흑한 정신' 그 자체의 자구적 의미를 그대로 인정한다면 "불길은 바람의 멱살을 잡고 〔중략〕 眞實로 英雄인 灼熱한 全山을 그 가운데 태우면서"에서 보여주는 강렬한 투쟁의 의지는 그 표현에 어울리지 않는 난센스다. 그러나 더욱 심각한 것은 서정적 주체의 이중성이다. 이 시에서 서정적 주체는 애매하기는 하지만 '너'라고 한다면 그것은 다시 '청년'과 '새'로 구체화된다. 그러나 인격화된 '청년'과 상징체로 형상화된 '새'는 너무나 대조적으로 묘사되어 있다. 청년은 뜨거운 불길의 열정으로 "莊熱한 格鬪"에 임하고 있지만 새는 "낡은 心臟"에 "노래를 잊은 피리"와 같은 감상적인 "蒼白한 새"다. 이는 전술한 대로 어쩌면 이 시인이 지닌 로맨티시즘과 프롤레타리아이즘의 혼돈을 의미할 수 있다. 전자(청년)는 이데올로기로 무장한 가식된 외면적 자아일 수 있고 후자(새)는 천부적으로 지니고 있는 감상성의 내면적 자아일 수도 있다. 이 양자의 갈등적 현상을 그대로 보여주는 것이 본문의 "和解할 수 없는 兩 언덕에 너는 두 다리를 걸치고, 懷疑의 흐드기는 心臟으로 말미암아 全身을 떨고 있지 않으냐"의 대목이다. 이보다 갈등이 더 노골화된 것은 "莊熱한 格鬪가 傳하는 봄의 아름다움"이다. 이는 얼핏 보아 격투의 보람으로 이상적인 봄을 맞이한다는 뜻으로 들릴 수 있지만 그것은 견강부회의 해석이다. 격투가 봄의 아름다움을 전한다는 것은 투쟁을 합리화하는 논리에 기인한다. 시적 갈등의 개념에서 볼 때 이는 차라리 모순당착이라 하는 것이 옳다. 그의 시는 우리가 '청년'보다는 '새'의 편에 섰을 때 훨씬 시적인 감회를 준다. '새'가 '햄릿'과 '파우스트'와 '오네긴'으로 비유된 것은 셰익스피어와 괴테와 푸슈킨이 시도한 인간고와 시정(詩情)의 깊이에서 볼 때 외피적 묘사에 그치기는 하지만 그것은 그의 무의식 중에 남아 있는 휴머니즘 의식과 정감의 불씨 그것 때문이 아닐까. 처음부터 위장된 '청년'을 버리고 순수하고 건강한 '새'를 선택했었다면 그의 시인적 운명은 달라졌을 것으로 본다. 최재서가 지적했듯이 그는 "바다와 같은 洋洋한 氣象과 파도 같은 격렬한 정열과 구름 같은 발랄한 야심을 가진 詩人"일 수 있기 때문이다.

정치적 이념이든 민족적 신념이든 그것을 가설적 전제로 삼을 때 그 문학(특히 시)은 순수성을 잃고 만다. 물론 문학이 그 효용적 가치에서 절대적인 기준이나 원칙이 없다고 본다면 문학의 순수성이란 말 자체가 무의미한 것이 되고 만다. 그래서 어느 시대 어느 사회에서나 공리성과 순수성은 항상 대립적 관계로 맞서게 된다. 그러나 분명한 것은 칸트가 주장한 미학의 자율성이다(그의 「판단력비판」의 핵심). 소위 '무목적의 합목적'이라는 역설이 성립되는 근거가 예술이 이성적 판단을 넘어 서 있는 것을 전제로 하고 있기 때문이다. 이성적 판단은 명쾌한 논증이란 형식으로 용도가 분명한 내용을 저울질하는 행위다. 그러나 이성이 예술 일반의 서정성과 다르면서 그 서정성을 요리하는 특수한 본질로 기능하지 못하고 자율성이 묵살되고 다른 목적에 징용될 때 그 판단력은 똑같은 용도의 내용물을 붕어빵을 찍어내듯이 복제해내게 된다. 예술에 이런 왜곡된 불구의 이성을 변조해낸 대표적인 이념이 파시즘과 마르크시즘이다.

한국의 대표적인 프로 시인 임화는 마르크시즘의 이론을 철저하게 실천한 사람이다. 예술을 사회적 조건으로 생각하거나 사회적 목적을 위한 수단으로 간주하는 마르크시즘은 자본주의 사회에서 철저하게 유린되고 거부되고 거세된 근본적인 인간성이 철두철미한 투쟁(계급투쟁)으로 자유롭게 되는 그런 사회를 건설하는 것을 목적으로 한다. 그래서 마르크시즘의 종속 개념인 프로문학을 "자연주의 문학의 사회주의적 발전"으로 본다든가 행동주의 문학으로 보는 것은 당연한 일이다. 소위 '단편서사시'라고 명명하기도 하는 임화의 서간체 형식의 장시에서 이러한 특성이 두드러지게 드러난다(특히 앞에서 예시한 「暗黑의 情神」). 「우리 오빠와 화로」와 더불어 그의 대표작으로 알려진 「네거리의 順伊」는 행동주의적인 요소뿐만 아니라 마르크시즘의 특성을 종합적으로 안고 있다. 이 시에서 먼저 눈에 띄는 것은 주체의식이 '나' 아닌 '우리'로 되어 있는 점이다. 등장인물인 '나'와 '누이'와 '청년'은 개인적인 관념이나 정서를 비롯해서 일체의 퍼스널리티가 없다. 청년은 누이의 연인일 뿐 아니라 모든 여자의 연인이다. 조건 없는 순수한 공동체의식은 마르크시즘에서는 조건과 목적이 따르는 계급의식으로 바뀐다. 세 인물의 신분은 도시 근로자라는 공통점을 갖는다. 프롤레타리아트로서의 계급 신분이 강조되어 있다. 개인은 없고 계급적 신분인 공동체가 인격체다. 이러한 공동체 인격의 역할은 이미 주어진 목적이라고 하는 강령의 행동적 실천이다. 지배 계급에 대한 강력한 저항, 이 저항에는 폭력과 고통과 죽음이 수반된다. "싸움이야말로/ 光榮과 屈辱의 어머니,/ 모든 것 가운데 모든 것./ 敗北의 피가/ 勝利의 葡萄酒를 빚는 것도/ 屈辱이/ 光榮의 香料를 끌어내는 것도/ 모두 다 싸움의 넓은 바다"(「너 하나 때문에」)라고 외친다. 결국 혁명의 실패는 죽음을 의미하기 때문에 행동적 저항의 극한은 죽음과 맞물려 있다. 그래서 죽음은 최대의 비극이 된다. 삶의 의미 전부는 투쟁의 이름으로 대역한다. 이 시에서 '나'와 '누이'는 신체적으로 약자이면서도, 또 '청년'은 영어(囹圄)의 몸이면서도 강한 투쟁의식으로 무장하고 있다. 이 투쟁만이 그들의 "幸福된 靑春"의 의미 전부가 된다. 「地上의 詩」에서 "말을 行爲로,/ 行爲를 말로,/ 自由로 飜譯할 수 있는 機能,/ 그것이 詩의 最高의 原理"라고 강변한다.

루카치에 의하면 사회주의 리얼리즘은 개인적 경험의 특성과 역사적 원리 사이의 대립을 극복한다. 겉으로 산산조각이 나고 비인간화된 세계를 재건한다. 재건된 전체성의 경험은 다면적인 사회적 인간의 특성을 드러내는 것은 물론 도덕적으로 진보적인 행동적 사회 참여를 수용하도록 준비하는 것을 도와준다. 그러나 임화를 비롯한 사회주의 리얼리즘 계열의 시인들은 이 주의에 대한 종합적인 인식이 부족한 상태에서 강한 정치적 개혁의 의지만을 시적 의장(意匠)으로 삼고 있으면서 오히려 데카당적인 감상성을 동시에 지니고 있는 모순에 빠지게 된다. 임화가 걸어온 다다이스트에서 로맨티스트로 다시 프롤레타리아트의 궤적이 이러한 사실을 단적으로 증명한다.

이육사

기상과 서정의 습곡지대

내 고장 七月은
청포도가 익어가는 시절

이 마을 전설이 주절이 주절이 주절이 열리고
먼데 하늘이 꿈꾸며 알알이 들어와 박혀

하늘 밑 푸른 바다가 가슴을 열고
흰 돛단배가 곱게 밀려서 오면

내가 바라는 손님은 고달픈 몸으로
靑袍를 입고 찾아온다고 했으니

내 그를 맞아 이 포도를 따 먹으면
두 손은 함빡 적셔도 좋으련

아이야 우리 식탁엔 은쟁반에

하이얀 모시 수건을 마련해 두렴

(「청포도」)

이육사의 시는 대체로 사상적 신념에 무게를 두고 있다. 같은 민족시인, 저항시인이라 불리는 몇몇 시인에 비해 시문이 호쾌한 남성적 기개가 넘쳐나는 것이 특징이다. 「曠野」와 「絶頂」이 그 대표적인 작품이다. 한편으로는 이러한 기개가 비분강개로 변질되면서 짙은 감상을 동반하는 경우도 있다. 「黃昏」, 「路程記」, 「꽃」, 「年譜」 등이 그렇다. 그러나 「청포도」는 서정이 한 점의 그늘도 없이 밝고 청정하고 싱그러운 일색을 이루고 있다. 온통 푸른빛이 출렁거리고 그 사이로 간혹 순백의 정서가 나부낀다(흰 돛단배와 하이얀 모시 수건). 7월과 청포도의 만남은 아주 자연스러운 계절 감각을 느끼게 한다. 꿈꾸는 듯한 푸른 하늘이 푸른 포도 알에 들어와 박히는 것이나 푸른 바다와 청포 입은 손님이 어우르는 것은 현대판 물아일체의 경지다. 더욱이 내 고장 전설이 포도 알에 주절주절 열린다는 것은 혼몽히 맴도는 아련한 옛 이야기가 포도 알의 감각(시각과 미각) 속에 살아 숨 쉬는 것을 생생하게 느끼게 한다. 시인에게는 비유나 상징 같은 창조적 기능도 필요하지만 이렇게 소재의 기능을 무기교로 끌어내는 것도 중요하다. 그러나 그보다 더 주목할 만한 것은 손님과 나의 행위가 하나가 되는 현상이다. 청포를 입은 손님을 맞는 식탁에 은쟁반과 하이얀 모시 수건을 마련하는 나의 정성, 청색과 백색의 조화가 주는 상징적 효과가 재연된다. 그런데 여기에 문제가 발생한다. 적어도 도포로 정장을 하고 찾아오는 손님은 유교의 엄격한 법도상 두 손을 함빡 적시면서 포도를 따 먹을 수가 없다. 그러나 사실상의 오류를 넘어서서 감동적 홍취를 취하는 것이 예술적 매력이다. 그래서 이러한 행위의 파격이 가져오는 예술상의 효과(정보상의 오류)에 또 한 번 놀라게 된다. 이번에는 「絶頂」을 보자.

매운 季節의 채찍에 갈겨/ 마침내 北方으로 휩쓸려 오다.// 하늘도 그만 지쳐

끝난 高原/ 서릿발 칼날진 그 위에 서다.// 어디다 무릎을 꿇어야 하나/ 한 발 재겨 디딜 곳조차 없다.// 이러매 눈 감아 생각해 볼 밖에/ 겨울은 강철로 된 무지갠가 보다.

이 시는 비극이 진행되는 과정에서 거두절미한 '가운데 토막' 즉 절정(클라이맥스) 부분만을 취한 것같이 느껴진다. 말하자면 절망이 순차로 절정의 뭿부리를 이룬 것이 아니고 처음부터 절정의 높이로 한 능선을 이루고 있다. 그러니 시적 담화도 처음부터 격앙된 템포로 급박하게 진행된다. 그러나 이 시는 시인과 사회적 배경을 배제하고 순수한 작품성만을 가지고 화자의 거취와 고통의 근거를 이해하기는 힘든 작품이다. 달리 말하자면 이 시의 배경이 되는 일제라고 하는 사회 환경과 시인이 겪은 사회적 활동을 전제로 하지 않고는 이해가 거의 불가능하다는 것이다. 이 작품을 보면 우리는 작품의 독립성을 주장하는 영미 뉴크리티시즘과는 반대로 문학작품은 인종·환경·시대라고 하는 세 가지 본질적 요소의 기계적 작용에 의해 이해되어야 한다고 하는 텐느의 주장에 관심이 쏠리게 된다. 그러나 이런 이론적 근거와는 별개의 사실로 비극의 특성을 이 작품을 통해서 체험하게 된다. 그것은 비극이 그 절정에 달하면 그 내용과 개념은 그림자로 물러서고 순수 감정(고통)이 우리의 정서를 엄습한다는 사실이다. 「햄리트」의 예를 보자. 햄리트의 최후를 관람하는 관객의 비극적 감정은 이 극의 서사적 내용을 실제로는 잊고 있다고 보는 것이다. 비극 이론에서 카타르시스의 기능은 비극성이 절정에 달했을 때만이 체험할 수 있다고 한다. 그래서 이 시는 서사적 내용의 장치를 떠나서도 그 순화된 절정 의식으로 해서 비극의 본질에 닿아 있다는 특이한 효과를 보여주고 있다. 이번에는 부분적인 문제이기는 하지만 한 가지 짚고 넘어갈 것이 있다. 그것은 이 시가 절망의식이 시종일관되어 있는 만큼 이 절망과 관련된 구절을 놓고 서로 해석을 달리하는 경우다. 가령 "이러매 눈 감아 생각해 볼 밖에/ 겨울은 강철로 된 무지갠가 보다"에서 김종길은 매운 계절을 강철로 된 무지개로 보는 비극적인 비전은 또 하나의 비극적 황홀의 순간을 나타내는 것이라 했고 오세영은 무지개를 단지 무지개라 하지 않고 수식어를 붙여 "강철로 된 무지개"로 비유한 것은 무지개로 상징한 그의 희망, 초월적 가치, 혹은 고고한 이념이 덧없이 사라지거나 환영처럼 쉽게 소멸되지 않고 강철처럼 영원하고 확실한 실재임을 언급한 것이라고 했다. 두 사람은 다 같이 무지개의 의미가 강철에 비유된 것을 긍정적인 인식 쪽으로 해석을 했다. 아마 이러한 인식은 육사의 대표작으로 꼽히는 「曠野」나 「황혼」 같은 작품이 보여주는 강한 인간애라든가 미래지향의 강인한 의지 같은 것을 이 시인의 일반적인 작품성으로 생각하는 데서 기인한 것인지도 모른다. 그러나 김현승은 "어찌할 수 없는 현실의 절정에선, 눈을 감고 환상의 무지개(꿈을 그린다는 뜻)라도 바라볼 수밖에 없는데 그 무지개조차 이 냉혹하고 삭막한 벌판에서 얼어붙어 굳은 강철로 만든 것처럼 보인다"고 했다. 나는 김현승 쪽이 순리적인 해석이라 본다. 왜냐하면 눈을 감고 생각하는 것은 상상의 세계로, 눈을 뜨고 바라본 현실 세계와 경계를 이룸으로 해서 앞의 사실성을 반전시키는 희망적인 비전으로 볼 수도 있지만 그 다음에 이어지는 "강철로 된 무지갠가 보다"에서 '~보다'의 조사(措辭)적 성격이 추측을 나타내는 보조사라는 사실로도 화자의 강렬한 의지의 표백으로 보기에는 미약한 표현이기 때문이다. 그래서 이 시는 비극적 정서가 절정을 이룬 것 외 다른 요소가 작용했다고는 할 수가 없다.

시를 작자의 평전의 내용과 관련시켜 해석하는 것은 한국적 문학 풍토에서 오랜 관행으로 남아 있는 것 같다(역사주의 비평의 일환). 특히 시인이 사회적 명성이 높은 경우(특히 일제 때 독립운동을 한 경우) 이런 현상은 자심하다. 이육사는 여기에 관한 아주 대표적인 인물 중의 하나다. 앞의 「청포도」는 그런 의미에서 해석의 차원이 순수 서정에서 상징적 내용으로 달라질 수 있는 작품이다. 말하자면 작품 속의 인물 '손님'이라든가 '청포(靑袍)', 혹은 '하이얀 모시 수건'에 민족적 관념이라든가 전통 사상이나 민속과 관계되는 내용의 옷을 입히는 일이다. 문제는 해석의 초점을 어디에 두느냐에 따라 시의 성격은 달라지게 된다. 지나치게 사회성에 편중될 때 순수 미학적 값어치는 손상을 입게 된다. 우수한 시는 순수 서정과 사상성이 잘 유착이 되어 있어서 어떤 방향으로 해석을 하든 상관이 없다. 「청포도」의 '손님'을 구체적으로 '광복된 조국'을 의미한다고 보면 '손님'은 「曠野」의 '초인'과 상징의(象徵意)가 일치할 수 있다. 이렇게 되면 육사의 시에는 순수 서정시는 거의 찾아볼 수 없게 되는 반면 민족사상 일변도로 일관성을 갖게 된다.

> 까마득한 날에/ 하늘이 처음 열리고/ 어디 닭 우는 소리 들렸으랴.// 모든 山脈들이/ 바다를 戀慕해 휘달릴 때도/ 차마 이곳을 犯하던 못하였으리라.// 끊임없는 光陰을/ 부지런한 季節이 피어선 지고/ 큰 江물이 비로소 길을 열었다.// 지금 눈 내리고/ 梅花 香氣 홀로 아득하니/ 내 여기 가난한 노래의 씨를 뿌려라.// 다시 千古의 뒤에/ 白馬 타고 오는 超人이 있어/ 이 曠野에서 목놓아 부르게 하리라.
>
> (「曠野」)

이 작품은 발표의 선후를 떠나서 그의 시 사상의 역정(歷程)으로 보아 「絶頂」의 연장선상에 있다고 본다. 그것은 「絶頂」이 철저한 현실고(現實苦)에만 집착되어 있는 데 대해서 「曠野」는 과거·현재·미래의 시간대가 순접되어 있으면서 미래 지향적인 역사적 인식이 새겨져 있기 때문이다. 거기다가 강인한 의지와 사명감이 무게를 더하고 있다. 이 시에서 과거의식의 극점(極點)은 천지개벽이다. 이때는 인간이 아직 생존하기 이전의 고생대쯤이라 할까. 조산(造山) 운동의 파천황(破天荒)의 위력으로도 다치지 못하는 광야(대지)가 인간의 요람(搖籃)이라는 것. 이러한 범지구적·범인류적 시원과 원점에 민족의 역사를 태동시키는 것(큰 강물은 우리 민족의 역사라는 뜻에서)보다 더한 긍지가 어디 있겠는가. 여기까지가 과거에 대한 인식이라면 이 과거의 역사적 의미의 중량을 후광으로 할 때 혹독한 현실의 고통(눈 내린 겨울)은 매화 향기(민족의 자생적 저력)의 훈향(薰香)에 봄눈 녹듯이 사라질 수밖에 없는 일. 그래서 이제 씨 뿌리는 자(선구자)로서의 긍지는 나약한 겸손에 가릴 필요도 없이 위풍당당하게 호연지기의 바람을 탄다. 그러나 인식의 추이는 현재에서 미래로 이어진다. 역사적 인식의 최종 단계는 미래다. 어떠한 사관(史觀)도 그 인식의 초점을 미래에 두는 것. 미래에 대한 전망의 가치관 때문에 그 인식이 살아 있고 발전하는 것이라면 여기서 시적 인식도 궤를 같이한다. 그는 목놓아 부르는 노래의 '절정'을 다시 노래한다. 이때의 '절정'은 시 「絶頂」에서 보는 그러한 것이 아니고 '절정'을 미소로 바라보는 성취의 절정이다. 이렇듯 이 작품은 역사적 인식의 전범(典範)에 원시적 환상과 웅혼(雄渾)한 기상을 수놓은 이채(異彩)를 특징으로 보여준다.

김광섭

다초점(正心, 正道, 민족혼)의 응집력

地熱에서
빨간 피가 한 방울 흐르다.

人類文化史三千年의 後裔
世紀의 에스프리의 切斷.
………………
………………
나는 무수한 壁 속에 앉았다.
壁은 돌보다 더 陰散하다.

손톱으로 새긴 것은
花草가 아니요 線의 苦悶들이었다.

太陽이 없음이 아니나
太陽이 있음이 슬픈 理由가 되었다.

文化史의 遺兒가
고개를 숙이고 무릎을 꿇다.

文化哲學의 大系보다
或時는 담배 한 대가 더 피우고 싶다.

아름다운 사랑보다도
或時는 베개 하나가 더 그립다.

門이 철컥 열리면
두더지는 물켜러 간다.

門이 철컥 닫히면
두더지는 물을 켜고 온다.

맑은 눈물이 외로이 솟으나
해가 없으니 무지개가 서지 못한다.

妄虛한 謝禮를 받아
肉體가 自然을 잃었다.

움직이지 못할 窓 너머서
가을의 푸른 오후가 顚落된다.

아 失香의 꽃이여!

(「푸른 하늘의 顚落」)

김광섭의 시는 지성과 감성이 잘 조화를 이루고 있는 것이 특징이다. 지성은 기지(奇智)와 에스프리나 역설로 번쩍이고 감성은 깊은 좌절의 페이소스와 충천하는 비상(飛翔)의 엑스타지를 양 날개로 하고 있다. 이러한 것들이 깊은 체험의 산실을 거쳐 나왔기 때문에 독자에게 주는 감동의 울림은 클 수밖에 없다. 특히 민족시니 애국시라고 불릴 수 있는 시편들을 대하고 보면 그의 진지한 집념의 끈기를 느낄 수가 있다. 이 시는 옥중체험 시다. 그의 시에서 흔히 볼 수 있는 직설적인 감정의 토로나 허구적인 관념의 표백이 아니고 극한 상황에서 비춰지는 인간의 적나라한 실상을 냉담한 사실성으로 묘사하고 있다. 특히 "맑은 눈물이 외로이 솟으나/ 해가 없으니 무지개가 서질 않는다" 같은 표현은 비극적 체험이 절정에 이르면 눈물로 기화(氣化)한다는 사실을 직관적 통찰력으로 밝혀낸 것이 아닐까. "門이 철컥 열리면/ 두더지는 물켜러 간다.// 門이 철컥 닫히면/ 두더지는 물을 켜고 온다"에서 문이 열리고 닫힌 것은 일체의 행위가 용납되지 않는 감옥 문의 단순 기능을 압축해서 표현한 것이지만 앞에 나온 벽의 상징적 이미지("돌보다 더 陰散한")가 이 문에 오버랩되면서 비극성은 더욱 고조된다. 두더지를 통한 죄수의 알레고리는 드라이하기가 이를 데 없다. "文化哲學의 大系보다/ 或時는 담배 한 대가 더 피우고 싶다"는 것이나 "아름다운 사랑보다도/ 或時는 베개 하나가 더 그립다"는 것은 인간 본능의 순수성을 새하얗게 투사한 시문이다. 그는 민족적 감정을 다른 서정적 매체(임, 그대, 당신 등)를 통해 굴절시키지 않고 화자의 시점 위에서만 고백한다. 그런 점에서 한용운보다는 윤동주와 서술 형식을 같이한다. 그만큼 호소력의 충격은 크다고 할 수 있다.

이상하게도 내가 사는 데서는/ 새벽녘이면 산들이/ 학처럼 날개를 쭉 펴고 날아와서는/ 종일토록 먹도 않고 말도 않고 엎뎃다가는/ 해질 무렵이면 기러기처럼 날아서/ 틈만 남겨 놓고 먼 산 속으로 간다.// 산은 날아도 새 둥이나 꽃잎 하나 다치지 않고/ 짐승들의 굴 속에서도/ 흙 한줌 돌 한 개 들썩거리지 않는다./ 새나 벌레나 짐승들이 놀랄까바/ 지구처럼 不動의 姿勢로 떠간다./ 그럴 때면 새나 짐승들은/ 기분 좋게 엎데서/ 사람처럼 날아가는 꿈을 꾼다.// 산이 날 것을 미리 알고 사람들이 달아나면/ 언제나 사람보다 앞서 가다가도/ 고달프면 쉬란 듯이 정답게 서서/ 사람이 오기를 기다려 같이 간다.// 산은 양지 바른 쪽에 사람을 묻고/ 높은 꼭대기에 神을 뫼신다.// 산은 사람들과 친하고 싶어서/ 기슭을 끌고 마을에 들어오다가도/ 사람 사는 꼴이 어수선하면/ 달팽이처럼 대가리를 들고 슬슬 기어서/ 도로 험한 봉우리를 올라간다.// 산은 나무를 기르는 법으로/ 벼랑에 오르지 못하는 법으로/ 사람을 다스린다.// 산은 울적하면 솟아서 봉우리가 되고/ 물소리를 듣고 싶으면 내려와 깊은 溪谷이 된다./ 산은 한번 신경질을 되게 내야만/ 高山도 되고 名山도 된다.// 산은 언제나 기슭에 봄이 먼저 오지만/ 조금만 올라가면 여름이 머물고 있어서/ 한 기슭인데 두 계절을/ 사이좋게 지니고 산다.

(「山」)

예로부터 시인 묵객(墨客)은 자신의 정신적 이상이나 서정적 동반자로 산이나 강과 같은 자연을 즐겨 노래했다. 이 시인도 그의 시 「思惟의 꽃」에서 이렇게 읊고 있다. "나의 詩는 精神生活의 探求입니다./ 그러므로 나는 나의 生活品을 詩에 쓰지 않고/ 自然이 깃들인 곳에서/ 아름다움이 피어나듯이/ 思惟의 抒情化를 기다립니다"라고. 이 말은 위의 「山」을 위시한 일련의 자연을 소재로 한 시들에 대한 그의 시변(詩辨)이라고도 할 수 있다. 「山」은 그의 소신대로 '사유의 서정화'를 실천한 시로서 '정신생활의 탐구'를 가사로 해서 거기다가 서정의 곡을 얹었다고 하는 것이 적절한 표현일지 모른다. 그럼 이 시를 좀 구체적으로 살펴보자. 우선 1연은 산에 대한 전체적 조망이다. 소위 사유의 내용은 산의 외관("종일토록 먹도 않고 말도 않고 엎뎃다가")에 맞추어 묵시적으로 표현되어 있다. 그러나 학과 기러기가 서정적 매체로 등장하면서 아침의 학과 저녁의 기러기는 유유한 한정(閑情, 학)과 애절한 감상(기러기)으로 대조됨으로써 이미지의 명암을 뚜렷이 한다.

2연과 3연은 유교적 관념인 '인자요산'(仁者樂山)의 고품격이 다정다감한 정분으로 감싸여 있는가 하면 4연은 인간의 존엄성과 초월적 의지(신)에 대한 경외감을 내용으로 한다. 5연은 인간이 정심(正心)과 정도(正道)를 이탈했을 때의 준엄한 비판이다. 6연은 나무나 벼랑을 통한 자연의 이법(理法)과 그 교화력의 과시다. 7연은 충천하는 기상(호연지기와 氣蓋世)과 청수(廳水)의 위락(爲樂)으로 폭넓은 운신(運身)과 용심(用心)의 위의(威儀)를 드러내 보인다. 8연은 무시간적 포용성으로, 산의 모든 종합적 의미가 마무리된다. 이렇듯 그는 그의 말대로 "無限히 작은 한 個의 벌레에 神秘론 宇宙"를 발견하는 것과 똑같이 무한히 큰 산을 통해서 그의 "작은 가슴 한 줄기 샘 속에 大自然의 夜話"를 '서술'한다.

> 나는 여기 벽이다./ 너는 거기 꽃이다./ 너와의 사이에/ 얼음 고개가 생겼다.// 아지랑이 꿈꾸면/ 고개는 사라진다.// 기다리면 먼 봄/ 꽃이 그리워/ 꽃집에 갔더니/ 꽃이 따라와서 상 위에 앉았다./ 봄도 같이 따라왔다.// 거리란 없는 것이다./ 있다 해도 봄이면 풀려서 없어진다./ 가거나 오거나/ 거리는 기다림이다.
>
> (「距離」)

지금까지 보아온 대로 그의 시는 대체로 침중한 비극적 서정에다 사변적인 것이 많다. 거기다가 도덕적 기준이 준엄한 의지의 힘에 실린다. 그의 관념은 부분이 아닌 전체, 일시가 아닌 영원, 중도가 아닌 종점, 평지가 아닌 정상, 범상이 아닌 초절(超絶)의 서슬을 즐겨 찾는다. 그러나 이 「距離」에서 보듯이 그는 온갖 사념의 무게를 떨쳐버리고 밀어 같은 정담으로 진리의 구슬을 굴리기도 한다. "거리는 기다림이다"라는 시적 진리는 사명감 같은 구속력이 없다. 굳이 사랑의 적극성이나 휴머니즘 같은 내훈(內訓)의 눈빛 같은 것조차도 개의치 않는다. 높은 산에서 내려와 조용한 강물을 만나는 감회를 준다.

윤동주

'별 헤는 밤'의 고뇌와 영광

산모퉁이를 돌아 논가 외딴 우물을 홀로 찾아가선
가만히 들여다 봅니다.

우물 속에는 달이 밝고 구름이 흐르고 하늘이 펼치고
파아란 바람이 불고 가을이 있습니다.

그리고 한 사나이가 있습니다.
어쩐지 그 사나이가 미워져 돌아갑니다.

돌아가다 생각하니 그 사나이가 가엾어집니다.
도로 가 들여다보니 사나이는 그대로 있습니다.

다시 그 사나이가 미워져 돌아갑니다.
돌아가다 생각하니 그 사나이가 그리워집니다.

우물 속에는 달이 밝고 구름이 흐르고 하늘이 펼치고 파아란 바람이 불고 가을이 있고 追憶처럼 사나이가 있습니다.

(「자화상」)

윤동주에 대해 "그의 시에는 고고한 품격과 至純한 인간성, 강직한 지조, 투철한 지성의 번뜩임이 윤택한 서정에 싸여 생명적인 具象을 이루고 있다"고 박두진 시인이 찬양한 바가 있지만 그는 대의(大義)의 원석(原石)과 같은 응축된 민족 사상과 순정한 예술성을 완벽히 구유한 보기 드문 시인이다. "贖罪羊"이라는 종교적 수사의 찬사라든가 "日賊에게 살을 내던지고 뼈를 차지한" 민족 시인의 영광만을 되뇔 것만은 아니다. 그렇다면 어떠한 새로운 조명등이 필요할까. 그는 평소에 릴케, 발레리, 프란시스 잼, 앙드레 지드 그리고 키엘케골을 탐독했다고 한다. "우리 자신이 대상 속으로 빠져 들어가지 않고는 여하한 것이라도 볼 수 없다"고 한 릴케나 "청춘의 회의와 고뇌의 시기를 거쳐 종교적인 동경과 정신적 비약과 문학적 야망이 겹친 가운데 항상 집착을 거부하고 새로운 것을 구하는 호기심으로 일관했던" 지드의 영향에서 내면적 통찰의 눈을 밝힌 것은 물론 특히 유신론적 실존주의 철학자 키엘케골에게서는 "나는 오직 하나의 벗을 가졌다. 그것은 산울림이다"라는 외침을 그대로 받아들여 우물을 들여다 볼 줄 아는 나르시시즘을 배웠을 수도 있고 "나의 양심에 있어서 하느님은 당신의 눈을 나에게 던지신다"는 절규를 듣고는 "죽는 날까지 하늘을 우러러/ 한 점 부끄러움이 없기를/ 잎새에 이는 바람에도 나는 괴로워했다"는 양심의 고백을 쏟아놓을 수도 있었다.

윤동주의 시적 자아는 '日常人'으로부터 탈피에는 이르지 못하지만 거기에 대한 고민으로부터 출발한다. 「자화상」에서 우물 속의 사나이는 시적 자아의 그림자다. 달리 말하면 전락한 '日常人'으로서의 자신의 실존이다. 이 사나이를 밉게 보면서도 돌아갔다가 다시 찾아오는 행위의 반복은 그것에 대한 안타까움이요, 애착이다. 이 애착은 '피투'(披投)된 자기 실존의 퇴락태(頹落態)에 대한 관심의 표명이다. 그러나 본래적인 자기에게로 자기를 내어던지는 '기투'(企投)의 결단도 내리지 못하고 양심의 결의에 의하여 자기 실존을 '현성'(現成)하지도 못했다. 단지 추억 속의 사나이라는 감상적 회귀로 실존적 의지는 정지되고 만다. 그러나 「참회록」은 경우가 다르다.

> 파란 녹이 낀 구리 거울 속에/ 내 얼굴이 남아 있는 것은/ 어느 왕조의 遺物이기에/ 이다지도 욕될까// 나는 나의 참회의 글을 한 줄에 줄이자/ 滿 二十四年一個月을/ 무슨 기쁨을 바라 살아왔던가// 내일이나 모래나 그 어느 즐거운 날에/ 나는 또 한 줄의 懺悔錄을 써야 한다./ 그때 그 젊은 나이에/ 왜 그런 부끄러운 고백을 했던가.// 밤이면 밤마다 나의 거울을/ 손바닥으로 발바닥으로 닦아 보자// 그러면 어느 隕石 밑으로 홀로 걸어가는/ 슬픈 사람의 뒷모양이/ 거울 속에 나타나 온다.
>
> (「참회록」)

「자화상」이 폐쇄된 공간(우물)에 개방된 자연 공간을 배경으로 한 것과는 반대로 「참회록」은 '나'를 둘러싼 들러리가 없다. 두 자아의 철저한 대결만으로 일관하고 있다. 실존주의적 사유가 철저하게 진행된 작품이기도 하다. 말하자면 1연이 자신의 피폐상을 그대로 드러내 보이는 '피투성'(被投性)으로서의 실존이라면 2, 3연은 양심의 결의를 단단히 다짐하는 '기투' 상태의 실존이며 4, 5연은 '현성'의 단계로 본래적인 존재자가 나타난 실존이다. 이를 역사적·사회의식적 시각으로 본다면 1연은 역사적 현재에 대한 자아 인식이요, 2연은 자아 부정이다. 3연은 무위(無爲)한 부정에 대한 반성이요, 4연은 자아 정립에 대한 적극적인 의지와 실천이다. 그리고 5연은 고독한 성취자의 긍지와 여심(餘心)이다. 이렇듯 이 작품의 구조는 정연하고 치밀하다. 「또 다른 고향」도 그 구조나 실존적 의지의 강도 같은 것이 「참회록」과 아주 유사하다. 우선 공간적 상황 설정에서 '어둔 방'과 녹슨 '거울'은 실존이 처한 극한 상황이란 점에서 동일하다. 실존적 의지와 행위 면에서도 녹슨 거울을 손바닥이나 발바닥으로 닦는 행위나 지조 높은 개('나'의 우의적〔寓意的〕 상징)가 밤을 새워 어둠을 짖는 행위는 그 숨은 뜻이 일치한다. 단지 '기투'의 과정에서 「또 다른 고향」이 심각한 자아 분열의 내열(內熱)을 앓고 있는 점이 다를 뿐이다.

하이데거는 시인 횔덜린을 논하는 자리에서 이렇게 말했다. 시대가 가난하기 때문에 그 시대의 시인은 과도하게 풍부하고 너무나 풍부하기 때문에 시인은 때때로 지나가버린 것을 회상하고 도래할 것을 기다리는 데 지치기도 하며 그리하여 외견상으로는 공허하게 잠들 수도 있다. 그러나 그는 밤의 무(無) 가운데 확고하게 서 있다. 시인은 이와 같이 자기의 사명으로 하여 최고의 고독 가운데 저 혼자 머물러 있음으로써 자기 민족을 대표하고 진실로 자기 민족을 위하여 진리를 획득하는 것이다. 여기서 물론 '가난한 시대'의 개념은 "사라져버린 신들과 到來하는 신 사이의 시대다. 그 시대는 사라져 버린 신들은 이미 없고 도래할 것은 아직 없다고 하는 二重의 결여, 즉 無 가운데에 있음으로 해서 가난한 시대인 것이다." T. S. 엘리엇의 시 「황무지」의 종교적 배경과도 유사하다. 윤동주가 처한 시대나 그의 시 정신이나 작품성은 횔덜린의 경우와 아주 유사하다. 단 횔덜린이 신을 직접적으로 노래한 데 대해서 그는 하늘과 바람과 별을 통하여 상징적으로 노래했다. 이때 그 상징의 내용, 즉 상징의(象徵意, symbolise)는 신(神) 이외 시대적 상황이나 민족적 감정과 사상성을 내용으로 하는 경우가 많기 때문에 그를 일러 민족시인, 혹은 저항시인이라 부르게 된다. 그래서 그의 시는 종교 사상과 민족 사상이 잘 조화된 데서 명편의 진가를 잘 보여주고 있다.

끝으로 절망과 분노의 양축을 대변하는 두 편의 시와 순수 서정의 동시(童詩) 한 편을 소개한다.

> 거 나를 부르는 것이 누구요.// 가랑잎 이파리 푸르러 나오는 그늘인데/ 나 아직 여기 호흡이 남아 있소.// 한 번도 손들어 보지 못한 나를/ 손들어 표할 하늘도 없는 나를// 어디에 내 한 몸 둘 하늘이 있어/ 나를 부르는 것이오.// 일을 마치고

내 죽는 날 아침에는/ 서럽지도 않은 가랑잎이 떨어질 텐데……// 나를 부르지 마오. (「무서운 시간」)

태양을 사모하는 아이들아/ 별을 사랑하는 아이들아// 밤이 어두웠는데/ 눈감고 가거라./ 가진 바 씨앗을/ 뿌리면서 가거라.// 발부리에 돌이 채이거든/ 감았던 눈을 와짝 떠라. (「눈 감고 간다」)

누나!/ 이 겨울에도/ 눈이 가득히 왔습니다.// 흰 봉투에/ 눈을 한줌 넣고/ 글씨도 쓰지 말고/ 우표도 붙이지 말고/ 말쑥하게 그대로/ 편지를 부칠까요?// 누나 가신 나라엔/ 눈이 아니 온다기에. (「편지」)

어떻게 보면 그의 시의 전부는 「별 헤는 밤」의 영광 속에 살아 있다. 그 영광은 고뇌의 반주로 해서 더욱 빛난다. 베토벤의 '월광곡'처럼.

이용악

사회적 관심과 예술적 이상의 동력

—긴 세월을 오랑캐와의 싸움에 살았다는 우리의 먼 조상들이 너를 불러 오랑캐꽃이라 했으니 어찌보면 너의 뒷모양이 머리태를 드리운 오랑캐의 뒷머리와도 같은 까닭이라 전한다

아낙도 우두머리도 돌볼 새 없이 갔단다
도래샘*도 띳집도 버리고 강 건너로 쫓겨갔단다
고려 장군님 무지무지 쳐들어와
오랑캐는 가랑잎처럼 굴러갔단다

구름이 모여 골짝골짝을 구름이 흘러
백년이 몇백 년이 뒤를 이어 흘러갔나

너는 오랑캐의 피 한 방울 받지 않았건만
오랑캐꽃
너는 돌가마도 털메투리도 모르는 오랑캐꽃
두 팔로 햇빛을 막아줄게

울어보렴 목놓아 울어나 보렴 오랑캐꽃

* 도래샘: 빙돌아서 흐르는 샘

(「오랑캐꽃」)

이용악의 시는 이데올로기적 경향성을 띤 민족적 감정을 노래한 것이 많다. 그만큼 그의 시에는 민족의식·역사의식·사회의식·계급의식이 강하게 풍기고 있다. 여기서 주의해야 할 것은 이러한 관념적 선입관으로 시의 내용을 연역(演繹)식으로 재단해버리는 일이다. A. 테이트는 "시인은 한 종류 이상의 시를 쓸 수 있게끔 마련되어 있다. 때문에 어떠한 비평적 통찰력도 어느 한 종류의 시에만 절대적인 가치를 줄 수는 없다"고 했다. 이 말은 시인 개개인의 특수한 자질을 이야기한 것이면서 한 개인의 다양한 자질에도 적용할 수 있다. 한용운과 윤동주의 경우 사상적 선입관을 배제하고 순수 서정시로 백미를 이룬 시가 있고 김소월의 시에서 소위 민족시라고 일컬을 수 있는 작품이 있는 것은 바로 이러한 뜻에서 이해할 수 있다. 그러나 짙은 방언으로 풋풋한 향토적 서정을 다룬 백석과 이용악을 비교해보면 이용악에게서는 계급 경향성의 사회의식이 강하게 풍기고 있는 것은 사실이다. 윤영천 교수는 "이데올로기적 편견 없이 그 작품세계만을 두고 볼 때 이 시인이야말로 진정한 순수 시인으로 일컬어져 마땅하다"고 했지만 사실상 그의 시 속에는 이데올로기적 관념이 노골화된 작품들이 상당수가 되는 것은 부인할 수가 없다. 가령 「오월에의 노래」, 「하나씩의 별」, 「빗발 속에서」, 「無宿者」, 「다시 오월에의 노래」 등은 그러한 개념의 실천적 행동을 선동하는 내용이 부분적으로 드러나 있다. 소위 "예술이 사회주의 사회가 요구하는 방향으로 전진할 것을 요구하는" 사회주의 리얼리즘에 접근하고 있는 것은 사실이다. 그러나 독자가 미리 마련한 주관적 잣대(독자 일반의 고정 관념 포함)를 사용하였을 때만 그러한 성분으로 모습을 보이는 작품들이 더 많다. 이러한 경우 그 자체의 성분은 그러한 색깔을 드러내지 않게 마련이다. 이것이 시의 소재가 갖고 있는 내포의 보편성이자 자의적 해석의 소여가 된다. 테이트가 "좋은 시라는 것은 內包와 外延의 가장 먼 兩極에서 모든 의미를 통일한 것"이라고 한 말도 바로 이러한 함축미의 조화로운 극대화를 시사한 것으로 볼 수 있다. 나는 여기서 이러한 유의 작품을 나름대로 조심성 있게 몇 편을 선별하여 소개하고자 한다.

오랑캐꽃은 제비꽃의 별칭으로 이 꽃이 필 무렵(이른 봄)이면 북쪽 오랑캐들이 먹을 것을 약탈하려고 자주 쳐들어오는 데서 유래한 이름이라고 한다. 이 시는 잦은 외침에 찌든 우리 민족의 한을 상징적으로 읊은 시다. 이 시의 장점은 수사상으로 역설과 아이러니의 매력에 있다. 시학의 전문성이 아직 활용되지 못한 당시의 한국 시단에 이만한 기교를 구사하는 일은 결코 용이한 일이 아니다. 시에서 오랑캐꽃은 고려 장군들에 의해 쫓겨난 호족의 후예일 수도 있으면서 호족의 피 한 방울도 받지 않았고 그들이 사용하는 돌가마도 털메투리도 모른다는 애매한 신분의 꽃으로 묘사된 것이 그렇고, 목 놓아 울어보라고 애정을 쏟는 것은 우리 동족에 대한 연민인지 쫓겨 간 호족에 대한 혐오감인지 애매한 것이 또한 그렇다. 아니면 외세의 잔흔을 허구화한 것이 이 꽃이라면 두 팔로 햇빛을 막으려고 한 것은 저주인가. 자위인가. 이런 아이러니가 문제가 될 수 있다. 그러나 2연에 나라의 재운(災運)을 상징하는 구름이 몇백 년을 흘러갔다는 표현은 물론 전체적으로 역사적 사실을 바탕으로 하고 있다는 점에서 시인의 의중은 역사적 내지 정치적 비전을 담고 있는 것이 사실이다. 물질적 관념이든 형이상학적 관념이든 그것은 시적 상상력의 자유를 제한하는 것임에는 틀림없다. 영국 시인 카울리의 「광명에의 讚歌」를 보면 오랑캐꽃에 대한 이런 구절이 나온다. "어린애처럼 벌떡 일어서는 오랑캐꽃/ 당신의 보랏빛 기저귀를 차고/ 아름다운 튤립에 반하고/ 당신은 화려히 알락달락한 옷을 입고 있다." 순수한 서정은 어떠한 색깔의 관념의 옷을 입혀도(독자의 주관에 의해) 그 색깔이 시의 몸에 배지 않는다. 어떠한 조명이

지나가듯이 일과성에 그치고 만다. 그러나 시의 피부에 배어 있는 시인의 고정관념의 염색소는 언제나 그대로 보존된다.

> 말 아닌 말로/ 病室의 전설을 주받는/ 흰 壁과/ 하아얀/ 하얀/ 壁// 화병에 씨들은 따알리야가/ 날개 부러진 두루미로밖에/ 그렇게밖에 안 뵈는 슬픔—/ 무너질 상싶은/ 가슴에 숨어드는/ 차군 입김을 막어다오// 실끝처럼 여윈 思念은/ 회색 문지방에/ 알 길 없는 손톱 그림을 새겼고/ 그 속에 뚜욱 떨어진 황혼은 미치려나/ 폭풍이 헤어드는 내 눈 앞에서/ 미치려는가 너는// 시퍼런 핏줄에/ 손가락을 얹어보는 마음—/ 손끝에 다앟는 적은 움직임/ 오오 살아 있다/ 나는 확실히 살아 있다
>
> (「病」)

한국의 식민지시대 시는 대체로 시인의 경험적 가능성이 크게 위축되고 폐쇄된 상태를 보여준다. 지성은 겉으로 생경하게 드러나고 정서는 감상의 날개를 타고 왕겨처럼 날아다니거나 가을비처럼 무겁게 가라앉기가 일쑤다. 감각은 내면으로 파고들어 밝은 빛을 잃어버리는 예가 많다. 이용악 시는 이러한 약점을 어느 정도 극복했다. 다시 말하면 하강하는 정서와 상승하는 의지, 이 양면을 변증법적으로 종합하지는 못해도 다 가지고 있기는 했다. 「病」은 바로 이러한 유의 양감정을 표출한 대표적 시에 속한다. 1연은 흔히 죽음처럼 무거운 병실의 공기를 흑색의 이미지로 묘사하는 것과는 달리 백색의 공포로 병인(病人)의 감정을 철저하게 증발시켜버린다. 여기서 인간은 살아 있는 형해(形骸)의 화석이 될 수밖에 없다. 여기에 대해서 4연은 이 형해의 화석에서 살아난 재생의 맥박을 기적처럼 묘사하고 있다. 사실 시인의 의지란 것은 의미를 실은 의식의 강도 높은 역동력에 불과한 것이다. 이 역동력이 주는 감동 때문에 2, 3연의 감상은 극복되었다고 볼 수 있다.

> 애비도 종 할애비도 종 한뉘* 허리 굽히고 드나들던 토막/ 기울어진 흙 벽에

쫑그리고 기대앉은 저 아이는 발가숭이/ 발가숭이 아이의 살결은 흙인 듯 검붉다.// 덩쿨 우거진 골짜구니를 맑고 찬 새암물 돌 돌 가느다랗게/ 흐르는가 나비사 이미 날지 않고 오랜 나무 마디마디에 휘휘/ 감돌아 맺힌 고운 무늬모냥 버섯은 그늘에만 그늘마다 피어// 잠자듯 어슴프레히 저놈의 소가 항시 바라보는 것은 하늘이/ 높디 높다란 푸른 하늘이 아니라 번질러놓은 수레바퀴가 아니라/ 흙이다 검붉은 흙이다. (* 한뉘: 한평생) (「흙」)

가진 자는 임종을 맞으면 모든 것을 풀어놓고 무로 돌아간다. 그러나 가진 것이 없는 종은 자신의 현실적 무가 원형의 무 속으로 아무런 갈등 없이 귀화해버리고 만다. 토색(土色)은 원형질이다. 무소유의 종과 거기다가 발가벗은 종의 아이가 흙빛을 닮았다는 것은 원형적 상상력의 논리다. 2연의 샘물과 버섯은 미화된 원형의 상징이다. 3연의 소는 털의 빛깔조차 흙빛이다. 울 때는 하늘로 머리를 들어 울지만 조용히 새김질할 때는 그 시선은 땅 위를 향한다. 사실 하늘은 실체가 없다. 그것은 인간이 만들어 낸 허구적 이상에 불과하다. 아무리 높은 산이라도 그 정상은 좌절의 상징이다. 하늘 높이 솟은 나무도 해마다 모든 잎사귀들이 땅으로 떨어지고 만다. 이것은 원형 개념의 실제 현상들이다.

이용악의 프롤레타리아 의식(종의 신분 의식)은 여기서 보는 그대로 원형 의식을 만남으로 해서 그 예술성이 한결 돋보이게 된다.

김수영

자유의지와 자유정신 그리고 '행동에의 계시'

병풍은 무엇에서부터라도 나를 끊어준다.
등지고 있는 얼굴이여
주검에 취하여 있는 사람처럼 멋없이 서서
병풍은 무엇을 향하여서도 무관심하다.
주검의 全面 같은 너의 얼굴 위에
용이 있고 落日이 있다.
무엇보다도 먼저 끊어야 할 것이 설움이라고 하면서
병풍은 허위의 높이보다도 더 높은 곳에
비폭(飛瀑)을 놓고 유도(幽島)를 점지한다.
가장 어려운 곳에 놓여 있는 병풍은
내 앞에 서서 주검을 가지고 주검을 막고 있다.
나는 병풍을 바라보고
달은 나의 등 뒤에서 병풍의 주인 육칠옹해사(六七翁海士)의 인장(印章)을 비
추어주는 것이었다.

(「병풍」)

병풍의 실용적 기능은 그것이 글씨든 그림이든, 또 몇 쪽으로 이루어졌든 상관없이 이동성 장식 용구로써 높은 품위의 위상을 지키는 것이지만 때로는 방풍(防風)으로, 혹은 가리개 역할을 하기도 한다. 이러한 사실적 용도를 뛰어넘어 상징적 기능으로 변용되는 것이 시적 기능이다. 물론 사실적 기능을 바탕으로 거쳐 가는 경우도 있지만 처음부터 거기에 철학적 사색이나 직관적 인식이 비약적으로 작용하기도 한다. 이 시에는 사실적 감각과 상징적 감각이 번갈아 작용하면서 삶과 죽음의 관념이 교차하고 있다. 즉 병풍 그 자체의 외면적·사실적 감각에서 끌어낸 무관심과 죽음의 의식이 설움과 허위의 인식으로 이어지고 여기에 맞서 병풍 속의 그림(飛瀑과 幽島, 육칠옹해사의 인장)은 처음부터 그 허위를 극복하는 위상을 드러낸다. 그래서 "어려운 곳에 놓여 있는 병풍"이라는 것은 죽음과 삶의 양면의 갈등을 시사하는 것이고 "주검을 가지고 주검을 막고 있다"는 것은 병풍의 외면에서 온 주검의 인식이 내면의 그림에서 얻은 삶의 인식으로 극복되는 것을 의미한다. 아울러 병풍을 바라보고 있는 화자의 의식과 인식이 인장을 비추고 있는 달빛 쪽에 쏠리고 있다는 사실은 죽음보다는 삶의 의지 쪽으로 쏠리고 있음을 명백히 한다. 김수영에게 있어서 삶의 의지는 많은 시인들에서 볼 수 있는 내면적 열화(熱火)와는 달리 체온으로 달궈진 행동으로 나타난다. 그는 시를 "行動에의 啓示"로 간주한다.

김수영은 이렇게 말한다. "들어맞지 않던 행동의 열쇠가 열릴 때 나의 시는 완료되고 나의 시가 끝나는 순간은 행동의 계시를 완료한 순간이다"라고. 흔히들 이 시인을 두고 모더니스트니 참여 시인이라고 치부한다. 이 두 가지 유형에 매김하려면 적어도 거기에 상응하는 목적의식이나 일관된 지속적 사고가 있어야 한다. 그의 몇몇 작품에서 현실적 사회의식이 판 박힌 뚜렷한 예를 발견할 수 있다고 해서 참여 시인으로 한정할 필요가 없고, 전위적인 실험성이라든가 반전통적인 파괴성은 분명히 모더니즘의 계열을 벗어날 수 없지만 여타의 많은 이질적 작품을 이러한 잣대로 포괄 처리할 수는 없는 일이다. 이러한 사실 역시 시인 자신의 다음과 같은 말이 잘 대변해준다. "종교적이거나 사상적 도그마를 시 속에 직수입하고 싶은 충동을 느껴 본 일은 없다. 시의 어머니는 어디까지나 언어, 따라서 나는 시의 내용에 대해서 고심해 본 일이 없고 나의 가슴은 언제나 無, 이 無 위에서 파괴와 창조가 동시에 이루어진다." 그래서 그의 시학과 미학의 본령은 자유분방하고 다이너믹한 행동성 그것이다. "눈은 살아 있다./ 죽음을 잊어버린 영혼과 육체를 위하여/ 눈은 새벽이 지나도록 살아 있다.// 기침을 하자/ 젊은 시인이여 기침을 하자./ 눈을 바라보며/ 밤새도록 고인 가슴의 가래라도/ 마음껏 뱉자"(「눈」). 떨어져 쌓인 눈은 정지 상태다. 그것이 정적(靜寂)이나 고요의 미로 승화되는 것은 동양적인 전통미의 전형이다. 이것을 살아 있는 호흡(기침)으로 파괴함으로써 동적인 생명성을 창조한다.「꽃 2」에서는 피어 있는 꽃을 예찬하는 것이 아니고 "과거와 미래에 통하는 견고한 꽃이 공허의 말단에서 찬란하게 피어오른다"고 읊고 있다. 「폭포」에서는 "무엇을 향하여 떨어진다는 의미도 없이/ 계절과 주야를 가리지 않고/ 고매한 정신처럼 쉴 사이 없이 떨어진다./ 곧은 소리를 내며 떨어진다." 물론 고매한 정신이나 곧은 소리는 어떤 사상이나 이념적 내의(內意)로 읽을 필요도 없을 것이다. 또 「비」에서는 "바람에 나부껴서 밤을 모르고/ 언제나 새벽만을 향하고 있는/ 투명한 움직임의 비애"를 읽는다. 아무것도 그 속에 지니지 못한 충동적 행동 그것은 한갓된 욕망, 그러나 이 욕망 속에서 건지려고 안간힘을 쓰는 것은 사랑이다. "복사씨와 살구씨와 곶감씨의 아름다운 단단함"이 사랑의 본거지로 생각하지만 그것은 사랑의 변주곡으로 끝나는 그릇된 명상의 무위한 간이역, 결국 그의 행동은 행동으로 남는 숙명적인 반복의 회로, 이 회로의 절정을 구가한 것이 「풀」이다.

> 풀이 눕는다/ 비를 몰아오는 동풍에 나부껴/ 풀은 눕고/ 드디어 울었다/ 날이 흐려서 더 울다가/ 다시 누웠다// 풀이 눕는다/ 바람보다도 더 빨리 눕는다/ 바람보다도 더 빨리 울고/ 바람보다 먼저 일어난다// 날이 흐리고 풀이 눕는다/ 발목

까지/ 발밑까지 눕는다/ 바람보다 늦게 누워도/ 바람보다 먼저 일어나고/ 바람보다 늦게 울어도/ 바람보다 먼저 웃는다/ 날이 흐리고 풀뿌리가 눕는다.

(「풀」)

이 시의 중요한 골격은 바람과 풀과의 관계를 중심으로 풀의 행위와 그 행위의 유형과 시간적 선후의 관계다. 그런데 여기서 바람을 전제하지 않는 풀의 동작은 전무하다. 말하자면 풀의 자생적인 생명성이나 정서가 구가된 것이 아니고 상대적인 대타(對他) 관계에서 발생하는 실제적인 행위가 시적 행위의 전부다. 그리고 그 동작은 눕고 일어나고 울고 웃는 것으로 연속된다. 빨리 눕고 울고 먼저 일어난다. 발목까지 눕고 늦게 누워도 먼저 일어난다. 늦게 울어도 먼저 웃는다. 이러한 행위를 압축하면 눕고 일어나고 울고 우는 것이고 이를 수식하는 시간적 수사는 먼저와 나중이다. 여기에 사회의식적 상징의 옷을 입힌다고 할 때 행위의 모둠(주제)을 '약자의 강인한 생명력'이라고 규정하면 무난할 수 있을 것이다. 물론 풀이 고고한 양반 계급의 품위를 상징하는 대나무에 비해서 소박하지만 서민 계급의 유연한 강인성을 상징한다는 뜻으로 해석의 방향을 잡을 수도 있을 것이다. 그렇다면 같은 이해 선상에서 이미 정평이 되어버린 '바람'은 '외세의 압력' 정도로 해석할 수 있다. 그러나 전술한 대로 시사성이나 사회성의 잣대는 시의 의미를 축소할 위험이 따르게 마련이다. 이 시인은 시평에 있어서 심미적이거나 사회적이거나 어느 쪽도 그 편향성에 반대했다. 심지어 시인이라는 사실 그리고 시를 쓰고 있다는 의식조차 큰 부담으로 느꼈다. 그런 의식이 적으면 적을수록 사물을 보는 눈은 더 순수하고 명석하고 자유로워진다고 믿었다. 마침 여기 「풀」의 순수한 실상을 조명해 주는 보조등(補助燈)과 같은 작품이 있기에 그 한 부분을 소개해본다.

라디오의 시종을 고하는 소리 대신에 西道歌와/ 목사의 열띤 설교 소리와 심포니가 나오지만/ 이 소음들은 나의 푸른 풀의 가냘픈/ 영상을 꺾지 못하고/ 그 영상의 전후의 고민의 환희를 지우지 못한다. (「풀의 영상」)

「풀」의 '바람'에 의미상으로 상응되는 것이 '西道歌'요, '목사의 설교소리'요, '심포니'다. 이것을 통칭해서 '소음'(騷音)이라 했다. 종교의 권위나 음악적 가치관이 풀의 영상에 접근되지 못하고 부정되거나 파괴되어 버린다. 특히 「풀」의 "바람보다 늦게 누워도/ 바람보다 먼저 일어나고/ 바람보다 늦게 울어도/ 바람보다 먼저 웃는다"는 부분은 「풀의 영상」에서 "그 영상의 전후의 고민의 환희"라는 말과 딱 맞아떨어진다. 즉 '전후'는 '먼저'와 '늦게'에, '고민'은 '울어도'에, '환희'는 '웃는다'와 그 의미가 일치한다. 이렇게 되면 '바람'의 상징적 의미가 사회성이나 시사성의 내성(內域)으로 한정할 수 없다는 것이 명백해진다. 김수영, 그는 '아무것에도 취하여 살기를 싫어하는' 시인이다. 이상(李箱)을 닮은 위트와 패러독스(「아버지의 사진」)의 깊은 내면의식과 니체를 닮은 절정의식과 자유의지, 자유정신, 이를 구체화하는 행동 미학(「폭포」, 「푸른 하늘을」)은 그의 경악(驚愕)으로 떠 있는(?) 큰 눈에서 내비치고 있다.

김규동

향(向)모더니즘과 속(續)로맨티시즘의 양면성

현기증 나는 활주로의
최후의 절정에서 흰나비는
돌진의 방향을 잊어버리고
피 묻은 육체의 파편들을 굽어본다.

기계처럼 작열한 심장을 축일
한모금 샘물도 없는 허망한 광장에서
어린 나비의 안막을 차단하는 건
투명한 광선의 바다뿐이었기에—

진공의 해안에서처럼 과묵한 묘지 사이사이
숨가쁜 Z기의 백선과 이동하는 계절 속
불길처럼 일어나는 燐光의 조수에 밀려
흰나비는 말없이 이지러진 날개를 파닥거린다.

하얀 미래의 어느 지점에

아름다운 영토는 기다리고 있는 것인가.
푸르른 활주로의 어느 지표에
화려한 희망은 피고 있는 것일까.

신도 기적도 이미
승천하여 버린 지 오랜 유역—
그 어느 마지막 종점을 향하여 흰나비는
또 한 번 스스로의 신화와 더불어 대결하여 본다.

(「나비와 廣場」)

김규동은 김기림과 이상에 이어 1950년대에 주로 모더니즘의 성향을 띤 시를 많이 발표한 시인이다(시집 『나비와 廣場』). 모더니즘은 그 의미의 영역이 매우 광역하다. 모더니즘은 문학을 비롯한 예술은 물론, 종교와 과학 등 사회 전반의 문화 분야에 뿌리를 두고 있다. 그것은 인간의 지식과 신념 면에서 항상 새로운 변화를 갈구한다. 삶의 이름으로 역사를 말살하든가 모더니티(현대성)의 이름으로 과거를 말살하려는 철저한 망각과 동시에 진정한 현재라고 불려질 수 있는 최후의 지점에 도달하려고 하는 희망과 의지를 동반한다. 이러한 광의의 의미에서 보면 인류문화사에 눈부신 이정표를 세운 다윈이나 프로이트나 니체 같은 사람들은 알고 보면 모두 모더니스트들이다. 문학에서도 제임스 조이스나 T. S. 엘리엇, 릴케, 에즈라 파운드 같은 사람들도 마찬가지다. 그들의 「율리시즈」, 「황무지」, 「두이노의 悲歌」, 「詩篇 Cantos」들은 모두가 과거의 전통적 양식에서 깨어나려는 몸부림의 산물이라 할 수 있다. 한국의 모더니즘은 모더니즘의 본래적 개념에 부응하는 작자나 작품의 성격이 명확하지가 않다. 그것은 한국 시사(詩史)의 기술이 공통적으로 밝히고 있는 "외래 문예사조의 일시적 쇄도로 인한 혼란"의 탓이라 할 수도 있겠지만 표현주의나 이미지즘, 주지주의, 다다이즘, 쉬르리얼리즘적 요소가 혼재되어 있는 상태가 많은 것은 사실이다. 그러나 김규동의 경우는 사정이 다르다. 모더니즘의 본래적인 개념인 현대 문명에 대한 비판 의식이 상징적으로 깔려 있다. 「나비와 廣場」은 그를 두고 모더니즘 시인이라 명명하게 된 동기가 되는 대표적인 작품이다. '나비와 광장'은 그 상황 자체가 현대 문명의 병체(病體)인 부조리의 현장이다. 따라서 그 구조적 성격이 갈등 구조일 수밖에 없고 그 정신은 고발 정신을 전부로 하고 있다. 김기림의 문명비판 의식이 회화적 감각으로 우회한 데 비해서 그는 휴머니즘적 감각으로 상징의 형식을 취한다. 그러면서 이 시는 실존주의적 패턴을 취한다. 나비를 현존재(인간)의 상징이라 할 때 광장은 나비의 생존 현장으로서는 최악의 극한 상황이 된다. 나비는 활주로에서 방향을 잃어버리고 현기증을 일으킨다. 광장에는 작열한 심장을 축일 한 모금 샘물도 없다. 눈에는 투명한 광선의 바다뿐이다. 이것이 극한 상황이다. 그러나 나비는 자신을 포기하지 않는다. 이지러진 날개를 파닥거리면서 하얀 미래의 어느 지점을 응시하고 화려한 희망을 걸어본다. 실존주의에서는 극한 상황에서 자아실현의 적극적인 성취의 행위를 취한다. 신도 기적도 승천하여 버린 곳(실종된 곳)에서 스스로의 신화를 창조하려고 하는 몸부림이 시의 마지막 연에서 전개된다. 이러한 의지는 모더니즘의 한 일면으로도 간주될 수 있다. 이런 현상은 모더니즘이 낭만주의와 대척적인 위상에 서 있음을 분명히 한다. 왜냐하면 낭만주의는 시의 말미에서 대개 정서적 몰락 아니면 비상(飛翔)으로 흐르기 십상이기 때문이다.

> 고향엔/ 무슨 뜨거운 연정이 있는 것은 아니었다.// 산을 두르고 돌아앉아서/ 산과 더불어 나이를 먹어 가는 마을// 마을에선 먼 바다가 그리운 포플라나무들이/ 목메어 푸른 하늘에 나부끼고// 이웃 낮닭들은 홰를 치며/ 한가히 古典을 울었다.// 고향엔 고향엔/ 무슨 뜨거운 연정이 기다리고 있는 것이 아니었다.
>
> (「고향」)

김규동의 모더니즘적 체질을 의아하게 생각하는 사람들이 있는 것은 사실이다. 그것은 모더니즘은 역사적 내지 문화적 의지의 첨예한 전진을 추진하고 있다고 한다면 그의 시의 상당 부분이 후진적 의식 현상인 고향 의식에 쏠려 있기 때문이다. 그는 '후반기' 동인이다. 박인환이 지적한 대로 "성장되고 사고하는 방법이 그 기반을 황폐한 정신적 풍토에 두고 있었던 것"은 사실이다. 이 「고향」도 바로 그런 황폐한 정신적 풍토에서 씌어진 시다. 시에 나오는 그대로 이미 그의 고향은 뜨거운 연정이 기다리고 있는 고향은 아니다. 고향 마을을 상징하는 포플러나무는 목메어 푸른 하늘에 나부끼고 낮닭은 홰를 치고 고전(古典)을 울 수밖에 없다. 고향 의식은 두 가지 서로 다른 정서적 방향을 갖는다. 하나는 고향이 그리움의 전부를 간직하고 있어서 거기에 함몰함으로써 만족을 얻는 것이고 다른 하나는 본 모습을 상실한 고향에 대한 비애를 느끼는 것이다. 이 상실의 비애를 담은 「고향」은 정지용의 「고향」과 그 유형을 같이 한다. "고향에 고향에 돌아와도/ 그리던 고향은 아니러뇨// 산꿩이 알을 품고/ 뻐꾸기 제 철에 울건만// 마음은 제 고향 지니지 않고/ 머언 항구로 떠도는 구름// 오늘도 메 끝에 홀로 오르니/ 흰점 꽃이 인정스레 웃고// 어린 시절에 불던 풀피리 소리 아니나고/ 메마른 입술에 쓰디 쓰다.// 고향에 고향에 돌아와도/ 그리던 하늘만이 높푸르구나"(정지용의 「故鄕」).

김규동의 고향 의식은 단순한 과거 회귀가 아니고 자기 본래의 땅(실존적 본원)을 찾아 나서는 과정에서 발생한다. 여기서 우리는 이 시인이 로맨티스트도 아니면서 그렇다고 경직된 지성적 이미지를 남발하는 모더니스트도 아니란 사실을 발견할 수 있다. 모더니스트로서의 그의 특이한 아이덴티티가 여기에 있다.

> 대지는 모든 것을 받아드렸다./ 인간의 어떤 욕망까지도/ 이제/ 세월은 가고 흙이 검게 파인다./ 어디서도 번쩍이는 쇠붙이가/ 늑골을 드러내며/ 한 시대의 역사를/ 되새겨 주고 있다./ 수천만 개의 못이 박힌/ 국토 위를/ 쇠잔한 햇빛을 이

고/ 자동차가 쓸쓸히 굴러간다. (「국토기행」)

지금은 알 수 있다./ 아이들처럼 달려간/ 몇 억 몇 천의 시간이 사라진 뒤에도/ 가슴에 남은 것은/ 작은 개울과 숲의 말과 음악이니/ 나는 기다린다. 귀를 기울이고/ 별처럼 멀어진/ 소박한 존재의 반짝이는 얼굴을 (「세월」)

문학을 하는 사람들 특히 시인의 경우, 상상력의 연륜이 어떤 주기적 변화 위에 새겨질 수 있을까. 자연현상과 같은 성장과 쇠퇴를 양축으로 하는 상상력의 포물선이 그려질 수 있을까. 시가 '자연의 모방'이란 말의 뜻이 이런 의미에서도 적용되는 것인지. 물론 역대 많은 시인들을 통해서 이미 공감하고 있는 현상이긴 하지만 김규동의 후반기 시를 대하면서 문득 이런 생각을 새삼스럽게 해보게 된다. 「국토 기행」은 1992년도에, 「세월」은 1995년도에 발표된 작품이다. 「나비의 廣場」에서 「고향」을 거쳐 이 두 작품에 이르는 과정에서 이러한 현상을 직감하게 된다. 「국토기행」은 '나비'가 생명성(모더니티의 꿈)을 혼신의 힘으로 사투하던 '광장'이 결국 허무의 '대지'로 바뀌고 있음을 보여주는 것이라면 「세월」은 그러한 허무를 극복하고 현실 의식과 과거 의식(고향 의식)이 하나의 원형 속에 회귀하고 있음을 극명하게 보여준다. "가슴에 남은 작은 개울과 숲과 말과 음악"이나 혹은 "별처럼 멀어진 소박한 존재의 반짝이는 얼굴"이 바로 그가 돌아온 반환점에서 찾아낸 원형의 실체다.

신경림

사각지대(死角地帶)의 서정

——저항과 체념의 갈등

징이 울린다. 막이 내렸다
오동나무에 전등이 매어달린 가설무대
구경꾼이 돌아가고 난 텅 빈 운동장
우리는 분이 얼룩진 얼굴로
학교 앞 소주집에 몰려 술을 마신다
답답하고 고달프게 사는 것이 원통하다
꽹과리를 앞장 세워 장거리로 나서면
따라붙어 악을 쓰는 건 쪼무래기들 뿐
처녀애들은 기름집 담벽에 붙어서서
철없이 킬킬대는구나
보름달은 밝아 어떤 녀석은
꺽정이처럼 울부짖고 또 어떤 녀석은
서림이처럼 해해대지만 이까짓
산구석에 처박혀 발버둥친들 무엇하랴
비료값도 안나오는 농사 따위야
아예 여편네에게나 맡겨두고

쇠전을 거쳐 도수장 앞에 와 돌 때
우리는 점점 신명이 난다
한 다리를 들고 날라리를 불거나
고갯짓을 하고 어깨를 흔들거나

(「農舞」)

신경림의 시는 대체로 사실주의적 경향을 띠고 있다. 그렇다면 사실주의 시는 어떤 원론적인 성격을 띠고 있는지 살펴보자. 그것은 최상의 조건으로 내세우는 다음의 세 가지 특징이 있다. 첫째, 일반적인 상태(situation), 일상적 배경——사회 하위 계층 옹호. 둘째, 무리한 이미지나 은유를 사용치 않음. 셋째, 일상적 담화를 재현하거나 산문적 리듬에 접근하는 경향을 보임 등이다. 한 가지 더 추가한다면 개인의 심적인 한계(지평)를 초월하려는 의도를 보이지 않는 것 등이 있다. 시집 『農舞』에 실려 있는 시들은 대체로 이러한 조건에 크게 어긋나지 않는다. 먼저 소재의 선택이 빈한한 농촌 사회의 일상적 삶에 근거한 것들이고 용어의 성격은 수사적으로 활용된 압축어가 아닌, 산문적 문체의 리듬을 타고 있다. 그리고 화자의 생각은 농촌 서민의 공동체를 대변하면서도 표현 형식은 철저히 자신의 심상을 이야기하는 것으로 되어 있다.

이 시를 리얼리즘의 본질에 비추어 이해할 경우, 앞에서 열거한 리얼리즘 특징 말고도 인생은 조화와 균형이 결핍되어 있는 것으로 보고 인생의 중요한 이슈를 윤리적인 것(도덕성)으로 본다든가, 리얼리스트의 대부분은 그들의 어조가 대체로 코믹하고 풍자적이며 냉혹하기는 해도 침울하지는 않다(러시안 리얼리즘은 예외)는 특징 등이 이 시에 원용될 수 있다. 이 시의 화자는 '나' 아니면 '우리'다. 그리고 나는 어디까지나 우리 속의 나다. 그만큼 우리라는 집단이 중심이 되고 주체가 된다. 이 집단은 농촌 마을의 빈한한 젊은 농민들이다. 그만큼 그들의 이야기와 행위는 소박하고 단순하다. "답답하고 고달프게 사는 것이 원통하다"고 생각한다. "산구석에 처박혀 발버둥친들 무엇하랴/ 비료값도 안나오는 농사 따위야 아예 여편네에게나 맡겨두고" 했으면 무슨 대책을 세워야 하거늘 우직하고 소박한 탓일까. 슬그머니 꽁무니를 빼고 농악 패거리에 빠져든다. 혹은 가난에 찌들리고 시국에 피해를 입은 탓일까. 무기력하고 이러지도 저러지도 못하는 망설임이 "날라리를 불거나 어깨를 흔들거나"에서 그대로 드러난다. 이 '~거나'형 어투는 시 「겨울밤」에서도 자주 등장한다. "싸구려 분냄새라도 맡아볼거나" "올해에는 닭이라도 쳐볼거나" "연애편지라도 띄워볼거나" "올해에는 돼지라도 먹여볼거나." 또 시 「罷場」에서는 "어디를 들어가 섰다라도 벌일까./ 주머니를 털어 색싯집에라도 갈까" 등이 나온다. 시적 화자를 통해 시대적·사회적 고민의 심리 현상을 그려 보이고 있다. 사회 현실에 대한 적극적인 저항을 드러낸 것으로 "이제 우리에겐 맺힌 분노가 있을 뿐이다 맹세가 있고 그리고 맨주먹이다"(「遠隔地」), "빈 주먹과 뜨거운 숨결만 가지고 모였다./ 아우성과 노랫소리만 가지고 모였다"(「갈 길」), "억울한 자여 눈을 뜨라/ 짓눌린 자여 입을 열라"(「밤새」) 등이 있지만 이는 마치 1930년대 우리 농촌소설을 보는 감개를 자아낸다. 우둔하면서도 정의감이 강하고 감상적이면서도 저돌적이고 즉흥적이면서도 고지식한 고집이 섞여 있다. 이러한 그의 리얼리즘 풍의 사설조(辭說調) 시를 보면 리얼리즘이 주로 소설 장르에 활용된 점을 새삼 인식하게 되는 것은 물론 시와 소설이 만나는 모호한 한계점을 생각하게 된다.

이번에는 이러한 사실성을 통한 호소력이 내면화된 현상을 찾아보자.

> 쓸쓸히 살다가 그는 죽었다./ 앞으로 시내가 흐르고 뒤에 산이 있는/ 조용한 언덕에 그는 묻혔다./ 바람이 풀리는 어느 다스운 봄날/ 그 무덤 위에 흰 나무비가 섰다./ 그가 보내던 쓸쓸한 표정으로 서서/ 바람을 맞고 있었다./ 그러나 비는 아무것도 기억할 만한/ 옛날이 있는 것은 아니었다. 어언 듯/ 거멓게 빛깔이 변해 가는 제 가냘픈/ 얼굴이 슬펐다./ 무엇인가 들릴 듯도 하고 보일 듯도 한 것에/ 조용히 귀를 대이고 있었다. (「墓碑」)

이 시의 의미상 특징은 생전과 사후가 잘 상응하고 있다는 데 있다. 시문을 산문 형식으로 압축해서 정리하면 "쓸쓸히 살다가 그는 죽었다." 다음에 '그는 죽어서도 쓸쓸하였다'로 요약하면 된다. 이 시의 비극성은 생전의 한을 풀어주기 위해 명당자리 같은 고택을 마련해주었지만 사실은 그렇지 못하다는 데 있다. 아니 그를 위로하기 위해 새운 목비(木碑)가 그 한을 씻어주는 것이 아니고 생전과 같거나 오히려 더해주고 있는 것 같은 아이러니성이 이 시의 특징이다. 더군다나 기억할 만한 아무것도 없는 비천한 삶이었으므로 무의미할 수밖에 없는 인생이다. 이런 인생에 무엇을 들을 것도 볼 것도 없으련만 그래도 막연한 기대를 거는 우둔하면서도 순박한 인간의 모습이 잘 묘사되어 있다. 간결하면서도 건조한 문체가 암묵(暗默)한 호소력을 가지고 있다.

> 언제부턴가 갈대는 속으로/ 조용히 울고 있었다./ 그런 어느 밤이었을 것이다. 갈대는/ 그의 온몸이 흔들리고 있는 것을 알았다.// 바람도 달빛도 아닌 것./ 갈대는 저를 흔드는 것이 제 조용한 울음인 것을/ 까맣게 몰랐다./ —산다는 것은 속으로 이렇게/ 조용히 울고 있는 것이란 것을/ 그는 몰랐다. (「갈대」)

이 작품은 시집 『農舞』에 실려 있는 작품 중 드물게 보는 순수 서정시라 할 수 있다. 다시 말하면 사회성이 표면화되지 않은 작품이다. 이 「갈대」는 직관과 관념이 복합된 내면적 사실풍(寫實風)의 시다. 이런 유의 시는 외면적 사실풍이라 할 수 있는 이미지즘 계열의 시와 비교해보면 그 성격이 명확해진다. 김광균의 시 「해바라기의 感傷」에는 "보랏빛 들길 위에 黃昏이 굴러나리면/ 시냇가에 늘어선 갈대밭은/ 머리를 헤뜨리고 울고 있었다"는 구절이 있다. 갈대의 외면적 형상과 울음을 울고 있는 여인의 모습이나 혹은 울음소리와 같은 감각적 지각이 이해의 한계가 된다. 그러나 여기서는 바람과 달빛이 갈대에 미치는 물리적 감각이나 혹은 낭만적 정서를 차단해버리고 흔들림의 의미를 내면적 동기에서 찾고 있다. 거기다가 슬픔을 슬픔으로 느끼지 못할 뿐 아니라 삶이 온통 슬픔이란 사실을 모르고 사는 비극보다 더한 비극이 어디 있겠는가 하는 반문을 여운으로 깔고 있다.

정공채

'간이역'과 '종착역'의 바람과 별빛

1

사람을 찾는데
빈 전화만 운다.
요즘 같은 세상에
사람이 있다가도
주인은 정작 없고
빈 전화만 운다.
不在中 —.
어디로 갔을까
橫行이 잦고
짙은 그늘이 제 그늘을 모른다.

2

젊었을 때는 젊었던 때
지금은 그 사람들
많이들 달라져

빈 말에 빈 전화만 울게 한다.

신선했던 바람
더러운 市井을 지나치면서
때가 타고 毒에 절었나.
사람은 없고
빈 전화만 울게 만든다.

어디선가 지독한 毒風이 분다.
매캐하고 매캐하고
정말 지저분하고 지저분해서
얼굴이 몰골이 되었다.
마누라마저 부재중인 빈 집에
내 몰골 혼자가
빈 전화를 또 돌리고 있다.

(「빈 전화」)

인간 상실, 인간 부재가 현대 문명에서 인간의 실존적인 위기로 경고된 것은 꽤 오래된 이야기지만 이것이 현대시의 화두에 오를 때마다 충격을 주는 것은 그 위기가 계속 진행되고 있기 때문이다. 전화벨은 울리는데 사람은 없다. 정말 사람(주인)이 없는 것일까. 아니면 있어도 벨소리를 듣지 못하는 것일까. 그럴 수가 있는 것이 시정(市井)의 때가 타고 독풍(毒風)에 절인 '몰골'의 귀에는 전화 소리가 들리지 않을 수도 있다. 온갖 사회악에 '횡행'이 잦은 '짙은 그늘'의 실루엣 같은 인간의 허상(몰골)이 '신선한 바람' 같은 전화상의 목소리와 소통이 안 될 수밖에. 이 시의 시적 화자는 이중의 고독 속에 갇혀 있다. 마누라마저 부재중인 빈집에서 오는 전화를 받을 수가 없는 것은 물론, 아무도 받지 못하는 빈 전화를 무위하게 돌리고 있는 것이다. 전화벨을 도구로 한 공포영화가 주는 드라마성 위기의식은 육감적 충격으로 끝나지만 이 시편 전체에 깔려 있는 '짙은 그늘'이 상징하는 인간 부재의 공포는 인간 실존의 뿌리를 흔들고 있다.

> 우리는 대리석이 아니면서 그 기둥에 달빛 쪼개 바르고/ 쏘는 달빛 만들어 이지러진 공간/ 그늘 드리우며 빛 빛은 튀고/ 제 꼴은 숨겨 둔다./ 우리는 대리석이 아니면서 그 바닥에 핏빛과 깃발 문지르고/ 발린 핏빛으로 흐르는 피 흐르는 피로 몰아/ 목청껏 아우성 질러대면서/ 얄궂은 흐름을 번지게도 한다./ 우리는 대리석이 아니면서 그 덩어리에 칼을 찍어 넣어/ 칼질에 드러난 흰 뼈마디 뼈마디 부딪는 소리를/ 자근자근 씹으며 이야기로 배앝으며/ 도사려 들게 하고 젠 척 또 도사려 든다./ 우리는 대리석이 아니면서 모양 지은 흐름 위에/ 색깔을 누비고 바람을 불게 해서/ 칠한 색깔로/ 부는 바람으로/ 기대이고 거듭 기대이면서 자빠져 가기도 한다./ 우리는 대리석이 아니면서 오오, 흐름 위에서/ 오오, 덩치 위에서/ 오오, 바닥 위에서/ 오오, 기둥 위에서/ 잠에서 깨고 나면 무엇이겠는가/ 눈귀코에 제 목청도 다 막힌 늪뻘에 허우적대는/ 낯선 대리석 그 빛깔놀이 망아지.// 이제 사람들아 미워하지 말아라/ 이제 사함들아 색깔놀이 좇지 말아라/ 흐름 위에 큰 흐름 위에 하나 되어 흐르는 슬기/ 그 아니 좋으냐— (「빛깔놀이」)

난해한 시다. 시에서 난해성은 일차적으로 언어 그 자체가 지니고 있는 의미의 한정성과 그것이 활용되는 문맥상에서 발생하는 의미와 이미지의 자의성에서 온다고 할 수 있지만 이차적으로는 언어를 사용하는 작자(시인)의 주관적인 심리의 복잡성과 작품 언어를 수용하는 독자의 주관적 선택적 반응의 복잡성에 기인한다고 할 수 있다. 그런 면에서 시의 난해성은 지적 수사가 활용된 시에서는 어쩔 수 없는 운명적인 조건이라 해도 좋을 것이다. 정공채의 「빛깔놀이」는 앞의 「빈 전화」와 마찬가지로 인간 고발의 풍자시다. "우리는 대리석이 아니면서 ~하다"는 억양 형식의 시구절이 반복되는 것이 바로 그러한 화자의 저의를 암시한다. 인간의 허점과 맹점을 본래의 실상(대리석의 진실)과 대조시키고 있는 것이 전체 문맥의 흐름으로 되어 있다. 대리석이라고 하는 소재가 지니고 있는 진실의 실상을 '기둥'과 '바닥'과 '덩어리'에 두고 그 위에 인간의 위장술이 거짓된 놀이를 하고 있다는 것이다. 기둥에는 달빛 쪼개 바르고 바닥에는 핏빛 문질러 바르고 덩어리에는 칼을 찍어 그 속에서 들려오는 뼈마디 소리를 즐긴다는 것이다. 이렇게 조작된 대리석('낯선 대리석')으로 빛깔놀이를 하는 인간을 비하해서 망아지라고 했다. 그리고 이렇게 인간의 그릇된 악습의 경향을 본래의 대도(大道)인 '큰 흐름'에 배치되는 '모양 지은 흐름'이라고 했다. 단 이 시의 후반부에서 잠언성 관념으로 앞의 형상화 작업을 묶어서 정리해버린 것이 사족같이 느껴져 아쉽기도 하다.

1

마지막의 倉庫에 모였다가/ 사람들은 함께/ 갑자기들 밖으로 터져나간다.// 終着驛은 입을 앞뒤로 벌리고/ ―당신들 모두 自由로이 出入을 하시오./ 一齊히 떠나간 뒤로 슬픈 소재부에게 그의 內部까지/ 맡겨버린다.// 시시하게……. 未練이 없게 그냥 쓸어버리시오―/ 掃除夫/ 꽃잎이건 나비 날개건 모조리/ 원, 그거 다 생각하면 나의 가슴이 편할 날이 없이/ 아프니깐요.// 그리고 난 殘忍해야 한다. 나의 뱃속을 지나가면서/ 사람들은, 꽃과 나비가 봄에 戀愛를 하고 기뻤는지/ 或은 서로 공동의 열쇠를 分別해서 헤어졌는지는 몰라야 한다./ 그뿐……. 오늘도 다만 입을 앞뒤로 벌리고/ 눈을 감고 귀를 막고 있을게……// 이 조용한 밤에도 數萬數億의 상처가 바깥에서 눈이/ 되어 나린다.// 봄이 지나고 여름, 가을을 거쳐서 다시/ 차가운 겨울날의 늦은 밤눈이 내려도/ 나는 조용한 出入口를 닫고 終着驛으로 있다.

2

내가 울면 여럿이 따라 울까 봐 웃고는 있었지만./ 그는 아름다운 꽃으로 四季를 기쁘게 피었지만. 이미 눈 나리는 이 차가운 沈澱을 보고/ 피고 남처럼 기뻐했던 나는 이제 울어도 된다./ 다 돌아가고 여러 사람의 가슴을 아프게 울릴 걱정은 없으니까/ 그만 피울음이 왈칵—. 솟구치는 눈을 눈물로 헹구지 않을까./ 나의 꽃은 絶壁에서 기막히게 맑게 얼고/ 피로 울며 떨어진 발가벗은 첫 얼굴로 얼어버린 나에게/ 火刑에서 죽은 꽃 北女의 희디 흰 얼굴이/ 와 버린 마지막 絶壁에서 떠날 줄 모른다./ 얼음꽃. 너가 있다면, 꽃은 참말로 기쁘게 웃음으로/ 아름다운 참웃음을 손짓이나 입술이나 가슴으로 하늘에/ 그렇게 기쁠 것이다. 또 여럿이 없었으면 거짓 꽃으로 안웃었겠으나/ 내가 울면 지금은 울어줄 걱정이 없어서/ 이 꽃은 마지막 瞬間 끝에 서면/ 絶壁도 차라리 꽃으로 덮어진/ 조용한 밤이 기다리는 旅宿이 되어/ 울지 않고 나는 그 삐걱대는 門을 平凡하게 열 수가 있다.

(「終着驛」)

이 시와 유사한 제재의 「簡易驛」에 이런 구절이 있다. "지나치고 나면 아아, 그 道程에 작은/ 簡易驛 하나가 있었던가./ 簡易驛 하나가/ 꽃과 같이 있었던가." "記憶의 언덕 위에 잠깐 섰다가/ 흘러가 버린 바람이었는 걸……" 종착역과 간이역은 그 이미지성이 사뭇 다를 수밖에 없다. 초승달과 그믐달이 성장과 쇠퇴의 대조를 이루듯이 삶과 죽음이라고 하는 원형성 이미지가 뚜렷하게 대조된다. 간이역이 "記憶의 언덕 위에 잠깐 섰다가 흘러가 버린 바람"인 데 대해서 종착역은 "아름다운 꽃으로 四季를 기쁘게 피었지만 이미 눈 나리는 차가운 沈澱"으로 그 비유가 대조적이다. 여기까지는 일반적인 이미지 활용의 상례다. 그러나 문제는 시인의 개성이 죽음이 주는 절망적 무화감을 극복하고 새로운 신생의 길을 개척하는 일이다. 죽음이 종식으로 끝나지 않고 삶으로 부활하는 길을 열어가는 생명성의 무서운 동력, 이것은 시인의 본원의 자질이면서도 아무에게서나 기대할 수 없는 희소한 능력이다. 종착역이 갖는 일반적인 죽음의 이미지('沈澱')를 전회하는 창조적 저력, 그것이 이 시에서 '얼음 꽃'의 얼굴로 등장한다. "나의 꽃은 絶壁에서 기막히게 맑게 얼고/ 피로 울며 떨어진 발가벗은 첫 얼굴로 얼어버린 나"에서 절벽이 죽음이라면 그 속에서 '나'는 신생아("발가벗은 첫 얼굴")의 모습을 살아 있는 그대로("피로 울며")

앳되게 보존하고("맑게 얼고") 있다는 의미를 읽을 수 있다. 이 절벽의 얼음꽃은 다시 "火刑에서 죽은 北女의 희디흰 얼굴"로 변신하기도 하고 "꽃으로 덮어진/ 조용한 밤이 기다리는 旅宿"으로 변용한다. 이 여숙의 문을 열고 들어서면 잠자지 않는 '나'의 구둣발 소리를 우리는 들을 수 있다(3연의 내용에서).

정공채를 일반적인 미학적 성격으로 비유해서 이야기한다면 그는 북극성보다는 수많은 잔별들을 더 사랑한다고 할 수 있다. 이 말은 서민적 정서에 더 쏠리고 있다는 뜻이 될 수도 있다. 그는 아주 소박한 이야기를 투박하게 표현한다. 투박하다는 것은 기교의 흔적이 없다는 뜻도 된다. 어쩌면 물새가 날아간 뒤의 호수의 수면처럼 자취가 없는 것 같기도 하지만 사실은 수면의 파동은 사라진 것이 아니고 깊은 울림으로 수심에 퍼져나간다. 이 울림의 의미가 문제다. 그것은 그의 시의 중추 신경이자 심장이라 할 수 있는 의(義)와 정(情)이다. 이것을 동력으로 그는 움직이는 시인(김삿갓 시인과 같은)으로 언제나 '움직이는 시'를 쓴다.

고은

영원한 자유인

―'치솟는 생명력', '흐르는 소원'

오 偉大한 植物!

당신의 그림자는 빛을 어둡게 하고

흐르는 물의 時間 위에

내려온 흰 구름 사이 蒼空의 눈으로

저의 입김을 無罪로서 사라지게 합니다.

결코 당신의 앞에 저를 맞이하지 않고

당신의 곁에 남아 있게 하여

겨울 별인 양 살아 오르는

움직임을 주십시오.

〔중략〕

오 偉大한 植物!

저 비인 가지를 흔들게 하는

까치 울음을 좇아 주십시오.

그리고서 저를 흐르는 所願으로 보내 주십시오.

내일은 희망이 아닌 未知이고

살고 늙음이 어느 들판에서 거두어져도

저는 깨인 웃음을 재운 당신의 눈을
오히려 구름 뒤에 發見케 하겠어요.
더 말씀을 주지 마십시오.
먼 것은 가까이 죽는 그리움.
어느 한 금의 뜻이 이다지 胚胎하였을까요.
잎이 떨며 바람이 되는 믿음의 장님이
이제는 저를 容恕할 테지요.
이것은 生前과 같이 거짓입니다.
저의 마리아 데레사!
당신의 곁에서 우는 乳兒가
한 세월의 고개에서 바랜 노을과
다르지 않음을 조금만 가르쳐 주십시오.
그리고서 온갖 知識을 잊게 하십시오.
저는 어둠에 빛을 입히며
아지랑이가 이룬 자취를 볼 수 없어요.
오 偉大한 植物!
당신의 귀에 이르는 저의 노래가
비린 가을 香氣로 들리는 病을 놓아 주십시오.
저는 이제 버린 最初입니다. 그리고 落葉입니다.

(「서 데레사 마리아」)

이 시는 고은이 비교적 초기(1960)에 쓴 것으로 사화집(詞華集, 『韓國前後問題詩集』, 신구문화사)에 수록되어 있다. 이 책의 부록에 붙어 있는 그의 시작 노트 「詩의 思春期」는 이 시뿐만이 아니라 당시의 작품을 비롯해서 뒤에 그의 전작(全作)의 일관된 특성을 이해하는 데 상당한 참고가 된다. 그는 여기서 시인적 환경이 조성되는 데 대한 이야기를 이렇게 적고 있다. “어릴 때는 기독교가, 커서는 불교가 자신에게 생래적으로 결핍된 모성애가 되었다"고 한다. 그러면서도 자신의 시의 입장은 "종교의 성성(聖性)을 무형화시키는 생의 갈구로서 군림한다"고 했다. 시에서 종교는 대체로 절대적 추종의 대상으로 군림하게 마련이다. 그래서 대개 헌시의 성격을 띠고 순종하는 자세로 일관한다. 그러나 고은의 시는 이러한 반종교적 모순당착에서 출발한다. 그리고 이 모순에서 발생하는 저항적 에너지가 그의 시의 괴력으로 작용한다.

데레사(마더 데레사)는 위대한 수녀다. 왜 그녀를 일러 위대한 '식물'이라 했을까. 이 시의 숙제는 여기에 그 한 부분이 있다. 이왕이면 거목이라 하지 않고 식물이라 한 이유는 무엇일까. 동물에 상대적인 개념이 식물이라면 순교의 정신 오직 하나에만 전 생애를 바친 그 집중적인 고요한 헌신을 찬양하는 뜻에서일까. '역마살'이 낀 자신의 저돌적인 방랑벽을 꾸짖는 뜻에서일까. 그러나 그는 데레사를 신처럼 존경하면서도 그 앞에 조아리지 않는다. "결코 당신의 앞에 저를 맞이하지 않고 당신의 곁에 남아 있게 하여"달라고 애원한다. 신을 따르면서도 이렇게 옆에서 보거나 "깨인 웃음을 재운 당신의 눈을 오히려 구름 뒤에서 發見케 하겠다"고 한다. '당신'은 당장 여기에 있는 것이 아니고 저기(구름 뒤), 즉 체험의 다른 저편에 있다고 본다. "내일은 희망이 아닌 未知"라고 할 만큼 미래는 환상의 신기루가 아니고 그의 "헤매는 눈"에는 "겨울 별인 양 살아 오르는 움직임"이다. 그는 누구에게도 자신의 혼을 맡길 "순종하는 伴侶"가 될 수 없고 그렇다고 고독을 반추하지도 않는다. 그는 생전을 거짓이라고 보는 철저한 불교적 허무(空) 사상에 '한금'의 '바람'의 뜻을 심는다. 그는 이를 일러 "흐르는 所願"이라 했다. 그래서 그의 노래는 항상 '비린' 가을 향기의 체취로 독자에게 다가온다. 이 '비린'이란 형용사는 그의 시적 감수성의 특이한 체질을 대변하는 말로 그의 시 곳곳에서 찾아볼 수 있다.

보아라 사람의 뒷모습/ 신이 있다면/ 이 세상에서/ 저것이 신의 모습인가// 나무 한 그루에도/ 저렇게 앞과 뒤 있다/ 반드시 햇빛 때문이 아니라/ 반드시 남쪽과 북쪽 때문이 아니라/ 그 앞 모습으로 나무를 만나고/ 그 뒷모습으로 헤어져/ 나무 한 그루 그리워하노라면// 말 한마디 못하는 나무일지라도/ 사랑한다는 말 들으면/ 바람에 잎새 더 흔들어 대고/ 내년의 잎새/ 더욱 눈부시게 푸르러라/ 그리하여 이 세상의 여름 다하여/ 아무도 당해낼 수 없는 단풍/ 사람과 사람 사이/ 어떤 절교로도/ 아무도 끊어버릴 수 없는 단풍/ 거기 있어라 (「나무의 앞」)

고은은 재기가 넘치는 시인이다. 범람하는 물은 물길의 방향이 사방으로 흩어지듯이 넘치는 재질은 어떤 형식이나 유형이나 체계로 정리하기가 힘든다. 그만큼 자유분방하다. 신출귀몰하는 상념과 이 상념의 사이사이로 피어나는 야생화의 '비린' 향기를 우리는 그의 시에서 맡을 수 있다. 영원한 자유인에겐 항상 새로운 것을 갈구하는 촉각이 있다. 그 촉각에 잡히는 것은 자연과 인생의 깊은 협곡과 습곡이다. 격정이 일면 무당같이 춤추기도 하고 그것이 조용히 가라앉으면 숨어 있던 깊은 통찰의 눈을 뜬다. 그 눈의 총명은 일찍이 불가(佛家)에 입문한 데서 오기도 하고 고산지대를 등반한 모험적 체험에서 올 수도 있다.

이 시는 신의 위상을 사람을 통해서 혹은 사람과 신의 위상을 나무를 매개로 하여 찾아보고 있다. 앞에서 거의 신적 존재에 가까운 데레사 수녀의 위상을 자신의 측면에다 놓고 그려본 것과 비슷하다. 그는 신을 자신 속에서 찾는다. 자신 안에 있으면서 자신에 가려서 보이지 않는 자신의 뒷모습이 바로 신이라는 이야기다. 나무는 원래 앞뒤가 없지만 해가 위치하는 방향에 따라 앞뒤가 생기고 남북이 있게 된다. 녹음이 짙은 계절이 나무로서는 잎새끼리 짙게 어울려 만나는 '앞'의 모습이라고 한다면 단풍에서 낙엽으로 떨어지는 가을 나무는 '뒤'의 모습이다.

입은 옷 그대로도 왜 그런지 새롭습니다/ 사람에게는 10년 20년의 가파로운 단련으로/ 이루어지지 않는/ 어떤 울음이 잠겨 있습니다/ 반쯤 혹은 다 물 속에 잠겨/ 그것이 있는지 없는지 모릅니다/ 그런 사람이 되고 싶습니다// 오늘은 그런 사람의 울음을 만나러 나섭니다/ 어찌 그것을 내가 손쉽게 들을 수 있겠습니까/ 유난스레 서쪽으로 드넓게 트인// 아침 이슬에 풀 속 깊이 박혀/ 풀 끝에 맺힌 그것이 스러진 뒤에도/ 갓난아기의 숨은 넋으로 반짝거리며/ 잘 젖어버리는 들길입니다/ 모르겠습니다/ 모르겠습니다// 사람에게는 이런 들길이 이따금 있어야 합니다/ 늘 하는 일밖에 모르다가도/ 수시로 있다가 없어지는 구름 아래/ 까닭없이 나서는 들길/ 그러다가 먼데 가 있는 사람이듯/ 무엇인가 그리워할/ 들길이 있어야 합니다/ 그 길 오다가다 하늘 속인가 땅 속인가 모르게/ 누구의 울음소리와 만나야 합니다 (「들길」)

"운다. 울음이나 졸졸 가는 도랑물이나 강물 그리고 천년 절벽 때리는 파도 기둥이나 다 한 집안이다. 흰 포말의 춤, 시가 거기에 함께 있더라"(고은의 시 선집 『어느 바람』의 서문에서). 여기서 시인 스스로가 밝힌 바와 같이 고은의 시에서 울음과 춤과 시는 다 같이 하나 속에 들어 있다. 그렇다면 이 시에서 울음의 의미는 무엇일까. "10년 20년의 가파로운 단련으로 이루어지지 않는 울음"이란 뜻은 울음, 즉 슬픔의 본질은 인위적인 노력으로는 이해할 수 없는 생래적인 업보라는 불가의 의미로 이해될 수 있다. 그 울음은 "반쯤 혹은 다 물 속에 잠겨 그것이 있는지 없는지도 모르는" 그런 미각(未覺) 상태로 사람 속에 머물러 있는 것이다. 울음이 잠겨 있는 사람을 만나러 간다는 것은 울음의 의미를 깨닫는다는 것이다. 그런데 그 사람의 울음을 만나러 가는 날은 왜 하필이면 "유난스레 서쪽으로 드넓게 트인" 날일까. 알게 모르게 이 시인의 의식에 배어 있는 서방정토, 법락이 무한으로 향수되는 불계(佛界)로 트인 날로 잡은 것은 이것 역시 울음의 의미가 이미 불가의 이미지 속에 헤엄치고 있음을 암시한다. 그런데 눈물의 의미를 만나는 곳, 즉 울음이 잠겨 있는 그 사람을 만나는 곳은 들길이다. 이 들길 역시 석존이 생노병사의 사고(四苦)를 깨닫기 전에 거쳐간 고행의 길을 암시할 수 있다. 불교에서 유와 무, 고(苦)와 낙(樂)이 역설적인 대전회로 하나가 되듯이 눈물의 의미는 셋째 연에서 아침 이슬과 갓난아기의 반짝거리는 넋으로 자리를 바꿔 앉는다. 부처는 파천황(破天荒)의 천지개벽 같은 대각성(大覺性)에서 미소 짓는다고 했지만 시인은 이런 상황에서 "모르겠습니다"를 연발한다. 이 시인 특유의 경탄의 제스처라 할까. 넷째 연은 첫째 연의 심층적 반복이다. 눈물의 명암이 셋째 연에서 교체된 것이 다시 미각의 원상으로 환원되었을 뿐이다. 그러나 "수시로 있다가 없어지는 구름 아래/ 까닭없이 나서는 들길"은 무상의 도(道)와 무위의 도가 어우러진 곳에서 "누구의 울음소리와 만나야 합니다"라고 고집스런 독백을 부린다. 이미 「데레사」에서 언급했듯이 그는 종교적 이상보다는 인간의 비극적 체험의 현장을 소중히 여긴다. 그의 비극적 체험의 특징은 지속성과 확대성이다. 지속성은 "돌아가면/ 다음 골목이 있다./ 다른 바람이 있다./ 거기였다"(「다음 골목」)와 같이 일상성에서 시작하여 "이 세상 다음에도/ 나는 미완이다"(「장항선 아래쪽」)와 "아무도 섬기지 않는 신처럼 새로워라"(「눈보라」)에서 알 수 있듯이 생명 의식의 극단에까지 이르면서 신생의 의지가 지속된다. 지속성이 시간대에 걸쳐 있다면 확대성은 무한한 공간대로 뻗쳐나간다. 그것은 수평 공간과 수직 공간으로 극대화된다. 수평 공간은 앞의 인용시의 '들길'에서 이미 드러나 있지만 "먼 바다에 이르러서는 절로 없어질 그 시냇물 소리 눈부심이여"(「소 찾는 길 尋牛十圖」)를 그 한 예로 볼 수 있다. 수직 공간은 "몇 백 킬로그램의 바위가/ 짓누를만한 그 수압을 견디어 내며/ 유유히/ 행복한 해저 게 암수의 섹스/ 그런 어둠이 내 넋이 진저리치며 가야 할 곳인가"(「내 넋이 가야 할 곳」)와 같이 해저에서 시작하여 "마침내 티베트 창탕고원 고도 5천 미터 광야/ 그 복판 날아오르자고// 그간 몸통 속 내장이란 내장은/ 줄일 대로 줄였습니다"(「히말라야의 학」)의 고공에까지 이르고 있다. 그러나 아무리 상하좌우 종횡무진으로 비상해도 언제나 운명처럼 따라다니는 허무혼(虛無魂)의 역풍이 있다. 아니 어찌 보면 이 역풍 때문에 그의 시는 오히려 생기를 충전한다. 이 생기는 때로는 허탈의 한숨으로 사라지기도 하지만 춤이 되기도 한다. 이 춤은 "바다가 쉴새없이 뒤척이듯이"(「별명」) 그의 넋의 호흡이기도 하다. 그래서 그의 시는 "꿈틀꿈틀 세상의 일에 가만히 장단 맞추는 울음이요 춤"(「춤」)이기도 하다. 이 '세상의 일'은 주로 비극의 현장이다. 그래서 그는 이렇게 적고 있다. "누구를 위한 만가(輓歌)를 써 보지 않은 시인은 불행하다."

신동엽

민중·민족, 그 너머의 프리미티비즘

껍데기는 가라.
사월도 알맹이만 남고
껍데기는 가라.

껍데기는 가라.
東學年 곰나루의, 그 아우성만 살고
껍데기는 가라.

그리하여, 다시
껍데기는 가라
이곳에선, 두 가슴과 그곳까지 내논
아사달 아사녀가
中立의 초례청 앞에 서서
부끄럼 빛내며
맞절할지니

껍데기는 가라.

漢拏에서 白頭까지

향그러운 흙가슴만 남고

그, 모오든 쇠붙이는 가라.

(「껍데기는 가라」)

이 시는 신동엽의 시 중에서 많은 독자들의 사회의식에 갈증을 풀어줬던 대표적인 시다. 그리고 그의 다양한 사상적 경향을 압축한 전형적인 작품이기도 하다. 그의 다양한 사상적 경향은 다름 아닌 민중(서민 혹은 평민)의식, 민족의식, 역사의식 등으로 요약할 수 있다. 하기야 어느 시인 치고 이러한 의식을 다소는 갖추고 있지 않을까마는 유독 이 시인의 특징으로 내세우는 데는 그의 시가 전반적으로 이러한 현상을 집중적이고 지속적으로 지니고 있기 때문이다.

껍데기가 위장된 포장이라고 하면 알맹이는 모든 이념과 사상과 주의, 주장, 운동 등의 순수 그것이다. "향기로운 흙가슴"이 그렇듯이 아사달 아사녀의 전라(全裸)의 혼례가 의미하는 것도 그것이다. "한라에서 백두까지"는 물론 "사월"이 4·19운동이요, "東學年 곰나루"가 동학혁명을 일컫는다고 하면 여기에는 민중, 민족, 역사의식이 모두 내포되어 있다. 그의 장시 「阿斯女」와 「錦江」이 이를 뒷받침해준다. 이렇게 「껍데기는 가라」가 그의 사상적 신념을 압축한 데 대해서 이를 해체해서 상술한 것이 장시 「이야기하는 쟁기꾼의 大地」다.

꽃이 핀 고원을 난 지나고 있었어요. 무성한 풀섶에서 소와 노닐다가, 당신은 가슴으로 날 불렀죠./ 바다 언덕으로 나가고 싶어요./ 밤하늘은 참 좋네요. 지금 지구는 여행을 한다나요?/ 권좌성운 좀 보세요. 얼마나 먼 세상일까요……./ 기중 넓은 세상은 어떻게 생겼을까요. 그럼 그의 밖결엔 다시 또 딴 마당이 없는 것일까요?// 자, 손을 주세요. 밤이 깊었어요./ 먼저 쉬이세요. 못 잊으려나 봐요. 우리가 포옹턴/ 하늘에 솟은 바위, 그 밑에 깔린 구름,/ 불 달은 바위 위에서 웃으며 잠들던 아무것도 걸치지 않았던 당신의 붉은 몸.// 언제여든 필요되거든 조용히 시작되는 그 서무곡으로 백학의 대원 휘파람 하세요. 돌아가 묻히겠어요, 양달진 당신의 꽃 가슴으로, 아마 운명인가 봐요./ 그럼 안녕히. (「서화(序話)」)

'당신'은 누굴까, "이야기하는 쟁기꾼"(농사꾼)인가, "쓰디쓴 풀맛이 샘솟는" 농부이면서 "하늘에 솟은" 불 달은 바위 위에서 아무것도 걸치지 않고 웃으며 잠들은 붉은 몸의 당신은 분명 신화적 인물이다. 그는 마치 에덴동산인 양 소떼들과 노닐고 있는 '나'를 가슴으로 부른다. 그래서 백학의 무리가 춤을 추고 휘파람을 부는 '서무곡'(序舞曲?)이 시작되는 가운데 '나'는 '양달진' 그의 꽃 가슴으로 묻혀들기를 희망한다. 성운층의 밤하늘을 지구별을 타고 여행하면서. 시인의 역사의식은 신구석기(新舊石器) 시대랄까. 아니면 더 멀리 신생대 시대쯤으로 올라가면 단순화되고 소박해질 수밖에 없다. 그래서 인간과 사랑은 여하한 형식의 껍데기도 입힐 수 없는 순수(붉은 몸)의 이름으로 하나가 되어버린다.

지구는 이미 먼저 나온 사람들이/ 한몫씩 논하갖고 말아버렸네./ 땅 한번 디뎌도 세금이 좇아오데, 바람 마시는 값으로/ 코를 베어주었네.// 〔중략〕 이르노니,/ 지금 예까지 와 있는 역사의 중량이여./ 당신의 보따리 속에 든 인구며 곤충이며 전통이며/ 문명이며, 한데 묶어 머리 이고 하늘 향해 앞발 한번/ 버팅겨 보시지.// 짓궂은 이야기다./ 허허만년/ 초원이 있고, 냇물이 있고, 양달이 있고, 독사가 있고/ 암과 수 쌍쌍이 엉켜 새끼 치곤 죽어져갔다. (「제1화」)

「제1화」는 인류 역사의 타락상이 돌발적으로 등장한다. 그만큼 문명과 전통에 대한 부정적인 안목이 비중 높게 작용한다. 타락한 상처의 중량을 머리에 이고 하늘을 향해 발버둥 쳐봤자 소용없는 일(짓궂은 일)이란 것이다. 그래서 반사적으로 쏠리는 곳이 자연이다. 자연은 순수한 야생의 욕망이 불타는 곳이다. 거기서는 무위한 생멸의 현상이 거듭된다. 그의 통사적 시각에는 이러한 순수와 타락의 양위(兩位) 상황이 맞서 있는 경우가 많다.

> 간밤에 밟히어 간 가난한 목숨들의 명복을 위하여, 지금 어디선가 아우성치고 있을 아귀들의 진혼을 위하여. 그리고는 내일날 태양빛 찬란히 빛나 있을 사형 집행장, 꽃바람 부는 교회, 잔디밭 언덕으로 끌려나갈 아름다운 인류들의 눈물을 위하여.// 내 동리 불사른 사람들의 훈장을 용서하기 위하여./ 코스모스 뒤안길 안은 채 죽어 있던 누나의 사랑을 위하여.// 감옥 돌 묻으러 갈 꽃상여의 길닦이를 위하여. 아프리카 사막서 일사병으로 눈먼 식민지 병사들의 월급 봉투를 위하여. 그리고는 먼 훗날, 당신이 서 있을 대지를 쪼개고 솟아나올 시생대 암층 깊숙이 우리의 대서사시를 새겨 넣기 위하여. (「제2화」)

그의 서민의식은 사회적 부조리의 희생자에게서 발단된다. 범인류적인 차원에서 다루어지면서 "보리 사발 안은 채 죽어 있던 누나"라든가 "일사병으로 눈먼 식민지 병사들의 월급 봉투"에서 볼 수 있듯이 경제적 빈곤의 현장감이 생생하게 드러나 있다. 서사시는 이야기다. 시에서 이야기는 감정의 표류를 붙잡아두는 에너지 역할을 한다. 시생대 암층에 각인될 대서사시란 것은 골수에 사무치는 의지를 불멸화한 것이고 거기다가 '~위하여'의 조사(措辭) 형식을 반복한 것은 행동적 의지를 강조하는 효과가 있다.

> 떡쇠의 입에는 쌀이 하루 세 사발,/ 수상님의 대장에는 비계가 하루 세 사발,/ 대헌장은 존엄해도 개호지의 안경이다.// 〔중략〕 까마귀는 내려와 선달이 가슴 위에/ 구데기를 쪼아서 주둥일 닦을 게고/ 장군님의 존안 위에 평소히 앉아서/ 누깔을 빼먹고선 갸웃거릴 것 이다./ 〔중략〕 들길을 가로질러 달구지가 지나갔다. 낯익은 얼굴들이 호박처럼 매달려/ 메마른 돌밭 위에 부숴져가고 있었다.
>
> (「제3화」)

시인의 사회의식이 빈부 계층 간의 갈등에서 발생할 때는 언제나 약자 쪽에 쏠리는 것은 당연한 현상이다. 이때 강자(가해자)를 향한 공격성을 이데올로기의 성향을 띤 시인은 직설적인 구두탄(口頭彈)으로 일관하지만 시의 본원의 생리를 지키는 시인은 대체로 그 무기로 풍자의 형식을 취한다. 여기서도 풍자가 기세를 부리고 있다. 선달의 가슴의 구데기(구더기)와 장군님의 누깔(눈깔)의 대비는 신랄한 풍자다. 이 풍자보다 더 아픈 것은 메마른 돌밭 위를 달구지를 타고 가는 일그러진 농민들의 묘사다. 그것은 가혹하리만큼 시린 정경이다.

> 어두운 대지 한 가닥 서기 있어, 무릎 모두우고 일어앉는 그림자. 헝클진 앞가슴 아무려 여미며 비녀는 입에, 두 손은 머릴 간조롱이고, 동트는 대지 계곡과 들녘에 한 올기 맨발 번 육혼은 살아.// 〔중략〕 그러나, 그들의 마을에도, 등가죽에도,/ 방방곡곡 뻗어온 낙지의 발은/ 악착스레 착근하여 수렁이 되었나니.
>
> (「제4화」)

"동트는 대지 계곡과 들녘에 한 올기 맨발 번(벗은) 육혼(肉魂?)"이 우리 민족의 기상을 의미한다면 전통적인 한국 여인의 행동거지의 매무새에서 이러한 기상을 찾고 있다. 그리고 평화로운 산하와 정겨운 철새로 민족의 온유한 사랑의 정서를 노래한다. 그런가 하면 악착같이 집요한 끈기를 낙지의 발에 비유함으로써 민족의 강인한 생명력을 노래하기도 한다.

「제6화」는 사회의 무용지물인 '반편' 인간들을 아예 태내(胎內)에서 환골탈퇴해야 할 것처럼 신랄한 풍자를 한다. 그는 인간에 대한 불만의 동기나 그 불만의 처리를 항상 민족의식, 사회의식에 뿌리를 두고 있다. 그러면서 처리의 양상은 현실적 변화가 아닌 원천적인 변화에 둔다. 이 원천성이 그의 시의 격정적 감동의 원인이 된다. 그의 동물성 알레고리가 한결같이 위기의식을 동반하고 있는 것도 알레고리의 표면적 의미가 원천적 당위의 경계를 넘어서 있기 때문이다.

> 우주 밖 창을 여는 맑은 신명은/ 태양빛 거느리며 피어날 것인가?// 태양빛 거느리는 맑은 서사의 강은/ 우주 밖 창을 열고 춤춰 흘러갈 것인가? (「후화」)

아무리 높은 파고의 격랑도 바람이 자면 평온으로 돌아간다. 그러나 그 강물은 하구에서 조용히 대양의 품으로 잠입하게 마련이다. 그는 이 시의 「후화」에서 그의 시선의 방향과 착목(着目)하는 곳을 분명히 하고 있다. 자칫하면 얕은 연못이나 아니면 고인 호수에서 숨 가쁘게 자맥질하는 줄 알 뻔했다. 그는 강물을 타고 있었다.

신동엽은 앞서 밝힌 대로 미학적 인식보다는 역사적 내지 민족주의적 인식 쪽에 관심을 두고 있다. 그의 도덕적 감각은 자신이 설정한 인식상의 기준에 따라 많은 배타적 감정(혹은 공격적 감정)을 일으키게 되고 이러한 감정은 신랄한 풍자를 동반하면서 때로는 혼돈의 늪에 빠지기도 한다(절박한 좌절감). 그러나 결국 돌아가는 곳은 현세적 인식의 한계를 넘어서는 제3의 세계, 즉 "태양빛 거느리는 맑은 서사의 강"의 세계다. 그는 이상주의와 현실주의를 잇는 교량 위에 무지개처럼 서 있다.

이성부

정-반의 논리와 정-반-합의 논리

벼는 서로 어우러져
기대고 산다
햇살 따가와질수록
깊이 익어 스스로를 아끼고
이웃들에게 저를 맡긴다

서로가 서로의 몸을 묶어
더 튼튼해진 백성들을 보아라
죄도 없이 죄지어서 더욱 불타는
마음들을 보아라 벼가 춤출 때
벼는 소리없이 떠나간다

벼는 가을 하늘에도
서러운 눈 씻어 맑게 다스릴 줄 알고
바람 한 점에도
제 몸의 노여움을 덮는다

저의 가슴도 더운 줄을 안다

벼가 떠나가며 바치는
이 넓디넓은 사랑
쓰러지고 쓰러지고 다시 일어서서 드리는
이 피 묻은 그리움
이 넉넉한 힘……

(「벼」)

이성부의 시(특히 초기 시)는 많은 부분이 그 동기가 사회적 의지에 두고 있는 것이 특징이다. 흔히 참여시란 이름으로 치부하는 것이 바로 그러한 예다. 다시 말하면 도덕적 기준에 근거한 사회의식의 행동화 양상이 특징이다. 참여시라고 일컬어지는 시는 사상이나 감정을 용이하게 추출해낼 수 있는 시다. 이러한 시는 전달의 기능은 탁월하지만 사상과 감정은 유기적 관계로 유착되어 있지 못하다. 이 경우 시적 감정은 시인이 의도한 사상적 메시지에 예속되어 있게 마련이다. 시는 사상 위주도 감정 위주도 아닌 중간적인 것이다. 경험을 분석하지 않고 총체적으로 파악할 수 있는 것이 훌륭한 시의 공통 특징이다. 시의 두 가지 속성으로 외연과 내포가 있다고 하면 시의 의미는 이 양자가 작용해서 만들어내는 제3의 속성이다. 이 두 가지 극단적인 속성이 통일되어 생기는 새로운 역학적인 긴장상태(tension)가 시의 참모습이다. 이러한 이론에 근거한다면 이성부의 「벼」는 다음과 같은 가상적 체험으로 그 의미의 재구성이 가능할 수 있다. 가령 이 시 속의 원천적 감정인 한(恨)은 시인의 가슴에서 고열 처리될 수 있잖을까. 만일 한의 소재가 액체적인 속성을 띨 경우, 고열에 증발되어 하늘의 구름으로 떠 있을 수 있고 아니면 고체적 소재일 경우는 고열 용광로 속의 주물로 남아 있으면서 어떤 구조물로도 만들어질 수 있는 가능성으로 존재할 수 있게 된다. 이러한 변론은 참여시를 부정하고 순수시를 옹호하는 차원과는 별개의 것이다. 워런의 주장을 들어보자. 그는 순수시란 있을 수 없다고 했다. 인간 경험의 어떤 것도 시에서 불법화될 수 없다는 것, 따라서 시인의 위대성은 그가 시적으로 지배할 수 있는 경험 영역의 폭에 좌우된다는 것이다. 이런 생각을 하면서 이성부의 시의 흐름을 타고 가다 보면 새로운 경이의 국면에 멈춰 서게 된다. 좀 구체적으로 말하면 1990년대 초반에 나온 「바위 타기」, 「숨은 壁」, 「바위의 말」과 같은 일련의 작품에서 볼 수 있는 변신의 징후가 주목의 대상이 된다.

그대 몸에 파인 생채기가 없어/ 내 가는 길 마침내 어렵구나./ 그대 몸 너무 매끄러워/ 내 이토록 힘들 줄 어디 짐작이나 했으랴./ 아까는 어린 듯 취한 듯/ 그대 몸 쳐다보다가/ 어루만져보다가/ 손가락 끝에서 오던 든든함/ 내 허파 거쳐 온 핏줄 구석까지/ 돌고 돌던 뜨거운 사랑/ 나는 비로소 그대와 아우르며/ 내가 가둔 내 슬픔 열어젖혔느니/ 슬픔은 그리하여 부드러운 힘이 되고/ 짐승이 되고 용솟음이 되어/ 한 발자국씩 천천히 나를 밀어 올렸느니./ 그대 몸 출렁이는 그리움에 매달려/ 내 가쁜 숨 몰아쉬고/ 그대 오랜 생채기에 내 발 가 디뎌/ 내 잠시 쏟아지는 대낮의 은비늘 보았거니./ 벼랑 아래에 모든 우리 아직 잠자고/ 벼랑 끝 하늘에 모든 우리 죽음 살아 맴돌아/ 내 바쁘게 여기 이르렀거니./ 아직도 그대 생채기 보이지 않아/ 이제부터가 참으로 힘겨운 싸움인데/ 더 이상 꾸물거릴 수 없어 무섭구나./ 방정맞은 생각이/ 내 몸의 리듬을 무너뜨린다./ 무너진 몸은 그대에게 맡기고/ 내 영혼만 빠져 나와 뒤돌아본다./ 그대 몸 모질게/ 나를 밀어뜨리는 것이 아니라/ 나에게서 이미 내 잘못 드러났으니. (「바위 타기」)

내 젊은 방황들 추스려 詩를 만들던/ 때와는 달리/ 키를 낮추고 옷자락 숨겨/ 스스로 외로움을 만든다./ 내 그림자 도려내어 인수봉 기슭에 주고/ 내 발자국소리는 따로 모아 먼 데 바위 뿌리로 심으려니./ 사람이 그리워지면/ 눈부신 슬픔 이마로 번뜩여서/ 그대 부르리라./ 오직 그대 한 몸을 손짓하리라.

(「숨은 壁」) * 숨은 벽은 서울 북한산에 있는 바위벽의 하나

먼발치로 바라만 볼 것 아니라/ 새봄 가슴앓이 그리워만 할 것 아니라/ 그냥 내게 오세요/ 가까이서 내 몸 만지러 오세요/ 모진 눈보라 비바람에 윤기 도는 몸/ 새로 피어나 향내 나고/ 새 햇볕 머금어 따뜻해요/ 내유외강! 보이지 않는 부드러움 속으로/ 어서 들어오세요/ 칼바위 벼랑바위 바람 이는 바위/ 무서워하지만 말고/ 망설이지만 말고/ 천천히 천천히 기어 오르세요/ 온몸을 솟구쳐 꿈을 펼치세요/ 나를 가지세요 (「바위의 말」)

이성부의 바위 이미지는 유치환의 「바위」에서 볼 수 있는 처음부터 응고된 관념적 표백이 아닌 그의 시적 경향의 한 변화 과정에 위상을 두고 있다는 데 의미가 있다. 「바위 타기」는 그 전의 참여시가 보여 주는 행위적 충동 일변도에서 내면적 자정(自淨)으로 옮아가는 계기적 성격을 띠는 작품이다. 바위 타기가 미끄러워 힘이 드는 것은 표면적 인식(물리적 체험)의 한계를 벗어나지 못했기 때문이다. 여기서 내면적 인식의 전기를 마련해준 것이 바위를 손으로 만졌을 때 그 매끄러운 표면과는 달리 "손가락 끝에서 오던 든든함"의 느낌이다. 이는 「바위의 말」에 나오는 "외유내강!" 이란 압축어의 내용적 실체다. 여기서 시인이 가두어둔 슬픈 열정은 바위의 내면적 열정과 아우러져 "쏟아지는 대낮의 은비늘"로 폭발한다. 그러나 "벼랑끝 하늘에 모든 우리 죽음 살아 맴돌아"도 "아직도 그대 생채기는 보이지 않아"라고 했으니 이 생채기는 과연 무엇일까. 생채기가 보일 때까지 나의 싸움이 계속된다고 한 것은 물리적 힘의 한계적 기능을 암시하는 것일까. 결국 한계적 기능으로 인한 스스로의 강박관념(몸의 한계적 기능에 대한)에 몸의 리듬이 깨어지고 영혼은 몸에서 빠져나오게 된다. 이것이 대담한 탈출의 전기가 된다. 몸의 기능에 대한 상처뿐인 영광의 환멸은 환멸로 끝나지 않고 "나에게서 이미 내 잘못 드러났으니"라는 자괴감과 더불어 새로운 인식의 징검다리를 건너게 된다. 그 다리가 바로 「숨은 壁」이고 「바위의 말」이다. 「숨은 壁」은 주석을 보면 바위벽을 의미한다. 이 시는 시문 속의 고백과 같이 "젊은 방황들 추스려 詩를 만들던 때"와는 달리 "스스로 외로움을 만들어가려"는 내면적 수행의 의지를 표백하고 있다. 키도 낮추고 옷자락도 숨기는 것은 겁에 질린 위축이 아닌 웅비를 위한 내면에로의 응축이다. "내 그림자 도려내어 인수봉 기슭에 주고/ 내 발자국 소리는 따로 모아 먼 데 바위 뿌리로 심으려니" 인간의 그림자는 무위한 분신의 허상에 불과하고 인간의 발자국 소리는 지나가는 바람 소리나 다름없다. 그림자를 인왕산 바위 기슭에 이식하려는 것이나 발자국 소리를 바위 뿌리로 심으려는 것은 허무의식에 대한 단호한 결별인 동시에 오히려 그 허무를 실체화를 통하여 극복하려는 의지의 표현이다. 그러다가 끝내는 「바위 타기」에서 볼 수 있었던 감각적 슬픔이 영성적(靈性的) 의미(초혼, 招魂)로 카타르시스 된다.

「바위의 말」은 전신(轉身) 과정의 마지막 단계의 성격을 띤다. 이 마지막 단계는 다름 아닌 '바위'와 '나'의 일체화 과정을 의미한다. '바위'는 아주 온유한 애인의 음성으로 '내게' 손짓한다. 마치 구약성서의 「아가서」에 나오는 사랑 노래를 듣는 기분을 느낄 수 있다. 눈보라 비바람에 오히려 윤기가 나고 새로 피어나 향내 나고 새 햇볕 머금어 따뜻한 부드러운 자신의 속으로 어서 들어오라는 것이다. 칼바위 벼랑바위의 공격적 이미지는 내유(內柔) 속으로 사라지고 만다.

이렇게 이성부는 정-반의 상반된 구조적 논리로 각축전을 일으키는 날카로운 용병술(사회 정의의 실천)을 구사하기도 하고 정-반-합의 논리로 화전(和戰)의 슬기(예술적 승화)를 보여주기도 한다. 어느 쪽에 더 무게를 두느냐 하는 것은 앞에서 이미 시사한 바가 있지만 결국은 본인의 선택의 몫일 수밖에 없다.

최하림

원형의 무게와 생명성의 비중

신새벽 꽃들은 크고 향기롭다
밤이면 이슬 내려 사라지려 하던
빛깔이 되살아나면서
죽은 우리를 고요한 눈으로
본다 용서하기 어려운 자들의
몸에서 피어난
밤과 낮에 환한
예닐곱 송이 꽃
붉은 눈빛 꽃

(「꽃」)

식물은 왜 동물의 대칭으로 정물(靜物)이라 하지 않고 식물이라 했을까. 땅에 심어진다고 해서 식물이라 했다면 '심는' 의미에 그 존재 가치가 있을 수밖에 없다. 동물은 생명의 근거를 다른 무엇에 달고 있지 않지만 식물은 땅이라고 하는 생명의 근거를 잠시라도 떠나 있을 수가 없다. 그 중 나무는 위로 자라는 동적 기상이 있으면서 때로는 열매라고 하는 시간이 낳은 인과(因果)의 실체를 가지고 있어서 그에 대한 복잡한 이미지의 이동 때문에 그 속성은 다분히 동적일 수가 있다. 그러나 꽃은 미적 관조의 정태성과 생명의 자태만을 전부로 하고 있기 때문에 처음부터 끝까지 정적이다. 이러한 대조적인 현상은 나무나 꽃에 대한 시를 보면 잘 알 수 있다. 박두진이나 김춘수의 꽃 시는 존재의 생명적 양태만을 순수한 명상의 눈빛 위에 띄우고 있다. 그러나 여기 최하림의 꽃은 그와는 다른 측면을 가지고 있다. 그의 꽃에는 사회적인, 혹은 인간적인 동기가 부여되어 있다. 사회적인 통어(通語)로 말하면 '용서'와 '화해'라고 하는 심상의 동기가 짙은 휴머니즘적 정서에 스며 있다. 괴테의 파우스트를 누가 '인간 정신의 승리'라고 말했지만 최하림의 꽃은 그의 수많은 한 서린 울분의 요설과는 별개로 인간 정서의 승리라고도 할 수 있잖을까. 비록 작기는 하지만 거기에는 어떤 손수건 같은 것이 일으키는 따뜻한 바람이 있다. 그래서 그의 꽃은 "죽은 우리를 조용한 눈빛"으로 보고 밤에도 환한 "붉은 눈빛"의 꽃으로 우리에게 다가선다. 이 붉은 눈빛은 한으로 충혈된 그러한 눈빛이 아닌, 우리의 눈시울을 붉히게 하는 자비의 눈빛이다. 그는 "한을 풀려고 하는 행위는 그것이 다시 차오르리라는 확실한 예감 앞에 고통스럽게 있다"고 했다. 이 시는 그의 이러한 딜레마를 승화의 차원으로 극복한 시라고 할 수 있다.

저녁마다 안개가/ 아랫도리를 가리는 서귀포에서/ 정방폭포가 흰 몸뚱이째로/ 떨어지면서 말하더라/ 수치스럽다고 말하더라/ 수치스러워 못살겠다고 말하더라/ 하늘도 땅도 보이지 않는 천길/ 벼랑에서 사지가 녹아드는 그리움으로/ 울부짖어도 별들은 보이지 않고/ 별의 그림자도 보이지 않는다고 말하더라/ 밤마다 안개가 아랫도리를 감는/ 서귀포에서 술을 마시고 욕지거리를 퍼부어도/ 마음의 깊은 곳에서 울리는 소리/ 너의 것도 아니고 나의 것도 아닌/ 소리 들으며 동서남북 소리쳐도/ 들리는 것은 검은 수면에 일었다/ 사라지는 물포래뿐 물포래뿐……

(「정방폭포」)

시에서 언어의 모순 논리는 형상화 과정에서 누구나 겪게 된다. 인간의 불완전한 존재성에 걸맞게 인간이 부리는 불완전한 도구가 언어다. 인간과 언어는 이와 같이 어쩔 수 없이 같이 있어야 하는 운명적인 조건임을 철학적인 가설로 정의 내린 것이 하이데거의 "언어는 존재의 집이다"이다. 이 존재의 집의 불안을 가장 치열하게 느끼는 존재가 시인이다. 최하림은 이 불안을 압축해서 "존재의 집은 지옥이다"라고 명명한다. 이 「정방폭포」는 바로 이러한 그의 명제를 실천한 작품 중의 하나지만 이것보다 더 강도 높게 직설적으로 표현한 시가 있다. "돌로 쳐라 깨부숴버려라/ 침을 뱉어라 울대를 비틀고/ 꽁지를 뽑아버려라 그러나/ 결코 우리로부터 분리되지 않고/ 합해지지도 않는 슬픈 것들아/ 오늘밤은 커튼을 내리고/ 램프를 끄고 네 푸른 질 속으로/ 들어가 너를 밝혀 보아라"(「말에게」). 이는 말이 지니고 있는 신비와 혼돈의 생명성 앞에서 인간적 고뇌를 토로한 것이다. 분노와 파괴에 이어지는 좌절과 절망, 다시 합류의 도전은 이 시인뿐만 아닌 시인 일반이 안고 있는 운명처럼 느껴진다.

'정방폭포'가 천상의 별을 그리는 것과 육신의 노출을 수치로 생각하는 것은 이상과 현실의 괴리가 지속적으로 발생하는 것을 의미한다. 언어적 상황으로 옮겨서 이야기하자면 위의 시 「말에게」에서 본 그대로 언어와 현실(reality)의 갈등의 딜레마를 형상화한 것으로도 볼 수 있다. 시에서 '나'와 '폭포'는 서로 삼투하는 동일한 분신의 교역을 잘 보여준다. 내가 술 마시고 욕지거리하는 것이나 폭포가 낭떠러지에 곤두박질하는 절망의 몸부림이 그렇다. 그러나 결국은 마음의 깊은 곳에 울리는 소리는 너의 것도 아니고 나의 것도 아니다. 그럼 무엇인가. 언어는 영원한 존재의 집이지 존재 그 자체는 아니다. 언어의 조건과 시인의 조건과 인간의 조건은 결국 정방폭포의 '물포래'를 벗어나지 못한다는 것인가.

여섯일곱 살 때 바다에는 갈매기들이 날고 있었다.// 열여섯 살 때도 열일곱 살 때도 바다에는 갈매기들이 날고 있었다.// 반고비 넘은 어느 날에도 갈매기들은 유리창 밖의 어린/ 모과나무 새에서 반투명체로 꽃들을 조으다가/ 마주보다가 날개를 푸드덕이다가 이윽고 먼 수평으로 날아가고 있었다.// 우리가 늙어서도 아마 그럴 것이다. 그곳에는 저녁 그림자가/ 인간의 슬픔처럼 조용히 그늘을 드리우고 있을 것이다. (「저녁 그림자」)

이 시는 시간대가 의도적인 연 구분에 의해 뚜렷하게 새겨져 있다. 유년, 소년, 청·장년, 노년이 한 폭 위에 깔려 있다. 새(갈매기)의 동작이 구체화된 청·장년기(제3연)에 정점을 두면서 앞뒤 연에 완만한 곡선을 그은 포물선의 도형이 선명하게 부각되어 있다. 문제는 정점에 포진되어 있는 의미망이다. 반투명체의 갈매기가 꽃들을 조으고(새기고) 마주 보고 날개를 푸드덕이는 행위의 의미는 무엇일까. 우선 반투명체의 갈매기가 무엇을 의미하는가 하는 문제에는 이 시인의 「새」에 나오는 다음의 구절이 참고가 될 수 있다. "어떤 빛에도 드러나지 않고/ 어떤 놀에도 몸 붉어지지 않고/ 오로지 제 어둠으로 가는구나/ 멀리멀리 그리운 불 밝혀 두고." 반투명체는 빛이 완전히 투사되지도 않고 어떤 색으로 착색할 수도 없다. 그러나 그 속에는 보일 듯 보이지 않는 어둠이 깔려 있다. 이 보이지 않는 어둠, 이것이 반투명체의 생명성이다. 이 어둠이 반은 밝음(빛)을 안고 있기에 어둠의 동력(생명성)이 발생한다. 이 동력은 늙어서도 잔잔한 슬픔의 이름으로 조용한 그늘을 드리우면서 먼 수평을 날아간다. 그러나 이 시에는(최하림 시의 일반성이라고 해도 좋을) 특유한 인간적 인식이 있다. 그것은 복수 의식이다. 달리 사회성이라고 하기에는 본래적 인간의 이미지에 밀착되어 있기 때문에 인위적 동기의 낌새를 맡을 수가 없다. 말하자면 이 시에서 갈매기가 아니고 '갈매기들'이며 내가 아니고 '우리'로 표현된 것은 서로 어우러져 동작하는 상대적 의미에 무게가 실려 있음을 의미한다. "꽃들을 조으"기도 하고 "마주 보다가 날개를 푸드덕"이는 행위는 서로 더불어 살면서 인생의 의미를 찾고 고민하는 인간 본연의 자세를 상징한다. 사실상 많은 그의 시 중에서 사회성이 직설적 사실성으로 여과 없이 표현된 것은 보기에 따라서는 이 시와 같은 원숙으로 접어드는 그의 시력(詩歷)에서 한 전과정(前過程)의 단계에 해당된다고도 할 수 있잖을까.

김지하

생명성의 외향(外響)과 내명(內鳴)

——그 갈등의 문양(紋樣)

넘치지는 않는다
고이는 바다
움푹 패인 얼굴에 움푹 패인 맷자욱에
움푹 패인 농부의 눈자위 속 그늘에 바다
열리지 않는 마른 입술 열리지 않는
감옥에도 바다
고이는 바다
매우 작다 조용한 노여움의 바다
넘치지는 않는다 물결이 일어
찢어지는 온몸으로 촛불이 스며든다
몸부림이 몸부림이 일어 압제여
때로는 춤추는 바다 번쩍이는 그러나
달빛이 없는 바다 불타지 않는 바다
매우 작다 압제여
조용한 노여움의 바다
어느 날 갑자기 넘쳐버릴 바다

넘치면 휩쓸어버릴 자비가 없는 바다
쉬지 않고 소리없이 밑으로 흘러
땅을 파고 팔뚝에 눈에 입술에
가슴에 조금씩 고이는 바다
아직은 일지 않는 폭풍의 바다

(「바다」)

김지하의 문학적 입지를 알아보는 데는 T. S. 엘리엇의 소신을 비교해 보는 것이 참고가 될지 모른다. 엘리엇은 자신의 소신을 밝히는 데서 종교는 천주교를, 정치는 왕당파를, 문학은 고전주의를 표방함으로써 보수적 안정망(전통주의 사상)을 구축한 가운데 그의 문학적 입지를 확고히 한 것으로 널리 알려져 있다. 김지하는 어떤가. 그는 종교는 천주교, 정치는 민중 민족 중심의 민주주의, 문학은 레지스탕스적 참여문학을 선호했다. 외관상으로 비교하면 소위 보수냐 진보냐 하는 기준에서 아주 대조적이다. 두 사람의 종교는 명의상 같은 종교일 뿐 거의 대조적인 성향을 띤다. 천주교라는 카테고리는 같지만 김지하는 민중신학, 즉 개신교로서 정의 구현을 목표로 하는 가톨릭 쪽에 서 있다. 그렇다면 결국 엘리엇은 문학 중심으로 정치와 종교적 이념을 흡수한 데 비해서 김지하는 정치(사회운동) 중심으로 종교적 이념과 문학을 수단으로 활용한 것 같은 인상을 많이 준다. 이 두 사람의 이러한 차이는 결과적으로 종교와 정치와 문학의 독립성과 아니면 삼자의 역학관계에 대한 엄청난 논쟁을 낳게 할 수 있는 빌미를 제공할 수 있다. 그런데 김지하는 정치적 색채를 직설적으로 토로한 그 숱한 시들(담시류)이 있는데도 불구하고 정치시인으로 크게 매도되지 않는 이유는 무엇일까. 푸미오 타부치 교수의 김지하 연구서 『神과 혁명의 통일』(독일어 원문, 정지련 목사 옮김)을 보면 김지하는 하나님과 혁명의 통일이라는 주제를 민중의 목소리를 매체로 전달한 실천 시인으로 규정하고 있다. "김지하의 문학은 메시아니즘(Messianismus) 문학이다. 그러나 이는 인간의 내면성을 지향하고 현실을 외면하는 메시아니즘이 아니라, 인간 해방을 실현하는 메시아니즘이다. 그의 문학은 순수 미학적 성과에 관심을 갖지 않는다. 오히려 그의 문학은 인간에게 윤리적 결단을 요청한다"라고. 김지하 스스로도 '양심선언'을 통하여 한국 기독교의 민권 운동 실천에 스스로 참여할 것을 다짐하고 있다. 그러나 문제는 타부치 교수의 말대로 김지하의 시는 아주 강한 정치적 동기를 지닌 것처럼 보이지만 결코 이데올로기로 착색된 것이 아니라는 사실이다. 그렇다면 이런 시각을 가능하게 하는 동기는 그의 시의 어떤 내면에서 찾을 수 있을까. 그것은 다름 아닌 '생명성'이다. 그의 시에 들어 있는 생명성은 종교와 정치와 문학의 한계 너머에 있는 원형적 의미의 상위 개념의 성격을 띤다. 그가 아무리 "그리스도의 진리와 삶이 나의 마음 속에 살아 있다면 나는 나의 행위를 밖으로 향하게 할 것이며 나로 인해 생명이 넘치게 할 것이다"라고 선언했다고 해도 그것은 그의 심중에 근원적으로 내재하고 있는 생명성의 한 방향적 발로에 지나지 않는다고 볼 수 있다. 그러나 김지하 자신은 시인으로서의 위상보다는 기독교적(아니면 유불선 삼교의 종합적 시각) 사회운동가로서의 위상을 더 중시한지도 모른다. 설령 그렇다고 해도 필자는 여기서 시인으로서의 그의 면목을 새롭게 인식하는 차원에서 시 외적 요소가 순정한 시적 생명성 속에 조화롭게 숨을 쉬고 있는지 이 「바다」라는 시를 통해서 살펴보기로 한다.

이 시는 시인이 저항시인이라는 사실과 옥중 고난을 시적 체험으로 하고 있다는 사실을 웬만한 독자면 누구나 전제하고 읽을 수 있는 작품이다. 삭신의 고통보다 더한 마음의 고통이 스며들고 고이는 과정과 언젠가 폭발할 분노의 돌출성을 조용한 바다와 폭풍의 바다에 단순 비유한 것이 아니고 뛰어난 사실성으로 디테일한 수사를 펼쳐 보인 것이 돋보인다. 감옥의 폐쇄성과 바다의 개방성이 그 본래의 의미인 절망과 희망으로 대립하는 것이 아니고 바다가 감옥을 정복하는 형식으로 육화되어버린다. 칠흑의 바다와 앞으로 있을 달빛의 바다, 불타는 바다를 대치시킨 것도 수인(囚人)의 절망과 희망의 양면 심기가 후자 쪽으로 기울고 있음을 암시한다. 그의 초기 시 대부분은 생명성이 이 시 「바다」보다 훨씬 정제되지 않은 채 직설적으로 돌출되어 있다(「五賊」, 「蜚語」, 「大說 南」 등). 그런 뜻에서 이 시는 예술성이 상당히 돋보이는 시라고 할 수 있다.

> 이제/ 어디라도/ 고즈넉한 곳에 가/ 깃들이리// 비 맞은 새모냥 빗방울/ 털고 털면서/ 서 있으리// 남녘으로부터 불어오는/ 바람 한 오리 선뜻/ 내게 와/ 옛 연인의 지금 주름살/ 하나 둘/ 셋 넷/ 헤이는 소리 듣고 살으리// 나/ 이제 아무것도 아니고/ 즐거워 사는 것도 아니매// 꼭/ 이렇게 말하리// '삶은 그냥 오지 않고/ 허전함으로부터만 온다'고. (「삶」)

앞의 시 「바다」에 비해서 이 시는 시인의 시선이 바깥보다 안으로 방향을 돌리고 있다는 사실을 금방 느끼게 한다. 말하자면 그의 시의 생명성은 민족·민중의 혈류를 타고 흐르거나 충천하는 의기의 이름으로 치솟다가 '허전'하고 '고즈넉한 곳'으로 조용히 흘러든다. 빗속을 열심히 비상하던 '새'가 이제 나뭇가지에 앉아 빗방울을 털고 있는 형상이다. 이를 상징적 의미로 말하면 "평화 속에서 생명"이라 한다(「큰오또 1」). 이 평화의 의미나 이미지는 고요의 환경을 지니고 있으면서도 정지되거나 가라앉아 있는 것은 아니다. 시인은 "삶은/ 살아 있음은/ 있음보다/ 조금/ 떠 있다" (「조심」)고 말하기도 하고 "회음에서부터/ 불은 내리고/ 물은 오르리라" (「촛불」)고 말한다. 회음(會陰)은 생명의 원천을 의미하는 말일 수 있다. 그렇다면 위의 시 구절은 "내 몸 속에 깊이 박힌/ 생명의 외침/ 그 넋이 살아 있다"(「바람이 가는 방향」)는 표현과 일치하지만 그 의기(意氣)의 부침은 잠시 고요의 리듬을 타고 있음이 분명하다. 그가 정중동(靜中動)이 아닌 동중정(動中靜), 외유내강이 아닌 내유외강의 정서에 관심을 돌리는 것은 그의 시력(詩歷)의 양면 파동에서 바로 이 시와 같은 후반의 과정에 머물러 있음을 의미한다.

의리(義理)가/ 낮은 샘가에 피묻은 채 머물고/ 온 허공에 수만 가지 꽃, 꽃들이 / 어지러이 피어/ 어찌 나갈까/ 저 먼 쓸쓸한 바다까지/ 가 마침내 내 두 아이를/ 만나 기어이/ 데리고 돌아올까/ 유목과 은둔의 집이여/ 오랜 내 새 집에

(「유목과 은둔」)

이 시는 김지하의 최근에 낸 시집 『유목과 은둔』에 수록된 작품이다. 시집과 시가 같은 제목을 가지고 있는 것만으로도 후기의 작품 경향을 짐작하는 데 상당한 참고 자료가 된다. 이 시집에서 시인은 "아마 내 시집 중에서 가장 허름하고 가장 허튼 글모음일 듯하다"고 자평을 하고 있지만 필자는 오히려(적어도 이 시 한 편만이라도) 그의 시력을 종합적으로 정리하는 시편으로 의미가 있다고 본다. 유목과 은둔은 정신적 자세로 보아 서로 상반된 성향을 띤다. 젊은 날의 유목과 노년의 은둔은 인생의 흐름 위에서 발생하는 자연적인 변화 현상이다. 그에 따른 생명성의 변화 추이와도 일치한다. 유목이 자유분방한 향외(向外)적 활동을 상징한다면 은둔은 글자 그대로 향내(向內)적 정관(靜觀)의 다른 표현에 불과하다. "의리(義理)가/ 낮은 샘가에 피묻은 채 머물고"는 젊은 날의 용솟음쳤던 의혈(義血)이 무상한 흔적만 남기고 있는 것을 의미한다면 "온 허공에 수만 가지 꽃, 꽃들이/ 어지러이 피어"는 현란하기만 한 온갖 사상적 쟁투(?)는 아직도 혼미만 거듭하고 있다는 뜻일 수 있다. "저 먼 쓸쓸한 바다까지/ 가 마침내 내 두 아이를/ 만나 기어이/ 데리고 돌아올까"에서 우선 쓸쓸한 바다의 의미는 그의 시 「적료」(寂廖)에 나오는 "노여움을 뒤집어/ 마당을 쓸고// 슬픔을 바꾸어/ 적료(寂廖)에 들리"에서 암시되고 있듯이 폭풍우처럼 지나간 열정의 뒤에 찾아온 조용한 반성의 여심(餘心)이다. 그렇다면 두 아이의 의미는 무엇일까. 두 아이 중 하나는 자신이 스스로 열정으로 띄웠던 유목(遊牧)의 분신이요, 다른 한 아이는 유목의 분신을 경계하는 은둔의 내재적 분신이다. 이제 이 두 아이를 다 같이 보듬어 안을 집이 필요하다. 그것은 오래전부터 갈구해온 통념의 집이기에 "오랜 내 새 집"이

라는 역설이 필연으로 강조될 수밖에 없다. 그러나 김지하의 피는 아직도 덥다. 유목과 은둔이 파도처럼 뒤척이듯이 그의 중심은 여전히 흔들리고 있다. 그의 시 「원형」에 나오는 '카오스모스'(카오스와 코스모스의 합성어)에 대한 향수를 버리지 못하고 있다.

> 봄에/ 가만 보니/ 꽃대가 흔들린다// 흙밑으로부터/ 밀고 올라오던 치열한/ 중심의 힘// 꽃피어/ 퍼지려/ 사방으로 흩어지려// 괴롭다/ 흔들린다/ 나도 흔들린다// 내일/ 시골 가/ 가/ 비우리라 피우리라 (「중심의 괴로움」)

그의 시의 생명성이 꽃대에서 살아 있다. 열기가 증발한 것이 아니고 자연 속으로 스며들었다. 그는 비우면서 피우는 섭리를 붙잡은 것이다.

정희성

인간의 본체성 찾기

──사회 정의와 모럴

풀을 밟아라
들녘엔 매맞은 풀
맞을수록 시퍼런
봄이 온다
봄이 와도 우리가 이룰 수 없어
봄은 스스로 풀밭을 이루었다
이 나라의 어두운 아이들아
풀을 밟아라
밟으면 밟을수록 푸른
풀을 밟아라

(「踏青」)

새삼스럽게 시의 사명이나 존재 의의와 같은 원론적인 문제를 언급할 필요는 없겠지만 시를 어떤 명목에서 분류하는 경우, 흔히 이분법적 성격으로 순수성과 공리성에 대해서, 아니면 낭만주의와 고전주의, 혹은 모더니즘과 리얼리즘이란 이념적 사조로 분류해서 그 성향의 특징을 상대적 차이를 두고 언급하기가 일쑤다. 정희성의 시는 순수성보다는 공리성, 모더니즘보다는 리얼리즘 쪽에 치우쳐 있는 것이 사실이다. 특히 휴머니즘에 근거한 사회성이 짙게 깔려 있다. 그만큼 그는 모럴 의식이 강하다. 그러나 이 경우 도덕적 내용(morality)이라기보다는 도덕적 감정이 강하게 작용한다. 그의 시는 T. S. 엘리엇이 그랬듯이 사상적 이념이나 신념을 내용으로 한 도그마 같은 것(엘리엇의 경우, 가톨리시즘 같은 것)이 아닌 도덕적 감정이 위주가 된다. 이때 시인 개인의 가치 의식(사회 정의감)이 사회적 실현을 기도할 때 이를 저해하는 요인을 정치적 현상에서 찾는다. 그래서 시인의 감정은 공격적이 된다.

「踏靑」은 이러한 내용을 담고 있다. 분노의 서슬이 퍼렇다. 작자는 이렇게 말한다. "이 시대를 사는 억압받는 민중들에게 이 시가 읽혀지기를 기대한다. 〔중략〕 나는 주로 내가 사는 시대의 모순과 그 속에 핍박받는 사람들의 슬픔에 관해 써왔지만"이라고. 그만큼 그의 시는 정치적 사회의식이 강하다. 그의 시에서 화자의 목소리는 마치 이육사의 「절정」을 읽을 때와 같이 생명의식의 절정을 울린다. 그러나 육사의 시에서 보는 "겨울은 강철로 된 무지개"와 같은 비유가 없다. 정 시인은 서정이 숨 쉬는 이미지의 그늘보다 직설적 담화 아니면 직관적 인식을 담은 상징을 선호한다. 그것은 저항적 충동을 자극하는 데는 적격일 수 있기 때문일 것이다. 가령 "밟으면 밟을수록 푸른/ 풀을 밟아라"가 그 예가 된다. 시 「얼은 강을 건너며」에서도 "얼음을 깬다/ 강에는 얼은 물/ 깰수록 청청한/ 소리가 난다"는 똑같은 표현 형식이 나온다. 그의 대표적인 작품으로 알려진 「저문 강에 삽을 씻고」가 저항적 의지가 소극적이면서 다소의 감상적 정조에 기운 느낌이 든다면 이 시는 매우 적극적인 저항의 자세를 보이고 있다. 시에서 진실의 개념은 매우 다양할 수 있다. 사회 사상적 기준에서 보는 진실은 삶의 본질이 무엇인가 라는 명제만큼 여러 가지 독립된 개념을 가지고 있다. 그래서 자유민주주의는 그것대로 훌륭한 삶의 진실이 될 수 있다. 그러나 시의 본질을 개성과 보편성이라고 하는 추상적 개념에 두고 볼 때 보편성이 갖는 상식성과 일반성은 어떠한 의미의 독자적 기준(사상·이념·윤리·정체 등)도, 인식상의 분파도 용납하지 않는다. 그래서 이 진실은 리얼리티란 이름으로 번역된다. 소위 사회주의 리얼리즘(Socialist Realism)이 리얼리티를 이반(離反)하는 예를 가끔 볼 수 있는 것은 이 진실의 개념에 대한 혼선 때문이다.

> 귀를 대보면/ 누가 부른다/ 들어오라 들어오라/ 들여다보면/ 어둠뿐/ 나오라/ 나오라 소리치면/ 우우우우/ 낯모를 짐승이 되어/ 우는 항아리// 항아리 속의 어둠을 들여다본다/ 항아리 속의 어둠을 은폐하는 어둠을 들여다본다/ 나의 말이 낯모를 짐승이 되어 우는/ 항아리 속의 어둠이 가진 비열함을 들여다본다/ 항아리 속의 속임수를 욕하는 나의 어두운 말이/ 또 다른 짐승이 되어 어디 가서 울지라도/ 항아리를 깨고/ 항아리 속 어둠을 으깨서/ 항아리 속에 퍼부은 내 욕설의 창자와 늑골이/ 보일 때까지 투명해질 때까지 (「항아리」)

시의 소재는 시인의 의식 현상에 따라 요리된다. 여기 항아리는 서정적 미감과는 거리가 멀다. 과거 서정 시인들이 즐겨 쓰던 소재 중의 하나가 항아리다. 세계적인 고전 시로 알려진 존 키츠의 「희랍 古甁賦」는 그 대표적인 예가 된다. 우리의 시에서도 박희진의 「항아리」를 보면 "네가 놓이는/ 자리는 아무데고 끝인 同時에/ 始作이 되는 너는 그런 하나의 中心이라/ 모든 것은 잠잠할 때에도/ 너는 끊임없이 숨 쉬며 있는"이라는 구절이 있다. 그러나 여기 정희성의 상상적 모티브는 이 소재의 외관에서 오는 미적 자태와는 아무 상관이 없다. 그의 항아리는 부조리와 불의의 삶에 찌들려 쭈그리고 앉아 있는 서민의 인간상일 수 있다. 그는 「옹기전에서」도 "잘 빚어진 항아리보다/ 좀 실수를 한 듯한 것이 마음에 들었다"고 읊고 있다. 그만큼 그의 의식은 손상된 인간성에 대한 연민과 옹호에 치우쳐 있다. 그런데 이 시에서 문제는 항아리 속의 어둠이다. 그의 시를 관통하는 일반적인 기류가 어둠이다. 이 어둠은 그의 시 도처에서 발견된다. 이 어둠과 유사한 이미지로 쓰이는 것으로 "저문 강"(「저문 강에 삽을 씻고」)이나 "흐린 하늘"(「바늘귀를 꿰면서」) 같은 것도 있다. 이 시에서 어둠은 이중 구조로 되어 있다. 어두움의 올가미를 씌워 밖으로 나오지 못하게 하고 밖에서 안으로 들어갈 수 없게 만든 또 다른 어둠이 있다. 말하자면 피해자의 어둠과 가해자의 어둠이 따로 있는 것이다. 그래서 이 "어둠을 은폐하는 어둠"의 속임수와 비열함에 대한 공격(욕설)은 준열하고 비장하다. 갇혀 있는 어둠과 혼신의 하나가 되기 위해서는 자신의 욕설도 어두운 말이 되어야 하고 자신도 짐승의 울음을 울어야 했다. 욕설의 창자와 늑골이 투명해진다는 것은 욕설의 정당성이다. 그것은 어둠에 대한 욕설의 승리를 의미한다. 아무튼 어둠을 몰아내기 위한 극한의 의지임에 틀림없다. 여기서 우리는 민족적 저항시인 윤동주의 한 면모를 목도한다. 그의 「또 다른 고향」에 나오는 어둠의 상징적 정황은 이 시와 거의 일치한다. "어둠 속에 곱게 풍화 작용하는 백골을 들여다보는" 것이나 "지조 높은 개는 밤을 새워 어둠을 짖는다"가 그렇다.

시가 사회적 현실과 공존하면서 정당성의 시각으로 잣대를 삼는 한 그 병리를 치유하는 임상적 효과의 한계를 벗어날 수는 없다. 이육사와 윤동주의 시가 남겨놓은 서정의 여운을 그에게 기대해볼 수 있는 일인지, 있다면 그 변신의 창은 어느 쪽으로 열릴지 궁금한 일이다. 혹 「숲」이 보여주는 인간애 같은 것이나 아닐지.

> 숲에 가보니 나무들은/ 제가끔 서 있더군/ 제가끔 서 있어도 나무들은/ 숲이었어/ 광화문 지하도를 지나며/ 숱한 사람들이 만나지만/ 왜 그들은 숲이 아닌가/ 이 메마른 땅을 외롭게 지나치며/ 낯선 그대와 만날 때 / 그대와 나는 왜/ 숲이 아닌가
>
> (「숲」)

조정권

니체적 비극상
— '강골'(强骨)과 '뜨거운 행(行)'의 미학

山頂이여, 우리들이 쏘아 올리는
조포 소리를 들으라.
저 아래 大地 밑바닥에
광야의 아들이 누워 있다.

그의 입은 굳게 닫혀 있고
얼굴은 고통에 일그러져 있으나
불의 文身은 아직 식지 않았도다.

태양의 징을 치며
강한 깃털의 새를 모으던 억센 팔뚝은
기도하는 듯 가슴에 모아져 있으나
두 손목은 안의 쇠창살을 부여잡고 힘을 주고 있고
두 무릎은 굳건히 뻗어져
아직도 폭풍을 견딜 듯 우뚝 설 것 같도다.

그는 大地의 어머니가 흙바람 속에 낳아서 기른
强風의 아들
그야말로 폭풍우 속에서도 휘어 넘겨진 벼이삭을 세운 여름의 아들
그야말로 폭풍우 속에서도 휴식을 취할 수 있었던
大地의 아들이었다.

공중에 나는 종달새와
들판 메뚜기들의 친구였으며
허리께까지 차오른 들풀들을
쇠빗으로 순하게 길들이는 모래바람의 친구였다.

그는
시간의 높은 꼭대기에 계신 분에게
맨 처음 거둔 포도 열매를 바친 경배자였으며
강가에서 잡은 물고기 다섯 마리를
가난한 이에게 나누어 주고
광야의 돌산으로 올라가 굶으며 헤매다닌 예언자.

홀로 있을 때
그의 눈빛은 하늘 빛에 젖어 있었고
조용히 기다리고 있었다.
먼 곳에 계시나 가깝게 느껴온 그분이 거두어 갈 가까운 날을.

때가 되면 거두어 가리라.
때가 되면 거두어 가리라.

참담한 때가 오리라

참담한 때가 오리라.

(때가 되면 내 대신 너를 거두어 갈 자 있으니……)

나는 너의 주검으로
너의 시대를 증거하기 위해 이 지상에 온 것이다.

장엄함이여.
우리들이 하늘에다 쏘아 올리는
조포 소리를 받으라.
여기 大地의 아들 하나 무참히 꺾이어 누워 있노니
그는 우리들 중 또 다른 누구이겠는가
그는 누구였는가를
우리 모두에게 이해하게 해 다오.
우리들이 눈멀었던 세월들을. 시대들을.
빛의 어둠으로 밝음을 내게 말하게 해 다오.
도끼들이 살해한 죽은 밤나무의 입술로 말하게 해 다오.
우리들을 처형시킨 용광로의 불길로 말하게 해 다오.
(위대한 사상을 고개 숙인 벼이삭이 없었던 것은 아니지만
그들은 시대의 허수아비가 되어 불러들인 새 떼에게 곡식을 넘겨 준 것이다.)
사실을 말하게 해 다오.
오랜 세월 방석을 뭉개고 앉았던 성직자. 승려. 권력자들이 왜 돈을 깔고 앉는가를.
왜 水晶들은 깊은 바위산에 숨어 성장하면서
빛을 내지 않는지를.
왜 雪山의 암굴에서 평생을 보낸 禪師들이 미쳐 갔는지를.
흐트러진 입들을 한데 모아 이야기하게 해 다오.
세계를 苦辭하라 枯死해 버린 고치들을.

맑게 깨어 있는 정신의 빙벽을.

한 시대의 짜라투스트라들을

나에게 강한

새싹을 뿜어내는 死火山을.

(「山頂 墓地 23」)

이 시는 작품 속의 인물이나 그 인물과 관계되는 모든 서술적 정황에서 보아 비극적 서사시의 성격을 띤다. 단적으로 말하자면 니체적인 비극성이 밑바닥에 깔려 있다. 작품에 차라투스트라가 등장했다고 해서가 아니라 니체의 「비극의 탄생」과 같은 혈류를 느낄 수가 있다. 희랍 신화의 영웅들이나 서양 중세의 영웅들, 그리고 세계 도처에 출몰했던 기개세(氣蓋世)의 웅혼한 기상의 영웅들, 그들은 니체의 시나 철학에서 하나같이 차라투스트라적 이미지로 공용될 수 있다. 여기 "大地의 아들"은 영웅적 기상으로 힘을 상징하면서도 인간을 비롯한 모든 지상적인 것에 대해서 애정적이다. 인간들('우리들')로 하여금 최상의 추모의 경배(조포)를 올리면서도 타락한 현실에 대한 강한 응징을 "시간의 높은 꼭대기에 계신 분"에게 간원한다. 왜 '신이여' 하지 않고 "장엄함이여"라고 했는가. 이것은 이 시인이 지닌 차라투스트라적(니체적)·인간적 의지 때문일 것이다. 니체의 작품에 나오는 '초인'이 대지의 뜻이란 것을 감안하면 더욱 그렇게 느껴진다. 이렇듯 그의 시는 '강골'(强骨)의 기상을 표방한다. 소재의 선택에 있어서도 분명하게 드러난다. 가령 사막장미를 노래하는 데 있어서 "짐승의 내장 속에 고인 핏물에 뿌리 내리며 더 강하고 진한 꽃을 피워내는데"(「아데니움」)라고 하는가 하면 "검정개 세 마리가 등 구부리고 배회하는 묘지 부근/ 밤에 내 새 무덤이 도착해 와 있었다/ 오, 거기서 내가 춘 춤!/ 휘황찬란한 온갖 빛들의 선율을 따라 나는 작은 오리처럼/ 백파이프를 불고 다녔다"(「두 개의 주검 노래」)에서 보듯이 환상적 죽음의식의 층절의 홈이 깊은 데다 이국정서의 현장감이 그 비극성을 한결 더 고조시키고 있다.

니체의 「비극의 탄생」을 보면 예술을 디오니소스적 예술과 아폴론적 예술로 분류하고 디오니소스적 예술은 고뇌를 정화시키는 기능을 하며 충동의지의 단적 표현인 음악에서 탄생한다고 했다. 조정권은 디오니소스적 예술에 대한 관심의 간접적 발로로 음악에 대한 관심을 가졌었는지도 모른다. 위의 시집에서 「프라하의 音」이나 「무슨 일이 또 있었나요」에서는 몇몇 음악의 고장국을 여행하면서 얻은 시정을 음악적 멜로디로 비유해서 노래하고 있다. 「무슨 일이 또 있었나요」보다 음악적 심상이 훨씬 내면화된 시가 있다. "마취제를 마시고 수술대에 누우면/ 시체의 뱃속에서 키운 태아가 안겨온다. 음악이란 이런 것이다./ 〔중략〕 칠 벗겨진 장미에 주사 바늘 꽂고 팔 늘어뜨린 채/ 저녁이면 수혈을 받는다. 내 음악은 이런 것들이 대부분이다/ 〔중략〕 중세의 공동묘지를 걷고 오거나/ 시체가 들어 있는 돌뚜껑을 만지며 가슴을 대보면/ 돌밑 숨소리 들려온다 내 음악은 이런 것이다"(「주검노래(抄)」). 애드가 앨런 포나 보들레르의 음산하고 스산한 바람 소리가 들려오는 것 같다. 청각(음악적 멜로디)은 시각과 더불어 때로는 이렇게 무서운 자웅동화(雌雄同花)의 꽃을 피울 수 있다는 사실은 놀라운 일이다.

1

일년 중 한 일주일에서 열흘 정도, 혼자 단풍 드는 길/ 더디더디 들지만 찬비 떨어지면 붉은 빛 지워지는 길/ 아니 지워버리는 길/ 그런 길 하나 저녁나절 데리고 살고 싶다// 늦가을 청평쯤에서 가평으로 차 몰고 가다 바람 세워 놓고/물어본 길/목적지 없이 들어가 본 외길/ 땅에 흘러다니는 단풍잎들만 길 쓸고 있는 길// 일년 내내 숨어 있다가 한 열흘 쯤 사람들한테 들키는 길/ 그런 길 하나 늘그막에 데리고 같이 살아주고 싶다

2

이 겨울 흰 붓을 쥐고 청평으로 가서 마을도 지우고 길들도 지우고/ 북한강의 나무들도 지우고/ 김나는 연통 서너 개만 남겨 놓고/ 온종일/ 마을과/ 언 강과/

> 낙엽 쌓인 숲을 지운다./ 그러나 내가 지우지 못하는 길이 있다./ 약간은 구형인 승용차 바퀴자국과/ 이제 어느 정도 마음이 늙어버린/ 남자와 여자가 걷다가 걷다가 더 가지 않고 온 길이다. (「같이 살고 싶은 길」)

「山頂 墓地」의 절정 의식이 인간이 꿈꾸는 최고의 이상에 뜨거운 불을 당긴 것이라면 이 시는 그런 이념적 사고를 무화시켰거나 거기서 하회(下回)하여 또 달리 개척한 서정의 텃밭이다. 이 시의 시정을 요약하면 그리움과 아쉬움이다. 여기서 그리움의 동기는 신선한 미지에 대한 의욕이라고 한다면 아쉬움의 동기는 잃어버린 것에 대한 회한이다. 이 둘은 모두 인간의 원초적인 본능이기도 하지만 특히 시인이 전유물처럼 아끼고 활용하는 인간의 속정(情)이다. "김나는 연통 서너 개만 남겨 놓"거나 "구형인 승용차 바퀴자국"만을 남겨 놓고 모든 자연의 오브제를 지우려고 하는 압축의 의미를 어떻게 이해해야 할까. 삶을 최소화하려는 유가(儒家)를 의방하려는 것이 아니겠지만 흔히 늙으면 마음을 비운다고 하는 속언을 환유한 것임은 분명하다. 그러나 결국 시인은 인생의 시작과 끝을 압축해서 그리움과 아쉬움의 그네를 만든 것이 아닐까. 어쩌면 로버트 프로스트의 「가지 않은 길」과 테마나 시정이 많이 닮았다.

조정권은 "거적뙤기 밑에 꺼져 있는 햇빛"(「이 마음의 걸(乞)」)을 끌어들여 비운 마음에 쬔다. 그는 제 몸 안의 수분만으로도 삼 년을 견딘다는 '세설'이라는 선인장과 같이 그의 마음의 '걸'(乞) 속에 '강골'(强骨)과 '청빙'(聽氷)을 지닌다. 이러한 기질이 시 속에서는 '뜨거운 행(行)'과 어울릴 때가 많다. 이것은 그의 시의 비극적 열기다.

김승희

'절망과 유희의 간통' 고발장

──사회악과 그 모순의 풍자

-무어라고 불러야 좋을까

사랑도, 눈물도, 진짜가 아닌 것 같애,
사랑 비슷한
눈물 비슷한
흔적 비슷한
분노 비슷한
그런 비슷한 것들이 나 비슷한 것들을
감싸고
한 줄기 햇빛의 선 속에 우우우우
갇혀 떠도는 먼지처럼
생(生) 비슷한 것들을 이루고 있어

나 비슷한 것들아
시대 비슷한
나라 비슷한

지식인 비슷한
고뇌 비슷한
외침 비슷한
절망도 낙천도 아닌
어스름 비슷한
이 향방의 묘혈 속에서

죽음 비슷한 생이 있어
살지도 죽지도 못하고
엄마 비슷한
아내 비슷한
자식 비슷한
교수 비슷한
시인 비슷한 것들을
배우 비슷하게
은막 비슷한 곳에서

너, 참, 정말, 무엇에 널 걸 거니?, 응?, 말해 봐,
참, 무엇에든 널 걸어야 할 거 아냐?
이런 닭달 속에서도, 아무데도 날 걸지 않는,

아무데도 걸 수가 없는, 걸 것 없는, 파쇄된
나를, 아니 나 비슷한 것들을 데리고,
사전꾼처럼 사기꾼, 아니 무한히 높은 곳에서
밀어버려 무한낙하로 산산이 엎어지고 있는
사닥다리의 해방처럼……

(「떠도는 환유 5」)

김승희의 시는 인간 고발, 사회 고발의 정신을 근본으로 한다. 그런데 그녀의 시에 접근하려면 우선 페미니즘 비평의 다리를 거쳐 가는 것이 필요할 것으로 본다. 왜냐하면 페미니즘은 모럴 비평이며 윤리학과 미학이 일치된 현상을 보여주며 미적으로 적절하다고 생각되는 감각은 정의(正義)의 감각으로 보기 때문이다. 이러한 제언을 전제로 하고 먼저 이 시인의 말을 들어보자. 시집『달걀 속의 生』말미에 나오는 '詩作 노트'에서 그녀는 이렇게 적고 있다. "우리의 삶 자체가 그렇게 부조리(absurd)한 그로테스크의 불가피성을 가진 것이 아니겠는가." "절망과 유희의 간통 같은 어떤 정신의 지평선 위에 나는 서 있었고" "헤픈 울부짖음보다는 아이러니의 가면 속에서 좀 빈정대면서 나와 세상을 욕해 주고 싶었고 무질서와 절망의 강박관념의 통제탑으로서 더 많은 지성의 아름다움을 감성적으로 소유하고 싶었다." "우리는 안 보이는 투명한 어느 망상조직(網狀組織)의 그물 아래 덮어 씌워져 유령 같은 비존재로, 제로에 가까운 무로 끝없이 소실되어 가고 있는 것이 아닐까"라고.

이 시는 현대 사회나 현대 문명의 모순을 풍자적으로 고발했다고 하더라도 고발장으로서의 언어의 구조 자체가 모순의 기능에 빠져 있다는 아이러니를 시니컬하게 희화하고 있다. 「떠도는 환유」라는 제목 자체가 그러한 사실을 암시하고 있기도 한다. 라캉은 소쉬르의 언어학에서 기표와 기의의 확고한 고정 관계를 해체하여 부유하는 기표와 미끄러지는 기의의 관계로 정립했다. 이 시의 제목인 「떠도는 환유」(換喩, metonemy)도 여기에 근거한다. 말하자면 시인은 진리나 진실에서 일탈된 현대 사회의 모순된 내용을 떠도는 의미의 언어의 성격에 빗대어 풍자하고 있다. 철학적인 용어를 쓰자면 이 시는 어쩌면 '실존적 회의'를 시문화(詩文化)했다고 할 수도 있겠다. 인간 존재의 근본부터 신뢰할 수 없다 보니 인간의 지적 내지 정적 기능 일체가 부정되고 인간관계의 기능도 불신된다. 따라서 '나'의 입지와 방향 감각도 상실된 상태에서 또 '내'가 의지할 근거가 전무한 상태에서 남은 것은 절망의 추락뿐이다. 그러나 이 시는 인간의 본질에 대한 원천적 사고가 아니다. 인간의 타락에 의한 여러 가지 사회적 모순을 환유적 풍자로 노래했을 따름이다.

> 당연의 세계는 물론의 세계를 길들이고/ 물론의 세계는 우리의 세계를 길들이고 있다./ 당연의 세계에 소송을 걸어라./ 물론의 세계에 소송을 걸어라./ 나날이 다가오는 모래의 점령 군,/ 하루 종일 발이 푹푹 빠지는 당연의 세계를/ 생사불명, 힘들여 걸어오면서, 세상에서 가장 무거운/ 싸움은/ 그와의 싸움임을 알았다./ 물론의 모래가 콘크리트로 굳기 전에/ 당연의 감옥이 온 세상 끝까지 먹어치우기 전에/ 당연과 물론을 양손에 들고/ 아삭아삭 내가먼저 뜯어먹었으면
>
> (「세상에서 가장 무거운 싸움 2」)

김승희는 포스트모던적 사고에 어느 정도 젖어 있을 만큼 실험성이 강한 시인이다. 포스트모더니즘의 부정의 미학에서 가장 포괄적인 개념이 반이성, 반형식이다. '물론'과 '당연'이 상징하는 것은 모든 제도적 형식 내지 고정관념이다. 이 무거운 압력을 극대로 느꼈기 때문에 "가장 무거운 싸움"이라고 했고 여기에 맞선 저항 또한 적극적인 공격 형태를 취한다. 그의 시에는 '물론'과 '당연'과 같은 추상어가 아니면서 동일한 상징적 의미와 이미지로 씌어진 말들도 상당히 많다. "자동 도어", "넥타이", "껍데기", "방", "주민등록증", "사유 재산", "달력", "喪服", "사슬", "담", "괄호" 등등이다. 이러한 상황의 벽 속에 갇힌 현대인은 동물적 알레고리 형태로 드러나면서 그 리얼리티는 비극적 서정 속에 살아 있다.

> 불쌍한 토끼는/ 지붕 위에 올라가 울고 있다./ 울면서 피우는 하얀 담배 연기는/ 화장터의 무슨 손수건 같기도 하고/ 도주를 도와달라고/ 먼 곳으로 보내는/ 하나의 봉화의 애소 같기도 하다. (「유목을 위하여 1」)

구속의 상태에 있는 토끼는 탈출의 세계에서는 가벼운 날개를 달고 있

는 나비(라파라파)로 변신한다.

바깥으로 나가려는 격렬한 욕망과/ 안으로 가두어 두려는/ 지평의 미수적 욕망 사이에서도/ 라파라파는 절름거리지 않지./ 라파라파는 나처럼 질질 끌려다니지도 않아/ 라파라파는/ 부드러운 탈주이면서/ 물과 풀만 있으면 행복한 채로/ 어디로든 떠돌아다니는/ 그런 유목의 무상한 숨결을 지녔네 (「유목을 위하여 7」)

폐쇄된 도시 공간에서 개방된 자연 공간으로의 탈출의 욕망을 압축한 말이 유목이다. 「유목을 위하여」란 제목으로 일곱 편의 연작이 씌어져 있는 사실은 자유의지에 붙어 있는 그의 강렬한 욕망을 암시한다.

어디서 본 듯한 저 얼굴……/ 어디서 만난 듯한 저 얼굴……/ 어디서 잃어버린 듯한 저 얼굴……// 찜통 같은 똥통 위의 좁다란 현세/ 그 두 널빤지에/ 간신히 양다리를 걸치고 서서/ 박꽃처럼 뿌우옇게 꽃피어 오르며/ 희미한 벽보 속에서/ 나를 찾는/ 몽타주된 전생의 소리를/ 듣는다./ ―이 몽유병 환자의 나들이/ ―왜 나는 평생 환자복을 입고/ 다녀야만 했는지// 이 환자복을 벗고/ 똥통 속에 반짝이는 금빛 구더기처럼/ 기어서라도/ 기어서라도/ 푸르게 넘실대는 바닷속으로/ 모가지까지 모가지까지 잠수해 들어가고만 싶었다.

(「떠도는 환유 4: 몽유병의 나들이」)

포스트모더니즘의 병리학적 속성은 정신분열증이다. 몽유병은 이와 유사한 증후의 병증이다. 몽타주의 기법도 포스트모더니즘의 특허품이다. 그러나 그녀의 몽타주는 단순한 평면적 공간 구성이 아니고 "어디서 본 듯한, 만난 듯한" 아니면 "전생의 소리"로 과거의 시간대가 현대와 어우러져 이미지의 굴절을 증폭시킨다. 그리고 몽유병환자를 제어하는 또 다른 제3의 자아가 숨어 있다. 이러한 현상은 포스트모더니즘의 속성과는 좀 다르다. 위 시에서 환자복을 벗고 똥통을 빠져나와 푸른 바다 속으로 잠수하고 싶은 욕망은 환자의 의식이 아니다. 이 지향성 때문에 시가 유희로 떨어지지 않는다. 시집 『어떻게 밖으로 나갈까』에 공통적으로 깔려 있는 외출 의식은 바로 이 지향성의 의미를 짙게 내포하고 있다. 그의 시적 체질은 무의미한 유희성과 우연성의 포스트모더니즘보다는 유의미한 목적성과 계획성의 모더니즘 쪽에 더 가깝다. 이러한 사실은 그의 시에 숨어 있는 대사회적 메시지와 결코 무관하지 않다. 그래서 그의 짙은 풍자는 포스트모더니즘의 패스티시(pastiche) 형이 아니고 모더니즘의 패러디 형이다. 그러면서 그의 시가 포스트모더니즘적 성향을 보인 것은 포스트모더니즘으로부터 해체적 조사법(措辭法)을 차입한 데 주원인이 있지 않은가 싶다(拙著 『로고스의 詩學』에서 일부 전재).

최승호

세털리스트의 변(辨)

——약자의 강골과 비극적 모럴리티

해일처럼 굽이치는 백색의 산들,
제설차 한 대 올 리 없는
깊은 백색의 골짜기를 메우며
굵은 눈발은 휘몰아치고,
쬐그마한 숯덩이만한 게 짧은 날개를 파닥이며……
굴뚝새가 눈보라 속으로 날아간다.

길 잃은 등산객들 있을 듯
외딴 두메마을 길 끊어놓을 듯
은하수가 펑펑 쏟아져 날아오듯 덤벼드는 눈,
다투어 몰려오는 힘찬 눈보라의 군단,
눈보라가 내리는 백색의 계엄령.

쬐그마한 숯덩이만한 게 짧은 날개를 파닥이며……
날아온다 꺼칠한 굴뚝새가
서둘러 뒷간에 몸을 감춘다.

그 어디에 부리부리한 솔개라도 도사리고 있다는 것일까.

길 잃고 굶주리는 산짐승들 있을 듯
눈더미의 무게로 소나무 가지들이 부러질 듯
다투어 몰려오는 힘찬 눈보라의 군단,
때죽나무와 때굶이는 외딴집 굴뚝에
해일처럼 굽이치는 백색의 산과 골짜기에
눈보라가 내리는 백색의 계엄령.

(「대설주의보(大雪注意報)」)

이 시는 자연의 위력에 대한 인간 존재의 취약성을 직간접적으로 묘사하고 있다. 등산객과 두메마을 주민의 묘사가 직접적 묘사라면, 굴뚝새의 위약하고 왜소한 모양새를 향소(向小) 과장해서 반복 묘사한 것은 인간 존재의 나약성에 대한 간접적 묘사다. 최승호의 눈에 들어오는 자연은 처음부터 그 서정적 이미지보다는 휴머니즘 의식 속에 초점을 잡는다. 백색의 계엄 군단 같은 눈보라(마치 솔개 같은 위력으로 쫓아오는)에 쫓기는 숯덩이만한 꺼칠한 굴뚝새가 뒷간에 몸을 감추는 형상은 취약한 존재에 대한 강박관념의 소산이다. 자연에 비해 왜소하기 그지없는 인간 존재의 묘사는 시사(詩史) 이전의 인류 보편의 원형 의식에서 이미 출발했었다. 현대시는 어떻게 보면 이런 사치한 낭만적 원형의식에서 탈출해 나왔다고 할 수 있다. 그래서 이런 의식 상태에서는 시적 긴장을 생산하는 자료도 모멘트도 고안하기가 힘들다고 생각하고 많은 시인들이 이 자연이 베푸는 명상의 안일과 여유를 탈출해서 척박한 사회(시정〔市井〕)로 발길을 돌리게 되었다. 최승호의 경우, 그의 사회의식은 관심의 전환이라기보다 자생적으로 처음부터 강한 농도와 속도로 출발한다. 그는 대설에서 자연의 서정성보다는 공격 이미지만을 발견하고 그것으로 일관한다. 이 시 속에 깔려 있는 피해의식은 뒤에 그가 심력을 기울인 저항의식의 전조적 징후같이 느껴진다.

하늘에서 새 한 마리 깃들이지 않는/ 내 영혼의 북가시나무를/ 무슨 무슨 主義의 엿장수들이 가위질한 지도/ 오래 되었다./ 이제 내 영혼의 북가시나무엔/ 가지도 없고 잎도 없다/ 있는 것은 흠집투성이 몸통뿐.// 허공은 나의 나라, 거기서는 더 해 입을 것도 의무도/ 없으니/ 죽었다 생각하고 사라진 神木의 향기 맡으며 밤을 보내고// 깨어나면 다시 國道邊에 서 있는 내 영혼의 북가시나무,/ 귀 있는 바람은 들었으리라/ 원치 않는 깃발과 플래카드들이/ 내 앙상한 몸통에 매달려 나부끼는 소리,/ 그 뒤에 내 영혼이 소리 죽여 울고 있는 소리를,// 봄기운에/ 대장간의 낫이 시퍼런 생기를 띠고/ 톱니들이 갈수록 뾰족하게 빛이 나니 / 살벌한 몸통으로 서서 반역하는 내 영혼의 북가시나무여/ 잎사귀 달린 詩를, 과일을 나눠주는 詩를/ 언젠가 나는 쓸 수도 있으리라 초록과 금빛의 향기를/ 뿌리는 詩를/ 하늘에서 새 한 마리 깃들여/ 지저귀지 않아도

(「내 영혼의 북가시나무」)

최승호는 자신이나 인간 일반을 의식 범위에 두면서도 인간의 운명적 조건에 대한 실존적 고뇌보다는 사회적 모순에 대한 저항을 주로 한다. 그러면서도 그의 사회의식적 인간의식은 사회 참여의 행동 쪽에 방향을 두고 있는 것이 아니다. 그의 인간주의는 서민 계층을 중심으로 하면서 선동성이 없이 순수한 현장을 폭로하는 리얼리즘적 성격을 띤다. 그는 이렇게 사회주의적 리얼리스트와는 유를 달리하면서도 예리한 현장 폭로의 서슬을 가지고 있는 세털리스트(풍자가)다. 그의 풍자는 인간의 치부에서 발생하는 온갖 오예(汚穢)가 동물의 우의(寓意)를 통하여 나타나는 경우가 많다(「사랑하는 메뉴」, 「앵무새」, 「무서운 굴비」, 「붉은 고깃덩어리」, 「오징어」 1~6 등). 그럼에도 불구하고 그의 풍자는 미래 지향적 이상주의를 배경으로 하고 있기 때문에 단순한 공격성만을 띤 것은 아니다. 「내 영혼의 북가시나무」는 바로 그러한 공격성(전쟁)과 평화의 음양을 동시에 지니고 있다. 온

갖 현실악이 잘라버려 가지도 없고 잎도 없는 흠집투성이의 나무에도 봄이 되어 대장간의 낫처럼 생기가 돌고 뾰족한 톱니바퀴 같은 잎이 나니(방어용 저항성의 풍자) 영혼의 가시나무는 밝은 내일을 약속할 수밖에 없다. 그는 또 「썩는 여자」에서 "컴컴한 문명 속의 이 문둥이 여자를/ 그 어디/ 햇볕 좋은 땅 위로 데려가/ 그녀의 머리에 끈끈하게/ 거머리처럼 자라난 음지 식물들을 말려 죽여야 할까"라고 읊고 있다. 이처럼 그가 그리는 현실은 음화지만 그 음화를 인화한 양화 같은 미래가 먼동처럼 터 있다. 이렇듯 시인이 묘사하는 어두운 현장 풍경에는 특이한 향이 있고 빛이 있고 이 빛과 향이 어우러져 일으키는 야릇한 전율이 있다.

> 그는 다리 위를 왔다 갔다 하고 있었다/ 마치 이승도 저승도 둘 다/ 마음에 들지 않는 사람처럼// 다리—벅찬 고통에 지쳐 찾아온 사람들에게/ 행복의 얼굴로 물귀신들이 유혹하는 곳/ 다리—흰 뱀 같은 수은등이 허공에 목을 늘이고/ "너는 앞으로 어떻게 될까"/ 속삭이면 물고기 밥이 된 시체가 떠오르는 곳// 죽음에의 의지는 늘/ 큰형님 뻘인 삶에의 의지가 꾸짖고 달래주기 바란다/ 이승도 저승도 둘 다/ 두려움 없이 맞서고 맞이할 만큼/ 마음이 너그럽게 철들 때까지
>
> (「밤의 다리」)

죽음의 의지에는 변명의 군살이 필요 없다. 거기에는 형체의 그림자도, 소리의 여운도 없다. 쾌도난마이거나 단말마의 결연한 눈빛이 한일자의 자국만으로 남는다. 죽음의 그림자는 죽음 뒤에 나타나는 산〔生〕 자의 허상에 불과하다. 그러나 삶의 의지는 죽음의 의지에 부딪쳤다 돌아오는 빛의 형상이긴 하지만 그 실체는 언제나 허상이다. 시는 이 허상이 허상처럼 보이지 않게 실상으로 위장한다. 이것은 시가 지니는 허무주의적 실체다. 이 허무주의는 시 외적인 것의 어떠한 공격에도 안전하게 유효하다. 이 「밤의 다리」는 낮과 밤, 삶과 죽음의 형식상의 명암이 결국은 이름할 수 없는 교묘한 배합(삶과 죽음의 경계의 다리)으로 하나(허무)에 이르는 과

정을 형상화했다. 겉으로 실상(삶의 의지)을 허상(죽음에의 의지) 위에 올려 놓고 있지만 양자가 "두려움 없이 맞서고 맞이할" 때는 양자가 용해되어 허심에 떠 있을 때를 의미한다. 그는 이렇게 삶과 죽음이 만나는 신비를 그 나름의 예리한 통찰력으로 들여다보고 있다.

> 사람이 하늘보다/ 어질게 느껴지는 때가 있다// 원두막에서 비를 피하던/ 농부들을 벼락이 때리는 순간이다 (「사람이 하늘보다」)

천도교는 사람이 곧 하늘(人乃天)이라 했고 유교는 하늘의 뜻을 거역하면 망한다(逆天者亡)고 했다. 시인이 지니는 휴머니즘은 그 뿌리가 모든 종교의 땅을 관통해 있기 때문에 그만큼 자유롭다. 이 시는 위의 두 종교적 신념을 넘어 서 있다. 그래서 이 시의 단구(短句)가 보여 주는 아이러니의 조소와 패러독스의 환멸은 시적 정조의 특수한 효과다.

황지우

포스트모던적 사고의 변주

나무는 자기 몸으로
나무이다
자기 온 몸으로 나무는 나무가 된다
자기 온 몸으로 헐벗고 영하 십삼 도
영하 이십 도 지상에
온 몸을 뿌리 박고 대가리 쳐들고
무방비의 나목으로 서서
두 손 올리고 벌받은 자세로 서서
아 벌받은 몸으로, 벌받은 목숨으로 기립하여, 그러나
이게 아닌데 이게 아닌데
온 魂으로 애타면서 속으로 몸속으로 불타면서
버티면서 거부하면서 영하에서
영상으로 영상 오 도 영상 십삼 도 지상으로
밀고 간다. 막 밀고 올라간다
온 몸이 으스러지도록
으스러지도록 부르터지면서

터지면서 자기의 뜨거운 혀로 싹을 내밀고
천천히, 서서히, 문득, 푸른 잎이 되고
푸르른 사월 하늘 들이받으면서
나무는 자기의 온 몸으로 나무가 된다
아아, 마침내, 끝끝내
꽃피는 나무는 자기의 몸으로
꽃피는 나무이다

(「겨울-나무로부터 봄-나무에로」)

한 시인을 이야기하려고 할 때, 특히 그가 시상(詩想)의 폭을 넓게 가지고 있을 때 평자의 시각은 많은 내용을 놓치기가 쉽다. 여기에 다양한 해석의 기구를 마련해놓고 모든 시각의 가능성을 징빙하려고 하는 다원적 비평의 출현 의미가 있다. 의미의 단정에 대한 회피가 시의 특성을 애매하게 하는 경우도 있지만 광범위한 조명(照明)은 결정론으로 시의 내연을 속박하는 것보다는 낫다.

황지우는 그의 특이한 낯선 얼굴로 해서 많은 독자들의 관심을 모아왔다. 그의 시가 포스트모던적인 징후를 가지고 있다는 것은 주지의 사실이다. 그것은 몇 가지 이론적 사실로 징빙이 된다. 그것은 과거와 미래를 포함한 보다 큰 설계 장치인 현재적 경험이 고립되고 분리된 불연속적 형태로 작용한다는 포스트모더니즘의 특성이 그의 시에 어지간히 발견될 수 있기 때문이다. 다면적 내지 다층적 사회의 하부구조의 실체가 생체로 파헤쳐져 있는 것이라든가 알레고리의 기법을 구사하는 것도 마찬가지 이유가 된다. 그의 알레고리는 여러 가지 고립된 경험의 파편들이 나열되어 거기에 의미가 부여되어 있다. 그것도 현실의 분열을 전제로 하는 몽타주 기법을 구사하며 이 경우 작품성은 폭로, 야유, 가학(加虐), 독백 등으로 뒤범벅을 이룬 예가 많다. 그것은 소위 후기자본주의 사회가 안고 있는 모순 구조에 대한 필연적인 표현으로 본다. 아방가르드적 작품이 파편화된 본질을 보임으로써 현실과의 괴리를 드러내 보이는 현상 그대로다. 그러나 그의 시의 본질은 이러한 포스트모던적 기법을 동원한 인간 정신의 구현이다. 더 정확히 말하면 상실되고 손상된 인간 정신의 회복이다. 그 구현의 동력이 저항으로 나타난다.

이 시는 그의 시의 주조를 이루고 있는 소위 실험시적 성격을 띤 작품 성과는 거리가 먼 작품이다. 그러나 이 시를 통해서 그의 강인한 시정신의 저력이라고 할 수 있는 저항성을 읽을 수 있다. 나무를 소재로 한 시는 동서고금을 통해서 흔하게 볼 수 있지만 그 모티브나 테마는 종교적 기원이나 인고, 자족, 체념과 같은 소극적인 삶의 자세를 취하는 것이 많은가 하면 자유자재한 자아 전개의 기상에 쏠리는 경우도 있다. 그러나 그는 구속적 상황(겨울) 속에 소재를 설정하면서 그 상황을 인고나 인종(忍從)의 자정적(自淨的) 수단으로 생각하지 않는다. 여기서의 상황은 오히려 저항의 빌미가 된다. 원래 저항의 힘은 상황의 악조건의 강도에 정비례하게 마련이지만 생명의 근거를 위협하는 상황에서는 저항이 고강도로 분출할 수밖에 없다. 사계절 중 겨울 나목(裸木)을 선택한 것이나 나뭇가지의 형상을 두 손 들고 벌 받는 사람의 자세로 읽는 것은 그 동기가 사회적 저항성에 뿌리를 두고 있기 때문이다. 그러나 그의 저항성은 비극적 체질과는 거리가 멀다. 그의 저항은 저항으로 끝나기보다는 반드시 어떤 성취의 꿈을 물고 있다. 겨울나무는 겨울나무로 끝나는 것이 아니고 봄 나무로 이어지는 것이 그것이다. 그의 저항은 모호한 정신적 허장성세(虛張聲勢)보다는 분명한 신체적 동작의 사실성에 더 무게를 둔다. 그래서 "온 魂으로 애타면서 〔중략〕 몸속으로 불타면서" 같은 한 줄만을 빼면 전체가 신체적 저항으로 일색을 이루게 된다.

"오 幻生을 꿈꾸며 새로 태어나고 싶은 물소리, 엿듣는 풀의 淚腺, 살아 있는 것은 살아 있는 동안의 이름을 부르며 살 뿐, 있는 것이 있는 것이 아니고 사는 것이 사는 것이 아니로다 저 타오르는 불 속은 얼마나 고요할까 傷한 촛불을 들고 그대 이슬 속으로 들어가, 곤히 잠들고 싶다"(「草露와 같이」). 이 시는 그의 집요한 저항 에너지가 휴식 공간을 찾아가는 형세다. 불 속에서 고요를 찾는 것이나 상(傷)한 촛불을 들고 이슬 속으로 들어가 잠들고 싶어 하는 것이 그것이다. 그러나 환생(幻生)은 환생(還生)과 동의어로 쓰일 수 있으면서 '환'(幻)과 환(還)의 양의적(兩義的) 이미지의 애매성이라든가 "엿듣는 풀의 淚腺"의 모호한 비유, "새로 태어나고 싶은 물소리"의 감정이입의 기교는 그의 저항 에너지의 집중화가 분산된 것은 사실이지만 "표현될 수 없으면서 인식 가능한 것에 대한 암시"라고 하는 포스트모더니즘 기법의 한 측면을 실현한 것으로 보아 주목을 끈다.

그러나 이러한 작품성은 뒤에 와서 상당한 변화를 보이고 있다. 1991년도에 발표된 「어머니」 외 4편의 시(「草露와 같이」, 「沿革」, 「만수산 드렁칡 2」, 「파란만장」)는 종래의 경향에서 변주된 시편들이라 할 수 있다. 「草露와 같이」를 제외한 세 편의 시는 모두 어머니를 테마로 한 연작시다. 여기서 작품 질료(質料)는 총체성에서 찢겨진 파편물이 아니고 유기적으로 통일된 전체성이거나 주제 상에 초점이 잡혀 있다. 알레고리의 성격도 공격적인 가학성이 아니고 묵시적인 화해성 쪽으로 쏠려 있다. 「이 세상의 밥상」은 도덕성에 바탕을 둔 한국 전통시의 한 유형—구술형(口述型)—을 대하는 느낌을 준다.

> 내가 감옥에 가 있거나 밤낮 없는 수배 생활을 할 때/ 새벽 교회 찬 마루 바닥에 엎드려/ 이 땅의 의에 목마른 자들을 위하여 기도하시고/ 그들에게 비둘기 눈동자가 되시길 통곡하던 그 하느님을/ 이제 어머님은 더 이상 부르실 줄 모른다.
>
> (「이 세상의 밥상」)

그러나 무엇보다도 눈에 띄는 것은 종래의 그의 시에서 현실 고발의 큰 목소리에 가려서 거의 묻혀 있다시피 했던 모성에의 회귀가 세 편의 시에서 명료하게 드러나 있다는 점이다.

어머니가 잠든 胎夢 중에 아버님이/ 드나드시는 것이 보였고 (「沿革」)

그대의 幻聽 속에/ 수천의 弔鐘으로/ 떠내려 오는 저 만수산으로/ 어서 가라.
(「만수산 드렁칡 2」)

조이고 쪼이는/ 내 몸둥아리 빨래가 되고/ 오 빨래처럼/ 屍身으로 떠내려가도
/ 저 율도국으로 흘러가고 싶다. (「파란만장」)

여기서 태몽(胎夢), 만수산, 율도국은 모두 어머니의 원형적 이미지들이다. 여기서 인용은 하지 않았지만 어머니의 젖과 해를 동격화 한 예가 있는데 이것은 원형 회귀적 현상과 맥락을 같이 한다. "저를 이 시간 속으로 들여 넣어 주시고/ 당신을 생각하면, 늘 시간이 없던 분/ 〔중략〕 저에게 이 시간을 주시었으되/ 저와 함께 어느덧/ 시간이 있는 분" 어머니와의 상관관계에서 무시간(無時間)과 유시간(有時間)의 대립적 개념은 결국 '나'와 어머니가 공유하는 유시간이 삶의 모든 의미를 뒷받침하는 것이지만 자신에게 시간을 제공하는 주인공인 어머니는 사실적 어머니에서 초월적 의미로 승화된다. 그래서 "어머니는 모든 어머니"가 된다. 그리고 이 '모든 어머니'는 결국 큰 어머니〔代母〕와 동일한 존재가 된다.

황지우는 저항과 탈주(脫走)의 평행선을 달리는 시인이다. 탈주는 단순한 도주(逃走)가 아닌 모태(모든 삶의 원형적 이상)를 향한 회귀다. 말하자면 야구에서 히트 엔드 런의 전법을 구사한다. 홈 베이스는 최종 회귀점이다. 그것은 영원히 닿을 수 없는 시인의 꿈이기는 하지만.

5

내면적 생명의식

김달진

도(道) 사상과 불법(佛法)(하나=혼자=성불)의 만남

깊은 밤 혼자 일어
창 앞에 귀를 기울여 보다.

달 밝은 이런 밤이면
달 밝은 이런 깊은 겨울 밤이면,

뒷산에서 내려온 바람이
늙은 나그네처럼 흰 옷자락 날리며,

호젓이 얼어붙은 거리를 지나
꼭꼭 닫힌 문 앞을 기웃거리며,
골목길 돌아돌아
뜰 안의 잣나무와 무슨 이야기 속삭이는 듯……

그러나 내 그 이야기 뜻 모르고,
은물결 굽이치는 침묵의 바다 위로

바람처럼 흘러가는 한 여자의

유령을 바라본다 바람처럼 흘러가는.

(「바람과 여자」)

도(道)는 볼 수도 들을 수도 만질 수도 표현할 수도 없다. 표현할 수 있는 도는 더 이상 도가 아니다. 명명할 수 있는 이름은 더 이상 이름이 아니다(老子).

어쩌면 시는 이 도 사상의 근본 안에 서식하고 있는지 모른다. 시인이 시 속에서 그 소재(추상까지 포함해서)의 얼굴을 그려내는 것은 언제나 착각이고 환상이듯이. 그러나 이 환상의 얼굴만큼 아름다운 것이 없다고 믿는 것이 일정한 정체성이 없는 시인의 본령이 아닌가.

김달진의 이 시는 바로 이 도 사상과 시를 교묘하게 배합한 것으로 볼 수 있다. 바람을 그리는 건지 여자를 그리는 건지, 바람이 먼전지 여자가 먼전지 주사(主辭)와 빈사(비클)가 헷갈리게 왕래를 한다. 여자의 실체를 환상으로 끌고 가기 위해선 유령이란 난시성(亂視性) 소재가 좋고 실체성이 없는 바람의 허상을 붙잡아 매는 데는 여자란 실상에 오버랩하는 것이 필요했다. 따라서 이 시의 구조도 화자의 시점 안에 양 소재(바람과 여자)가 다른 소재의 등장이 배제된 채 서사적 진행이 이미지 중심으로 잘 짜여 있다. 왔다가 사라지는 허실과 명암의 교체 또한 잘 맞물려 있다. 그러나 이미지뿐만이 아니다. 만남과 이별의 정념이나 번롱(翻弄)하는 인생사에 대한 허무사상까지도 읽을 수 있다.

큰 불을 놓아/ 모든 그림자 쫓고,/ 오직 하나 하나만 받들게 하라.// 내 바다의 배,/ 내 존재의 눈이요, 기둥……/ 悠久의 의지, 그로 해 아름답고,/ 시대의 분노, 또한 그로 거룩하고,// 내 목숨 꽃처럼 바람 앞에 떨어져도/ 재 속에 한 알 舍利,/ 영롱한 찬 빛 日月을 쏘아라.// 간난도 자랑이리./ 고뇌도 법열이라.// 큰 어둠 속의 하나 등불인 듯,/ 새 암탉 알을 품듯,/ 모든 그림자 쫓고/ 오직 하나 하나만 받들게 하라. (「오직 하나만」)

법정스님은 사람은 혼자서 태어나서 혼자서 죽어간다는 사실을 강조하기 위해서 숫타니파타(佛經集)에 나오는 반복 구절 "무소의 뿔처럼 혼자서 가라"를 인용하면서 "우리가 홀로 있다는 것은 온전한 자신이 존재하는 것을 의미한다"고 갈파한 적이 있다. 이 시는 김달진 시인이 깊이 빠져 있던 불교사상을 내면화한 작품이다. 구체적으로 말하자면 이 시에 나오는 '하나'의 개념은 바로 '혼자'의 개념과 궁극적으로 일치한다. 불법에서 보면 이 시의 '그림자'는 업고(業苦)다. 내가 이것을 나에게서 떨구어내지 못하면 온전한 하나로서의 '나'가 되지 못한다. 그래서 등불로 그림자를 쫓게 된다. 그는 시 「人天의 기쁨」에서 이렇게 읊고 있다. "지옥의 모든 불 / 모두 한목 꺼졌었네./ 그 불은 오늘도 다 꺼졌나니/ 당신은 반드시 성불하리라." 성불은 내가 하나가 된 것을 의미한다. 다비(荼毘, 불교의 화장 의식)의 불이 사리를 남기듯이 사리는 내가 성불로 하나가 되는 것을 의미한다. 가난은 고통을 동반하지만 그 고통은 나를 하나로 만들어가는 성불 과정의 기쁜 고통이다. 그래서 그것이 '자랑'도 되고 '법열'도 된다.

그는 나에게 밤 올빼미의 눈물을 주었다./ 그는 나에게 땅 속의 두더지의 遁跡을 주었다./ 그는 나에게 다람쥐와 고슴도치의 비겁도 주었다./ 그러나 그가 가진 참으로 자랑스러운 영광인/ 삼림 속의 이름 없는 어린 꽃의 '미'와 '향기'와 '힘'을 / 배우지 못했기 때문에/ 나는 아직 그를 놓지 못하고 껴안고 있다. (「고독」)

철학적 사색을 향내적(向內的)인 것과 향외적인 것으로 분류해보는 일이 있다. 가령 사상이나 관념은 환경 지배의 도구로서의 유용성에 따라 가치가 정해진다고 하는 실용주의나 유물사관 같은 것은 향외적 사색에 드는가 하면 실존주의라든가 심리주의나 신비주의적 사색은 향내적 사색에 든다는 것이다(박종홍 교수). 시도 물론 이 양방향 어느 것이나 취할 수 있지만 그 원천적인 성격으로 보아 시는 자기중심의 내면적 사고에 더 접근해 있다. 따라서 불교철학이나 노장사상의 영향인지는 몰라도 예로부터 동양권 시는 이러한 향내적 사고가 다수를 차지하는 것이 사실이다.

김달진 시에는 바로 이러한 경향이 두드러진다. 순수 관념으로 일관하는 자아 성찰이 아닌 물아일체의 정관(靜觀)인 것은 물론이지만 유독 눈에 띄는 것은 향소(向小) 지향적이면서 은둔 일변도로 치우치는 특색이다. 여기 올빼미와 두더지와 다람쥐와 고슴도치는 밤의 어둠 속이나 땅속, 혹은 삼림 속에 숨어 사는 작은 짐승들이다. 올빼미는 먹이 사냥을 위한 야광주(夜光珠)의 눈을 가지고 있고 두더지는 땅속에 칩거하면서 자기 보호막을 치는 강한 입과 발톱을 가지고 있다. 다람쥐와 고슴도치는 전방위적 경계로 자기 보호에 민첩하다. 이는 이 동물이 지니고 있는 자생적인 야성의 생명력 때문이다. 이 시인에게 있어 고독도 이렇게 어두운 곳이나 소외된 곳이나 무관심의 영역에서 발랄한 생명의 힘을 탄생시키는 산실 역할을 한다. 그러나 고독이 비춰주는 궁극의 초점은 어린 꽃이 지니고 있는 '미'와 '향기'와 '힘'과 같은 내밀한 생명력이 숨 쉬는 곳이다. 이 미와 향기와 힘은 이 시인이 지향하는 궁극적인 시적 이상이자 정신적 이상이다. 이 어둠 속의 미와 향기가 선명하게 구체화된 것이 청자기다.

> 청자기, 청자기, 청자기처럼 살꺼나. 땅 속에 묻혀 있는 청자기처럼 살꺼나. 이슬 내린 아침 화원의 찬란한 영화는 모란이 받게 하라. 비 갠 가을 하늘 경쾌한 방랑은 흰 구름에 맡겨 두라. 이름은 얻어 무엇하리. 이 위에 零을 보태지 말자. 기림은 좇아 무엇하리. 입술 따라 오르나리는 하나의 장난감. 饒舌은 愚痴, 진에(瞋恚)는 毒蛇, 간빈(慳貧) 다시 일으키랴!// 청자기처럼 살꺼나. 땅 속에 묻혀 있는 청자기처럼 살꺼나. 그 빛깔 그대로, 그 무늬 그대로, 내 운명 조용히 사랑하며 스스로 간직하고 오로지 깊이 나를 지키어 청자기처럼 살이꺼나. —영원히 푸른 '慵劣' 영원히 푸른 '침묵'.
>
> (「靑瓷器처럼」)

왜 하필 땅속에 묻힌 청자기인가. 이 특수한 상황 설정은 바로 그가 지니고 있었던 사상적 신념인 은둔, 청빈, 고절(高絶)한 기품의 발로라고 해야 하지 않을까. 고독의 상징적 의미가 이러고 보니 그는 과거 음풍농월하는 물외한인(物外閒人)의 여기(餘技)의 고독과는 전혀 다른 씨앗 있는 고독을 즐겼다고 할 수 있다. 아울러 그는 미시적인 것을 구심 쪽으로 모아 자기성찰에 활용했기 때문에 그의 시적 도구(소재)는 작으면서도 정련(精鍊)된 무게의 의미를 싣고 있다.

이형기

'허무의식과 존재론'

—비극적 자아실현

새를 그린다.
힘차게 퍼덕이는 커다란 날개
날개를 타고 가는 클레온의 곡선을

그려놓고 다시 보니
새가 없다.
다만 찢긴 날개 몇 짝
무참하게 방바닥에 흩어져 있다.

그리려는 순간에 재빨리
어디론가 멀리 날아가 버린 새
모양이 없는 새
그리고 뒤에 남은 휴지의 구겨짐

창밖엔 헛것처럼 달이 떠 있다.
남은 도화지로

누군가 하늘에 오려붙인 새

새가 아닌 낮달이

(「낮달」)

시인의 시선이 삶의 본원적인 것에 쏠린다 해도 인식의 방법에 따라 하나는 추상과 관념의 형식을 취할 수 있고 다른 하나는 대상의 존재성을 구체적인 형상(주로 비유)으로 표현할 수 있다. 시는 감수성의 문제보다 경험의 문제를 중시한다는 말이 있다. 시인은 대체로 추상과 관념보다는 대상의 존재성을 체험화하는 경향이 많다. 사상적이든 정서적이든 양자가 대립적 관계에 있는 소재를 다루는 데는 긴축감과 이완감으로 접근을 달리할 수 있다. 가령 청춘과 노쇠, 삶과 죽음 사이에서 오가는 시인의 시선은 긴장과 여유로움의 양면으로 갈라질 수 있다. 문제는 이 긴장과 여유로움을 어떻게 처리하느냐에 있다. 한쪽으로만 치우칠 때 시인은 사상적 허기증과 체증을 언제나 가지게 마련이다. 체증은 강박관념 같은 긴장을, 허기증은 정신력의 무력증을 가져오기 쉽다. 그러나 이 허기증은 무력증과는 역현상으로 시적 생명성을 배아(胚芽)할 수 있다. 이때 허기증을 허무의식이라 하고 생명의식을 존재론의 주체, 즉 실존적 창조의식이라 한다면 이 두 현상은 정신적 현상의 상대성원리 같은 것인지도 모른다. 이러한 허무의식과 창조의식의 양축을 두고 시인이 어느 일방에 빠지지 않고 조화롭게—억지앙양(抑止昂揚)의 형태로—다스려나가는 것은 그의 사명적 본업이다.

이 시는 겉으로 보면 허무의식의 종자인 절망과 좌절의 늪으로 덮여 있는 느낌을 준다. 이 절망과 좌절은 그의 많은 시의 저변에 깔려 있는 무겁고 어두운 정서임에는 틀림없다. 문제는 거기에 함몰되지 않고 극복하는 의지다. 새의 본체는 포착되지 않고 허상(구겨진 휴지나 낮달)으로 나타난다. 원래 시는 영원한 허상으로 존재한다. 본체를 좇지만 잡히는 것은 허상일 수밖에 없는 것이 시인의 운명이다. 박남수의 「새」가 연상된다. “포수는 한 덩이 납으로/ 그 純粹를 겨냥하지만,// 매양 쏘는 것은/ 피에 젖은 한 마리 傷한 새에 지나지 않는다." 피에 젖은 새는 사실상 새의 허상에 불과하다. 시인은 본질적으로 실체의 허상(이미지)을 그리는 존재에 머물러 있을 수밖에 없겠지만 시적 긴장은 대개 실체와 허상 사이의 갈등 속에서 발생한다. 이 갈등을 다스리는 기량이 시인의 비중을 좌우한다. 단, 박남수의 「새」가 직관적 인식 속에 갈무린 허무적 관념이 투명하게 내비친 데("그 純粹를 겨냥하지만,// 매양 쏘는 것은/ 피에 젖은 한 마리 傷한 새에 지나지 않는다.") 비해서 이형기의 「낮달」은 관념을 숨기고 비유적 형상화로 일관한 것이("그리려는 순간에 재빨리/ 어디론가 멀리 날아가 버린 새") 다를 뿐이다.

실존의 허상은 시인의 회의 속에서 싹튼다. 시집 『심야의 일기예보』에 나오는 작품 도처에서 이러한 실례를 볼 수 있다. 이 회의는 밤비가 추적추적 내리는 요르단의 사막에서 홀로 눈을 뜨고 젖을수록 젖지 않는 거대한 목마름(「목마름」)을 낳고, 아무리 용케 따돌려도 이윽고 나타나고 자신의 행선지를 미리 알고 있는 미행자(「미행」)를 낳고, 혹은 거울 속에 숨어 있으면서 한밤중에 눈을 뜨는 창백한 얼굴의 반란자(「주모자」)를 낳기도 하고, 정적 속에서 날카롭고 음침하게 짖어대는 병든 개를 낳기도 한다. 문제는 사람이든 짐승이든 혹은 추상관념이든 이 현신들의 특징은 얼굴이 없거나 있어도 보이지 않는 데 있다. 시인 자신의 말에 의하면 그것은 "시인의 정신 속엔 오만한 선민과 비참한 따라지가 공존"하는 것과 같다. 여기서 선민이 실상이라고 한다면 따라지는 허상에 불과하다. 또한 "시인은 영구 혁명주의자다. 제가 이룩한 혁명을 뒤엎고 새로운 혁명을 꿈꾼다. 제 자신을 끊임없이 뒤엎기 위한 그 혁명의 다른 이름은 허무다"라고 했을 때 혁명은 곧 자아실현이고 허무는 회의를 의미할 수 있다. 혁명과 허무를 동격으로 처리한 것은 회의와 자아실현이 순환 구조 속에서 서로 맞물려 있음을 뜻한다. 부단한 자아실현 곧 혁명은 시인의 자질이나 사명의 정범(正範)이다.

자꾸만 트이고 싶은 마음에/ 하야니 꽃피는 코스모스였다./ 돌아서며 연신 부딪치는/ 물결 같은 그리움이었다.// 송두리째 희망도 절망도/ 불타지 못하는 육신/ 머리를 박고 쓰러지는 코스모스는/ 귀뚜리 우는 섬돌 가에/ 몸부림쳐 새겨진 어둠이었다.// 그러기에 더욱/ 흐느끼지 않는 설움 호올로 달래며/ 목이 가늘도록 찾아내련다./ 까마득한 하늘가에/ 나의 가슴이 파랗게 부서지는 날/ 코스모스는 지리라

(「코스모스」)

실존적 회의가 사물의 생명성 전체를 삼킬 때같이 더 이상의 비극적일 수가 없다. 코스모스의 비극이 그렇다. 코스모스는 전 생애를 걸쳐 끈질기면서도 가녀린 생명의 호흡과 몸부림으로 자신을 내던진다. 희망도 절망도 불타지 못한 채 귀뚜리 우는 섬돌 가에 어둠으로 새겨진 코스모스, 그 곁에서 시인의 가슴이 파랗게 부서지는(실존주의에서는 이를 난파라고 한다) 날 코스모스의 어둠은 진다. 시인의 비극은 바로 이 사물의 비극성을 자기화하면서도 그것을 비극으로 인식하지 못하는 데 있다.

허만하

생명력의 신비
——소요(逍遙)를 극복한 자유의지

겨울나무의 혼은 오히려 건조하다. 오리나무 흑갈색 둥치에 시린 귀를 붙이면 물관 속을 흐르는 은빛 물소리가 엷게 깔리는 눈송이 같은 순도로 희박하게 들린다. 얼음장 밑을 흐르는 여울물보다 세찬 그 흐름은 맑은 삼투압으로 내 몸 안으로 더운 피처럼 서서히 번진다.

겨울나무가 가지는 바람과 빛살의 미묘한 변화를 먼저 느낀다. 바라보는 각도에 따라 새로운 눈부심이 되는 가지 끝은 봄의 입김을 기다리는 흰 눈에 촉촉이 젖은 예민한 성감대 같다.

억센 바위를 깨고 자라는 여린 근모에서 썰렁한 하늘에 갈색의 안개 같이 서리어 있는 잔가지 끝까지 중력과 싸우는 싱싱한 힘처럼 거꾸로 흐르는 물소리의 설레임.

물은 낮은 쪽으로 흐르는 비굴이 아니다. 물은 언제나 목마름 쪽으로 흐른다. 거꾸로 서서 흐르는 물은 가혹한 의지 意志만으로 한 그루 오리나무처럼 비탈에 서 있다.

먼발치 아래 인적 없는 들길이 눈바람에 묻히고 있다. 아득히 저무는 들녘 끝에 눈부신 외로움처럼 서 있는 한 그루 미루나무 밑 캄캄한 토사층을 지하수처럼 흐르고 있는 목마름의 청렬한 뒤척임을 본다.

낙타빛 혼의 몸살을 안으로 달래고 있는 겨울 숲 삭막한 목소리는 자욱한 눈발에 가리어 들리지 않았다.

(「육십령재에서 눈을 만나다」)

허만하는 의학자의 신분(병리학자)으로 시를 쓰는 시인이다. 시인이 전문 직업을 가지고 있는 예는 흔히 볼 수 있는 일이지만 과학과 시는 대조적인 성격이 두드러진 탓으로 시학에서 양자의 관계가 언급되는 경우가 많다. 그런 점으로 해서 그는 상당한 주목을 받는 시인이다. 브룩스는 이렇게 말한다. "과학자는 기교적인 말은 조심스럽게 배제한다. 기교적이란 것은 연상적(聯想的)이거나 감정적인 색채가 있거나 태도나 판단에 암시적인 요소가 있는 것을 의미한다." 그렇다면 과학적인 자질과 시인적 자질이 공유하는 공통적 요소는 무엇일까. 그것은 다름 아닌 관찰력이다. 아니 과학에서는 관찰이요 시에서는 통찰(직관 혹은 정관〔靜觀〕)이다. 그래서 김종길은 허만하의 시를 일러 "처절한 리얼리즘의 밑바닥에 과학적인 수련이 체질화된 한 시인의 철학적 눈초리가 숨어 있다"고 했다. 그는 어쩌면 "우리의 육체에 대해서 많이 알면 알수록 우리의 일상 속의 행동이 사실과 부합되지 않고 어긋나서 낭비가 많고 불리해서 위험하고 어리석게 보이는 고비를 많이 발견하게 된다"고 한 I. A. 리차즈의 말대로 경험적 사고, 과학적 사고를 뛰어넘어 초월적 진리를 인식하는 철학적 사색에로 시심을 모은 시인인지도 모른다.

허만하의 시에 편만(遍滿)해 있는 명상의 성격은 노장 사상에서 도덕성을 제거하거나 아울렐리우스의 명상록에서 신을 제거한 광활한 자유의 그것이다. 노장에서 무위와 소요의 개념이 철학적 근거가 된다고 한다면 그의 시에서 자유의 개념은 그 자체가 목적인 순수한 자유 그것이다. 노장은 삶을 딴 목적을 위한 수단이 아니고 그 자체가 하나의 목적으로, 소요를 통한 마음의 평정(행복)이 도(道)의 궁극적 이상으로 생각했다. 그러나 이 시인은 이 무목적적 목적인 소요의 개념마저 벗어버린 자유를 선택했다. 여기에는 무소부지(無所不至), 무궁무진, 무한원(無限遠)의 사색 공간이 펼쳐진다. 여기에는 혼돈의 소용돌이도 있고 탈진의 무기력도 있다. 무엇보다도 궤도를 이탈한 실종의 위험도 도사리고 있다. 행동반경이 크면 클수록 추진력은 탄력을 잃기가 쉽다. 그러나 그는 이러한 위험을 잘 헤엄쳐 나가고 있다. 그것은 그가 집요하게 이끌고 나가는 자연에 대한 인간의 끈끈한 원형적 탐색 때문이다. 신비에서 발원한 이 탐색의 원동력은 치밀한 촉각을 단 채 명상의 날개를 펼치고 있다.

그렇다면 그의 시적 명상의 비의는 무엇일까. 현상에서 본질을 추구하는 것은 시인과 철학자의 공통된 심의(心意) 현상이다. 그러나 여기서 생명의 미감(美感)을 발견하는 것은 시인만의 특권이다. 겨울나무라고 하는 현상적 상황에서 그 내면의 본원(수액〔樹液〕)을 발견하고 그것을 인간의 그것(혈류〔血流〕)으로 육화시키는 것은 시가 추구하는 일반적인 미학일 수 있지만 그 수액의 흐름을 "얼음장 밑을 흐르는 여울물보다 세차"게 보는 것이나 "바위를 깨고 자라는 근모(根毛)"하며, 봄의 입김을 머금고 있는 눈부신 가지에서 중력과 싸우는 싱싱한 힘을 느끼는 것 등은 모두가 강렬한 생명력의 감전(感電) 현상이다.

> 번개의 섬광에 잠시 모습을 드러냈다 다시 어둠의 물결에/ 묻혀버린 것은 빗물 흘러내리는 눈부신 앞가슴을 내밀고/ 수직으로 서 있는 알몸의 벼랑이었다.
>
> (「눈부신 어둠의 벼랑」)

> 고갯마루에 기대어 먼발치에 펼쳐지는 새로운 풍경을 바라/ 보는 나그네 눈길을 스치는 놀라움같이 잠시 숨을 죽이는/ 한 순간의 고요 끝에 은빛 선율은 다시 몸을 뒤집고 번득이는 강물처럼 굽이치며 흐른다.

(「부항재 고갯마루에 기대어」)

허만하의 시는 문체상으로 보면 위의 예시에서 보듯이 화려하면서도 강건성을 띤 만연한 문체로 이루어져 있다. 그것은 만해의 산문시가 가냘프면서도 섬세한 서정의 기조 위에서 내강(內剛)의 사상을 담고 있는 것과는 대조를 이룬다. 이는 그가 흠모하고 사사(師事)한 청마(青馬) 시인의 기풍을 닮은 것인지도 모른다.

그렇다면 이러한 눈부신 생명의 힘은 어디서 생겨나는 것일까. 그것은 단적으로 말해서 역리적(逆理的)인 발상에서 나오는 경우가 많다. 나무는 생물학상으로 머리를 땅에 박고 있는 도생(倒生)이다. 머리인 뿌리에서 가지 끝까지 거꾸로 수분이 공급된다. 힘의 발생은 정상(正常)과 순리(順理)에서 오는 것보다 이상(異常)과 역리(逆理)에서 오는 경우가 많다. 기상(氣象)의 이변이 그렇고 인간의 천외(天外)의 기상(奇想)이 때로는 가공할 위력을 발휘하는 것이 그것이다. 그래서 "물은 낮은 쪽으로 흐르는 비굴"이 아니고 "물은 목마름 쪽으로 흐른다"고 시인은 역설한다. 물이 낮은 쪽으로 흐르는 것은 자연의 순리다. 그것을 '비굴'로 규정하는 것은 반자연이다. 물이 목마름 쪽으로 흐른다는 것은 그의 상상적 논리다. 여기에는 앞에서 이야기한 대로 그의 과학적 탐구력과 철학적 이슈와 시적 모럴이 함께 공존한다. 왜냐하면 여기서 물은 시인 스스로가 밝힌 그대로 "가혹한 意志"의 상징이기 때문이다.

이 시인의 다이너미즘(역동성)의 미학은 이러한 역리적인 발상에서만 있는 것이 아니고 허실(虛實)의 상관관계에서도 찾아볼 수 있다. 다시 말하면 허실의 공간에 삼투적인 이미지로 진기한 지도를 펼쳐 보인다.

정신은 너무나 오랫동안 틈새 없는 충만한 촉감에 길들여져 있다. 몸 안에 묻혀 있는 비어 있는 눈부심을 보지 못한다./ 빛이 들어갈 수 없는 밀폐된 진공의 복강에서 그것은 암적색 간장같이 단단하게 보일 수 있다./ 길바닥에 버려져 있는 찰옥수수 쭉정이가 문진처럼 무거운 것은 정연하게 줄지어 있는 비어 있는 금빛 알맹이 흔적 때문이다./ 중세의 수도승이 기거했던 마리아 라크 수도원 빈방이 태고의 저녁 어스름 무게로 가득 차 있는 네모인 것을 보았다./ 저무는 들판 끝에 서 있는 잎 진 한 그루 자작나무 잔가지 둘레가 눈부신 것처럼 비어 있는 자리는 시가 배경으로 거느리는 침묵의 겨울 숲처럼 아름다웠다.

(「비어 있는 자리는 눈부시다」)

충만한 촉감에 길들여져 있는 정신은 '가혹한 의지'의 기능을 상실하고 있다. 그래서 몸속의 빛을 볼 수가 없다. 옥수수 쭉정이에서 금빛 알맹이를 보고 수도원 빈방에서 태고의 저녁 어스름의 무게(암시적 내용)를 보거나 잎 진 겨울 가지의 빈 끝을 눈부신 것으로 보는 것은 모두가 무에서 유를, 허에서 실을 찾는 생명 의지의 발현이다. 그런데 이 유무, 허실의 양극 사이에서 발생하는 이미지의 실체들은 물의 상징적 속성을 지니면서 '바람'과 '빛살'이라고 하는 매체의 조화로 아름답고 진기한 가역반응을 일으킨다. 이것이 이 시인의 시가 지니는 시적 변용의 비의다.

황동규

'극서정시'의 표정

——삶과 죽음 그 작은 틈새의 의미

한때는 얼음 낀 강물 속까지 들어가
무거운 돌들의 얼굴들을 파 모았지만
이즈음 소리 없이 다니면서
새가 남기고 간 깃털을 모읍니다.
낯익은 까치의 목도리도 주웠고
이름 모를 새의 노란색 소매 한 깁도
챙겼습니다.
(날고 싶었을까요)
솔개에게 먹힌 참새나 멧새의 깃도
모았습니다.
깃에 말라붙은 피, 그 형체는
깊은 침묵이었습니다.
手話로도 말을 걸 수가 없었습니다.
양손에 깃을 하나씩 들고
나는 시늉만 했지요.

(「더욱 비린 사랑 노래 1」)

새의 깃털의 의미와 그것을 자신의 삶의 내연(內延)으로 끌어들이는 노력 사이에서 발생하는 좌절의 연속, 수화(手話)로도 차단된 존재물과 존재자(인간) 사이의 통신 두절, 이 좌절과 두절의 끝자락에서 아지랑이같이 피어나는 의문의 환상. 불교에서는 생멸(生滅)이 함께 없어져 무위(無爲)한 정적을 적멸(寂滅)이라 했다. 어떻게 보면 황동규의 시는 바로 이 적멸의 풍토에서 서식하는지도 모른다. 그가 엮어내는 의식의 빈 공간을 관념화하면 허무의식이 되지만 이 허무는 항상 새로운 실존을 동반한다. 생멸이 함께 있듯이 그의 허무는 삶과 죽음이라 해도 좋고 허와 실이라 해도 좋을 그러한 양극 사이에서 부단히 생멸하는 의미와 의문의 연쇄(連鎖)를 두르고 있다. 우주적 본체와 인간의 정체성 사이의 교묘한 틈새의 비밀을 예리한 감각으로 붙잡아내는 것이 그의 시의 상상적 패턴이다.

「더욱 더 비린 사랑 노래」는 평소에 이 시인이 내세운 소위 '극서정시'의 개념을 뒷받침해주는 시다. 그에 의하면 "삶의 이야기가 중심이 되면서 시 안에서 화자라든가 시인의 통찰력이라든가 인생관이나 삶의 태도가 극처럼 변화하는 데 중점을 둔 시"다. 말하자면 극처럼 중간에 반전과 역전을 거듭하는 변화가 많은 시, '끝이 안 보이는 시'를 말한다. 어쩌면 김춘수의 '무의미 시'와 한 자락의 맥락을 같이하는 것 같기도 하지만 이것은 그의 시의 구조적 특징을 의미하기도 한다.

> 道士들은 대개 실눈 뜨고 있기를 좋아했습니다./ 비운 마음을 남에게 보여주고 싶지 않았겠지요./ 비운 마음의 고요 (「더욱 더 비린 사랑 노래 2」)

> 절길을 오르면 연신 코로 숨을 들이켰지만/ 고요 속에 매화 냄새의 흔적만 묻어 있었습니다. (「더욱 더 비린 사랑 노래 3」)

> 달리는 방향으로 빛의 속도로 튕겨나가도/ 빛의 두 배 속도는커녕 앞선 빛을 뒤따를/ 수밖에 없는/ 우주 속에 갇혀 살고 있습니다./ 〔중략〕 앞이 캄캄할 뿐/ 무

작정 걸어/ 낯선 도시의 기차역에 도착했습니다. (「더욱 더 비린 사랑 노래 5」)

새의 깃에 말라붙은 피의 침묵의 형체나 도사(道士)들의 비운 마음의 고요, 매화 냄새의 흔적만 묻어 있는 절간의 고요, 낯선 도시의 캄캄한 기차역은 모두 의식의 진로 앞에 호기심으로 다가서는 비린(풋풋한) 사랑의 대상이다. 그러나 그의 사랑의 순례는 여기서 끝나는 것이 아니고 항상 새로운 출발을 연다. 「더욱 더 비린 사랑 노래 6」은 이와 달리 무위의 벽을 무너뜨리기 위해 가상적 체험을 만들어간다.

그대 소록도보다 먼 바다로/ 제주 바다보다도 더 먼 바다로 나간 후/ 하늘이 그 바다 위에서 한 번 슬쩍 뒤집힌/ 후/ 모두가 가벼워졌습니다./ 노래하고 술 마시고 지하철 타고/ 주머니 가벼이 지상으로 올라오자/ 횡단로/ 순간/ 전속력/ 차 간신히/ 날/ 피해 달려갔습니다./ 자리 뜨지 않고 마음속 계속 떠돌던/ 한 떼의 人名/ 모두 놓쳤습니다. 내 이름도/ 이 빙충이, 허! (「더욱 더 비린 사랑 노래 6」)

아무리 세상의 무게를 덜어내도 자신에게 잡히는 것은 없다. 모두를 잃고 자기 자신마저 잃는다. 다양한 절망적 표정의 자화상을 그려 보이는 것은 꾸준히 삶의 의미를 탐색한 결과다. 인생의 품격은 비단 삶과 죽음의 테마에서만 보여주는 것은 아니지만 그것은 가장 원초적인 본질이기 때문에 그 진지성은 시적 감동의 본원에 닿아 있다고 할 수 있다.

내 세상 뜰 때/ 우선 두 손과 두 발 그리고 입은 가지고/ 가리/ 어둑해진 눈도 소중히 거풀 덮어가지고 / 가리/ 허나 가을의 어깨를 부축하고/ 때 늦게 오는 저 밤비 소리에/ 기울이고 있는 귀는 두고 가리/ 소리만 듣고도 비 맞은 가을 나무의 이름을/ 알아맞히는/ 귀 그냥 두고 가리 (「風葬 27」)

여기서 이승과 저승에 걸쳐 오관(五官)을 분리하는 기상(奇想)은 "가장

삶다운 삶을 사는 인간은 삶과 죽음을 같은 연계선상에서 사는 것"이라고 강조한 이 시인의 신념의 일단이다. 「風葬 1」을 보면 "무인도의 늦가을 차가운 햇빛 속에" "마지막은 몸의 피가 다 마를 때까지 바람과 놀게 해"달라고 한 구절이 있다. 그의 시에서 무인도는 이승과 저승의 중간 지점이다. 다시 말하면 이 양 역(域)을 연결하는 가교의 역할을 한다. 여기서 시인의 실존은 강물이 바닷물 속으로 흔적 없이 그리고 아주 조용히 잠적하듯이 햇빛 속에서 시나브로 해체된다. 이렇게 생명의 한 끝단인 「風葬 1」에 재생(再生)의 고리(가교)로 등장한 것이 이 「風葬 27」이다. 이승에 남겨두는 것과 저승에 가지고 가는 오관의 공존, 여기에 그는 앞에서 지적한 시적 철학의 가설을 적극적으로 실천한다. 두고 가는 것과 가지고 가는 것의 교역의 숨소리 속에서 그의 시는 생명을 얻는다.

> 그대의 산상수훈(山上垂訓)과 청정법신이 무엇이 다른가?/ 나무들이 수척해져 가는 비로전 앞에서 불타가 묻자/ 예수가 미소를 띠며 답했다./ '나의 답은 이렇네./ 마음이 가난한 자와 청정법신이 무엇이 다르지 않은가?' / 비로자나불이 빙긋 웃고 있는 절집 옆 약수대에/ 노랑나비 하나가 몇 번 앉으려다 말고 날아갔다./ 불타는 혼자말인 듯 말했다./ '청정법신보다/ 며칠 전 혼자 나에게 와서 빌려다/ 빌려다 한마디 못하고 간 보통법신 하나가/ 더 눈에 밟히네.' / 무엇인가 물으려다가 말고 예수는 혼자말을 했다./ '저 바다 속 캄캄한 어둠 속에 사는 심해어들은/ 저마다 자기 불빛을 가지고 있지.' / 어디선가 노란 낙엽 한 장이 날아와 공중에서 잠시/ 떠돌다/ 한없이 가라앉았다.
>
> (「보통법신(普通法身)」)

산상수훈은 기독교 윤리의 대헌장(大憲章)으로 그리스도의 천계진리(天啓眞理)와 교의의 요강이다. 법신은 법계진여(法界眞如)의 이치와 일치하는 부처의 몸을 뜻하기도 하지만 그 부처가 설(說)한 정법(正法)이기도 하다. 시에서 청정법신과 보통법신으로 가른 것은 아마 전자가 이미 득도한 나한(羅漢)이나 보살을 뜻하는 것이라면 후자는 번뇌에 얽매여 생사를 초월하지 못하는 세간인(世間人)을 뜻하는 것으로 보인다. 불타가 보통법신(중생)에 관심을 두는 것이나 그리스도가 도탄에 빠져 있는 사람들을 사랑하고 구제하는 정신은 근본적으로 일치하는 것은 사실이다. 문제는 모든 종교적 관념을 통일시키는 시인의 통각(統覺)에 있는 것이 아니다. 저마다 자기 불빛을 달고 있는 나비나 낙엽이나 물고기의 거취다. 살아 있다는 사실의 생생한 현장이 문제다.

황동규는 이렇게 말한다. "삶이 뭐냐 따위는 묻지 않고 뒤를 보지 않고 시간 속에 시간이 들어 있는 그러한 시간 속을 들어가서 삶의 얽힘과 풀림을 환유(換喩)로 처리하는 시작(詩作) 행위를 주로 한다."

박현령

생명성의 접신적(接神的) 해법

사람들이 마구 놀라더군요
새잎이 돋아나지 않을 것을 기대하면서
지난 가을 내 몸에 톱질을 했을까요?
전기톱으로 내 몸의 가지란 가지들 모조리 잘라내어
다시는 소생하지 못할 것을 기대하면서 내 몸의 영양분을
증발시켜 버렸을까요?
한 개의 잡동사니? 아니 한 개의 미술품? 미술관 입구에
서 있던 그 청동의 토루소 그걸 닮았다고나 할까요?
나는 소음 속에서 먼지 속에서 이 도시의 무명의 생명들과
어깨를 나란히, 요란한 구급차의 금속음을 내 살 속으로
관통시키면서 급기야는 그 구급차의 구급을 돕는 길잡이가
되는 한편, 내 몸에 하늘을 덮고 또 그 위의 하늘까지 덮어버리는
초현실주의적인 새 이파리들이 무럭무럭 돋아나고 있었지요.
그러니 사람들이 놀랄 수밖에 없었지요.

(「생명 강의 5」)

박현령의 「생명 강의 5」는 생명 의식에 대한 비판적 사유를 환유적으로 다룬 작품이다. 이런 소재와 테마는 우리가 많이 접해온 것이긴 하지만 시인은 인간의 원초적인 순수성에 대한 방위 본능은 언제나 새롭게 인식된다는 사실을 일깨워준다. 가해자(문명 혹은 사회 병리)와 피해자(생명성)의 적대적인 관계의 정황은 신랄한 고발의 장으로 자극적인 효과가 매우 크다. 생명성의 강인성과 영원성을 구가하는 경우는 흔히 볼 수 있는 것이지만 "무럭무럭 돋아나는 초현실주의적인 새 이파리"는 자칫 산문적인 요설(饒舌)로 시적 긴장이 이완되기 쉬운 다른 시문을 참신한 이미지의 영역으로 흡입함으로써 전체적 감동의 효과를 더해준다. 또한 반인간적인 요소에 대한 평소의 둔감증 내지 불감증을 각성시키기 위해서 시문 앞뒤에 사람들이 놀란다는 표현을 반복해서 묶은 형식상의 배려도 눈여겨볼 만하다. 요약하면 이 시는 사유의 심층에서 요리한 진리의 형상은 아니지만 우리 주변에서 흔하게 볼 수 있는 소재 속에서 자칫하면 놓치기 쉬운 생명성의 진실을 노래한 시다. "나는 '생명'에 대한 집요한 관심 속에서나 나름의 고통과 불가사의를 인식하려 하고 있다"라고 본인 스스로가 밝힌 대로 그녀의 시에는 아주 밀착된 질감의 생명성이 강하게 흐르고 있다. 시 「생선을 집어넣으면: 끓는 물 앞에서」를 보자.

> 나는 살고 싶다 나는 죽고 싶다./ 라고 한 번도 외쳐본 적이 없는 내가/ 이토록 잔혹한 수법을 서슴지 않으며 / 끓어오르는 냄비 뚜껑을 닫았다./ 좀더 살아 있었을 때/ 좀더 삶의 절정이었을 때를/ 자나 깨나 눈을 크게 뜨고/ 밤낮 없이 지켜보다가/ 좀더 생기의 절정을/ 연장시키기 위해/ 이 한 줌의 소금까지/ 준비해 두었다가/ 단 한 올의 불순이라도/ 혹시나/ 그 생기의 절정에 가혹한 오점으로/ 남게 될까봐/ 최종의 결단을 내리는/ 나의 오른손의 떨림

이 시는 앞의 「생명 강의 5」와 테마나 의미 구조가 유사하다. 단지 전자가 화자의 타설적(他說的) 간접 화법인 데 대해서 자설적(自說的) 직설 형

식이라는 점이 다를 뿐이다. 그러나 심리적 정황의 긴장도는 다 같이 예리하고 첨예하다. 단 이 시는 연민의 정서와 사실적 행위(생명을 죽이는 행위) 사이의 갈등이 시적 긴장을 조성한다. 그것은 여느 감상적인 시류(詩類)와는 달리 연민 때문에 사실적 행위를 망설이거나 유보하는 일이 없이 과감한 '결단'이 행해지기 때문이다. 때로는 격정으로 치닫는 생명 의식의 추진력이 죽음 저쪽의 공간으로 뻗쳐간다. 가령 시 「나비」 시리즈(1~7)에서 마치 천도(薦度, 죽은 혼령이 극락으로 가는 일)를 연상하게 하는 나비의 처절한 비상(飛翔)은 이러한 사실을 생생하게 밝혀준다(「샹그리라, 샹그리라: 나비 3」). 그래서 삶과 죽음의 매개 의식(儀式)인 굿이 시에서 자주 등장하는 것은 이러한 그녀 시의 영험적(靈驗的) 맥락에서 조명해볼 수 있기 때문이다. 이와 같이 그의 접신적(接神的) 영험의 광장이 바로 그녀의 일련의 시의 산실이 된다. 이는 "「씻김굿」의 아름답고 소박한 정신과 리듬을 시적 모티브와 접속시켜서 형상화시켜보려고 시도"했다는 본인의 말로서도 수긍이 가는 사실이지만 이것이 바로 그녀의 시에서 중요한 미학적 요체가 된다는 것은 매우 중요한 관심사가 된다. 이번에는 「아무리 그녀라도: 천경자 선생님께」를 보자.

> 아무리 그녀라도/ 이런 봄밤에는 / 그림을 그릴 수 없었을 것이다./ 봄이 다 지나고 나서야/ 꿈속에서/ 머리에 꽃을 얹은 소녀를 만나/ 화려하고 눈부신 꽃모자/ 두 눈에서 쏟아지는 불빛/ 눈부셔 뜰 수 없는 황홀함으로/ 심장이 뛰어/ 오 발랄함의 화신/ 그러나 한 발 내디딜 때마다/ 달려드는 검은 갈가마귀 떼/ 꽃모자를 벗길려고 / 꽃술을 삼키려고./ 환생의 꽃가루/ 가슴에 안고/ 싸우며 탄원하며/ 한 진실의 빛깔을 찾아/ 하이얗게 지새우는 형극의 밤/ 봄이 다 지나고 나서야/ 비로소/ 머리에 꽃을 얹은/ 환생의 소녀를 만나/ 활활 불타오르는/ 이 세상 최초의 희디흰/ 화폭 속으로 / 접신해 가는구나

이 시는 삶과 죽음의 갈등 구조 속에 예술적 갈등을 투영한 이중적 구

조를 지니고 있다. 예술을 창조하는 행위는 그 작품이 우수하면 할수록 정신적 장애 요소와의 고투를 체험화한다는 것이 거의 공통된 사실로 알려져 있다. 시인은 바로 이러한 패턴을 특이한 개성을 가진 한 화가를 소재로 하여 실현하고 있다. 천경자 화백은 "전통적인 동양화 기법에서 벗어나 문학적, 설화적인 면을 강조하면서 두껍고도 밝은 채색으로 꽃, 뱀, 여인, 태양 등을 중요한 테마로 등장시켜 슬픔, 고독, 꿈, 생의 환희 등을 표현하는" 화가로 알려져 있다. 이 시인은 이렇게 탐미적이면서도 원초적인 이미지를 도구로 하여 접신적 예술혼을 두드러지게 간직한 한 화가를 선택하여 미적 성취의 진행 과정을 접신의 문을 향하여 전개함으로써 자신의 영성적인 시 정신을 우회적으로 제시한 것 같이 느껴진다. 예술적 영감이 시화(詩化)되는 과정에 대해서 두 가지 상반되는 견해가 있다. 하나는 체험의 현장에서 건져낸 '날이미지'가 그대로 작품화하는 경우다. 음악의 즉제곡(卽題曲, 즉흥곡의 하나)이나 미술의 스케치가 대표적인 예가 될 수 있다. 다른 하나는 현장 이미지가 상당한 시간의 내재적 여과 기간을 두고 재생 이미지로 재현하는 경우다. 릴케의 「말테의 수기」에 나오는 말로, 시에서는 정론이 되다시피 한 이야기다. 이 시는 이러한 예술적 체험의 두 경(前景과 後景)을 같이 등장시키면서 진경(眞景)이라고 할 후경에 표면적인 비중을 두고 있다. 그러나 이면에 숨겨진 전경이 함축한 암시("아무리 그녀라도/ 이런 봄밤에는/ 그림을 그릴 수 없었을 것이다")가 이 시의 성향을 이해하는 데 중요한 역할을 한다. 생명성과 예술혼이 한데 어울려 활활 불타오르는 시 탄생의 전야가 봄밤이다. 이 전야를 지새운 화백과 시인은 "머리에 꽃을 얹은/ 환생의 소녀를 만나/ 활활 불타오르는/ 이 세상 최초의 희디흰/ 화폭 속으로/ 접신해 가는구나"라고 합창을 한다.

함혜련

'신(神)·시(詩)·사랑'의 오케스트라

—그 열정의 생명성

당신을 보았습니다
방황을 멈추고, 뿌리 없는 오뇌를 가라앉히고
겹겹이 쌓인 의혹 단숨에 녹여내는 지성의 그 예리한 촉각과
가슴 속 우주만한 불안을 몰아내고, 온갖 장난에서 무수히 찍힌 자국,
불협화음의
낭자한 기억을 말끔히 핥아내는 정화의 혀를 나는 보았습니다
그 마기(魔氣) 있는 효모의
아득한 원초에서 현실을 투시하는 맑은 동공을
파도치는 지혜를
찬란한 감정이 함부로 넘지 않는 이성의 귀를 나는 보았습니다
돌밭에서 풀밭 망망한 광야에서 홀로 타고 있는 진홍의 독한 고독,
그것의 악취에도 취해 떨지 않는
청초한 코를 나는 보았습니다
향방을 잃어버린 온갖 짐승들이 서로 부딪치고 무참히 헐뜯자 내장이
파열된 채 길바닥에 깔려 있는 어둠 자락
그 죽음을 겁 없이 끌어당겨 바닥이 날 때까지 철저히 평정하는 왕성

한 식욕

정의의 푸른 싹 넘치는 우물 같은 입을 나는 보았습니다

슬픔은 잠재우고

눈물을 씻어낸 뒤 질서 잃은 언어의 소란을 가라앉혀 구절마다 뚜렷

한 기도를 읽는 가슴

불타는 심장과

생동하는 관능을

사랑이 무성한 잎사귀를 쩔렁대는 야생의 수목 같은 사지를

싱싱한 혈관을, 그리고 모든 능력의, 근원의, 환희의, 극치의, 열열한

그 실체를 나는 보았습니다

당신 안에서 허약한 몸을 헐어 처음 창조되는 단단한 영혼과

선악의 분별력

현실과 교접하는 이상의 황홀을

형체도 없이 나를 용해시키는 당신의 그 열정 속에서 보았습니다

굴욕을 지우고, 뼈마디 마디 감겨 있는 전래의

헝클어진 법률을 올올이 풀어낼 때, 비로소 솟구치는 목숨의 용기

그 광명과

일순에 무너진 허구의 집터에서 살아나는 활기찬 삼라만상을 모두

내게 선물하는 당신의 비의를 나는 보았습니다.

(나는 장엄한 당신의 미래에 놓인 씨앗

어떻게 전개될까 싹들의 비밀이

어떻게 성장할까 그 순수가, 어떻게 동화할까 당신의 의도와

어떻게 일치되어 어떻게 공명할까 당신의 오묘하고 다양한 질서와

어떻게— 어떻게— 당신을 꽃피울까, 열매 맺을까)

절망을 안고 연달아 밀려드는 마의 무늬

관습의 광란을 가슴으로 털며 내가 마지막 탄생 직전의 열병에서
몸부림칠 때
너무도 태연히 내 형식의 병실을 불사르고
다만 알몸으로 사랑을 앓게 하는
당신의 기운찬 날개의 독재, 기꺼이 내가 복종하는
그 무비의 눈부신 결단력을 나는 보았습니다
신비로운 순간이 천지에 팽창하는 영원 속에서
당신의 몸, 혼, 목소리가 하나 되어 지금은
내 잠든 전체를 흔들어 깨웁니다

(「인체현현(人體顯現)」)

함혜련의 시를 읽고 있으면 종횡무진, 무궁심천, 무변광대한 의식 공간에서 꼬리에 불꽃을 달고 지칠 줄 모르게 유영하는 혜성을 보는 느낌이 든다. 그녀의 감성의 열도(熱度)는 비등점을 넘어섰고 넘치는 힘은 위험수위를 넘어 범람한다. 그러면서도 때로는 공상의 무궤도를 질주하는가 싶다가 돌연 치밀한 상상의 항로를 비상하는 것을 본다. 시인 스스로의 말을 빌리면 그녀의 시는 "오관의 육감에 뿌리 내린 꿈을 키우는 물과 의식의 심연에서 죽음을 불태우는 불과 생명의 농장에서 양식거리를 농사짓는 흙과 사랑의 대장간에서 기쁨을 풀무질하는 바람"을 잉태한다.

이 시는 한마디로 요약하면 시신(詩神)에 바치는 헌시다. 여기서 '당신'은 본인의 말에 의하면 "詩, 神, 사랑의 3위 1체"의 상징적 존재다. 말하자면 이상적 자아가 추구하는 구경(究竟)에 자리하고 있는 지고지선의 상징체다. 거기에는 자신의 철학과 미학이 원색의 물감으로 배어 있다. 그래서 '인체'의 의미는 몸과 정신의 다양한 기능의 집합이다. 이 시에서는 '불타는 심장'과 '생동하는 관능', '싱싱한 혈관'에 '솟구치는 목숨', '광란'과 '열병', '왕성한 식욕' 등과 같은 정(情)과 기(氣)의 생동성과 예리한 '지성'과 '이성', '오묘하고 다양한 질서'와 '파도치는 지혜'라고 하는 지

(知)와 이(理)의 제어장치가 함께 등장한다. 거기다가 제어 기능 위에 군림하는 "淨化"의 혀와 "맑은 瞳孔"으로 '기도하는 가슴'이 있다. 절대적 존재인 '당신'을 만남으로써 성취되는 "淨化"의 꿈이 그녀의 철학이라면 그에 이르는 현란한 운동의 수사가 그녀의 미학이다. 이 철학은 역대로 유명 시인의 작품에서 많이 보아온 그대로 보편성을 띤다. 원래 원형에는 색깔이 없게 마련이다. 문제는 이 운동(의식)의 활동 공간과 활동 규모 및 활동의 성격이다. 먼저 활동 공간을 보면 우주 전체가 대상이 된다. 「宇宙人의 求愛」에서는 천상으로부터 지상으로 하강하다가 「女體 地球」(시집에는 이 작품이 빠져 있음)에 와서는 지평적 탐색이 이루어지고 「地中 天國을 날아가는 새」에서는 방향을 돌려 지하 공간을 열게 된다. 그런가 하면 「수렁에 빠진 白鳥」에 오면 다시 지상의 탐색을 거쳐 천상에의 비상을 꾀한다. 이렇게 천상에서 지상, 지하를 거쳐 다시 천상을 향하는 순환 구조가 형성된다. 활동 규모는 공간이 넓을수록 밀도감이 없이 공소(空疎)하기가 일쑤인데 여기서는 아주 치밀하고 자세하다. 시 「목성과 농부」에서는 이렇게 노래한다. "살의 바다/ 뼈의 산에/ 서식할 수 있는 것은 모두 데리고/ 바람보다 더 빨리/ 태양을 향해 올라가고 있는 내 몸의 용광로 속 아픈 응어리가/ 어떻게 황홀한 보옥으로 연금되고 있는지"라고. 그러나 무엇보다도 그의 미학적 요소의 초점은 활동의 성격이다. '당신'을 향한 집요한 열정의 생명성, 그것의 나이브한 원시성은 때로는 야생 짐승의 포효로, 때로는 수많은 성좌의 눈부신 기상(氣象)으로 나타나기도 하고 아니면 산이나 바다나 나무나 꽃과 같은 자연을 통하여 불꽃 음계의 광시곡(狂詩曲, 랩소디)을 연주하기도 한다. 이것은 그녀가 지니고 있는 원천적인 리비도, 아니 초자아로 길들여진 리비도의 다이너미즘(역동성)이다. 이것은 그녀의 시가 지니고 있는 동적인 미학의 마력이다.

그는 나비/ 너는 꽃// 꽃 위에 나비가 날아와 앉는/ 그 순간을 사랑의 시작이라 한다면/ 나는 아직 꽃 이전의 광막한 들판/ 꽃대 속 뿌리 끝의 몇 갈래 샘물을 퍼올리는 일꾼이다// 오늘은 동쪽 부리 끝의/ 저자 바닥 생선 야채 과일 옷가게가 빽빽히 들어찬 같은/ 샘에서 솟구치는 물을 길어 머리에 이고// 어제는 서쪽 부리 끝의/ 학교 마당 수학 과학 국어 정치학이 자갈처럼 박혀 있는 같은/ 샘물을 길어 머리에 이고// 내일에는 남쪽 부리 끝의/ 기운 찬 공장 철종이 냉장고 자동차 무기 식료품을 제조하는 기계/ 소리가 별 퍼붓듯 쏟아지는 같은/ 샘에서 솟구치는 물을 길어 머리에 이고// 또 다음 내일에는 북쪽 부리 끝의/ 감옥 고아원 양로원 법원 협회들이 우글거리는 같은/ 샘물을 길어 머리에 이고/ 희망과 좌절이 울음으로 범벅된 채 쌓여 있는 꽃대 속의 돌층계를/ 묵묵히/ 걸어 올라 가더라// 아직은 덜 여물어 비틀대는 꽃의/ 이성/ 지혜/ 감각 위에 샘물을 흠씬 쏟아 부어/ 찬란한 꽃 한 송이를 피워내기 위해// 그러다가 마침내/ 만개한 꽃을 본 그가 네게 눈을 돌려 옮겨 앉는 순간/ 그때 시작한 삶의 오장 기관 가득 들어차 요동치는 나의 물이/ 조류 되어/ 너의 실한 핏줄 속을 굽이치게/ 신비로운 그 안의 생명 되기 위해// 꽃 위에 나비가 날아와 앉는/ 그 순간을 사랑의 완성이라 한다면/ 나는 아직 하루 다만 한시도 쉴 수 없는 고된 살이/ 꽃대 속 뿌리들의 샘물을 퍼올리는 외로운 일꾼이다

(「해바라기꽃」)

이 시 역시 앞에서 지적한 대로 "나는 항상 詩, 神, 사랑의 3위 1체인 당신의 후원에 힘입고 살아간다"고 한 작자의 신념을 압축해서 보여준다. 그녀의 시는 이렇게 복합적인 자기 존재의 실존적 인식에 뿌리를 두고 있다. 실존적 인식에는 인간의 운명적 고통이 따르게 마련이지만 시인은 이러한 고통을 자초하는 비극적 존재이기도 하다. 인간의 불완전성과 절대의 당위 사이의 거리를 발견한 철인과 시인은 이미 운명적으로 비극적 존재였다. 그래서 이 거대한 분리의 공간 안에서 결합을 위한 치열한 암중모색이 역대 시의 많은 명편 속에서 발견할 수 있었다. 이 시에는 그와 너와 나의 존재가 따로 등장한다. 시인의 말대로라면 그(나비)는 신일 수도 있고 시일 수도 있으며 사랑일 수도 있다. 그러나 너(꽃)와 나는 분리와 결합이 항상 가능한 분신 관계인 것만은 틀림없다. 너에 대한 무한한 고통

의 봉사를 통한 양자의 결합을 거쳐 제3자인 그를 만나게 된다. 꽃 위에 나비가 날아와 앉는 순간을 사랑의 시작이자 완성이라고 한 것은 분리의 요원한 거리와 결합을 한 점의 환희(카타르시스)로 압축한 역설이다.

정진규

'몸詩'
—생명의식의 전체성, 내밀성, 상관성

기억나지 않지만 물 속엔 깨끗한 물 속엔 꽃의 두근거림이 있다고 누군가가 말했다 이른 새벽에 봄날 새벽에 안개를 헤치고 가서 풀밭을 한참 걸어가서 물가에 당도하여서 젖은 발로 그걸 보고 들었다고!

그는 다시 말했다 햇살이 그의 따뜻한 혀로 이슬들 핥기 시작한 바로 그때쯤, 마침내 물 속에서 솟아오른 꽃을 두고 오, 물이 알을 낳았다고!

그러니까 꽃은 알이다 그러니까 물은 子宮이다 두근거림이란 회임한 내 아내의 배에 귀를 대고 내가 듣던 바로 그런 소리다 내게도 그런 날이 있었다

상처를 핥아다오, 물 속 꽃의 두근거림아 !

(「몸시 36: 물속엔 꽃의 두근거림이 있다」)

정진규는 '몸시'라는 특이한 용어를 만들어냈다. 전원시니 농촌시니 민족시니 저항시니 하는 용어는 익히 들어온 데 비해서 생소하게 느껴지는 것이 사실이다. 마치 박두진의 시에서 수석시(水石詩)가 수석의 내면성이 관념화되었듯이 몸에 대한 시적 인식이 특수하게 처리되어 있어서 독자

의 눈길을 끌게 된다. 시집 『몸詩』의 내용을 보면 몸은 마음의 상대 개념인 단순한 육체의 의미가 아니다. 사물을 보는 시각의 길은 세 가지가 있을 수 있다. 하나는 철학의 길이고 다른 하나는 과학의 길이며 또 다른 하나가 예술, 즉 시의 길이다. 그 중 시의 길은 가장 불투명하고 샛길이 많고 기상 조건에 따라 있기도 하고 없기도 하고 이렇게도 보이고 저렇게도 보이는 길이다. 그래서 시를 비실제적 환영(幻影, illusion)이라고 하지 않는가. 이 '몸시'의 근본은 몸과 마음(혹은 정신)의 관계 기능을 시화(詩化)한데 있다. 이 몸과 마음의 관계는 많은 종교의 교리와 철학의 학설은 물론 시적인 담론을 거쳐 오기도 했다. 문학(특히 시)과 가장 인접한 학문이 철학이다. 그 중에서 현상학은 주객체가 상호 관련을 맺고 있는 것을 골자로 한다. 현상학에서 주객체는 상호 관련성 위에서 본다. 객체 그 자체는 고려의 대상이 될 수 없고 객체의 사실성 그것은 어디까지나 주객체의 관계라고 하는 전체성으로 다루어진다. 김인환이 정진규의 시를 "마음 속에 난 몸의 길, 몸 속에 난 마음의 길을 따라가면서 마음이 몸을 떠나 혼자서 돌아다니지 못하도록, 명제로 표현할 수 없는 신체화된 상상력의 지도를 그리고 있다"고 한 것은 이러한 철학적 근거와 맥락을 같이한다.

이 시 「물속엔 꽃의 두근거림이 있다」는 삼중(三重)의 주객 관계로 형성되어 있다. 중심 관계는 물(자궁)과 꽃(알)으로 이루어지고 햇살과 이슬, 그리고 나와 아내는 보조관계다. 그러면서 회임(懷妊)이란 공통적인 전체성을 가지고 있다. 생명의 탄생에 대한 경이감, 이 시에서는 그 탄생의 신비를 감각(두근거림) 속에 안고 있다. 여기에 신화의 이미지가 조명을 하면 시는 또 다른 생기(liveliness)를 얻는다. 이 생기는 시와 신화가 갖는 근원적인 동일성의 이름으로 빛을 발한다. 현실적 상황은 서로 맥락이 닿지 않는 무질서의 집합체다. 시적 상상력과 신화는 여기에 질서와 통일을 부여한다. 말하자면 원형적인 보편성(근원적인 동일성)이라는 핵심을 같이한다. 고구려 동명왕 신화를 보면 유화 부인이 태양과 교정(交情)하여 많은 알을 낳게 되고 그 중 한 알에서 동명왕(주몽)이 탄생한다. 이 시의 화자가 아내의 회임을 감지하듯이 독자는 이 시에서 이 신화의 회임이 갖는 의미를 감지할 수 있을 것이다.

> 입술이든 子宮이든/ 사랑하는 사람아/ 나는 다른 곳으로 들지 않겠고/ 오직 네 눈으로만 들겠으며/ 세상의 모든 빗장도 그렇게 열겠다/ 술도 익으면 또록또록 눈을 뜨거니/ 달팽이의 더듬이가 바로 눈이거니/ 너와 함께 꺾은 찔레순이/ 바로 찔레의 눈이거니/ 아, 字眼이란 말씀도 있거니/ 글자에도 살아 있는 눈이 있거니/ 모든 것엔 눈이 있거니/ 나는 오직 그리로만 들겠다/ 그걸로 족할 수 있다/ 내 몸은 지금 사랑에 눈뜨고 있다/ 네 몸도 지금 사랑에 눈뜨고 있다/ 세상에 눈뜨고 있다/ 눈에는 눈이다/ 눈에는 눈이다 (「몸시 26: 字眼」)

여기서 눈은 모든 사물의 개체적 핵인 동시에 만물의 혼이 넘나드는 관문이기도 하다. 내 몸과 네 몸이 다 같이 사랑에 눈 뜨는 것은 두 눈이 만나서 하나가 되는 것을 의미한다. 내가 세상 모든 것의 눈으로 들어가서 그 빗장을 여는 것은 천지자연의 화육(化育)을 의미할 수도 있다. 정진규 시에서 이 화육의 의미는 모든 생명체 사이에서 발생하고 있는 삼투, 교호(交互) 작용이 짜놓은 망상(網狀) 조직에 있다. 이 화육이 형성되는 구체적 내용은 여러 가지가 있다. 먼저 질량의 법칙 같은 것을 들 수 있다. 몸과 마음은 그 질량이 늘 같아야 한다는 것. 어디가 아픈 것은 마음이 몸을 파먹은 탓으로 본다. 그래서 몸은 마음의 밥이다(「몸시 63: 맨몸」). 무얼 하나 새로 만나게 되면 함께 살던 것 하나는 에누리 없이 내놓게 된다고, 즉 자릴 하나 어김없이 내어주어야 한다(「몸시 69: 容量」). 그런데 하나가 들어오면 있던 하나는 어김없이 나간다. 문제가 생긴다. 새로운 하나가 당도하기 전에 도둑이 들어 있던 하나를 빼내간다. 순서가 무너지면서 잡것들이 자꾸 끼어들고 지워지는 자리가 언제나 넓어진다(「몸시 88: 도둑」). 그의 시적 긴장은 이런 데서 발생한다. 화육의 의미에 작용하는 다른 하나는 질서의식이다. 꽃이 피는 순서는 밖에서 안이 아니고 안에서 밖이다.

일단은 고여서 밖이 다 보이지 않던 것이 보이는 것이 되는 빠듯한 충만의 순서로 본다(「몸시 59: 상처」). 또 다른 하나는 화육된 모든 개체는 원형을 보존하는 일이다. 화자는 자신의 삶에서 가장 두려워하는 것이 필름의 현상과 인화라고 한다. 산수유꽃의 사진에서 바라는 것은 자신 안(마음)에 고여 있는 노란 적막 하나다. 추억들은 빛을 주면 일순에 지워져버린다는 것이다(「몸시 84: 사진」). 역으로 원형의 상실이 또 다른 통합된 원형(보편형)으로 전이되는 경우도 있다. 팔색조의 팔색은 따로따로 놀지 않는다. 이음새가 절묘하다. 서로 끌고 당겨서 일색(一色)을 빚어낸다(「몸시 72: 八色鳥」). 다음은 유〔滿〕와 무〔虛〕의 경계가 지워지는 일이다. 연시(軟柹)가 땅으로 떨어지는 것은 제 무게를 견딜 수 없는 충만의 끝에서 가지에 빈자리를 남겨놓고 지상에 내리는 것에 불과하다. 여기서 몸은 스스로 빈 몸일 수 있을 때 비로소 몸일 수 있다는 걸 깨닫는다(「몸시 75: 軟柹」). 이러한 등등이 화육이 지닌 전체성의 구조적 내용이다.

시와 시인의 가장 행복한 조건은 자유다. 마찬가지로 고통과 불안도 행복의 조건이다. 시인은 이렇게 말한다. 죽음 직전과 탄생 직전이 가장 탱탱하고 불안하다. 탄생과 죽음 사이를 탱탱하게 채울 수 있는 날이 가장 행복하고 가장 불안하다고(「몸시 50: 행복論」). 그는 인간의 비극적 조건을 "털이 조금 남은 원숭이"로 간주한다(「몸시 49: 털이 조금 남은 원숭이」). "더는 버릴 수 없는 조금 남은 털"이 중간자로서의 인간의 원형적 비극이다. 시인은 비극을 진단하지도 극복하지도 않는다. 단지 맨몸을 부대끼면서 통과할 뿐이다. "누군가 먼저 쓸고 지나간 빗자루 자국 위를."

정현종

리얼리즘과 쉬르리얼리즘의 교감

추억은—

익는다

밤중에 四佛山을 오른다

달이 있으나 구름에 가려

계곡은 컴컴하고 길은 희미하다

낙엽 아래 잔 돌이 많아

걷기가 쉽지 않고

일행의 전짓불이 길을 비춰준다

추억은 익어서 떨어진다

闔佛庵 비구니 파란 머리들

인제는 익어서 달이 되어

제 키만한 높이에서 파랗게

구름에 가렸다 나왔다 하고,

달도 구름도 잘 익어서
밝거나 어둡거나 제 모습대로
익어서 모두 흐름 三昧
지나간 시간이여
익어서 떨어져야 보석이니

해골 썰렁한 암자를 지나
조선 소나무 서 있는 정상에 오른다
밤바람은 차고, 먼 외로운 불빛들.
우주를 한 마당 노래방으로 만들고
(이런 노래방을 두고 왜 그
컴컴한 구석에서 소리들을 지르는지)
다시 길을 더듬어 내려온다.
이 밤에 산을 내려오니
막무가내로 나는 소리친다
「그 놈의 호랑이 묵직하구나!」

즉시 익어버리는 시간도 있느니

나는 호랑이 한 마리를 잡아
짊어지고 내려왔던 것이다.
익은 시간 속의 전설이여
오, 내 어깨 위의 호랑이여

(「내 어깨 위의 호랑이: 밤에 산을 오르내리며」)

이 시의 주제적 발상은 '추억은 익어서 떨어진다'이다. 옛날 할머니로부터 들었음직한 전설 속의 호랑이가 야간 등반길의 체험을 통하여 익은 추억으로 재현한 것이다. 추억은 열매와 같이 풋풋한 풋과일에서 점점 단단하게 익어 땅으로 떨어진다. 호랑이 이야기는 인간이 성숙해가는 것만큼 자신의 마음속에서 혹은 머릿속에서 자란다. 이것은 시인이 겪는 추억의 생리다. 일찍이 괴테가 말한 "추억해서 그리워하는 그런 과거는 존재하지 않는다"는 진리를 이 시인은 자기 나름대로 형상화하고 있다. "익어서 떨어진다"는 서술적 이미지는 비구니의 파란 머리와 달과 구름을 꿰뚫어서 삼매경의 고요 속으로 몰고 가면서 익어서 떨어지는 열매를 만나고 그것은 다시 보석의 의미를 조명한다. 이 조명 속에 새로 등장하는 것이 정상의 소나무다. 득도의 경지에 이른 비구니의 파란 머리와 인간을 극락으로 천도하는 사자인 달과 청천의 백운(白雲), 이 모든 것은 정상 의식의 고리를 형성한다. 이렇게 익어서 떨어진 보석의 노래 속에 탄생하는 것이 호랑이 전설이다. 그것은 졸지에 맛보는 전설의 환희다. 이것을 즉시 익어버리는 시간이라고 환호한다. 이렇게 시인은 "익은 시간 속의 전설"과 '전설 속에 회복되는 시간' 안에서 뛰쳐나오는 호랑이를 생득(生得)하는, 아니 생체험하는 감격을 노래한다. 등산길의 사실에서 돌발하는 기상 이변 속에 출몰하는 쉬르리얼리즘 같은 환상의 군무(群舞), 낯설게 하기의 경악 속에 번득이는 안무의 손길을 가끔씩 드러내 보이는 의장(意匠), 이것이 이 시의 숨은 매력이다.

정현종은 의식의 폭이 넓고 상상력에 잔뿌리(세근〔細根〕)가 많다. 지적 에스프리는 그 중량이 다양하다. 정감의 체온은 정상보다 좀 낮은 편이고 오브제에 대한 시각은 왜곡이 비교적 심하면서 불규칙 바운드로 튀는 경우가 많다. 리비도 같은 에너지원은 구심력과 원심력 사이를 팽팽하게 달리면서 가끔은 슈퍼에고의 궤도를 타기도 한다. 좀 구체적인 이야기로 들어가보자.

맑은 물이여/ 우리가 아침저녁/ 마시는 물을 위하여/ 곡식과 채소/ 과일들의 즙을 위하여/ 맑은 물이여/ 구름의 운명을 위하여/ 비와 눈/ 풀잎과 이슬/ 곤충들의 갈증을 위하여/ 우리의 전설/ 모든 시냇물을 위하여/ 도도한 피/ 강물/ 우리와 함께 헤엄치는/ 물고기들/ 그 번쩍이는 발랄한 도취를 위하여/ 구름의 고향 바다를 위하여/ 그들을 바라보는/ 우리의 눈을 위하여/ 맑은 물이여/ 우리의 영혼이 샘솟기 위하여/ 산것들의 힘이 샘솟기 위하여/ 지구의 눈동자/ 맑은 물이여/ 거기 비취는 해와 달/ 그리고 나무들을 위하여/ 새들의 노래를 위하여 (「맑은 물」)

이 시는 소재들이 조직적 단위로 전개되는 복잡한 구조적 특징도 없고 통일된 테마성도 없다. 이것은 앞에서 지적한 대로 이 시인의 일반적인 시적 현상 중의 하나다. 시를 대하고 있으면 바슐라르의 「夢想의 詩學」이 연상된다. "시는 정신의 현상학이라기보다는 영혼의 현상학"이라는 것, 그리고 "상상된 이미지는 현실의 재현이라기보다는 오히려 원형의 승화"라는 것. 여기 물의 소재는 바슐라르의 사원소설(四元素說)의 하나로 인간에게 공통적으로 내재하는 무의식의 적극적인 내용인 원형의 이미지를 가지고 있다. 식수·곡식·채소·과일·곤충·시냇물·피·물고기·구름·바다와 같은 모든 현상학적 소재들은 "우리의 눈"과 "영혼"과 "지구의 눈동자"와 같은 원형의 창구로 흡수되고 마지막으로 원형의 중심인 "맑은 물"로 승화한다. '맑은 물'의 '맑은'의 의미는 투명성이나 순수성 그 자체도 그렇지만 더 증발할 수 없는 의미의 원액, 그것이 바로 원형의 완곡된 의미다. 또한 앞에서 지적한 슈퍼에고의 흔적이 이 시에서는 '윤리적 의지'라는 이름으로 대신해서 나타난다. 인류 보편의 생명성을 위하는 것에서 나아가 삼라만상을 포괄하는 자연사상 같은 것이 시의 배면에 깔려 있다.

달맞이꽃은 그렇다./ 달이 생긴 이래의 온 달빛이/ 두고/ 두고/ 거기 물들어/ 눈부셔/ 精彩일 따름이다./ 슬픈 달빛 그 메아리/ 기쁜 달빛 그 메아리/ 메아리 光波/ 달빛 색골.// 또 보름달 같은 데 날아가 앉아/ 그 빛을 採蜜해 온 벌들이/ 그 光蜜을 넣어주고/ 또 넣어주고/ 그게 퍼져/ 무한 허공과 솔기 없이 이어진다./ 色深淵이여/ 닿을 길이 없구나 (「달맞이꽃」)

이 시인은 시 「事物의 정다움」에서 이렇게 읊고 있다. "意識의 맨 끝은 항상/ 죽음이었네, 〔중략〕// 죽음이었지만 / 허나 救援은 또 항상/ 가장 가볍게 / 瞬間 가장 빠르게 왔으므로/ 그때 時間의 每마디들은 번쩍이며/ 지나가는 게 보였네. 〔중략〕 두 사람의 괴로움이 서로 따로/ 헤어져 있을 때도/ 알겠네 헤어짐의 정다움을." 의식과 무의식의 사이가 연접의 흔적을 남길 수 없듯이 한 의식 현상은 매듭을 갖게 마련이지만 그 매듭의 끝을 비록 죽음이라 일렀다 해도 그 매듭의 이음새는 여기서 구원이란 이름으로 이어지고 있다. 요즈음에 와서 논리적 사고의 일환으로 이분법이란 용어를 많이 듣는다. 이 이분법에 근본적으로 훼방을 놓는 것이 시적 사고다. '原始에의 향수'니 '原型적 사고'라는 것이 모두 이러한 시적 사고에서 근원한 것이 아닌가. 유한과 무한, 삶과 죽음을 무화시키는 것은 물론, 시간과 공간 개념의 원칙을 파괴하고 이질적 정서를 역설적으로 통합한 것도 같은 근원에서 발생했다. 황진이 시조 "동짓달 기나긴 밤"의 시간 처리나, 작자 미상의 고시조 "헤어졌다 만나는 자미 만났다가 헤어지는 자미"(위 예시에서 "헤어져 있을 때도/ 알겠네 헤어짐의 정다움을"은 이와 동일한 정서적 동기다)에서 보는 이질적 정서의 동감적(同感的) 처리는 모두 한국 시가의 전통적 기법에 속한다.

「달맞이꽃」은 시간과 공간 의식이 극대화되고 집대성된 한 현상물(꽃)에 대한 노래다. 노래라 하기보다는 미적 신비 체험이다. 달맞이꽃의 강렬한 선황색 빛이 주는 감각적 동기가 낳았음직한 가공할 의식의 파장, 누적된 달빛의 정채(精彩)에서는 기쁨과 슬픔이 공존하고 빛과 소리가 공감대 위에서 논다("슬픈 달빛 그 메아리/ 기쁜 달빛 그 메아리"). 거기에 불타는 생명의 동력, 그것은 단순한 관능적 유희가 아닌 '소용돌이치는(리비도적) 에네르기'가 춤추고 있다(색골). 첫째 연이 시간 의식의 역설적 교직(交織)이라면 둘째 연은 공간 의식의 그것이다. "닿을 길이 없는" 의식의 지평저 너머에서 이 꽃의 아지랑이는 "무한 허공과 솔기 없이 이어진다." "色深淵"의 깊이만큼 아물아물하면서. 결국 정현종의 시는 리얼리즘과 쉬르리얼리즘의 교감 위에서 핀다고 하면 어떨까.

강은교

유니크하고 고도화된 경험적 양식

눈이 내리는 날은, 여보게
눈 속을 들여다보자.
눈 속을 들여다보며
눈의 뼈를 만지자.

눈이 내리는 날은, 여보게
눈 속을 들여다보자.
눈 속에 들어 있는 뜨거운
그대와 나의 피
출렁이는 지구를 만져보자.

어느 날 새벽의
푸른, 짧은 눈물과
어느 날 아침의
붉은, 긴 한숨 소리
만져보자. 만져보자.

그 뒤에 부는 바람의 몸
만져보자.

그리하여 눈이 내리는 날은,
여보게
길 모두 닫혀 버리지만
여보게
꿈꾸세, 해가 앉은 그곳을.

눈이 내리는 날은

저렇게 많은 탄생들이 춤추는구나.

(「눈이 내리는 날은, 여보게」)

시적 표현의 본질을 일루전(환영)으로 본다고 할 때 시의 사상이나 관념이 속에 숨어 있다고 하더라도 겉으로는 환상적인 이미지의 옷을 입고 있게 마련이다. 시를 이해·감상하는 데는 산문과 같이 명징한 해석이 불가능하다든가 애매성이 필수적으로 수반되는 이유도 여기에 있다. 특히 시인의 의식이 비약적인 환상적 이미지 쪽으로 쏠릴 때 독자들은 당혹감을 갖게 되는 경우도 많다. 여기서 잠시 문학현상학 이야기를 들어보자.

현상학 비평가들(이 중에서도 특히 제네바학파)은 시인의 의식 문제를 초점적으로 다루고 있다. 문학 텍스트를 시인의 의식으로 생각한다. 시인의 의식은 말로 표현할 수 없는 가운데 근본적인 불확정 상태에서 자신을 벗겨 보인다. 그래서 텍스트(작품) 속에 언어화되어 나타난 작자의 경험 세계는 모두가 중요하다고 간주한다. 다시 말하면 작품을 이해하는 데는 단순한 경험이 아닌, 모든 경험의 원형인 작자의 '경험적 양식'(패턴)이 중요하다는 것이다. 그것은 작자의 개인적인 삶의 세계에 나타나는 그의 상상력의 완료된 산물(문학작품) 속에 나타나든 근본적으로 같다고 본다. 그것은 유니크하고 작자의 모든 기도(企圖)의 근저가 된다. '유니크하다'는 것은 작자의 '고도화된 경험'(erlebnis)을 뜻하는 말로, 이는 작품 속에 잠복해 있다고 해서 '잠복된 리듬'이라고 부르기도 한다. 경험적 양식은 상상력의 허구적 건설을 통일시킨다. 진정한 시는 그것을 창조하는 동안 의식적이든 무의식적이든 작자의 모든 총체적 경험 안에서 존재한다. 물론 그것은 동시적으로 어디서나 일어날 수 있지만 변증법적으로 통일된 형태로 서로 관계 짓고 있다. 그러나 그것은 자아와 세계 사이의 관계 위에서 발생한 만큼 근본적인 '깊이의 변화'가 발생하기도 한다. 이러한 변화는 작자의 생애를 통해서 종종 한 전환점이 되기도 한다. 그런데 이 경험적 양식은 어떤 집요한 관념이나 문제, 태도 등이 문체상의 특징, 반복되는 낱말과 이미지들, 특별한 운율과 성조(聲調) 등을 통해서 나타난다. 우리가 처음 시를 대할 때 무엇을 관찰할 것인가 하는 것이 중요하다. 그러나 그것은 처음부터 한눈에 들어오는 완전한 내용도 아니고 그렇다고 소상(小祥)한 부분도 아니다. 그러나 통일성은 그 자체의 특징을 부여한다. 분명히 잡히지 않는다고 해도 전체성에 생명을 부여하는 정신 같은 것이 있다. 무엇이라고 설명할 수 없으면서 분명히 그것을 느낄 수 있고 개성적인 특색 속에 그 자체를 증명할 수 있는 그 무슨 감정, 그것을 '리듬'이라고 부르기도 한다. 이 리듬은 작품의 통일된 지각과 미(美)를 조종한다고 믿게 된다(이상은 마글리올라의 저서 『現象學과 문학』에서 발췌 인용한 것임).

위에 인용한 현상학적 시학 이론은 강은교의 시를 이해하는 데 도움이 되리라 생각한다. 왜냐하면 이 시인은 어느 누구보다도 내면 의식의 공간을 다양하게 활용하고 있기 때문이다. 좀 더 구체적으로 말하면 쉬르리얼리즘적인 발상과 리얼리즘적인 발상이 혼용되어 있다고 할 수 있는 그의 유니크하고 고도화된 경험적 양식을 접할 수 있기 때문이다. 빛과 어둠과 소리의 크고 작은 뿌리를 캐는 의식의 모든 동작을 거느리고 있는 거대한 사랑의 힘, 이것이 그녀의 경험적 양식의 전형이며 잠복된 리듬이다.

강은교는 특이한 개성을 가진 시인으로 잘 알려져 있다. 그녀 시의 개성미는 보편적인 테마 속을 벗어나지 않으면서 그 개별성은 특이한 형체로 독립성을 발휘한다. 말하자면 내면 의식의 다양한 굴절이 독자의 눈에 낯설게 나타난다. 이러한 개성의 특징이 많은 작품에 비교적 고르게 산재해 있다. 그래서 그녀의 많은 작품들 중에서 소위 명편 몇 편을 고르기는 쉽지가 않다.

예시를 보면 시인의 의미와 이미지의 연금술이 매우 다양함을 느낄 수 있다. 말하자면 의미의 제조원(製造元)을 여러 갈래로 가지고 있다는 것이다. 먼저 그의 특이한 감각적 기교에 관심이 쏠리게 된다. 복합 심상(공감각)의 기법—"붉은, 긴 한숨 소리/ 만져보자"는 청각의 시각화, 혹은 청각의 촉각화 현상—을 위시해서 내면을 투시하는 또 하나의 감각(눈〔雪〕 속을 들여다보는)을 가진 것은 물론, 대상의 속성을 변조해내기(눈의 뼈)도 한다. 그리고 대상의 공간 속에 타자—인간(그대와 나)과 지구—를 포용시킴으로써 대상의 본래적인 의미를 변용시킨다. 눈 속에서 뼈와 피를 발견하는 것은 무위한 현상 속에 생명체의 역기능을 이입한 것이다. 그래서 쌓인 눈은 눈의 일상적인 의미 그대로 길을 막아버리지만 눈이 오는 날의 눈은 탄생된 생명체가 춤을 추게 되는 것이다. 이러한 표현 기법은 그의 시가 가지는 일반적이고 공통적인 형식이나 내용의 양식이기도 하다. 찬 눈 속에서 뜨거운 피를 발견하듯이 그는 어둠 속에서 별을 보기도 하고 종소리를 듣기도 하고 웃음소리도 듣는다. 허공에 집을 짓기도 하고(虛와 實의 顚倒) 어둠이 빛이 되기도 한다("달빛에 묻은 어둠" "어둠 속 깊은 골에는/ 언제나 이른 별이 있습니다"). 기쁨이 슬픔을 짝하고("기쁨을 따라갔네/ 작은 오두막이었네/ 슬픔과 둘이 살고 있었네"), 중심과 가장자리가 맞물려 있다("가장자리의 중심에/ 중심의 가장자리에/ 중심에/ 너는 던져졌다. 거기"). 이러한 일련의 교차적인 역설 형식은 그의 특이한 수사적 형식이다. 첩어와 반복도 높은 빈도를 보이고 있다("이제 그를 버려야 한다/ 한 물결이 한 물결을 버리듯이/ 한 슬픔이 한 슬픔을 버리듯이/ 한 아픔이 한 아픔을 버리듯이", "그대 그림자가 그림자를 끌고/ 그대 그림자 끄는 그림자가/ 그림자를 끌고" "不在에 不在를 칠하고 있는 너/ 그림자에 그림자를 칠하고 있는 너/ 〔중략〕 환상에 환상을 칠하고 있는 너", "길이 길을 가리기에/ 뜬구름이 뜬구름 위에 눕기에/ 눈물에 눈물 매달고/ 그림자에 그림자 매달아", "어둠에 어둠 풀어/ 죽음에 죽음 풀어/ 고꾸라지며/ 나아가며", "일어서네요 자꾸 일어서네요/ 바람 뒤에 또 바람이 밀어서/ 빗물 뒤에 또 빗물이 넘쳐서/ 눈 뜨네요 자꾸 눈 뜨네요/ 햇살 뒤에 또 햇살이 머물러", "구름 위에서 구름이 부서진다 / 바람 앞에서 바람이 부서진다" "사랑이 사랑으로 흩날리고 있네/ 시간에서 시간으로 건너뛰는 건널목"). 첩어와 반복법은 의미상의 효과도 효과지만 성조가 주는 급박하거나 유장한 리듬은 화자의 정조를 환기하는 효과가 크다. 의미의 제조원이라 해도 좋고 문체에 파여진 의미의 샘구멍이라 해도 좋을 그러한 것의 또 하나가 '사이'와 '속'의 공간이다("시계는 벽장 깊이 감추어 버리고 걸어간다. 뒤돌아보지 않고 걸어간다. 눈물과 눈물 사이로 걸어간다. 죽음과 죽음 사이로 아아 밤과 밤 사이로 아아 땅과 땅 사이로 별일없이 별일없이", "어두워지면 새들도 몰래 돌아오리니/ 먼지와 먼지 사이/ 빌딩과 빌딩 사이/ 그림자와 그림자 사이", "그 새우를 아는가/ 퍼덕이는 말과 말 사이로/ 미사일들의/ 숨죽인 굉음과 굉음 사이로/ 가끔씩 푸드드드득", "모든 소리 속의 소리/ 어둠 속의 어둠을 바라본다", "그믐 속 같은 지평선을/ 그믐 속 같은 산들바람을/ 그믐 속 같은 별을", "꽃잎 속에 또 꽃잎이 머물러"). 이와 같이 그녀의 시는 언어의 3차원 공간에다 '시간에서 시간으로 건너뛰는' 4차원의 세계로 무소부지(無所不至)하게 확보한다. 시집 『소리集』에서 빈번하게 등장하는 동사(動詞)의 역동적인 이미지는 이러한 사실을 생생하게 보여준다.

그녀의 시에는 어두운 시대의식과 사회의식이 내면에 깔려 있는 경우가 많다. "지금 내 목소리는 비명밖에 지르지 못하네"라고 절규할 만큼 극도의 비탄에 젖어 있는 시적 화자는 암울한 현실을 이렇게 진단한다. "길 위에 흘러내리던 눈물들을 생각한다./ 굶주린 땀들을 생각한다./ 슬픔의 뼈마디들과/ 자본의 두꺼운 지느러미를 생각한다/ 〔중략〕/ 그것이 지상을 덮고/ 보이지 않는 어둠 속으로/ 몸부림치는 모든 흙을 끌고 가는 것을 보았다." 여기서 보듯이 비극적 현장은 철저하게 사실적 눈으로 관찰하면서도 표현은 상징적인 우회의 수단을 쓴다. 그러면서 모든 슬픔의 상처는 사랑으로 녹인다. "이 세상의 모든 상처가/ 이 세상의 모든 곪는 살들과 헤어지는 날/ 별의 가슴이 어둠의 허리를 껴안는 날/ 기쁨의 손바닥이 슬픔의 손등을 어루만지는 날/ 그날을 사랑이라고 하자." 이 사랑은 "한 송이 눈이 두 송이 눈을 껴안듯이, 한 조각 얼음이 두 조각 얼음을 껴안듯이, 한 올 별빛이 두 올 별빛에 입맞추듯이" 너와 나 모두가 서로 껴안음으로써 실천된다. 이 공동체의 사랑을 이렇게 노래하기도 한다. "거기/ 눈썹이 검은 아들과/ 가슴이 두꺼운 어머니와/ 깊은 어깨의 아버지/ 그리고/ 목이 긴, 붉은 딸이/ 있을 것이다./ 그림자 하나씩/ 따뜻이/ 메고 있을 것이다."

그녀의 공동체 사랑을 굳이 민족이니 서민이니 민중이니 하는 이름으로 주소를 잡아줄 필요는 없지만 그 사랑이 우리 민족 고유의 토속적 이미지로 집주(集注)되어 있는 것만은 분명한 사실이다. 다 같은 빈한한 농가의 겨울 밤 풍경이지만 박용래의 시가 조용히 가라앉는 서정이라면 강은교의 시는 뜨겁게 치솟는 서정이다. 그러나 그녀의 사랑은 여하한 관념의 옷을 입히지 않는 것이 좋다. 그래야만 그녀의 사랑의 체온은 식지 않고 「민들레」의 날개를 타고 어디에나 옮겨간다. 바람과 빗물과 햇살과 꽃잎뿐만 아니라 쓰레기더미나 폐허를 거쳐 이슬로 맺혀 빛난다.

오규원

주관 놀이

— '날이미지'의 실상

1

땅 위에는 작고 흔한 것이 많다 작고
흔하기로는 귤도 예외는 아니지만 느닷없이

왜 작고 흔한 것 가운데 귤이 거기에 끼여 있는지
나는 어리둥절하다 제주도에서

재배에 성공한 이후 귤은 몇 십 원으로
어디서나 살 수 있다 그러한 귤이

그러나 온몸의 무게로 앉으니까 앉은 자리와
주변이 슬그머니 정돈된다 자리와 주변을 정돈하는

그 조용한 무게는 크기와는 달리 나보다 오히려 무겁다
놓인 그 자리에서 밑으로 아무렇게나 앉은 그는 그 무게
하나로

이미 내가 감당하기 힘든 한 세계의
중량이다 지금 내 앞에 있는 그의 무게는

순수해서 학문이나 신념보다 무겁다
온몸으로 아무렇게나 앉은 그 자세 하나로

이미 탈사물의 중량이다 그 무게는
정치나 권력 부정이나 부패의

무게가 아니라 존재의 무게여서
이 시대보다 순수하게 더 무겁다

2
땅 위에는 작고 흔한 것이 많다 작고
흔하기는 나도 예외는 아니지만 귤 하나가

저 주먹만한 크기로 작아진 이유가
오늘은 시보다 난해하다 난해한

시대 속의 이 작은 난해 앞에서 나는
종일 작아지고 또 작아져서

내가 작으므로 내 속의 역사 내 속의
정치 내 속의 권세와 영광도 이 작은

귤보다 더욱 더 작아진다

오늘은 이 귤보다 더 큰 존재는
내 앞에는 없다 정치도

작아진 정치를 보니까 귀엽다
작아져서 조그마한 권세와 영광도

이 작은 귤이 작아진 이유
이제야 알겠다 작은 것이 존재하는 이유

작아지지 않으면 들어갈 수 없는 곳
그곳까지

(「귤을 보며」)

자연이나 인간 세상에서 어떠한 생성이 이루어지고 있는 과정에서 그 운동(생성)의 성격은 때로는 불규칙하고 우발 내지 돌발적이며 일정한 향방이 없을 때도 많다. 그때는 오직 보이지 않는 생경한 질(質)만 있고 형체가 없다. 극히 찰나적으로 무정형(無定形)한, 형(形) 이전의 태아 같은 이상 형체들이 생멸을 거듭하는 동안 동력의 징후만 감지될 뿐이다. 그것은 화산의 폭발이나 태풍, 해일, 뇌성벽력을 동반한 폭우를 통해서 체험할 수 있다. 그러나 이러한 위협적인 자연현상뿐이 아니다. 알고 보면 모든 생명체의 생성 과정에서 시작해서 생존물 일체의 변화 과정에서 일어나는 현상도 마찬가지다. 태내에서 태아가 태동하는 과정이 그렇고 나무의 씨앗이 땅속에서 발아하여 크게 자라기까지 그 뿌리의 활동이 그렇고 동물이 살아가기 위한 일체의 활동이 그렇다. 안정과 정돈은 생명체의 휴식 공간이나 휴식 시간에서만 진행된다. 생명체 중에서도 특히 인간은 이러한 기능을 만물의 영장답게 발휘한다.

오규원. 그는 인간과 자연이 처한 이러한 생명체적 환경 안에서 일어나는 변화의 양상과 그 추이를 예리하게 관찰한다. 나아가 인간의 사회적 현상까지도 이러한 원리로 관찰한다. 이러한 과정에서 건져낸 창조적 수확이 소위 살아 있는 이미지란 뜻의 '날이미지'다. 시에서 이미지가 맛이 가고 물이 가서는 안 될 일이지만 그의 '날이미지' 개념은 생명의 동태에 항상 붙어 있으면서 신선하고 경이적인 감각으로 우리 앞에 다가선다. 그의 말을 들으면 "날이미지 시가 추구하는 것은 존재의 현상 그 자체를 언어화하는 것"이고 "존재의 현상 그 자체가 날이미지라면 그것을 언어화하는 과정에서 시인의 주관으로 인해 날이미지의 순수성이 없어진다"는 것이다. 그렇기 때문에 자신의 시는 "현상에 충실한 주관을 지향하고 그 주관까지도 형상화하는 시"라는 것이다.

이 시는 귤이라고 하는 한 현상물의 크기와 무게에 대해 수시로 변해가는 주관적 인식을 형상화했다고 할 수 있다. 작고 흔한 존재물 가운데 왜 하필 귤이 내 시선에 들어오는지에서부터 시적 사색은 시작된다. 실존주의에서 인간의 실존이 그냥 거기에 우연히 놓여진 존재(Da Sein)이듯이 존재물(귤)에 대한 실존적 회의다. 그러나 귤에 대한 기존의 인식(작다는 일반적 인식)이 무겁다고 하는 무게의 인식을 끌어내는 것은 자신의 주관이다. 이 주관으로 인한 이미지의 손상을 막기 위해 시인은 귤의 위상을 구체화하여 온몸으로 아무렇게나 앉아 자리와 주변을 정돈하고 있어서 무게를 느끼는 것 같이 묘사하고 있지만 사실은 다시 이러한 묘사를 뒤집어서 '탈사물의 중량'이니 혹은 '존재의 무게'란 말로 표현함으로써 존재의 순수성을 결국 추상화하는 데 이르고 말지만, 작아지지 않으면 순수의 무게에 이를 수 없다는 절대의 한계를 사실성(작은 크기)에 두고 '나'와 귤의 존재 가치의 초점을 여기에 모은다.

이 시인은 '날이미지'를 사실적·발견적·직관적·환상적 날이미지로 분류한다. 그렇다면 "작은 귤이 작아진 이유"라는 표현은 '사실적'을 제외한 나머지 세 가지에 모두 적용되는 것이 아닐까. 또 "저 주먹만한 크기로 작아진 이유가/ 오늘은 시보다 난해하다"고 한 것은 어떻게 읽어야 할까. 시에서 "관념을 배제하다 보니까 주체인 나의 시선이 아닌, 사물의 시선 쪽으로 이동"하게 된다는 것이 시인의 주장이고 보면 사물의 시선만이 아닌 이 표현에서 시인의 딜레마를 읽을 수 있다고 해야 하는지. 아니면 직관적·환상적 날이미지가 시적 '애매성'의 범주를 벗어나지 못하고 있다는 뜻인지. 아무튼 '사물과 세계의 심층적 의미를 탐구하는' 이 시인의 노력은 이미지의 한계에 새로운 지평을 여는 것임에는 틀림없는 일이다.

오규원의 시는 시인의 의사와는 상관없이 일단 실험시의 성격을 띤다. 시어의 선택이나 시행의 배열을 비롯한 시 형식의 특이성이 그렇다. 그의 시 「토마토와 나이프」는 마치 쉬르리얼리즘 화가들의 즐겨 쓰는 빠삐오꼬레(서로 상관없는 것끼리 한데 갖다 붙이는 기법)나 콜라주(collage)의 기법을 즐겨 쓰고 있다고나 할까. 그렇다면 쉬르리얼리즘 화가들의 오브제에 해당하는 시적 용어는 그의 시에서 의미를 배제한 순수 이미지로 읽어야 할 것인가. 아울러 그의 시의 이미지는 절대와 본질에 통하는 통로며 그의 시는 그것만으로 이루어진 쉬르리얼리즘적인 순수시란 말인가. 여기까지 확대해서 생각하는 것은 보류한다 하더라도 이상(李箱)류의 실험시를 연상케 하는 것은 사실이다. 그의 시 「집」은 이상의 「烏瞰圖」 제1호와 흡사한 점이 있다. 언어 기호 아닌 숫자의 나열이나 동어 반복이 그렇다. 그리고 이상이 거울에서 자신의 피사체만 보는 데 비해서 이 시인은 피사체와 거울을 동시에 본다. 그만큼 인식의 대상이 복합적인 데 비해서 이상은 단순하다는 차이를 보인다. 제재의 배치에 있어서 이상이 대치적으로 활용한 데 대해서 그는 병치적로 나열한 것이 다르다. 그만큼 이 시인의 시는 갈등 구조로 그려져 있지가 않다.

시 「거울 또는 사실에게」는 다음과 같은 부제가 붙어 있다. "거울은 거울 앞을 떠난 자를 결코 용서하는 법이 없다 거울 앞을 떠나면 거울은 그 순간 떠난 자를 그대로 삭제한다. 거울을 보려면 누가 불러도 일이 생겨도 거울 앞을 떠나서는 정말 안 된다. 사실이 진실에게." 거울 앞에서 내 신체의 보이는 부분과 보이지 않는 부분은 사실과 진실의 차이같이도 느껴진다("거울의 안은 더도 아니고 덜도 아니게/ 나의 크기만큼 차 있고 나머지는 비어 있다"). 그러나 보이지 않는다고 해서 진실일 수는 없는 일이고 보인다고 해서 사실이 진실이 될 수 없는 일이라면 사실과 진실의 개념은 얼마나 모호한 것인가. 거울 앞에 섰을 때 내 신체의 피사된 부분과 피사되지 않은 부분의 차이를 사실과 진실로 분류할 수 없는 일이다. 그렇지만 딸이 아버지가 멋있다고 생각하는 착각을 방조하기 위해서 아버지가 거울을 보지 않는 행위의 사실적 근거가 이 시인에게는 중요하다. 이 시인에게는 실제로 멋이 없다는 진실보다 딸이 멋있다고 생각하는 사실이 더 중시된다("우리 집 딸놈은 자기 아버지가 잘 생기지는 못했지만/ 멋있다고 믿고 있다 딸놈의/ 착각이 재미있으므로 나는 거울을 보지 않는다"). 이러한 사실을 앞의 시인의 지론에 대입하면 아버지라는 현상에 충실한 딸의 주관을 지향하고 그 주관을 형상화했다고 할 수 있다. 이러한 인식이 이 시인이 추구하는 '날이미지' 시학의 현주소다.

오세영

철학적 사색과 낭만적 예술 형식

깨진 그릇은

칼날이 된다.

절제(節制)와 균형(均衡)의 중심에서

빗나간 힘,

부서진 원은 모를 세우고

이성(理性)의 차가운

눈을 뜨게 한다.

맹목(盲目)의 사랑을 노리는

사금파리여,

지금 나는 맨발이다.

베어지기를 기다리는

살이다.

상처 깊숙이서 성숙하는 혼(魂)

깨진 그릇은

칼날이 된다.

무엇이나 깨진 것은

칼이 된다.

(「그릇 1」)

'시는 철학이 아니다'라는 명제와 '시는 철학적이다'라는 명제는 서로 모순되는 것이 아닌 채 다 같이 수용되는 시학의 개념이다. 철학이 존재에 대한 범우주적인 범주를 가진 논리적인 사고인 데 반하여 시는 존재에 대한 비지각적인 직관이란 점이 양자의 차이점이다. 철학은 이미지를 초월하며 설령 그것을 사용한다 하더라도 철학 그 자체의 목적을 위하여 활용한다. 그러나 시는 이미지를 왕국으로 생각하고 그 속에서 생존하지만 시적 이미지는 때로 철학적 사색을 만나 그 광채가 더욱 빛나기도 한다. 시는 비합리적이고 비논리적이긴 해도 그것대로의 논리성을 지니고 있다. 단 개념적인 규합의 질서와는 다른 논리성을 지니게 된다. 그래서 '감각적 논리'니 '미학적 논리'라는 말을 쓰게 된다. 그러나 시에서 '철학적'이란 말은 그런 논리성과는 별개로 내용상의 무게에 비중을 두고 있는 것이 사실이다. 이 말은 시적 내용의 두 가지 요체인 '의미와 감정' 혹은 '사상과 정서' 중 의미와 사상 쪽에 비중을 두고 있음을 뜻한다. 즉 철학적이어야 할 아무런 당위성을 띠지 않으면서 시적 의미의 중요한 비중을 차지한다는 뜻이다. 고전적 가치를 지닌 시의 명편(名篇)들은 이러한 개념의 범주 속에 들어 있는 것이 많다.

오세영의 시집 『사랑의 저쪽』은 인간의 실존적 의미를 연작시 「그릇」을 통해 관념화한 일종의 테마 시로 구성되어 있다. 관념화라는 말은 그의 시적 상상력이 철학적 사색이나 사변적 기술을 주로 하고 있다는 뜻이다. 그의 시는 합리적 사고의 정식(定式)에 비유의 연금술을 구사하든가 철학적 사색의 에스프리를 비유나 상징의 형태로 쓴 경우가 많다. 그의 시적 상상력의 원천은 아리스토텔레스 이래로 철학 사상의 주류를 형성해온 질료와 형상의 개념에 상당히 접근해 있다. 그러나 본질과 현상의 상관관계를 근원적인 밀착 사고로 전개하는 것은 시와 철학의 경계를 손상할 위험성이 따르는 것이 사실이다.

이 시집에 등장하는 '그릇'의 개념은 두 가지 의미로 분류된다. 하나는 빈 그릇과 찬(滿) 그릇의 상대적 의미이고 다른 하나는 깨진 그릇과 성한 그릇의 상대적 의미다. 여기서 의미상 초점은 항상 빈 그릇과 깨진 그릇에 둔다. 빈 그릇은 그의 실존의식의 발원지다. 그의 공(空)의 개념은 영원한 자유와 생성의 광장(우주)을 향해 삶의 진폭과 파장을 극대화하는 역설의 의미를 띤다. 그가 존재물에 접근하는 의식의 태도와 방식은 매우 예리하고 적극적이다. 3연에서 맹목의 사랑을 노리는 사금파리에 베어지기를 기다리는 살과 그 상처에서 성숙하는 혼은 바로 그 극단의 예가 될 수 있다.

이 地上의 확실한 소유는/ 빈 그릇,/ 虛無의 가슴에서 울려나오는/ 바이올린 솔로,// 속이 비어야 共鳴하는/ 人間의 樂器. (「인간의 樂器」)

분노에 떠는 칼도/ 집에 들면 잠든다.// 오욕과 굴종의 하루를/ 밖에 두고 문을 닫는/ 나의 歸家./ 安息은 항상/ 닫힌 그릇 안에 있다. (「칼」)

참다운 소유는 빈 그릇,/ 열려 있으므로 항상 듣는/ 事物의 귀.

(「사물의 귀」)

스스로 애욕의 단물을 비움으로써/ 이루어 놓은 평정,/ 열려 있는 공간은 자유다./ 인간이여,/ 네 뚜껑을 열어라/ 우주엔 뚜껑이 없다. (「콜라 캔」)

마치 스토아학파의 금욕 사상이나 노자의 무위자연(無爲自然)의 사상이나 불교의 공(空) 사상에 접맥된 잠언시 같은 생각이 들 수 있다. 그러나 시가 잠언과는 달리 도덕성의 굴레를 벗어나는 것은 상상적 체험으로 발굴된 지혜가 창조적인 이미지를 동반하기 때문이다. 시인이 정서적 향기를 지닌 사향 주머니를 차기도 힘들지만 사상의 광맥을 보유하기도 매우 힘든 일이다. 위의 예시에서 보듯이 빈 그릇에서 확실하고 참다운 소유를 발견하고 평정을 찾고 영혼의 금선(琴線)을 울리는 음악을 듣는다. 살펴보면 이 시집(『사랑의 저쪽』)에는 빈 그릇의 의미가 다양하게 전개된다. 「들꽃」에서는 빈 그릇(운동장)이 우주를 향해 눈을 뜨는 충만의 시간을 담고 있다. 그리고 그 속에서 하나의 생명(들꽃)을 키운다. 술잔은 "비우기 위하여 채우는 모순(矛盾)의 공간"이다. 그것은 "비어 있는 그것이 충족"이기 때문이다. 그리고 비어 있는 상태가 소멸의 상태라면 이 소멸의 현상이 연기에다 비유된다(「연기」)든가 비누에 비유된다. 비누는 "자신을 허물고 푸는 행위로 이념보다 큰 사랑을 안는다"(「사랑의 묘약」). 빈 그릇은 그것이 가지고 있는 사실성(事實性)의 의미는 공(空)이나 허(虛)나 무(無)지만 시적 의미는 모든 가치를 소유한 유(有)의 개념으로 역설화된다.

이번에는 깨진 그릇의 의미를 살펴보자. 시적 동기는 현상이나 행위의 이상적(異狀的) 현상에서 발생하는 경우가 많다. 시를 은유에 의한 여러 차이들의 조직적 활동으로 보는 것은 은유를 일탈과 변형과 왜곡의 형식으로 간격을 성격지어주기 때문이다. 성한 그릇과 깨진 그릇 사이에 놓여 있는 차이의 간격은 이러한 은유의 원리를 따른다.

균형(원〔圓〕)에서 빗나간 힘(각〔角〕)의 대립이 일으키는 긴장된 의미가 차이의 개념이다. 원의 형태가 파괴되면 각(角)이 된다. 이 각은 영혼의 잠을 깨우고 성숙시키는 이성의 칼로 비유된다. 이러한 전개 과정은 예술 형식의 변증법으로 해석할 수 있다. 상징적 예술 형식을 명제로 보고 고전적 예술 형식을 반명제로, 낭만적 예술 형식을 종합으로 본다. 성한 그릇의 상태는 고전적 형식이다. 이 형식은 그 자체의 고유한 법칙을 가지고 창조적으로 만들어지며 구조와 내용이 하나의 통일체로 융합되는 유기적 형식이다. 그러나 이성으로 영혼을 자극하고 성숙시키는 깨진 그릇〔角〕은 낭만적 형식이다. 이는 정해진 구조에 내용적 안주를 거부하고 자체 내적인 알력과 분열을 시도하는 추상적 형식이다. 이것은 예술미 개념에는 적합지 않으므로 미학적 관점상 몰락(붕괴)이 된다. 그래서 여기 소개된 오세영의 시편들은 낭만적 예술 형식에 속한다.

> 세상의 열매들은 왜 모두/ 둥글어야 하는가./ 가시나무도 향기로운 그 탱자만은 둥글다./ 땅으로 땅으로 파고드는 뿌리는/ 날카롭지만,/ 하늘로 하늘로 뻗어가는 가지는/ 뾰죽하지만/ 스스로 익어 떨어질 줄 아는 열매는/ 모가 나지 않는다.// 〔중략〕 그대는 아는가./ 모든 생성하는 존재는 둥글다는 것을/ 스스로 먹힐 줄 아는 열매는/ 모가 나지 않는다는 것을 (「열매」)

깨진 그릇이 파괴의 미학이라면 열매(원〔圓〕)는 창조적 미학이다. 오세영은 이 양축의 미학을 고수하고 있다. 파괴를 통해 시적 에너지의 생성과 축적과 활용이 이루어지고 원형의 대형(隊形)으로 에너지는 포만과 충만과 완성을 이룬다. 이 「열매」는 바로 이 완성의 의미를 표상한다. 다시 말하면 이 작품은 그가 평소에 고독 속에 깨어 있으면서 "보다 보편적인 것, 보다 본질적인 것, 보다 중심적인 것"을 탐구하는 데 심혈을 기울였다고 밝힌 그대로 그의 이러한 시정신의 구경(究竟)을 실증하는 작품이다.

김정란

'시원(始原)의 갈증'

—— '부재와 자유에 봉사하는 언어'

당신의 어깨는 좁은 뜨락이다.
꽃이 피어 있다.

누구의 입김으로 여기에 남은 흔적
이토록 현란하게 흔들리다가
붉은 백 겹의 혓바닥으로 꽃피어난 걸까.

꽃은 또한 발자국이다.
우리가 큰 소리로 아, '확인'이라 외치며
남기는 발자국,
우리는 떠나도 뒤에 남아 홀로 피어나듯.

춤추는 발자국의 길,
당신은 언제나 아프다.

언제나 두고 와 돌아보는 어제처럼

당신의 完結된 어깨의 길,

어쩌면 쓸쓸하게 하늘에 닿아 있을까.

당신의 어깨 너머엔

날아가는 커다란 눈, 참 여러 개.

(「당신의 어깨: 詩의 장소」)

원래 언어의 기표와 기의는 똑같이 붙어 다니는 자웅동주(雌雄同株)였다(소쉬르의 시대까지만 해도). 그러다가 데리다의 해체 이론이 나오면서 이 둘의 연결고리가 끊어져 하나는 '떠도는' 신세로, 다른 하나는 '미끄러지는' 신세로 각자의 길을 걷게 되었다. 현대시에서 난해성이 가중된 동기의 하나가 바로 이 언어 기능의 돌발적 변고 때문이다. 김정란의 절망은 바로 이 시니피앙의 운명적 조건에 시의 명운을 걸고 있기 때문이다. 그는 이렇게 절규한다. "허망의 바다에 그물을 던진다. 제발 나의 엉성한 그물, 시니피앙들만을 건져올릴 뿐인, 배은망덕한 그물이여"라고. 시인에게 있어 시와 삶은 하나이듯이 이 시에서 부제인 '시의 장소'는 바로 시인의 삶의 현장이다. 그에게 있어 삶의 의미는 눈의 초점에 들어오지 않는다. 손가락 사이에서 모래가 새어나가듯이 빠져나간다. 그는 "수없는 말들, 허망함으로 이빨을 가는, 오 떠도는, 우리가 만들어 낸, 넝마들"(「지하철에서: 추함에 길들기 3」)이라고 자조와 자탄을 수없이 토해낸다.

그러나 여기 「당신의 어깨」는 이러한 떠도는 시니피앙이 '당신'이란 항구에 정박하면서 미끄러져나간 시니피에와 재회(어쩌면 근접한 상황일지도 모를)를 노래하고 있다. 긴장과 환희로 범벅이 된 재회의 과정은 "이토록 현란하게 흔들리다가/ 붉은 백 겹의 혓바닥으로 꽃피어난 걸까"에서 잘 드러나 있다. 그러나 그 꽃(시니피에)은 금세 달아나고 만다. 우리가 아무리 확인하려 해도 발자국으로 우리 뒤에 홀로 남아 있을 뿐이다. 어깨는 시시포스의 어깨가 의미하듯 인간 조건의 전체를 움직이는 힘이 모인 곳이기도 하지만 인간 심상의 측후소이기도 하다. 으스대거나 풀이 죽거나 민감하게 반응하는 곳이다. 삶의 의미를 압축하려고 드니 좁은 어깨가 될 수밖에 없고 그 의미의 허망을 이야기하자니 흔적(발자국)이 될 수밖에 없다. 그러나 무모하게도 인간은 얼마나 많은 야망을 어깨에 실으려 했는가. 그것이 시인에게는 날아가는 커다란 눈(유성이나 혜성 같은)으로 빛날 수가 있는 것이 아닐까. 그러나 김정란 시의 '어깨'는 근원적인 의미로 보아 그의 시를 역동적으로 이끌고 있는 아니마(생명성)라 할 수 있다. 이 시에서는 '당신'의 어깨를 노래하고 있지만 시 「천사」에서는 '나'를 어머니라고 부르기도 하고 연인이라고 부르기도 하고 '내' 사랑하는 영혼이라고도 부르는 '당신'이 '내' 어깨 위에 있다고 노래하고 있다. 그래서 이 어깨는 '나'와 '당신'의 존재를 싸안고 있는 아니마라 볼 수 있다.

> 나비를 보았다.// 깊은 밤, 내 숨소리 허공을 향해 올라갔을 때// 우리의 기질이 나비의 날개를 가진다면// 우리는 다만 있는 일만으로 족하리라. 왜냐하면/ 버려버릴 것을 모두 가벼운 날갯짓으로 벗어버린 뒤에// 우리는 알몸으로 비로소 남아 있을 수 있으므로.// 그때에 내가 내 육체를 향해 새삼스러이 말을 걸리라./ "안녕! 예쁜 나여!"// 나비는 언제나 내 영혼의 깊은 곳을 찾는다. 그가 말했다./ "가능하면 더 깊은 곳을"// 어느 날인가 나는 그가 수줍은 목소리로 말하는 것을 들었다.// "나는 금이 간 영혼을 사랑해"// "어째서지?"// "잘 몰라, 하지만 어쨌든 그들에게선 좋은 냄새가 나."// 그리고 그는 날아갔다.// 나는 덜덜 덜 흔들렸다.// 그리고 조금 뒤에 바람이 칠흑이 그리고 핵이 남았다.// 꿈꾸는/ 핵// 나는 다시 나비를 보았다. 아니 오히려 가졌다.// 내가 모든 여행길의 돌짝밭에서 돌아올 때/조심스러운 비상으로// 다시 시작하는 나비. (「나비의 꿈」)

김정란 시의 근본 동기는 실존적 회의다. 시적 표현의 이상을 자유에 두면서도 실존적 근거를 포착하지 못하는 딜레마에서 시의 기교는 탄생한다. 그의 시의 도처에서 우리는 양관계의 갈등을 만나게 된다. '부재'와

'자유'에 시는 봉사해야 한다고 그는 생각한다. 실존주의의 근본 아이템인 실존과 본질의 대립은 많은 핵분열을 동반한다. 가령 '밝음'에 대해서는 '그림자', '즐거움'에 대해서는 '결핍'이 대립한다(「결핍으로서의 존재: 어두움의 기록 1」). '바늘'(필연성의 상징)과 '실'(순수성의 상징)의 '불화해'라든가 '오른손'과 '왼손'의 갈등, 이것은 결국 '포름과 내용. 그랄(Graal)과 피'의 관계로 귀추된다(「결핍으로서의 존재: 어두움의 기록 2」). 대체로 이 갈등 사이에서 고민하는 몸부림이 시적 위의(爲意)가 되고 이를 시의 모럴리티로 연결하는 것이 상례의 시법으로 생각하고들 있지만 그의 시법은 이러한 관념을 해체한다. 그에게 있어 "神은 모럴의 대상이 아니고 욕구의 대상이다"(「결핍으로서의 존재: 어두움의 기록 3」). 그에게는 다만 부단한 모색의 자유('갈망의 순수함'이라 했다)가 있을 뿐이다. 이 자유의 화신이 나비다. 그의 나비는 '삶'과 '꿈'의 상징인 장자의 나비가 되기도 하고(「불면: 추함에 길들기 1」), "영혼(금이 간 영혼)의 깊은 곳을 찾는"(「나비의 꿈」) 나비가 된다. 같은 자유의 상징태면서 나비의 경쾌한 비상의 이미지와는 달리 완만한 탈출의 이미지로 등장하는 것이 달팽이다. 이 달팽이는 "축적된 생명의 모든 물량적 樣式"과 '형태'와 '내용'을 '빠져나'와 '궁극의 기원에게로 돌아가기 위해 속살만으로 영혼의 크기에 꼭 들어맞는 절대의 집 한 채('될 수 있는 것' : 가능성= '되어야 할 것' : 당위성)를 짓기 위하여 성벽을 기어 내려온다.' 그러나 그 꿈은 무위로 돌아가고 만다. "존재의 궁극에 대한 感만으로 최소한 指向"하는 것으로 그는 만족한다(「나의 (詩)」). 그에게 있어 본질과 정체성과 당위는 한갓된 각질에 불과하다. '삶도 각질'이요 '언어도 각질'인 바에야 이 각질을 탈출한 속살의 실존('달팽이')은 항상 시작하는 시니피앙의 이름으로 표류할 수밖에 없다("내가 모든 여행길의 돌짝밭에서 돌아올 때/ 조심스러운 비상으로// 다시 시작하는 나비"). 결국 그의 시에는 차착(差錯)과 패착(敗着)의 연속 안에서 실존적 불안을 동반한 행동의 미학이 팽만해 있다.

당신 생각을 해요/ 오지 않은 사람(아직은)// 나는 흔들리고 열려요/ 왜냐하면 / 나는 아주 깊이 깨달았거든요/ 〈내〉가 감옥이라는 걸/ 기억나요, 그때, 어떤 천사가/ 라일락 향기로 내 몸을/ 정성스레 문대었던 걸// 그 후론 아무도 없어요 다만/ 존재하지 않는 거대한 텅빈/ 내 존재를 죽음의 신비 쪽으로/ 한없이 날아오르게 하는/ 오 모호한 전부의/ 부드러운 부드러운 입맞춤만이// (그리고… 그것… 사물들 지워진 자리에… 가만히… 남아 있는… 나… 나라는 소질… 존재의 분위기… 존재에 대한 겸손한 열망…)// 한때 나는 갈망으로/ 미칠 것 같았어요 지금/ 나는 세계 안에서 벌써 세계 밖으로/ 튀어나와 있어요 당신(결국 나를 포함한)을// 기다리는 내 고요한 열림이/ 내 갈망을 무어라 표현할 수 없는/ 향기로 바꾸어요 // 당신 생각을 해요/ 오지 않는 사람(아직은)

(「오지 않은 사람」; —영원한 유예 나는 기다림에 처형되어 있다. 그러나 〈기다리는 나〉는 〈나〉보다 언제나 얼마나 더 아름다운가)

그녀의 시는 대체로 현실('존재의 분위기')과 이상('존재에 대한 열망') 사이에서 진행된다. 그러다 보니 시적 자아도 분열되어 나타난다. 단순한 존재자로서의 현실의 '나'와 참 존재의 의미를 꿈꾸는 이상적 '나'가 그것이다. 이 시에서 현실의 '나'는 '존재하지 않는 거대한 텅 빈 존재'이고 이상적 '나'는 어떤 실체를 떠나 있는('사물들이 지워진 자리에 가만히 남아 있는') '일종의 소질', '존재의 분위기', '존재에 대한 열망', '비형상적인 기미'로 나타나 있다. 종교시에서 메시아가 있듯이 일반 시에서는 시적 이상의 가상적 실체는 대개 '임'이나 '어머니'나 '당신'이라는 인격체로 상징되는 경우가 많다. 이 시에서 '당신'이나 '천사'도 그런 역할을 한다. 그러나 그의 천사는 눈물 속에서 '너'의 아픔을 향해 지성으로 흔들리면서 살다 보면 그 아픔의 상처(얼굴)가 천사가 된다. 이처럼 천사는 천상적 품격을 갖춘 타자가 아니다. '너'의 실체가 시 속에서 밝혀지지 않았지만 '너'의 상처 입은 얼굴이 '나'의 천사가 되고 '나'의 상처의 얼굴이 너의 천사가 된다. 이러한 관계로 미루어보면 '너'와 '나'는 동류라는 추리가 가능하다.

더군다나 '당신' 쪽에서 보면 '나'는 어머니도 되고 아내도 되고 연인도 된다. 그러나 '나' 쪽에서 보면 '너'는 '내'가 보살피는 아기도 되고 남편도 된다(「천사」). 이러한 사실을 근거로 한다면 그의 천사는 전술한 대로 초월적 타자로서의 신격류(神格類)가 아닌 자기 안에서 자생한 내면적 자아일 수가 있다(시 「單性의 생식」에서는 "내가 없는 당신을 낳아 줄게"라고 밝히고 있다). 천사가 출현하는 산실이나 등장하는 과정은 비극적이지만 천사의 이미지는 어둠으로 손상을 입는 일이 없이 언제나 그의 출구는 밝은 바깥으로 열려 있다. 이것은 그녀의 시에 일관되어 있는 삶의 긍정적인 비전을 명시하는 한 사례가 된다.

김광규

알레고리와 아이러니의 산실
―사변적 논리와 실증적 체험

사랑하는 늑대야
넓은 이마에 총명한 눈동자
뾰죽한 코에 빳빳한 귀
꼬리를 늘어뜨린 네 모습을 보았을 때
나는 잃어버린 누렁이를 생각했다.
귀여운 늑대야
휘파람을 불면서 나는 네게로 다가갔지
하얀 이를 드러내며 너는
날씬한 몸매로 달려들었고
나는 너를 반갑게 껴안았다
그러나 입맞추는 대신 너는
앞발로 사납게 나를 쓰러뜨리고
나의 목을 물어뜯었다
이게 무슨 짓이야
나의 무덤에 올라서서
달을 보고 울부짖는

너의 소리 들을 때마다

나는 아직도 잠을 이룰 수 없다

사람보다 동물을 더 사랑했던

나를 네가 물어 죽였다고 믿을 수 없다

죽어서도 사랑하고 싶은

귀여운 나의 늑대야

(「엘리자를 위하여」)

김광규의 시적 사고의 유형은 철학적 사색의 근간인 사변적인 것과 실증적인 것을 종합한 형태다. 사변적인 것은 지적 논리라 할 수 있는 역설·아이러니·알레고리 같은 수사적 기교를 통해서 나타나고, 실증적인 것은 명징한 체험을 통해서 드러난다. 이 양자의 조화 속에 숨어 있는 그의 시적 생명의 다양한 표정을 읽을 수 있다.

이 시는 위에서 든 지적 수사의 전부를 망라하고 있다. 어쩌면 이솝 우화를 읽는 것 같은 착각을 가질 만큼 잠언적 담론일 수도 있다. 말하자면 "신뢰(사랑)는 오류(불신)를 인정하지 않는다"고. 이 말은 시인이 시를 쓸 수 있는 양심의 마력같이도 느껴질 수 있는 것이 아닐까. 이 시를 단순한 애정과 도덕률의 갈등으로 본다면 그 구조적 단층은 복잡할 것이 없다. 만약 여기서 늑대를 인물로 대치한다면 그저 유미주의적 소설류(오스카 와일드의 「살로메」 같은)를 떠올릴 수 있기 때문이다. 일반적 형식논리로 보았을 때는 '늑대'와 '나' 사이의 관계는 분명 갈등관계지만 여기(시)에서는 '나'의 일방적인 사랑의 의지와 정념만 작용하고 있기 때문에 늑대의 행위에 상관없이 '나'의 애정 일변도는 시적 긴장을 고조하는 역설을 낳게 된다. 시인의 상상력이 이렇듯 역발상과 역기능을 지향할 때 이상하게도 독자에게 미치는 충격요법 같은 것을 생각할 수 있다. 시인의 말을 들어보자. "싸워서 이겨야 할 적이 완전히 없어진 요즘 세상은 무사하고 안일하고 단조롭기 이를 데 없다. 〔중략〕 우리의 삶을 더욱 팽팽하고 거침없게 하기 위하여 멀지 않아 누군가 교묘하게 새로운 적을 만들어낼 것이다"(「오소리를 바라보며」). 이 말은 시의 이면적 해석으로 아주 적절하다고 본다.

> 사람의 모습을 보여 주는 우리의 몸/ 밭에서 자란 시금치를 한 줄의 시로 바꿔 주는 나의 몸// 이상하다/ 나의 몸을 나의 눈으로 다 볼 수 없다는 것이/ 나의 몸을 나의 손으로다 만질 수 없다는 것이/ 참으로 당연한 노릇이지만/ 너의 몸을 나의 눈으로는 다 볼 수 있는데/ 너의 몸을 나의 손으로는 다 만질 수 있는데/ 왜/ 남의 몸을 통해서만 나의 몸은 즐거울 수가 있는가/ 남의 손을 통해서만 나의 몸을 알 수 있는가/ 참으로 어리석은 생각이지만/ 내가 나의 몸속으로 들어갈 수 없다는 것이/ 내가 나의 몸속을 볼 수 없다는 것이/ 안타깝다// 우리는 몸의 힘을 빌어 우리의 몸을 생각하는데/ 내가 가질 수 없는 너의 몸/ 네가 가질 수 없는 나의 몸/ 끝내 우리가 가질 수 없는 우리의 몸 (「몸」)

앞에서 지적했듯이 그의 시가 철학적 사색의 양단을 공유하고 있다고 할 때 「엘리자를 위하여」가 사변적인 측면에 속해 있다고 한다면 이 「몸」은 실증적인 측면에 속한다. 실증주의는 일체의 초월적인 사변을 거부하고 사실을 통해 증명하는 것을 가장 확실한 인식 방법으로 삼는다. 그래서 절대성에 대한 지향을 배제하고 정신적 내지 신체적 상황과 언제나 상대적 진리를 확립하려고 한다. 그렇기 때문에 사실의 관찰에 의거한 현상들 사이의 법칙을 끌어내려고 한다. 그러나 시적 상상력은 철학의 완성된 개념에 이르기 전에 중도에서 선회하는 것을 특징으로 한다. 그래서 모든 시적 상상력이 철학적 사고의 과정을 거치는 것이 일반적인 현상일 수도 있겠지만 유독 어느 특정류의 시인들이 이러한 사색의 궤도를 타고 있다는 데 우리는 특별한 관심을 가지게 된다(拙著, 「詩의 原理와 批評」, pp. 76~81 참조).

시는 철학적 사색의 한계에서 좌초하기 때문에 매력이 있다. 다시 말하면 이 좌초에서 발생하는 긴장의 불꽃이 시와 철학의 한계를 갈라놓는다.

이 시는 인간의 실존적 근거는 물론, 인간 상호간의 대타 관계에서 발생하는 부조리의 현상을 예리하게 관찰하고 있다. 나의 몸이면서 내가 제어할 수 없는 나의 몸을 위시해서 나의 몸과 너의 몸의 대척 관계에서 발생하는 있고 없음의 역기능의 모순과 부조리를 예리한 관찰에 이어 시가 미칠 수 있는 철학적 사유의 한계점까지 밀고 나간 추진력이 놀랍다. 이상의 「烏瞰圖」가 벗어나지 못한 감각적 지각의 부조리의 한계를 극복했다고나 할까. 거기다가 감각적 지각에서 시작하여 신체와 정신적 관계로 옮겨가는 치밀한 전개 과정과 정연한 구성이 돋보인다.

> 모든 인연 뿌리치고/ 먼 길을 떠나/ 타박타박 오랜 세월/ 혼자 걸으며/ 오로지 외곬으로/ 잊기 위해 살았다// 응달 속에 지나온 길/ 아득히 사라지고/ 흘러간 세월은/ 다시 오지 않는데/ 한 순간도 그의 몸을/ 잊지 못하고/ 한 발짝도 그의 몸을/ 떠나지 못한 채/ 서녘 하늘 바라보는/ 탑이 되었다// 영원과 마주치는/ 그 짧은 시간/ 깨달음에 이르는/ 한 뼘의 깊이/ 이승에 주어진/ 그 좁은 우주를/ 끝내 겪지 못하고/ 가버린 그의/ 태우지 못한 육신이/ 돌로 남았다 (「돌탑」)

실증주의적 사고의 한 특징은 현재적 인식이다. 그것은 실증이 자리한 시간대가 현재이기 때문이다. 시인은 "우리가 죽어 과거가 되어도 역사는 언제나 현재로 남고"(「늙은 마르크스」)라고 노래하는가 하면 "지금까지 아무도/ 본 적이 없다면 이 돌은 지금부터/ 여기에 있다./ 내가 처음 보는 순간/ 이 돌은 비로소 태어나는 것이다"(「어느 돌의 태어남」)라고 할 만큼 그의 현재적 인식은 많은 시편에 일관되어 있다. 역사적 인식은 실증을 비춰주는 조명 역할을 한다. 실증의 실체는 깨달음이다. 역사의 최대치가 영원이라면 일순의 깨달음은 영원 속의 "한 뼘의 깊이"(순간)에서 이루어진다. 그것을 놓친 회한의 표징이 바로 여기의 '돌탑'이다. 이 '돌탑'이 퇴락한 자신의 실존이라면 "고칠 수도 없"고 "헐어 버리고 새로 지을 수도 없"는 "지은 지 40년도 더 된 퇴락한 나의 집"(「나의 집」)은 자기 실존을 담고 있는 집(자신의 언어)이다. 그는 삶의 부자연스러움이나 부조리를 현재라고 하는 엄숙한 시간의 벼랑 끝에서 체험한다. 그의 시에서 많은 부분을 차지하고 있는 인간 내지 사회 정의의 실종을 다룬 시편들도 이러한 큰 틀 안에서 맥락을 같이 하고 있다.

김명인

'밀경(密經)의 문'을 여는 시시포스의 어깨

봄날 아지랑이 피어올라 먼 곳
耳鳴처럼 기적이 울면
종달새는 진종일 하늘 밖으로 종종치고 그 날개짓에도
앞산 참꽃들 자지러지게 깨어나

양지 쪽에선 움켜쥐어도 손 시렵지 않던 고드름
툭툭 햇살도 어느새 지붕 위의 눈 녹이던 날
논바닥에 나가보면 개울물 졸졸거리고 겨우내
숨었던 방개며 물장군들이
물밑, 아련한 기억을 더듬어 그려내는 동심원
가까이

그리하여 예서 우리가 더불어 보낸 어떤 시절도
거기 가 닿지 못하고 다만 날마다의 물살에
속절없이 흐려져 갔을지라도

헐벗던 시절의 약속이여, 저 기다림의 깃대마저 꺾어져
다시 만날 기약조차 번번이
빈 가슴 모래 바람에 허술히 날리는 그리움뿐이어도
오늘 가라앉지 않고 떠오르는 둥근 해, 둥근
내일을 향해

나는 가리라, 남겨진 모든 시간도 더는
위안 없는 마음밭 눈물 얼룩진다 해도
많은 물음 내게 와 닿고 또 끝끝내 남겨진 의문으로
저 수많은 자책의 비탈 많은 세월을 향해

(「머나먼 곳 스와니 4」)

자신 안에, 고인 물처럼 머물러 있는 슬픔은 비극이 될 수 없다. 그것이 이리저리 굴러서 부딪쳤을 때 내는 아픔의 소리가 있어야 비극이 된다. 또한 그것이 고드름으로 얼어붙어도 그것을 녹이는 더운 피를 만나야 비극이 된다. 김명인 시의 도처(특히 가을 시 같은)에서 우리는 쪼록쪼록 소리를 내는 슬픔의 소리를 듣는다. 연작시 「머나먼 스와니」 1~5편에는 바다에서 부화되어 강물로 올라오는 연어 떼의 운명적인 힘 같은 것이 들어 있다. 무위한 것 같으면서도 인간 조건의 최선의 실천이라는 당위의 명분에 충실한 의지가 시에 들어 있다. 그의 시에서 절망으로 끝나는 시는 한 편도 없다. 절망은 굳어진 슬픔의 시체를 남기지만 희망은 그 실체와 정체가 없이도 아지랑이처럼 피어오른다는 사실이 시인이 시를 쓰게 하는 가장 큰 매력이다. 이러한 평범한 진리를 지속적으로 실천하기는 쉬운 일이 아니다. "길은 흘러도 캄캄한 모래 속일 뿐 출구가 없으니/ 어디쯤에 열려 있는가 내 密經의 문이여"(「天 竺」), "우리의 化石된 꿈 아직도 피묻은 깃발로 걸려/ 저 미치도록 막막한 그리움으로 나부끼는지"(「화천」), "나그네 아픈 낙지발로 물어뜯겨도/ 법성포여, 철산 바다는 저 산 너머에 있다 한다"(「법성포 부근」), "이제 먼 수평이 스스로를 허물고 어둠 속으로 저물어도/ 어눌한 물오리 몇 마리 아직도 칼바람에 떠/ 보일 듯 가라앉을 듯 기쓰며 자기를 고눈다"(「나그네새」), "우리 또한 웅크렸다 해도 서늘한/ 네 눈빛 머리 위에 둔다"(「燈火管制」). 이처럼 절망과 희망의 명암 사이에 그의 시가 있다. 낮밤이 바뀌는 만큼이나 분명한 사실로 우리 앞에 선다. 이 시는 그의 시의 바로 이러한 총체적 정황을 대변하는 시라고 할 수도 있다. 그러나 우리는 양극적 정황의 상관관계에서 지금까지 우리가 본 묘사적 평면 구도와는 달리 그의 시는 새로운 의미(상징적)로 전환하는 국면을 접하게 된다.

> 탁자 사이를 갈라놓은 수족관을 한 채/ 얼음덩이로 본 것은/ 결빙에서 방금 깨져나온 듯 투명한/ 저 은빛 물고기들이/ 빙하 속에 산다는 그 무슨 어족으로 겹쳐 보였기 때문일까./ 얼음 속을 헤엄칠 때 저 물고기들/ 시린 체온을 견뎌내는지, 움직임이 거의 없다./ 겹겹의 불빛을 껴입은/ 반사의 비늘들만 반짝거리며 눅눅한 실내/ 환하게 닦아낼 뿐.// 얼음물고기, 아가밀 뻐끔거리면 수족관 안쪽으로/ 뿌옇게 물무늬가 서린다./ 투시된 내장 속으로 무지개의 말들 막 쟁여지는지,/ 어떤 소리도 금세 얼어붙는 빙점 아래인 듯/ 가끔씩 기포들이 피어오른다. 그 언저리에/ 얼음물고기가 넓혀 놓은 상상의 자리가 있음을 나는 느낀다.// 저 물고기 빙하의 바닥에까지 닿아 있어/ 아무것도 아닌 일로 출렁거리는 내 삶과는 무관하다./ 오지 않을 친구를 오후 내내 기다리며/ 끓어올랐던 신열(身熱) 삭여내려면/ 스스로 얼음물고기라도 한 마리 지어 보는 것,/ 그리하여 심해의 침묵이 저 얼음물고기와 놀게 한다./ 지금 단단해진 생각 속으로 스미며/ 얼음물고기 헤엄치고 있다./ 처음엔 나도 얼음의 한 무리인 줄만 알았다.// 얼음물고기라고 왜 저의 사리(舍利)를 갖지 못하겠는가./ 금강석의 차가움으로 오래 단련되어야 하는 질문을/ 미처 우리가 몰랐을 뿐,/ 그러므로 저기 얼음물고기가 있었다 한들/ 얼음의 경계를 벗어나 사라진 것들에 대해/ 거듭 물어보는 것은 도리가 아니다./ 어떤 흔적도 제 몸으로 새기지 않으므로/ 얼음물고기 저렇게 투명하고 고요하다.// 하지

만 우리 모두 위안의 말들을 그리워하므로/ 대기에 스치는 순간 녹아버리는 운석이 되더라도/ 우박을 헤치면서/ 꽁꽁 언 몸을 끌고 입김 사이로 오는 것이리라./ 녹은 물고기 이제 얼음 호수로 돌아가지 못한다./ 넘치도록 흘러온 빙하/ 물고기 떼를 이끌고 갔는지, 수족관에는/ 작은 열대어만 맴돌 뿐 어디에도 얼음물고기가 없다./ 상상의 테두리에 닿는 순간 얼음물고기 저를 녹여/ 흔적도 없이 사라져버린 것일까. (「얼음물고기」)

이 시에서 우리는 의미상 두 축을 발견할 수 있다. 그것은 "얼음물고기"와 "녹은 물고기"다. 시가 고도의 압축된 환상에서 고조된 긴장감을 지속할 수 있다고 한다면 김명인의 시는 대체적으로 밀도 높은 긴장 위에서 조성되고 있다. 그의 얼음물고기는 처음부터 이 환상의 첫 자락에서 출현한다("얼음물고기가 넓혀놓은 상상의 자리가 있음을 나는 느낀다"). 시적 긴장이 진행되는 시간은 이 얼음물고기가 활동하는 시간과 일치한다. 그러다가 얼음물고기가 녹은 물고기로 탈바꿈하면서 시적 긴장(사실상 시적 의미의 전부)은 사라지고 만다("상상의 테두리에 닿는 순간 얼음물고기 저를 녹여 흔적도 없이 사라져버린 것일까"). 시인은 덤덤한 삶의 권태("아무것도 아닌 일로 출렁거리는 내 삶")나 무모한 속정(俗情)의 울화—"끓어올랐던 신열(身熱)"—같은 일상적 삶을 얼음물고기의 화려한 환상의 수사 속에 가둬 버린다("결빙에서 방금 깨져나온 듯 투명한/ 저 은빛 물고기들이…… 겹겹의 불빛을 껴입은/ 반사의 비늘들만 반짝거리며 눅눅한 실내/ 환하게 닦아낼 뿐…… 아가밀 빠끔거리면 수족관 안쪽으로/ 뿌옇게 물무늬가 서린다./ 투시된 내장 속으로 무지개의 말들 막 쟁여지는지"). 그의 환상은 이러한 미적 수사로만 끝나는 것이 아니다. "투시된 내장"이 암시한 것과는 달리 더 직접적으로 밝히고 있는 것은 "미처 우리가 몰랐을" "금강석의 차가움"으로 빛나는 얼음물고기의 '사리'(舍利)다. "눅눅한 실내 환하게 닦아낸다"는 의미와 상통한다. 이것은 그의 시의 의미상 하이라이트에는 항상 지적 에스프리(어쩌면 이것은 그의 시의 모럴리티일 수도 있다)가 작용하고 있다는 것을 의미한다. 대개 긴장이 고조되면 감정이 경색되게 마련인데 이 시는 빙점 이하에서 새로운 상상의 세계를 개척한다. 수족관을 한 채의 얼음덩이로 보고 결빙에서 방금 깨져 나온 은빛 물고기를 발견하는 기상(奇想)이 그것이다. 또 한편으로는 주된 환상이 지속적으로 진행하다가 그 '상상의 테두리'(끝자락)에 와서 종적을 감추어버리는 전이의 마무리는 감동의 여운이 조용하면서도 의미의 파장은 심각한 상태로 그대로 남아 있음을 잘 보여주고 있다("녹은 물고기 이제 얼음 호수로 돌아가지 못한다./ 넘치도록 흘러온 빙하/ 물고기 떼를 이끌고 갔는지, 수족관에는/ 작은 열대어만 맴돌 뿐…… 얼음물고기 저를 녹여/ 흔적도 없이 사라져 버린 것일까"). 이는 일반적으로 그의 시적 의장(意匠)에는 여하한 실존적 조건의 극한 상황에서라도 극복의 의지가 깊이 작용하고 있다는 사실을 입증한다.

> 가을은 병든 몸조차 돌볼 수 없는 때/ 어느새 찬바람 펄럭이며 온다./ 어룽진 정든 육체가 깨어질 때까지/ 더욱 또렷해지는 마음은 수레 자국 찍으면서/ 굴러가라, 저무는 날의 햇빛 한 마장 길 (「가을 노래」)

> 억새 가슴에 저며 서걱이는 빈 들판에 서서/ 이제 우리가 새삼 불러야 할 노래는 무엇인가/ 저기 위안없이 가야 할/ 남은 길들이 마저 보인다. 그러니 여기 잠시만 멈춰 서라 (「가을의 끝」)

> 살아서 마주 잡는 손 떨려도 이 가을/ 끊을 수 없는 강물 하나로 흐르기로 하자 / 더욱 모진 날 온다 해도 (「가을 江」)

김명인의 시는 공허와 충만 사이에서 발생하는 자력(磁力)의 서정, 곧 깊은 비감(悲感) 그것이 또 하나의 특징이다. 비우는 것으로 끝나면 감상으로 떨어지기 쉽지만 채우는 의지가 뒤따를 때 생명감이 넘치는 비감이 분출한다. 위의 가을 시 세 편을 보면 더욱 분명해진다. 이렇게 허망을 딛고 일어서는 의지의 몸부림은 앞으로 그의 시의 새로운 장이 열리는 진통의 조짐인지도 모른다. 시의 문턱에 빽빽하게 서 있는 나무들의 풍경이 아니고 문 안의 풍경, 말하자면 감각으로도 만져질 수 있는 구체적인 정신적 체질 같은 것 말이다. 이 풍경 안에는 아마 '얼음물고기'의 현란한 '사리'가 반짝이고 있을 지도 모를 일이다. 시인은 스스로 이렇게 다짐한다. "지금까지 내 시에는 꿈이 메말라 있었다. 마른 삭정이처럼 꺾어지는 생각의 파편들, 이제는 현실의 장력에 버팅기는 꿈을 살찌우고 싶다. 내 시가 나에게조차 구원일 수 없다 해도 나는 시로써 내 실존의 쓰라림을 다독거리고 싶다."

6
이미지(언어감각)의 전용(專用)

이장희

감각적 표상과 심미적·비극적 서정

꽃가루와 같이 부드러운 고양이의 털에
고운 봄의 香氣가 어리우도다.

금방울과 같이 호동그란 고양이의 눈에
미친 봄의 불길이 흐르도다.

고요히 다물은 고양이의 입술에
포근한 봄 졸음이 떠돌아라.

날카롭게 쭉 뻗은 고양이의 수염에
푸른 봄의 생기가 뛰놀아라.

(「봄은 고양이로다」)

이 시는 고양이의 몸이 지니고 있는 감각적 소재들을 서정화한 형식으로 되어 있다. 고양이의 털을 통하여 봄의 향기를, 고양이의 눈을 통하여 봄의 불길을, 고양이의 입술을 통하여 봄의 졸음을, 고양이의 수염을 통하여 봄의 생기를 나타내고 있다. 제목을 보면 분명히 은유 형식을 취하고 있지만 본문은 문장 형식상 은유라고 단정하기는 곤란하다(직유 형식을 제외한). 환유와 은유는 다르다. 환유는 그것이 다른 표상으로 이동하는가 하면 은유는 하나의 표상이 다양한 잠재 요소와 연관되어 있다. 말하자면 환유가 이동의 기능을 하고 있다면 은유는 압축의 기능을 한다. 그렇다면 이 시의 본문은 고양이 몸의 각 부위가 표상하는 것이 다양한 잠재 요소와 결합이 되어 있다고 보기 어려우므로 환유 쪽에 가깝다고 할 수 있다. 그러나 더 구체적으로 말하면 환유라기보다는 차라리 대유(代喩) 형식으로 보는 것이 적절할지 모른다. 대유는 환유와 유사하지만 일반적이고 추상적인 것을 구체적이고 생생한 이미지로 표현하는 것을 일컫기 때문이다. 단 이 시에서는 감각적인 것이 서정적인 것으로 이동하고 있는 점이 다를 뿐이다. 다시 말하면 감각적인 앞 행의 소재(털·눈·입술·수염)가 후행의 서정적인 내용(봄 향기, 봄 불길, 봄 졸음, 봄의 생기)으로 이동하고 있다. 그러나 한 소재를 놓고 이와 같이 간명직절(簡明直截)하게 서정을 풀어나가는 일은 놀라운 재치다. 시인은 자신의 시(아마 이 시가 대표적인 것 같음)를 이렇게 변호한다. "詩는 푸라치나 線이라야 한다. 光彩 없고 彈力性 없고 刺戟性 없는 굵다란 鐵絲線은 詩가 아니다." 그러나 이 작품과는 전연 다른 성격의 시도 있다.

> 시내 우에 돌다리/ 달 아래 버드나무/ 봄 안개 어린 시냇가에 푸른 고양이 곱다랗게 단장하고 빗겨 있소./ 울고 있소 기름진 꼬리를 쳐들고/ 밝은 애달픈 노래를 부르지요/ 푸른 고양이는 물오른 버드나무에 스르르 올라가/ 버들가지를 안고 버들가지를 흔들며/ 또 목놓아 웁니다. 노래를 부릅니다./ 멀리서 검은 그림자가 움직이고/ 칼날이 銀같이 번쩍이더니/ 푸른 고양이도 볼 수 없고/ 꽃다운 소리도 들을 수 없고/ 그저 쓸쓸한 모래 위에 鮮血이 흘러 있소. (「고양이의 꿈」)

이장희는 '즉물적 감각의 수사학'에 '심미적 이미지'가 뛰어난 시인으로 알려져 있다. 이 사실은 「봄은 고양이로다」 한 편으로도 충분히 입증된다. 이 작품이 간결한 문체로 즉물적 감각을 압축적으로 표현한 것이라면 「고양이의 꿈」은 심미적 이미지와 상징성이 특징을 이룬다. 여기서 심미적 이미지는 소재 자체의 즉물적 감각이 아니라 시공간적 배경과 소재(고양이)의 동태에 의하여 형성된다. 봄날 달밤과 안개 서린 시냇가가 서정적 배경으로 등장하고 물 오른 버드나무와 푸른 고양이의 색정적 유희, 그것은 춘정(春情)과 욕정의 회오리며 소용돌이다. 황석우의 「벽모(碧毛)의 묘(猫)」에도 "파란 털의 고양이"는 "뜨거운 샘(泉)과 같은 愛"의 상징으로 등장한다. 그런데 문제는 이러한 서정적 패턴이 후반부에서는 급전직하로 전도되어버리는 사실이다. 고양이의 갑작스러운 죽음의 의미는 무엇일까. 이 시인의 전기적 사실(자살 행위)과 무관하지 않을 수도 있다면 억압된 죽음에의 충동이 고양이의 자살(자살)로 대행된 것인지 알 수가 없다. 이번에는 그의 감각적 이미지가 환상 속으로 그 장을 옮긴 것을 보자.

> 어머니 어머니라고/ 어린 마음으로 가만히 부르고 싶은/ 푸른 하늘에/ 따스한 봄이 흐르고 / 또 흰 볕을 놓으며/ 불룩한 乳房이 달려 있어/ 이슬 맺힌 포도송이보다 더 아름다워라.// 탐스러운 乳房을 볼지어다./ 아아 乳房으로서 달콤한 젖이 방울지랴 하누나./ 이 때야말로 哀求의 情이 눈물 겨우고/ 주린 食慾이 입을 벌리도다./ 이 무심한 食慾/ 이 복스러운 乳房……/ 쓸쓸한 심령이여 쏜살같이 날려지이다./ 푸른 하늘에 날려지이다.
>
> (「靑天의 乳房」)

일찍이 백기만은 고월(古月)을 이렇게 평했다. "견디기 어려운 苦悶에서 離脫하기 위하여 스스로의 幻想世界를 만들기에 바빴다. 病的인 幻想世界에서 慰安을 얻음으로써 現實世界로부터 오는 壓力과 苦痛을 緩和한 것이다"라고. 그렇다. 그를 '환상시인'이라 불러도 무방하리만큼 현실적 고통을 환상을 통하여 대상 충족시키는 데 열중했으리라 본다. 이 시는 제목부터가 경이적인 발상이다. 마치 입체파의 그림을 보는 듯한 괴기한 쾌감을 준다. 그래서 누가 그를 한국의 1920년대 모더니스트라고 했는지 모른다. 이 유방(乳房)은 어디까지나 가상적 소재다. 유방은 모성을 상징하는 이미지의 한 표본이다. 그러한 유방이 여기서처럼 본래적인 위치에서 이탈하여 새로운 공간을 얻을 때 시적 상징으로서의 참신한 창조적 의미나 이미지를 생산할 수 있다. 유방을 푸른 하늘에 배치하는 것은 심미적 계시성(revelatory character)에 근거를 둔다. 시는 유기적 조직체로서의 새로운 현실의 발견에 그 생명성이 있다. 어머니와 유방과 이슬 맺힌 포도송이가 푸른 하늘의 공간 안에서 화자의 정서와 어우러져 한 조직체로서의 새로운 현실을 생산한다. 여기서 화자의 정서는 "쓸쓸한 심령"이 표상하는 현실적 아포리아에 대해서 "무심한 食慾"으로 표상되는 무의식 속의 억압 심상이다. 억압 심상은 항상 돌파구를 향하여 에너지를 축적한다. 그 비상하는 날개 소리는 바로 '심미적 계시성'의 울림을 지니게 된다.

> 室內를 떠도는 그윽한 냄새/ 좀먹은 緋緞의 쓸쓸한 냄새/ 눈물에 더럽힌 夢幻의 寢臺/ 낡은 壁을 의지한 피아노/ 커다란 말라버린 다알리아/ 파랗게 숭없게 여윈 고양이/ 언제든지 暮色을 띤 숲 속에/ 코끼리 같은 古風의 집이 있다. (「비인 집」)

문득 기형도의 「빈집」이 연상된다. 기형도의 '빈집'이 죽음 안에 마련된 공간이라면 고월의 '비인 집'은 죽음에 이르는 전 과정의 풍경이 나열된 공간이다. 그래서 전자는 공포의 강박관념을 지나 체념적 감상으로 젖어 있는가 하면 후자는 박제가 되어가는 사색(死色)의 정경에 대한 이성적 통제가 아프게 깔려 있다. 아무렇지도 않는 것 같은 겉 풍경과는 달리 이 시에서는 언제나 스산한 죽음의 바람 소리를 들을 수 있는 것은 최후를 알리고 있는 그의 전기적 사실 때문일까.

김기림

지성과 정의(情誼)의 통각적(統覺的) 모더니즘의 실험시

굳은 어둠의 장벽을 시름없이 노크하는 비들의 가벼운 손과
손과 손과 손……
그는 아스팔트의 가슴 속에 五色의 感情을 기르며 온다.

대낮에 우리는 아스팔트에게 향하여
『예 둔한 자식 너도 또한 바위의 종류로구나』 하고 비웃었다.
그러나 지금 우두커니 하늘을 쳐다보는
눈물에 어린 그 자식의 얼굴을 보렴.

루비 에머랄드 싸파이어 琥珀 翡翠 夜光珠……
아스팔트의 湖水面에 녹아나리는 네온싸인의 音樂.
고양이의 눈을 가진 電車들은(大西洋을 건너는 타이타닉號처럼)
구원할 수 없는 希望을 파묻기 위하여 검은 追憶의 바다를 건너간다.

그들의 救助船인 듯이
종이 雨傘에 맥없이 매달려

밤에게 이끌려 헤엄쳐가는 魚族들

女子—

사나이—

아무도 救援을 찾지 않는다.

밤은 深海의 突端에 坐礁했다.

SOSOS

(「비」)

한국 현대시사에서 모더니즘 시가 본격적으로 씌어진 것은 김기림으로부터 비롯된다. T. E. 흄이 고전주의의 부흥을 배경으로 주지적 이미지즘 시를 발표했고 에즈라 파운드가 고대와 현대, 동서양의 문학을 통합하려는 사상적 배경 위에서 이미지즘 시 운동을 전개한 것과 유사하게 김기림은 주지적 이미지즘 시를 일관해서 써왔다. 이러한 사실은 다음과 같은 그의 시론이 잘 밝혀주고 있다. 1) 자연발생적 시의 배격과 주지성의 강조, 2) 감상성의 배격, 3) 문명 비평 정신 앙양, 4) 메커니즘에의 참여.

자연발생적이란 것은 그에 의하면 감상적 낭만주의나 격정적 표현주의, 혹은 담백한 정서의 상징주의, 꿈의 상태를 강조하는 초현실주의 등 감정을 본질로 하는 서정시 일체를 포함한다. 주지성은 이미지 중심의 즉물성(卽物性)을 띠면서 문명비평 정신으로 이어진다.

이 시는 이러한 그의 시론을 대변하는 주지적 실험시의 하나다. 그에 의하면 여기서 비는 "抽象化한 主觀의 감정이 직접 독자의 감정에 감염하려고 하는 감상적 낭만주의 시나 격정적 표현주의 시"에서 보는 그러한 비가 아니다. 시간(밤)과 공간(도회의 아스팔트)의 위치에서 또 다른 매체(네온사인)를 만나면서 '이미지의 엑스타지'를 발생하는 '발전체'(發電体)가 된다. 그래서 그것은 '자기중심적이거나 유심적(唯心的), 상상적이 아니고 객관적이고 즉물적(卽物的), 구성적'이다.

아메리카에서는/ 女子들은 모두 海水浴을 갔으므로/ 빈 집에서는 望鄕歌를 부르는 니그로와 생쥐가/ 둘도 없는 동무가 되었습니다. (「市民 行列」)// 낯익은 강아지처럼/ 발등을 핥는 바다 바람의 혓바닥이/ 말할 수 없이 새롭건만/ 나는 이 港口에 한 벗도 한 親戚도 불룩한/ 지갑도 戶籍도 없는 거북이와 같이 징글한/ 한 異邦人이다 (「異邦人」)

이 두 편은 다 같이 질주하는 문명 가도에서 소외된 인간적 고독을 묘사하고 있다. 상황이나 소재의 선택이 도시 문명적이라 하더라도 격세지정(隔世之情)의 탄식이 내면에 깔린 채 고도의 지적 풍자가 생동감을 준다. 말하자면 시인은 독단적인 독백의 형식을 취하는 것이 아니고 어디까지나 비판적이고, 감정의 편중이 아니고 정의(情意)와 지성이 잘 종합되어 있다.

待合室은 언제든지 〈튜립〉처럼 밝구나/ 누구나 거기서는 旗발처럼/ 出發의 희망을 가지고 있다. (「待合室」)

수수밭 속에 머리 수그린/ 겸손한 오막살이 잿빛 지붕 위를/ 푸른 박 넝쿨이 기어 올라가고/ 엉크린 박 넝쿨을 내리밟고서/ 허연 박꽃들이 거만하게/ 아침을 웃는 마을 (「마을」)

대합실은 과거 한국 시에서 보면 만남보다는 이별의 장으로 많이 등장하면서 감상적 정조가 범람하고 있는 시적 공간으로 많이 쓰여 왔다. 그러나 여기서는 이별의 슬픔 대신에 만남의 기쁨이 꽃(튤립)처럼 환하게 풍겨나고 있다. 즉 대합실 분위기는 다시 만나기 위한 출발의 설렘으로 들떠 있다. 출발의 희망을 비유한 깃발도 항해의 꿈을 펼쳐 보이는 선상의 마스트와 같은 상징성을 띤다. 청마(靑馬) 시인이 깃발을 "鄕愁의 손수건"이나 애수에 찬 "白鷺의 날개"에 비유한 감상적 정조와는 사뭇 대조적이다. 시 「마을」에서도 박꽃의 이미지는 가냘프고 소박한 여성의 이미지로 사용해오던 종전의 시와는 사뭇 다르다. 가령 김광균의 「南村」에서 "저녁 바람이 고요한 방울을 흔들며 지나간 뒤/ 돌담 위의 호박꽃엔/ 죽은 누나의 하얀 얼굴이 피어 있고"의 예를 비교해보면 두 시의 꽃의 이미지는 너무나 대조적이다. 비록 박꽃과 호박꽃이 주는 일반적인 이미지는 차이가 있다고 해도 한 사람은 창백한 누나의 얼굴이라고 하는 감상성에 빠졌고 다른 한 사람은 거만하게 아침을 웃고 있다고 하는 역동적 활력으로 묘사하고 있다. 여기서 우리는 낭만 시와 모더니즘 시의 차이를 느낄 수 있다.

김기림은 기존의 정체된 질서나 체계나 가치관에 대한 거부와 새것에 대한 모색이라고 하는 모더니즘의 강령을 실천하려고 했다. 그의 시에서 호수보다는 바다가 자주 등장하는 이유도 이와 관련된다. 폐쇄적인 것보다는 개방적인 것, 정적인 것보다는 동적인 것, 음성적인 것보다는 양성적인 것을 선호하다 보면 안정과 정관(靜觀)의 이미지를 지닌 호수보다는 호연장엄(浩然莊嚴)한 바다를 선택했다고 본다. 그러나 언어의 '역동적 기능'은 소재의 선택 여하에 좌우되는 것만은 아니다. 가령 언어 기능을 주지성·회화성·음악성이라고 하자. 서구 모더니즘 시의 경우 음악성은 누구나 개성적으로 준수하는 것이므로 논외로 하더라도 주지성과 회화성은 나름대로 특징적으로 드러난다. 이 둘은 한 작품 안에서 종합적으로 드러나는 경우도 있지만 대개 회화성은 단시(短詩)에서, 주지성은 장시(長詩)에서 두드러지게 드러난다. 이 시인의 시력(詩歷)에서 보면 대체로 단시에서 장시로 이행한 것으로 보이는데 이러한 현상은 시적 연륜이 깊어감에 따라 주지적 경향으로 흘렀다는 이야기도 된다. 주지성이란 말은 단편적인 지적 유희에 머물러 있는 것을 일컫는 것이 아니고 적어도 그 인식의 규모는 하나의 통각적(統覺的) 범주라고 할 사상적 단위를 형성하는 것이라야 한다. 그러나 1930년대 한국의 모더니즘 시는 이러한 개념에 미치지 못하고 있다. 이상(李箱)과는 차이를 많이 두고 있지만 김기림도 이 한계의 틀을 크게 벗어나지는 못했다.

쉬르리얼리즘과 위티시즘의 묘용(妙用)

十三人의兒孩가道路로疾走하오.

(길은막다른골목이適當하오.)

第一의兒孩가무섭다고그리오.

第二의兒孩가무섭다고그리오.

第三의兒孩가무섭다고그리오

第四의兒孩가무섭다고그리오.

第五의兒孩가무섭다고그리오.

第六의 兒孩가무섭다고그리오.

第七의兒孩가무섭다고그리오.

第八의兒孩가무섭다고그리오.

第九의兒孩가무섭다고그리오.

第十의兒孩가무섭다고그리오.

第十一의兒孩가무섭다고그리오.

弟十二의兒孩가무섭다고그리오.

第十三의 兒孩가무섭다고그리오.

十三人의兒孩는무서운兒孩와무서워하는兒孩와그렇게뿐이모였소.

(다른事情은없는것이차라리나았소.)

그中에一人의兒孩가무서운兒孩라도좋소.

그中에二人의兒孩가무서운兒孩라도좋소.

그中에二人의兒孩가무서워하는兒孩라도좋소.

그中에一人의兒孩가무서워하는兒孩라도좋소.

(길은뚫린골목이라도 適當하오.)

十三人의兒孩가道路를疾走하지않아도좋소.

(「詩第一號」)

한국 현대문학사에서 작품 성향에 대한 평가로 이상(李箱)만큼 많고 다양하게 언급된 사람은 아마 드물 것이다. 많은 평자들이 거론한 내용을 대충 요약한다면 다음과 같다. 쉬르리얼리스트(혹은 신심리주의자)와 모더니스트(혹은 탈모더니즘을 시도한 한국 최후의 모더니스트) 그리고 다다이스트가 제일 많고 고답파, 미래파, 센치멘털리스트, 니힐리스트, 신경 계통의 메카니스트, 나르시시스트 등등이다. 그러나 이 중 심리주의와 관련되는 정서적 모티베이션의 부분적 현상을 제외하면 거의 모두가 지적 기능과 관련이 된다. 그래서 그의 시(혹은 문학 전반)를 거론할 때 위티시즘, 아이러니, 에피그람(警句), 패러독스(이 용어들은 그의 소설에서도 나오는 말임)를 특징으로 드는 것도 이 모두가 문체상 지적 기능을 공통으로 하고 있기 때문이다. 그는 시대고(時代苦), 세대고(世代苦 혹은 世帶苦)를 앓으면서도 역사의식, 사회의식은 작품에 반영된 것이 별로 없다(「詩第一號」와 「詩第二號」를 제외한). 그는 스스로 자신을 상자 속에 가둔 요술사로 자처하면서 천재적 상상력으로 끄집어낸 "위트와 패러독스를 바둑의 布石처럼 늘어

놓았다"고 했다. 그러나 그의 작품에 반영된 지적 기능은 지성이나 지식이라기보다는 말초적 기능인 지적 감각에 머물러 있는 것이 대부분이다. 원래 지성은 '지각을 바탕으로 하여 인식을 구성하는 정신적인 여러 기능, 말하자면 비교, 추상, 개념 구성, 판단, 추론' 같은 기능을 통합적으로 안고 있는 것이고 지식은 '원리적 통일적으로 조직되어 객관적 타당성을 요구할 수 있는 판단적 체계'를 갖추고 있는 것을 의미한다. 물론 이러한 지성이나 지식의 개념적 요건을 문학 작품이 실현해야 한다는 것은 아니지만 문제는 지성과 지식의 이러한 체계적 형태가 그의 의식 현상에서 찾아볼 수 없다는 점에 있다. 그의 작품을 문체상의 특징을 들어 '어희'(語戲)라고 일컫는 것은 단편적인 지각의 한계를 벗어나지 못했다든가 단편적인 지식의 집합체에 머물러 있다는 뜻이 되기도 한다. 그래서 우리는 차라리 그의 작품성의 중요한 뿌리를 모더니즘의 실체에서 찾게 된다. 왜냐하면 모더니즘의 예술성은 심미성(審美性) 아닌 지적 기교에서 찾아볼 수 있기 때문이다.

「詩第一號」는 삶의 내용, 형식, 전망에 대한 전반적인 거부와 좌절과 절망으로 휩싸여 있다. 우선 13의 숫자부터 생각해보자. 이미 알려진 대로 예수의 최후의 만찬에 참석한 사람의 숫자로 연관지어본다고 할 때의 생사기로의 한 극점의 이미지를 떠올릴 수도 있지만 13은 일년 12달과 하루 24시를 오전 오후로 갈을 때의 그 반분에 해당하는 시간이다(그래서 시계의 숫자판이 12로 되어 있다). 동양철학에서 나온 간지(干支)에 12지가 있다. 그렇다면 13은 정상의 숫자가 아니다. 무언가 이상을 알리는 플러스알파에 속하는 숫자다. 이 변수의 이상을 상징적으로 활용한 것이 게오르규의 「25시」다. 24시의 플러스알파 숫자 25가 상징하는 것이나 13이 상징하는 것은 두 작가의 의도가 거의 같다고 볼 수 있다. 다음으로는 길은 막다른 골목도 좋고 뚫린 골목도 좋다는 것은 양자택일의 여지나 바람(희망)이 있을 수 없는 절대 절망을 의미한다. 第一에서 第十三을 일일이 매거한 것은 무서움의 공포를 강조한 것은 물론 지질린 권태적 혐오감을 나타낸 것으로 본다(그의 수필 「倦怠」 참조). 무서운 아해와 무서워하는 아해로 양분한 것은 물질문명과 정신문화 속에서 발생하는 일체의 가해성(加害性)과 피해성(被害性)을 압축한 것으로 볼 수도 있다. 이렇게 본다면 이 시가 그리고 있는 상징적 도면은 어느 정도 판독할 수 있으리라 본다.

1

나는거울없는실내에있다.거울속의나는역시外出中이다.나는至今거울속의나를무서워하며떨고있다.거울속의나는어디가서나를어떻게하려는陰謀를하는中일까.

2

罪를품고식은寢床에서잤다.確實한내꿈에나는결석하였고義足을담은軍用長靴가내꿈의白紙를더럽혀놓았다

3

나는거울있는室內로몰래들어간다.나를거울에서解放하려고.그러나거울속의나는沈鬱한얼굴로同時에꼭들어온다.거울속의나는내게未安한뜻을傳한다.내가그때문에囹圄되어있드키그도나때문에囹圄되어떨고있다

4

내가缺席한나의꿈.내僞造가登場하지않는내거울.無能이라도좋은나의孤獨의渴望者다.나는드디어거울속의나에게自殺을勸誘하기로決心하였다.나는그에게視野도없는들窓을가르치었다.그들窓은自殺만을爲한들窓이다.그러나내가自殺하지아니하면그가自殺할수없음을그는내게가르친다.거울속의나는不死鳥에가깝다.

5

내왼편가슴心臟의位置를防彈金屬으로掩蔽하고나는거울속의내왼편가슴을겨누어拳銃을發射하였다.彈丸은그의왼편가슴을貫通하였으나그의心臟은바른편에있다.

6

模型心臟에서붉은잉크가엎질러졌다.내가遲刻한내꿈에서나는極刑을받았다.내꿈을支配하는者는내가아니다.握手할수조차없는두사람을封鎖한巨大한罪가

있다 (「詩第十五號」)

「詩第十五號」는 자의식의 과잉 상태가 빚은 의식 내부 상태에서의 즉자(卽自, 거울 밖의 나)와 대자(對自, 거울 속의 나)의 심각한 분열 상태에서 전개되는 발랄한 위티시즘이 소피스트성 지적 유희를 동반하고 있다. 의식의 진로를 차단하는 심리적 아포리아는 어느 때 어느 시인에게서도 쉽게 발견될 수 있는 일이지만(대개 자화상 시에서 많이 발견됨) 여기서처럼 두 개의 대립된 자아가 엽기적으로 극화되어 예리한 갈등적 긴장감을 조성하는 것은 드물게 보는 현상이다. 이상 시에서 이러한 이항 대립의 갈등적 소재는 이 예시와 같은 여러 편의 자화상 시에 나오는 거울 밖의 나와 거울 속의 나, 혹은 무서운 아이와 무서워하는 아이, 아버지(혹은 조상)와 나, 싸움하는 사람과 싸움하지 아니하는 사람, 아내와 나, 나와 잘려나간 나의 팔 등으로 드러나 있다. 이들 소재들은 모두 무시간성 위에서 지적 접전(接戰)을 전개한다. 그러나 이러한 지적 활동은 그 숨은 뜻을 쉽게 요해(了解)할 수 없는 복잡한 상징이나 구조적 산물이 아니고 누가 지적했듯이 '일차원적'인 것인 경우가 대부분이다.

그러나 그는 자의식이라고 하는 특수한 수단을 표현 도구로 삼았기 때문에 오히려 무의식의 자동기술적 표현을 본령으로 하는 쉬르리얼리즘적 특성이 그의 시에서 상당한 비중을 차지한다. 자의식은 감각적 순간으로 이어지는 현재 의식이다. 그의 시에서 초월자적 의식이나 형이상학적 관념이나 미래 의식이 잘 보이지 않는 것은 결코 우연한 현상이 아니다. 소위 그의 위트에 넘친 에피그램으로 잘 알려진 "절망은 기교를 낳고 그 기교 때문에 또 절망한다"는 말은 그가 생각하는 것과 같이 모든 현대인의 정신적 부조리를 의미하는 것만은 아니다. 그의 절망에는 시간적 배경의 동기가 없다. 과거와 미래를 외면할 때 남는 것은 현재의 의식 공간뿐이다. 이상 개인이 안고 있는 비윤리성·비창조성·비테마성의 관념적 체질이 문제가 된다. 서구의 모더니즘은 근대 문명에 대한 긍정적 시각으로 새로운 표현 형식을 찾으려는 실험의식을 바탕에 깔고 있는 데 비해 이상의 경우, 지식은 난제를 돌파하는 수단이 된다거나 새로운 창조적 비전을 끌어내는 역할을 하지 못하고 오히려 야유와 풍자를 위한 유희의 도구로 활용된다. 존재자에 대한 긍정도 당위에 대한 신뢰도 없이 무위한 의식의 해체를 거쳐 '의식의 절멸'(絶滅)이라고 하는 극한 상태에까지 이른다. 의식이 지성의 통제로부터 해방이 될 때 자동기술이라고 하는 쉬르리얼리즘적 표현이 가능할 법도 한데 그에게는 그러한 현상이 나타나지 않는다. 그것은 그가 의도적으로 아이러니나 패러독스라고 하는 수단을 써서 복잡한 의식의 궤적을 그리는 유희에 탐닉되어 있었기 때문이다. 그런데도 「오감도」 시편들(제1호에서 제15호까지) 대부분은 이미지의 비연결성 자동전개라는 측면에서 쉬르리얼리즘적 성격이 드러나 있는 것이 사실이다. 이상 특유의 아이러니다.

정지용

이미지즘과 플라토니즘

— '겉으로 서늘하고 안으로 열(熱)한 것'의 의미

琉璃에 차고 슬픈 것이 어린거린다.
열없이 붙어 서서 입김을 흐리우니
길들은 양 언 날개를 파닥거린다.
지우고 보고 지우고 보아도
새까만 밤이 밀려나가고 밀려와 부딪치고
물 먹은 별이 반짝 寶石처럼 박힌다.
밤에 홀로 琉璃를 닦는 것은
외로운 황홀한 심사이어니
고운 肺血管이 찢어진 채로
아아 너는 山새처럼 날라갔구나

(「琉璃窓 1」)

육당(六堂)의 신체시가 한국 최초의 서구 시 지향의 실험시라고 한다면 정지용의 시는 1920년대 후반과 1930년대 초반에 걸쳐 있는 실험시라는 것은 이미 잘 알려진 사실이다. 정지용과 거의 같은 무렵에 김기림이 있고 조금 뒤에 이상이 있다. 이상은 전술한 대로 신심리주의 계열의 모더니스트라 한다면 김기림과 정지용은 또 그들 나름대로 궤를 달리한다. 김기림을 도시 문명적인 주지적 이미지스트라고 한다면 정지용은 낭만적 취향의 주정적 이미지스트다. 그러나 정지용은 엄격한 과학적 논리의 시론을 거부하면서도 추상적인 모호한 표현을 피하고 간명직절(簡明直截)한 언어로 압축된 표현을 취한다. 여기서 일차적으로 그의 시가 지니는 특유한 이미지즘의 특성이 있다. 그러나 그의 시는 이러한 회화적 특성의 한계를 극복하고 철학적 내지 종교적 사상을 구현하는 쪽으로 이동한다. 그것은 이미지즘의 창시자 에즈라 파운드가 간결 정확한 표현을 철칙으로 삼으면서도 「캔토」나 「휴, 셀윈 모벌리」에서 보여주듯이 인류문화에 대한 비판정신을 깊이 깔고 있는 사실과 유사하다. 말하자면 혼(魂)이 없는 즉물시(卽物詩) 그것으로 일관하지 않고 동양 사상이나 카톨리시즘과 같은 관념 지향의 욕구가 그의 시심에 깊이 뿌리를 내리고 있다. 그렇다면 이미지 중심의 시각적 표상성과 사상 중심의 관념성이 어떠한 관계를 유지하고 있는가 하는 것이 그의 시를 이해하는 데 중요한 관건이 된다.

감각적 표상은 한 감각을 다른 감각으로 옮기든가 비감각적인 추상관념을 감각화한다. 혹은 정태(靜態)를 동태(動態)로, 혹은 동태를 또 다른 동태로 옮기기도 한다. 그러나 이 「琉璃窓 1」에서와 같이 하나의 사물성을 전경화(前景化, foregrounding: 일상적 언어를 미학적 관점에서 의도적으로 왜곡시키는 '낯설게 하기'의 기법)하는 기법도 일종의 이미지의 연금술이라 할 수 있다. 유리창에 새까만 밤이 밀려오고 밀려나간다든가 별이 보석처럼 박힌다는 것은 감각적 표현의 참신성으로, 그것만으로도 전경적 요소가 되지만 엄격히 말해서 그것은 일상적으로 사용하는 표준적 언어의 자동화된 요소의 범위를 벗어날 수 없다. 별이 "차고 슬픈 것"에서 "길들은 양언 날개를 파닥거리는" 산새로 이미지가 파격적으로 변용됨으로 해서 자동화된 언어 기능이 비자동화의 미학적 기능으로 전경화를 극대화한다. 이 전경화는 일상적 표준적 언어를 전제로 해서 이루어진다고 할 때 별은 여기서 표준적 언어가 된다. 따라서 전경에 놓인 산새의 이미지는 배경에 남아 있는 별의 이미지와 대비를 이룸으로써 낯선 감동의 효과는 커진다. 전경화의 극대화를 이루는 장치는 전경화된 요소들의 단순한 수적인 결합만이 아니고 이미지의 일관성에 달려 있다고 한다면 별, 산새, 너(죽은 딸을 이른다고도 함)로 연결되는 단일한 비유 체계는 바로 전경화의 효과를 더한 것으로 볼 수 있다. 이것이 이미지의 연금술이다.

지용 시의 특징은 이러한 표면적 기교에 머물러 있는 것이 아니다. 그것은 모더니즘의 광역의 의미에 걸쳐 있다. 기독교 중심의 교의와 야만인의 신화와 의식(儀式) 사이의 교류라든가, 기교적이면서 주제적이라고 하는 모순 등가의 양면 가치가 같이 물려 있는 그러한 속성을 지닌다. 이는 그의 시론의 골자를 암시하는 '겉으로 서늘하고 안으로 열(熱)한 것'이 의미하는 것과 근본적으로 일치한다. 참신한 회화적 감각미를 겉으로의 서늘함이라면 직관적 인식의 세계에 정서적 충동이 가미된 상태('정신적인 것의 熱烈한 정황')가 안으로 열한 것이라 할 수 있다. 이러한 사실은 원론적인 시론으로 돌려서 이야기할 수 있다. 즉 이미지 대 아이디어라든가, 이콘(icon) 대 심벌이라고 하는 양면 구조 위에 조명될 수 있다는 뜻이 된다. 다시 말하면 경험적 이미지와 추론적 이미지로 대립되는 불균질(不均質)의 양면 관계라고 할 수 있다. 감각적 경험의 이미지가 이콘 위주의 이미지즘의 특성을 갖는다고 한다면 추론적 이미지는 플라토니즘의 성격을 띤다. 플라토닉한 시의 경우 이미지를 비이미지적 언술이나 아이디어에 포용하려고 든다. 지용은 바로 이러한 플라토닉한 시의 세계를 강하게 열망했다. 그의 말을 잠시 들어본다.

"시인은 究極에서 言語文字가 그다지 대수롭지 않다. 詩는 言語의 構成이기보다 더 情神的인 것의 熱烈情況 혹은 旺溢한 狀態 혹은 恍惚한 士氣이므로 詩人은 恒常 精神的인 것에서 情神的인 것을 照準한다. 言語와 宗匠은 情神的인 것까지의 一步 뒤에서 洗心할 뿐이다. 表現의 技術的인 것은 차라리 詩人의 타고난 才幹 혹은 平生 熟練한 腕法의 不知中의 所得이다. 詩人은 情神的인 것에 神的 狂人처럼 一生을 두고 가엾이도 熱烈하였다."

이러한 그의 논리대로라면 아무리 탁월한 감각 시를 많이 썼다 하더라도 그것은 그의 이상(理想)의 구경(究竟)에 자리할 수는 없는 일이다. 기회 있을 때마다 강조한 정신적인 것의 충동 때문에 그는 자연의 외면적 표상이 주는 청순한 맛에만 안주할 수가 없었다. 그렇다면 "문득 영혼 안에 외로운 불이 바람처럼 일" 때 그의 뜻이 향하는 곳이 어딜까. 그것은 인류 보편의 원형적 신화의 세계이기도 하고 기억 속에서 맛보는 과거 어린 시절의 체험 세계일 수도 있다. 이러한 그의 고향 의식을 대표하는 시가 「鄕愁」다. 이 시는 여러 가지 시적 효과를 종합하고 있다. 그것은 먼저 고도의 이미지즘 효과를 들 수 있다. 황소의 "금빛 게으른 울음"은 시각과 청각의 탁월한 공감각에다 감각과 서정의 공감(게으른 울음)의 기교를 겸비하고 있다. 시골 처녀의 기름진 검은 머리를 옛날 같으면 '삼단 같은 머리'라 했을 것을 "전설 바다에 춤추는 밤물결"에다 비유했다. 여기서 유의(喩義)는 전설 바다와 밤물결이라고 하는 이중 구조로 되어 있어서 누이의 머릿결이 환몽의 매력 속에서 아른거리게 된다. 거기다가 원시에의 향수라고 하는 신화 의식과 자연사상 그리고 거기에 연기처럼 피어오르는 몽롱한 허무의식 같은 것이 교묘히 배합되어 있는 것을 느낄 수 있다. "아무렇지도 않고 예쁠 것도 없는/ 사철 발 벗은 아내가/ 따가운 햇살을 등에 지고 이삭 줍던 곳" 인간이 문명의 탈을 벗을 때 가난의 얼굴을 하고 이 가난마저 벗을 때 다시 말해서 가난을 아무렇지도 않게 생각할 때 비로소 자연과 하나가 된다. 이것이 동양적인 청담(淸談) 사상이다. 우리는 이 시 구절에서 이 사상의 숨소리를 들을 수 있다.

그가 언제나 갈구해온 정신적 이상을 실현하기까지는 상당한 암중모색의 과정을 거쳐야만 했다. 그것은 '안으로 열한 것'이 아직 충동적 단계로 남아 있었던 것을 의미한다. 시 「不死鳥」는 그가 추구하는 성령을 만나기 이전에 슬픔의 정체를 형상화한 작품이다. 불사조는 "나의 가장 안에서 살"고 있어서 "나는 너의 슬픈 울음과 아픈 몸짓을 지닌"다고 했으니 자신과는 본질적이면서 운명적인 일체가 된다. 그를 위하여 "窓과 웃음을 닫았"으니 스스로 행복보다는 즐겨 비극을 선택한 적극적 결의를 보여준다. "青春이 다한 어느 날 너는 죽었"다는 것은 그의 청춘은 비극으로 일관했다는 뜻이 된다. 그러나 "불탄 자리에서 나래를 펴"고 살아난 불사조의 상징적 의미가 슬픔의 재생이라고 한다면 이 시의 비극성은 그가 인용한 신화의 원형에 닿아 있다고 하겠다.

> 나의 임종하는 밤은/ 귀또리 하나도 울지 말라.// 나중 죄를 들으신 神父는/ 거룩한 産婆처럼 나의 靈魂을 가르시라.// 聖母取潔禮 미사 때 쓰고 남은 黃燭불!// 담 머리에 숙인 해바라기꽃과 함께/ 다른 세상의 太陽을 사모하며 돌아라.// 永遠한 나그네 길 路資로 오시는// 聖主 예수의 쓰신 圓光!/ 나의 영혼에 七色의 무지개를 심으시라.// 나의 평생이오 나중인 괴롬!/ 사랑의 白金 도가니에 불이 되라.// 닳고 닳으신 聖母의 이름 부르기에/ 나의 입술을 타게 하라. (「臨終」)

이 시는 지옥과 같은 절망의 늪을 지나 메시아의 불빛이 곧 이마에 와 닿을 것 같은 희망 앞에 서 있는 시다. 최후의 심판에 임하는 비상한 결의와 영교(靈交)를 통한 자기 존재의 초월적 확립을 위한 안간힘이 처절하게 드러나 있다. 이것은 회한과 참회의 깊은 비애감이 영적 승화를 위한 악전고투에서 발생하는 뜨거운 열기라고도 할 수 있다. 그러나 이러한 열기도 메시아에 귀의하는 성취감으로 해서 서늘한 숨소리로 조용히 막을 내린다. 「또 하나 다른 太陽」, 「다른 하늘」, 「나무」, 「恩惠」, 「갈릴레아 바다」, 「그의 반」은 모두 이러한 숨소리를 담고 있는 작품들이다.

김광균

감상적 이미지즘 그리고 로맨티시즘

해바라기의 하얀 꽃잎 속엔
褪色한 적은 마을이 있고
마을 길가의 낡은 집에서 늙은 어머니는 물레를 돌리고

보라빛 들길 위에 黃昏이 굴러나리면
시냇가에 늘어선 갈대밭은
머리를 헤뜨리고 느껴 울었다.

아버지의 무덤 위에 등불을 키려
나는
밤마다 눈 멀은 누나의 손목을 이끌고
달빛이 파란 산길을 넘고.

(「해바라기의 感傷」)

김기림의 시가 주지적 이미지즘의 경향을 띠고 있다면 김광균의 시는 감상적 이미지즘의 성격을 띤다. 그러나 감상적 이미지즘이란 용어 자체가 불성설(不成說)의 모순을 안고 있다. 그것은 이미지즘이 모더니즘의 한 지류며 반낭만주의에 근원을 두고 있기 때문이다. 한국 이미지즘의 선구적 맥락 위에 김기림·정지용·김광균이 자리한다고 하지만 사실상 김기림을 제외한 두 사람은 그들의 특이한 감상성으로 해서 이미지즘의 헌장(올딩턴과 에즈라 파운드의 이미지스트 선언)에서 이탈된 느낌을 준다. 그런 가운데 김광균은 회화적 감각과 감상성을 교묘히 접목시킨 시인이다. 그의 이미지즘의 특징을 어느 평자는 "주관적 서정을 記號化하는 특이한 문법과 어법"이라고도 하고 이를 뭉뚱그려 "특이한 方言"을 구사했다고 했다. 그의 시적 어사(語辭)는 소위 공감각이라 해서 청각을 시각화한다든가 시각을 촉각화하는데, 이와는 전혀 다른 무형 심상이나 관념을 감각화하는 빈도가 매우 높게 나타난다. 가령 "하이얀 汽笛 소리", "황혼이 고독한 半音을 남기고", "조각난 나의 感情", "지나가는 汽船이 하얀 鄕愁를 뿜고", "피부의 바깥에 스미는 어둠", "무수한 年齡을 낙엽 같이 띄워 보내며", "噴水는 어두운 곳에서 기침을 한다", "내리는 눈발이 속삭거린다", "바람 속에서 애기가 웃는다", "蒼白한 感傷에 녹슬은 돛대", "하얀 追憶의 벽 위엔 별빛이 하나" 등 부지기수다. 이와 같이 그는 감정의 충동을 이성이나 의지적 기능으로 절제하는 것이 아니고 감각적 표상 위에 걸러서 가늘고 얇고 따뜻한 비애로 스며 나오게 한다. 공감각 뿐 아니라 이미지 형성상 금기로 되어 있는 '서글픈', '고독한', '창백한', '찬란한', '차단-한', '荒凉한' 등과 같은 에피세트(epithet, 성질형용사)를 즐겨 사용하기도 한다. 이런 현상은 그가 체질적으로 감상적 정서를 깊이 지니고 있다는 것을 시사한다.

「해바라기의 感傷」은 제목부터 해바라기의 일반적 이미지성에 어긋난다. 해바라기는 그 꽃의 성격상 감상의 옷을 입히기에는 부적합하다. 역대 많은 시인들이 해바라기를 노래한 것을 보면 "불꽃 같은 꽃잎으로 에워져 있는…… 우리들의 마음에 불을 지르는 것을", "정원 울타리 너머로 / 누른 사자 대가리를 내어밀었다", "이글이글 빛나는 화려한 태양의 모습을 닮아", "찬연히 피어난 白日의 환상을 따라/ 달음질치는 하루의 奔放한 情念에 헌신한 모습", "황금 사자 나룻/ 교만한 황후의 몸매로/ 진종일 짝소리 없이/ 삼복의 염천을 노리고 서서/ 한 점 懷疑도 感傷도 용납치 않는……" 등에서 보듯이 불타는 정열이 해바라기의 주된 속성이다. 그러나 김광균에 있어서는 이 꽃의 이미지는 전혀 다른 감각으로 등장한다. 어느 한적한 시골집 뜰 한 편에 초가을 볕을 받고 무거운 머리를 숙이고 있는 해바라기의 정경은 이 시인이 선택한 감상적 정황이다. 이글이글 타는 황금 같은 꽃잎을 그는 "하아얀 꽃잎"이라 했고 이 애잔한 하얀 색에 맞추어 "褪色한 작은 마을", "낡은 집", "늙은 어머니"를 등장시켰다. 1연에서 하얀, 퇴색, 낡은, 늙은 같은 말은 동일한 정조를 유발하는 언어들이다. 2연의 황혼과 갈대밭도 마찬가지다. 1, 2연이 정태적인 화폭의 세계라고 하면 3연은 상당한 추리를 안겨주는 극적인 상황이다. 밤에 등불을 켜고 산소에 성묘하는 상례(喪禮)는 없다. 따라서 무덤을 찾아 등불을 켜는 것은 어두움(무덤)을 바라보는 마음의 조명 때문이다. 「雪夜」에도 "마음 허공에 등불을 켜고/ 내 홀로 밤 깊어 뜰에 나리면"이 나온다. 이 조명은 비정(悲情)을 연출하는 데 필요한 한 조명이다. 왜냐하면 이 시에서 극적인 행위의 중심은 "밤마다 눈멀은 누나의 손목을 이끌고"에 있기 때문이다. 박목월은 「윤사월」에서 "윤사월 해길다/ 꾀꼬리 울면// 산직이 외딴 집/ 눈 먼 처녀사// 문설주에 귀 대이고/ 엿듣고 있다"고 노래했다. 눈 먼 처녀와 눈 멀은 누나는 근본적으로 동일한 정조를 유발한다. 그러나 같은 극적인 효과라도 목월은 눈먼 처녀에 일관된 초점을 두고 그녀의 전 생애의 비극적 서정을 상징화했다면 김광균의 경우는 그 후속 구절로 "달빛이 파란 산길을 넘고"가 나오는 것으로 보거나 전체적으로 보아 여러 소재들이 데생의 그것처럼 분산되어 있는 것으로 해서 눈 멀은 누나는 회화적 구도 속에 참여하는 비애의 한 부분역을 담당하고 있다고 할 수 있다. 그의 시는 대부분이 구성 이전의 묘사적 집합에 쏠려 있다.

시의 소재가 무시간이나 무공간 위에 설정되는 경우에는 그 소재가 지니고 있는 본질적인 요소가 집중적으로 밝혀진다. 그것은 직관적인 인식을 거칠 수도 있지만 비유나 상징 형식으로 그 수사(修辭)가 다채로워지는 수가 많다. 그 전형적인 예가 자화상 시다. 그밖에 소위 사물시(事物詩)라고 이름할 수 있는 시에서도 그런 현상을 많이 발견할 수 있다. 가령 노천명의 「사슴」, 이장희의 「봄은 고양이로다」, 유치환의 「깃발」이나 「바위」, 이상의 「거울」, 김현승의 「눈물」, 김춘수의 「꽃」 같은 시들은 시간적 내지 공간적 배경을 깔지 않고 직관에 비치는 소재 자체만의 이미지나 상념으로 한 편의 시가 형성된 것이다. 그러나 일반적으로 서정시는 소재와 화자의 관계 위에 시간과 공간 개념은 물론 많은 서사적 사실이나 사물성이 개입하면서 복잡한 망상조직(網狀組織)을 형성한다. 「雪夜」는 그 구조적 내용이 단순하고 소박하다.

> 어느 머언 곳의 그리운 소식이기에/ 이 한밤 소리없이 흩날리느뇨// 처마 끝에 호롱불 여위어가며/ 서글픈 옛자취인 양 흰눈이 나려/ 하이얀 입김 절로 가슴이 매어/ 마음 허공에 등불을 켜고/ 내 홀로 밤 깊어 뜰에 나리면// 머언 곳에 女人의 옷 벗는 소리// 희미한 눈발/ 이는 어느 잃어진 追憶의 조각이기에/ 싸늘한 追悔 이리 가쁘게 설레이느뇨// 한 줄기 빛도 향기도 없이/ 호올로 차단한 衣裳을 하고/ 흰눈은 나려 나려서 쌓여/ 내 슬픔 그 위에 고이 서리다.

소재(밤눈)의 순수한 속성은 "머언 곳의 그리운 소식"이라든가 "서글픈 옛자취" 혹은 "잃어진 追憶의 조각" 등 매우 불분명한 비유를 통하여 서술되었거나(객관적 상관물로서의 비유의 실체가 불분명함) 소재에 대한 화자의 인상을 감상적으로 묘사하고 있다. 그만큼 시의 구조가 단순하다. 그러나 이 시의 특징은 정서의 통일성에 있다. 비록 감상적 서정이기는 하지만 슬픔은 소재(밤눈)의 중심부에서 파상적으로 퍼져 나온다. "머언 곳의 그리운 소식"이나 "서글픈 옛자취", "잃어진 追憶의 조각", "싸늘한 追悔" 모두가 비슷한 뜻의 비유이기는 하지만 모두가 그 서정의 중심을 슬픔에 두고 있다. 평자들의 공통적인 호평을 받고 있는 "처마 끝에 호롱불 여위어 가며"나 "머언 곳에 女人의 옷벗는 소리"는 모두가 그 표현의 뿌리를 비극적 서정에 두고 있다. "처마 끝에 호롱불 여위어 가며"를 밤이 깊어간다는 해석으로 보는 것도 좋지만 호롱불을 화자의 '追悔'에 잡히는 대상 그 자체로 볼 때 슬픔을 동반한 옛날 한국 가정의 밤 풍경(밤을 새우며 하는 바느질이나 길쌈 같은 것)을 연상하게 된다. "머언 곳에 女人의 옷벗는 소리" 역시 그렇다. 여기 '女人'은 그 뒤의 구절에 나오는 "한 줄기 빛도 향기도 없이/ 호올로 차단한 衣裳"을 한 여인과 동일하다. 빛도 향기도 없이(슬픔이나 기쁨의 감정조차 잊어버린 무표정한) 차단한(차가우면서도 端雅하다는 뜻인지?) 의상을 한 고독한 여인, 여기서 우리는 옛날 봉건 시절에 이러한 한국 여인들의 조심스러운 잠자리의 품위를 생각할 수 있다. 이러한 여인으로부터 습관적 체질적인 비애의 감정 즉 멜랑콜리를 찾아보는 것은 극히 자연스러운 일이 아닐까. 이렇듯 이 시는 슬픔의 감도(感度)를 나직이 깔리는 구름 띠같이 펼치면서 감상의 자락자락에 "마음 허공에 등불"을 켜든가 "머언 곳에 여인의 옷벗는 소리"를 들려주는 등 그 참신한 감각적 어법으로 서정(抒情)의 손상을 교묘히 막아주고 있다.

> 산이 저문다/ 노을이 잠긴다/ 저녁밥상에 애기가 없다/ 애기 앉던 방석에 한쌍의 은수저/ 은수저 끝에 눈물이 고인다.// 한밤중에 바람이 분다/ 바람 속에서 애기가 웃는다/ 애기는 방속을 들여다본다/ 들창을 열었다 다시 닫는다// 먼 들길을 애기가 간다/ 맨발벗은 애기가 울면서 간다/ 불러도 대답이 없다/ 그림자마저 아른거린다.
>
> (「은수저」)

이 시는 흡사 냉철한 사실주의적 기법(hard-boiled realism)을 연상시킨다. 문체가 아주 간결하다. 표면상으로만 보면 "은수저 끝에 눈물이 고인다"를 제외하면 화자의 주관적 감정은 거의 억제되어 있다. 그러나 서사적 진행은 물론, 제재(죽은 아이)의 선택이나 그 제재의 대유적 표상(은수저)이 매우 극적이다. 그러면서 상황 설정(무대 설정)이나 독자(관객)에게 전달되는 상징적 메시지에는 마치 '전설의 고향'을 연상하리만큼 망자에 대한 연민적 감상이 진하게 깔려 있다. 김광균은 역시 시인이지 드라마티스트는 아니다. 그러면서 리얼리스트 작가가 아닌 감상적 로맨티스트다.

박남수

이미지즘과 주지주의의 접합

외로운 마을이
나긋나긋 午睡에 조을고

넓은 하늘에
솔개미 바람개비처럼 도는 날……

뜰 안 암탉이
제 그림자 쫓고
눈알 또락또락 겁을 삼킨다.

(「마을」)

정지용으로부터 『文章』에 추천 받은 작품이다. 이 밖의 추천 작품으로 「深夜」, 「酒幕」, 「초롱불」, 「밤길」, 「距離」 등이 있지만 모두가 농촌의 한가로운 풍경이거나 순박한 인정미를 그린 작품들이다. 그 당시는 어느 시인을 막론하고 이러한 농촌의 서정을 노래하는 것이 상습처럼 되어 있었다. 그러나 박남수는 처음부터 그의 특유한 회화적 감각으로 묘사시를 쓰는 데 전념했다. 사물의 표면적인 형상은 물론, 인물의 표정이나 정황까지도 세심하게 묘사했다. 가령 위의 예시 외에도 「초롱불」은 칠흑의 밤에 누군지는 몰라도 초롱불을 받쳐 들고 마을길을 지나 원두막이 있는 밭길을 거쳐 무너진 성터를 끼고 가물가물 사라져가는 모습을 간결하게 묘사했고, 「酒幕」은 시골 어느 한길 앞 주막집에서 토방 마루에 앉아 있는 개가 '술방'〔酒店〕을 기웃거리는 가운데 얼굴이 "바알간" "술방 아가씨"가 주정꾼의 싸움을 말리는 광경을 그리고 있다. 「밤길」은 번갯불이 치고 비가 오는 여름밤 산중턱에 등불만 외롭게 비치고 있는 두세 채의 초가가 있고 한 사나이가 무슨 급한 일인지(이 사연이 농촌생활의 여러 가지 홍겨운 일이나 궂은일을 연상시킨다) 개천 길을 황급히 달려가고 있는데 주위에서는 개구리 울음 소리만 들려온다. 「距離」는 이별하지 않으면 안 될 며느리와 시어머니가 시골 어느 간이역에서 눈물로 이별하는 장면이 묘사되어 있다. 특히 밤 대합실의 두 그림자와 기적 소리와 시어머니의 독백에 가까운 한탄이 어우러져 슬픈 정경을 더해주고 있다.

그의 이미지즘 계열의 시는 초기 작품에서 보인 농촌생활 무대를 소재로 한 것과는 다른 면모를 보여준다. 그것은 그의 시야가 자연 물상으로 옮겨가면서 자연의 근원적이면서 보편적인 형체(形体) 쪽으로 접근해간 것을 의미한다. 일제 식민지 치하의 암담한 농촌상을 소재로 하는 경우에도 일체의 관념이나 사상성을 배제하고 순수한 이미지로 형상화했다.

그의 「아침 이미지」는 그러한 예의 한 표본이 된다. 아침이 되어 모든 물상들이 그 형체를 드러내는 것을 어둠이 물상을 낳는다고 했고 어둠이 사라지는 것을 땅 위에 굴복한다는 식으로 활유화(活喩化)했다. 형형색색의 아침 서경을 잔치에 비유하고 빛나는 태양의 시각적 광채를 청각적('울림')으로 공감각화했다. '지적 및 정서적 복합체를 일순간에 제시해야 한다'는 이미지즘의 표현 기조를 실천한 셈이다. 일상적인 언어를 구사하되 추상이나 일반적인 관념을 배격하고 진기한 감각이나 새로운 리듬으로 견고하고 투명한 시를 창조하는 데 전념했다. 이러한 심상 위주의 시는 대개 간결한

시형을 특징으로 한다. 그는 이효석의 말을 인용해서 "짧고 飛躍的인 含蓄 있는 言語"로 된 절약미(節約美)를 강조한다. 이러한 심상 위주의 시는 대개 간결한 시형(詩形)을 특징으로 한다. 일본의 17자 형의 정형시 하이쿠(排句)가 그 전형적인 예가 될 수 있다(예: 古池や 蛙ずとびこむ みずの音.〔오래된 연못 속으로 개구리 한 마리 퐁당 뛰어드는 그때 그 물소리〕). 그런데 이 「아침 이미지」는 사회성이나 관념적 배경으로 해석할 여지는 충분하다. 가령 어둠과 태양의 의미라든가 개벽의 의미는 그 당시 우리나라가 안고 있는 시대성과 사회성을 상징적 의미로 해석할 수 있다. 그러나 이러한 해석의 방향은 이미지즘이 표방하는 외연적 감각의 한계성에 위배된다.

1

하늘에 깔아 논/ 바람의 여울터에서나/ 속삭이듯 서걱이는/ 나무의 그늘에서나, 새는/ 노래한다. 그것이 노래인 줄도 모르면서/ 새는 그것이 사랑인 줄도 모르면서/ 두 놈이 부리를 서로의 죽지에 파묻고/ 다스한 체온을 나누어 가진다.

2

새는 울어/ 뜻을 만들지 않고/ 지어서 교태로/ 사랑을 가식하지 않는다.// 포수는 한 덩이 납으로/ 그 純粹를 겨냥하지만/ 매양 쏘는 것은/ 피에 젖은 한 마리 傷한 새에 지나지 않는다.

(「새」)

이 시는 「아침 이미지」와는 달리 순수한 이미지 위주의 경향을 벗어나 새로운 변신의 조짐을 보여준다. 그것은 이 작품이 수록되어 있는 시집 『神의 쓰레기』의 시풍 그대로 형이상학적인 사색으로 전환한 것 같은 모습을 보여주고 있기 때문이다. 1, 2연은 새의 본능적인 행위를 묘사하는 것만이 아니고 화자의 주관적 서술이 따르고 있다. 3연에서는 새와 같은 동물의 세계와는 실존적 경계를 짓고 있는 인간의 원초적이면서 운명적인 비극을 상징적으로 묘사하고 있다. 그것은 납이 상징하고 있는 문명의 이름보다 어쩌면 훨씬 근원적인 원죄의 이유(?)로, 인간은 절대로 자연(새)이 지니고 있는 순수의 세계로 돌아갈 수 없다는 인간적 조건을 절망한 것이기도 하다.

> 物象이 떨어지는 순간,/ 휘뚝, 손은 기울며/ 허공에서 기댈 데가 없다.// 얼마나 오랜 세월을/ 손은 소유하고/ 또 놓쳐 왔을까.// 잠깐씩 가져 보는/ 허무의 體積.// 그래서 손은 노하면/ 주먹이 된다./ 주먹이 풀리면/ 손바닥을 맞부비는/ 따가운 기원이 된다.// 얼마나 오랜 세월을 손은/ 빈 짓만 되풀이해 왔을까.// 손이/ 이윽고 확신한 것은,/ 역시 잡히는 것은/ 아무것도 없다는 것뿐이었다. (「손」)

이 시는 앞의 「새」보다 더 지적 요소가 강하다. 한마디로 말해서 날카로운 지성의 예각(銳角) 속에 인생의 큰 의미를 담고 있다고나 할까. 시중에 골동품처럼 굴러다니는 격언인 '공수래공수거(空手來空手去)'를 이토록 재치 있게 압축할 수가 있을까. 그가 일찍부터 시인으로서 꿈꾼 시의 이상을 여기서 보인 것이 아닌가 하는 생각이 든다. 그것은 『文章』 추천 완료 소감문에서 그대로 드러난다. "좋은 '素材(思想)를' 素材로서만 提供한 것은 結局 藝術 作品이 아니다. 그러나 하나의' 素材를 갖지 못한 채 作品을 다룬 데도 역시 作品을 製作할 수 없다. 言語 遊戲란 여기서 出發한 것이다. 적어도 思想이 藝術 속에 包攝되어 있을 때만 藝術은 誕生한다." 그의 말대로라면 이 시의 사상적 소재는 허무의식이다. 이러한 사상성이 수사적 용기 속에 잘 용해되어 있다. 손〔手〕은 말〔言語〕과 더불어 인간을 동물과 구별하는 기능적 요체다. 그래서 손의 동작을 통해서 인간 행위의 사상적 의미를 대유(代喩)한 것은 매우 참신한 표현이다.

이렇게 볼 때 박남수는 감각, 정서, 지성적인 요소들을 종합하고 조직해서 새로운 가치를 창조하는 상상력의 기능을 골고루 활용했다고 할 수 있다. 즉 외형적 물상뿐 아니라 내면적 정의(情誼)까지를 포함한 이미지즘의 시에서 출발하여 경이감이 넘치는 형이상학적인 지적 감각을 거쳐 원형적이거나 문명비판 의식이 내재한 사상성이 상징화되는 변화의 과정을 보여준다.

성찬경

이미지와 관념의 조응

음향과 빛깔과 아마 향기마저도
實은 그들이 어데 있더냐. 암흑 속엔
純粹한 波동 뿐이다.
인스피레이숀이라지만 그것도 정말은
순수한 파동. 그 파동의 溫床 위에
주렁주렁 맛있는 열매는
오히려 이마아쥬. fancy. 그리고 환타지
果汁엔 투명한 觀念이 스며
혀 끝에 끈끈한가 살펴 보라.
준엄한 탐험가. 태고의 무덤을 파헤치고
해골을 태양 아래 널어 말리는
메스. 千의 데드마스크를 찍어낸 손톱이여.
사로잡는 魅惑은 다이아몬드의 망치로
티끌이 빠개져서 다시 티끌 되도록 바수어라.
그 바람에 튀는 별똥별을랑 心臟의 기름 삼고
아직 화룽거리는 혼백엔 부채질하라.

회색의 室內에서 무수한 톱니바퀴가
두르르 올바르게 번개처럼 회전하면
그 機關은 물고기와 蓮꽃과
煙氣와 피아노. 아르빼지오와 에메랄드와
刹那와 낙타. 바늘 구멍과 永遠과를
서로 결호시키는 마術 열매의 온상.
그럴 무렵엔 리자를 惱살하는 미소를 띄우고
옆 모습만 보이며 잡힐 듯이 다가서는 오, 뮤즈
자양 많은 乳液은
내 오로지 그대 위해 바치리라.
리라를 타며 스러질 듯 아릿다운 그 모습을
넋 놓고 바라보면 不可思議한 轉환이.
다섯 개의 나의 窓엔 스테인드글라스가 박히고
넘나드는 파동은 눈부시게 치장되어
꽃은 빛깔과 향기를 귀뚜라민 노래를
나빈 춤을 세계는 饗연을 다시들 찾는다.

(「프리즘」)

성찬경의 초기 시는 그가 외국 문학을 공부한 사실과 매우 밀착되어 있다. 영국 시인으로는 에즈라 파운드, T. S. 엘리엇, 딜란 토마스, 프랑스 시인으로는 폴 발레리의 영향을 많이 받은 것이 분명하다. 그는 이미지와 관념의 함수적인 관계를 이렇게 이야기한다. "感覺的 「이미쥐」의 微妙, 輝煌한 圖式이 곧 觀念 乃至는 靈魂의 설레임을 되도록 正確히 暗示할 수 있게끔 설계된 그러한 詩"를 선호한다고 했다(『韓國戰後問題詩集』〔신구문화사〕에 나오는 시작 노트). 딜런 토마스는 "내면보다는 외면의 자연을 생명 그대로 접촉하여 그 자연과 照應함으로써 엄숙한 시적 체험을 표현했다"는 평을 받는 것으로 보아 이 「프리즘」 시와의 영향 관계를 쉽게 이해할 수 있다. 그가 시작 노트에서 짧게 인용한 폴 발레리의 「海邊의 墓地」를 보면 "섬세한 閃光의 그 얼마나 순수한 勞苦가/ 感知할 수 없는 거품의 무수한 다이아몬드를 內臟하고 있는가./ 그리고 얼마나 고요한 平和가 잉태되는 듯 보이는가!/ 深淵 위에 태양이 쉴 때./ 萬古不變의 原理의 순수한 作品들,/ '時間'은 반짝이고, 꿈은 知識"이란 구절이 나온다. 여기에 대해서 성찬경은 "이런 句節에 부딪힐 때엔 우리의 五官은 그야말로 微妙히 열리는 것을 느낄 수 있고 또 그 위에서 그 五官을 거느리고 있는 觀念을 마치 美酒에 醉한 듯 바르르 戰慄하는 것을 어찌할 수가 없다"고 했다. 「프리즘」에서 "果汁엔 투명한 觀念이 스며 〔……〕 千의 데드마스크를 찍어낸 손톱이여"는 바로 이러한 발레리의 관념과 이미지의 조응을 패러디한 것 같은 느낌을 준다. 그리고 이 「프리즘」의 후반부는 딜런 토마스가 그랬듯이 초현실주의적인 '시미'(詩美)를 특징적으로 안고 있다. 불연속적이면서 불협화의 돌출적 이미지가 의식의 흐름을 타고 있다.

멀리 신라에서 온 토기에/ 탱자가 셋 담겨 있다./ 내음의 봉우리인 탱자 향기에 섞여/ 은은히 신라의 흙 내음도 퍼진다./ 신라와 현대의 열매가 닿고 있다./ 二千年의 時間이 긋는/ 신비로운 線이 고여 있다./ 四次元의 情景이/ 말없이 옷을 벗는다./ 신라의 빛깔은 엷은 쑥색/ 탱자는 지금 터질 듯한 純金의 피부/ 토기는 긴 방랑에서/ 흙 속에서 썩은 뼈와 더불어 썩고 썩어/ 이젠 더 썩을 수가 없어/ 永劫을 타고 있다./ 허나 실은 二千년 전/ 토기가 가마 솥에서 태어날 때/ 이렇게 만난다는 豫言이 있었다./ 하늘과 해와 바람과 地靈이/ 이 豫言을 했다./ 탱자는 永劫 위에 피어오른 瞬間이다./ 신라와 현대의 우정은 황홀하다./ 토기와 탱자의 密語는 신비롭다./ 삶과 죽음의 비밀이 풀릴 듯 풀릴 듯/ 점점 심각해진다./ 토기를 두드리면 이상스런 소리가 난다./ 이 소리엔 二千년의 年輪이 메아리친다./ 그 소리를 탱자가 빨아들인다./ 永劫의 瞬間이/ 서로 戀愛하듯 비쳐주고 있다.

(「新羅 土器에 담긴 탱자」)

「프리즘」이 초기 시인 데 비하면 이 시는 상당한 격세(隔世)를 두고 있는 시다. 「프리즘」에서 이미지와 관념은 사실상 다른 차원으로 구별하기가 곤란한 것으로 되어 있다. 적어도 관념이 독립된(혹은 대립된) 의미로 기능하기보다는 그저 감각적 기능의 끝자락에서 그것을 제어하고 있는 물리적 모체 정도로 느껴질 뿐이다. 시에서 '음향과 빛깔과 향기'를 파동이라 한다든가 심지어 인스피레이션을 파동이라 한 것까지는 그렇다 하더라도 과즙에 스며든 관념을 '투명한 관념'이라 한 것은 상당한 주목을 요한다. 이 '투명한'은 관념이란 말이 가지는 본래적인 추상이나 상징적 기능의 내역으로 쓰였다기보다는 감각적 기능으로 변용한 것으로 보는 것이 옳을 것 같다.

「新羅 土器에 담긴 탱자」는 잡힐 듯 잡힐 듯하면서도 잡히지 않는 이미지와 관념의 한계가 교묘히 조응되어 있다. 보들레르가 시 「交感」에서 '정신과 감각의 환희'를 노래했듯이 이 시인은 감각(토기와 탱자의 물리적 소재)을 정신적 비의(秘義: 신라 문화와 현대의 관념적 소재)로 승화시켜서 그 조응의 황홀경을 노래한다. 흔히 동양사상을 대변한다고 하는 노장사상을 이 시는 테마로 깔고 있다. 생사를 초월한 절대무한의 경지에 소요하는 것이 장자의 사상을 압축한 것이라면 이 시가 드러내 보인 "四次元의 情景"은 신라 토기의 흙냄새와 탱자의 향기가 속해 있는 3차원의 공간이 시간을 만남으로써 4차원으로 승화하는 경지를 의미한다. "토기는 긴 방랑에서/ 흙 속에서 썩은 뼈와 더불어 썩고 썩어/ 이젠 더 썩을 수가 없어/ 永劫을 타고 있다"는 것이나 "탱자는 永劫 위에 피어오른 瞬間이다"는 표현이 바로 그러한 경지를 나타낸 말이다. 시에서 "二千年의 時間"(신라의 역사가 천년, 패망 후 현재까지를 천년으로 잡은 것)의 의미를 신라 문화와 그후 현대까지의 문화라고 하는 대관념의 의미로 해석한다면 여기에 감각적 이미지(향기와 냄새)가 만나면서 이루어지는 장을 그는 신비로운 선이 고여 있다고 노래한다. '선'(線)과 '신비로운'은 근래 와서도 이 시인이 즐겨 쓰는 용어다. 작품 「線」에서 "순간/ 선에 고인 생명이/ 말을 한다./ 기쁨

빛나고/ 슬픔 피어 오른다"라고 했고 '신비로운'이란 용어는 '황홀'이란 말로 대신 쓰는 경우가 더 많다. 작품 「恍惚訟」에서 "플라톤 말대로 이 세상이/ 저 건너 세상의 그림자라면/ 현실의 풍경이 황홀할수록/ 그림자의 원모습인 그 곳 풍경은 / 얼마나 더 눈부실까"라고 감탄한다. 이 시에서 "아늑히 처량한 곳에 숨은 새들이/ 무르익은 슬픔으로 기쁨을 노래하네"라는 키츠의 시 구절을 인용했듯이 그는 관념과 이미지의 조응에서 황홀을 느꼈다. 뿐만 아니라 "꿈과 현실이 하나이니 황홀하다"했고 "슬프거나 기쁘거나 그 香과 울림이 황홀"이라 했다. 그렇다면 결국 그의 관념과 이미지의 조응은 낭만적 정조의 물결을 타고 있다고 해야 하지 않을까.

김광림

시적 이미지의 현상학

막
울음을 거두고 난 아가의 중머리는
後光처럼
돋아나는 한낮.

병아리가 햇살을 쫓고 있다.
흩어진 밥알인 줄 알고.

때로는
물매미처럼
세발자전거를 타지만
뜰 밖으로 못나가는
童心.

아가는 손바닥을 턴다

純粹에 부딪친
꽃씨가 떨어진다.

앞자락엔
한 아름 풀내음이
안긴 채

어느새
뜰에 고인 햇살이
그득히
視力 앞에
꽃망울을 터뜨리고 있었다.

(「陽地 1: 童心」)

김광림은 일찍이 '주지적 서정시'를 표방하고 나섰다. 그는 주지적 서정시의 개념을 "人間論的인 意味를 강조하기 위해서 感傷的으로 哲學이니 思想이니 하는 걸 象徵"한다든가 "土俗的인 觀念이나 모랄에서 만들어진 이미지"가 아니고 "傳達 機能이 感覺的인 것을 象徵하는 이미지"를 구사하는 시, 다시 말하면 "릴리시즘의 與件인 에모숑과 모더니즘이 지니고 있는 言語의 造型을 통해서 浮彫되는 鮮明한 이미지를 하모니 시킨", 그러한 시로 보았다. 이 시에서 아가의 모습과 행위, 뜰의 공간, 그리고 햇살과 꽃(꽃씨, 꽃망울)이 빚어내는 이미지의 네트워크에서 우리는 "知的인 것(시각적인 투명성)과 情的인 것의 콤플렉스를 순간적으로 나타내는" 그 무엇을 읽을 수 있잖을까. 아가를 병아리에 비유한 것은 흔한 일이지만 햇살을 밥알로 착각하는 행위는 순수를 겨냥한 표현의 비약일 수도 있다. 그러나 아가가 흙 묻은 손을 터는 행위가 다음 연으로 이어지면서 거기서 꽃씨가 떨어지는 시적 사실은 시인이 속에 갈무리고 있는 심상(동심)의 표정이다. 그 꽃씨가 끝에 가서 꽃망울을 터뜨리는 것도 결국 동심의 승리(혹은 성취)를 환호하는 상징적인 표현으로, 이를 발레리의 시론에 비해 보면 과실 속에 숨어 있는 자양분에 해당한다. 아무튼 우리는 이 시에서 "전혀 다른 두 개의 이미지에서 아날로지를 찾아냄으로써 하나의 경이감을 자아내는 새로운 이미지를 끄집어내는" 이미지즘의 미학을 읽을 수 있다.

물론 이미지의 현상학을 창출해낸 바슐라르는 시각적 투명성이라든가 지성의 개념에 대한 모더니즘의 한계성을 훨씬 뛰어넘고 있다. 단테나 릴케에게서 읽을 수 있는 삶과 죽음에 직접 닿아 있는 전 영혼의 울림 같은 것은 상상력의 시학이 요구하는 궁극의 이상이라 할 수 있다. 김광림의 시가 아이와 꽃씨의 상관관계에서 발생하는 야릇한 한 생명성의 동력을 포착하고 있는 점에서 이미지즘의 한계성을 극복하고 바슐라르적 현상학에 접근하고 있는 것이 아닐까 하는 생각이 든다. 아니면 네오이미지즘적 변화를 시도한 것 같기도 하다.

> 이 기막힌 〈토루소〉의 起伏은/ 꿈이 없는 잠결에나/ 보았을까. 깨어난 채/ 있달 순 없는/ 무게랄까./ 〔중략〕/ 살덩이가 썩어서 겹쳐진/ 이 무수한 가슴들은/ 하필이면 안으로만 집혀 왔을까./ 한번은/ 울화김에 터뜨린/ 意志의 조각들이 흩어져/ 잘못 생겨난/ 바윗돌이나 낭떠러지나 …… 차츰/ 忍冬의 땀방울이나// 혹은, 마지막/ 기침소리가 멍들어서/ 꽃이었거나// 죽고 사는 일을 버리고 난 이제는/ 아무렇게나 피어버릴/ 목숨들의/ 어쩌다가/ 처음이자/ 끝장만 지켜보게 됐을까.// 결국엔, 言語나 孤獨이/ 奢侈하달 수밖에 없는/ 人間들의 詩가 됐을까.
>
> (「토루소」)

이 작품은 「山의 IMAGE」란 제목 아래 들어 있는 두 편 시 중의 하나다. 시를 대하는 독자의 자세는 작자의 의도와는 상관없이 순수한 심상의 백지 상태에서 작품이 와 닿는 인상(언어적 기능 전체를 포함한)의 흔적을 그대로 읽는 것이 정도(正道)라고 하지만 작자에 대한 여러 가지 선입관이 독자에게 상당한 부담을 주는 것은 사실이다. 이 작품도 작자가 제시한 "山의 이미지"란 지시적 틀 안에서 감상의 한계를 은근히 강요당하는 것이 사실이다. 그러나 시적 의미는 작자의 의도에 어긋나는 해석으로 작품의 얼굴이 전연 딴판이 될 수가 있지만 이미지는 작품성의 얼굴까지를 바꿔 버리는 경우는 별로 흔하지 않다고 본다. 그만큼 이미지는 단편적인 조합으로 부분적인 의미를 파생시킨다. 그런 뜻에서 이 「토루소」는 여기에 드리워진 "山의 이미지"라는 그림자의 성격 안에서 시의 내용이 조명되게 마련이다. 구체적으로 말하면 산의 이미지와 토루소의 이미지 사이에서 조성되는 아날로지를 발견하는 작업이 중요하다는 것이다. 토루소는 머리나 목뿐 아니라 손발이 없는 흉상으로 된 미완 내지 불완전한 조각이다. 그러나 여기서 시인이 조성하는 산과의 아날로지는 단순한 감각적 이미지를 넘어서서 "未完", "불완전"이 지닌 표면적 의미는 인간적 고뇌의 상징으로 발전한다. 산의 낭떠러지나 바윗돌이 조각의 근육질의 기복(起伏)에 비유되는 것은 일차적인 아날로지의 단계다. 인간고(人間苦)의 중량("무게")이란 의미의 중심에 매달린 갈등적 서정(긴장과 체념, 울분과 허탈)의 농도를 지나 결국 언어나 고독의 이름으로 감당할 수 없는 비극의 절정(영원한 시의 오브제가 될 수밖에 없는)에 이르러 이차적인 아날로지의 상징적 효과를 발휘하게 된다. 또 주목을 끄는 것으로 예금을 모두 꺼내고 난 빈 통장에 남아 있는 0의 숫자를 두고 쓴 「0」이란 제목의 시가 있다.

> 긍정하는 듯/ 부정하는 듯/ 그 어느 것도 아닌/ 남아 있는 비어 있는 세계/ 살아 있는 것도 아니요/ 죽어 있는 것도 아닌/ 그것들마저 홀가분히 벗어 버린/ 이 조용한 허탈
>
> (「0」)

저자가 누구인지는 몰라도 『0의 발견』이란 책이 있다는데 나는 그것을 읽어보지 못했다. 0은 작게는 수리상으로 수치인가 아닌가에서 출발하여 크게는 무와 유의 양극을 꿰뚫는 사유의 공간을 차지한다. 그러면서 어쩌

면 철학적 발상의 원상지가 될 수도 있다. 이토록 사유의 묘역(妙域)에 신기루같이 출몰하는 0의 실체를 붙잡아 세상일에 접목시키는 일은 여간한 재치가 아니다. 지엽말단이란 말이 있지만 김광림은 우리 생활 주변의 작은 것을 예각으로 응시한다. 그러면서 그 내용을 부챗살처럼 펼쳐 보인다. 우리 앞에 다가서는 현상에 절대로 주관적 로고를 붙이지 않는다. 심상에 새겨진 현상을 현상으로만 읽는 것 같으면서도. 그 현상에는 자연과 인생을 어우르는 이상한 철학적 울림이 있다.